"十二五"职业教育国家规划教材
经全国职业教育教材审定委员会审定

职业素质教育

曹建华 编著

国防工业出版社
·北京·

内容简介

作者在充分了解目前在校高职学生的实际素质状况以及企业对员工素质实际要求的基础上,通过流畅的语言和通俗的概念,针对90后高职学生素质提升问题进行了深入的思考和研究,以期帮助高职学生形成良好的学习生活习惯以及具备未来所需的基本职业素质,以保证高职学生在顺利完成三年高职大学生活的同时,能够获得良好的就业。

本教材共分为上下两篇:上篇为认知与求学篇,下篇为重塑与提升篇,分别各有十个训练模块。每个训练模块都有相应的训练目的、训练要求以及模块后的训练拓展,以帮助大学生明确在校所应学习的内容以及达到的结果。每个训练模块都有两个开讲主题,让学生把应该了解和掌握的相关知识潜移默化地内化为自身的素质。全书共有四十个开讲主题。每个主题独立成篇,自成体系。

本教材可作为高等职业院校相关课程教材,也可供希望提高自身素质的各类人士学习参考。

图书在版编目(CIP)数据

职业素质教育/曹建华编著. —北京:国防工业出版社,
2015.3
"十二五"职业教育国家规划教材
ISBN 978-7-118-10104-1

Ⅰ.①职… Ⅱ.①曹… Ⅲ.①职业道德–职业教育–高等职业教育–教材 Ⅳ.①B822.9

中国版本图书馆 CIP 数据核字(2015)第 061559 号

※

国防工业出版社出版发行
(北京市海淀区紫竹院南路23号 邮政编码100048)
三河市腾飞印务有限公司印刷
新华书店经售
*
开本 787×1092 1/16 印张 17¾ 字数 376 千字
2015年3月第1版第1次印刷 印数 1—4000 册 定价 36.00 元

(本书如有印装错误,我社负责调换)

国防书店:(010)88540777 发行邮购:(010)88540776
发行传真:(010)88540755 发行业务:(010)88540717

前　言

本教材是按照"十二五"职业教育国家规划教材的编制要求,在上一版教材的基础上重新修订的。

目前,我国的高等职业院校数量已达到1300多所,但是纵观高等职业院校里的学生状况,有的学生不重视自身素质的提高和就业技能的培养,缺乏学习目标和动力,学习能力不强;有的学生知识面窄、实践能力差,缺乏吃苦耐劳、敬业奉献的精神,以及良好的心理素质和团队合作的精神;有的学生交往能力不强,缺乏独立生活的意识和能力,甚至有些学生道德意识弱化,道德缺失。这些问题的存在必将导致大学生自身综合素质不高,不能较好地满足未来招聘企业的要求。

面对近几年大学毕业生普遍存在的在校学习问题以及就业难状况,大学生如何才能在接受高等职业教育的过程中既实现自己知识技能的积累,又实现自身素质的提升,使自己成为真正意义上的"知识、技能、素质、人格"四位一体的综合发展人才呢。有鉴于此,本书作者作为原来的一名大型国企员工和今天的一位高职院校教学一线的教育工作者,在广泛关注在校大学生实际素质状况以及企业对员工素质实际要求的基础上,开始了有针对性地思考和研究,并经过全面规划,最终编写出了这本用于在校高职大学生职业素质全面提升的适用教材。

在此次修订过程中,本书作者针对90后大学生的在校实际情况,并借鉴之前教材的使用体验,又大量参阅了有关大学生素质培养的各种文献资料,引用了一些调查结果和统计数据,对上一版教材再次进行了全面思考,秉承教材的可读性要求,通过流畅的语言和通俗的概念,以模块化的教材编写体例,对整个教材进行了大规模的调整和修改。

本教材共分为上下两篇:上篇为认知与求学篇,下篇为重塑与提升篇,分别各有十个训练模块。每个训练模块都有相应的训练目的、训练要求以及模块后的训练拓展,以帮助大学生明确在校所应学习的内容以及达到的结果。每个训练模块都有两个开讲主题,以期望学生通过学习训练,能够把应该了解掌握的知识潜移默化地内化为自身的素质。全书共有四十个开讲主题。每个主题独立成篇,自成体系。

本教材的每个训练模块为一个教学单位,设计为2课时。各个院校可以根据教学的需要全部采用或部分选用,也可以作为教学阅读材料使用。本教材可供各类高职高专院校在校学生使用,也可供其他院校大学生学习参考。

本教材由西安航空职业技术学院曹建华编著,王有存教授负责主审,并由车美娟等进行审读和指导。在编写和修订过程中,本书作者曾得到兄弟院校、企业界人士和学院同行的大力支持,尤其是中航工业西安飞机公司资深素质教育人士马桂芬老师以及一些在校大学生都给予了大量的无私帮助,辽宁省交通高等专科学校李良敏老师在此次修订中也给予了大力帮助,在此一并表示感谢。教材中所采用的相关资料都是一些专业人士的研究成果,在此也对他们的辛勤劳动表示深深地感谢。

  虽然本书作者在此次修订教材的过程中花费了大量的时间和精力,但由于能力和水平有限,教材中的错误一定在所难免,恳请广大使用者发现问题并及时指出,本书作者将虚心接受,不断完善。

曹建华

目 录

绪言 ·· 1

上篇 认知与求学

第一训练模块 认识自我 ·· 4
　〖训练开讲之一〗 认识90后大学生的心理状况 ··· 5
　〖训练开讲之二〗 自我认知的基本途径 ··· 10
第二训练模块 认识大学 ·· 17
　〖训练开讲之一〗 正确认识上大学 ··· 18
　〖训练开讲之二〗 认识高等职业教育 ··· 22
第三训练模块 认识智商与情商 ·· 29
　〖训练开讲之一〗 智商漫谈 ··· 30
　〖训练开讲之二〗 认识情商的重要性 ··· 36
第四训练模块 认识未来就业环境 ·· 43
　〖训练开讲之一〗 认识就业企业 ··· 44
　〖训练开讲之二〗 认识企业文化 ··· 53
第五训练模块 认识大学生就业与企业用人标准 ·· 60
　〖训练开讲之一〗 认识大学生就业状况 ··· 61
　〖训练开讲之二〗 认识企业的用人标准 ··· 66
第六训练模块 认识职业与素质 ·· 73
　〖训练开讲之一〗 职业与职业化 ··· 74
　〖训练开讲之二〗 素质与职业素质 ··· 80
第七训练模块 学习是一种能力 ·· 86
　〖训练开讲之一〗 学习是提高自己的唯一途径 ··· 87
　〖训练开讲之二〗 掌握大学的学习方法 ··· 91
第八训练模块 让学习成为生活 ·· 98
　〖训练开讲之一〗 让大学资源为我所用 ··· 99
　〖训练开讲之二〗 获得一定的专业知识和技能 ··· 104
第九训练模块 处理好学习中的关系 ·· 110
　〖训练开讲之一〗 培养良好的宿舍文化 ··· 111
　〖训练开讲之二〗 大学生与网络时代 ··· 116
第十训练模块 扩展学习 ·· 124
　〖训练开讲之一〗 提高书面表达和常用软件应用能力 ································· 125

〖训练开讲之二〗　积极参加社会实践活动 ································· 130

下篇　重塑与提升

第十一训练模块　适应社会 ··· 138
　〖训练开讲之一〗　适应全新生活环境 ································· 139
　〖训练开讲之二〗　积极面对现实生活 ································· 145

第十二训练模块　克服懒惰与自私 ··· 152
　〖训练开讲之一〗　懒惰让我们远离成功 ···························· 153
　〖训练开讲之二〗　自私让我们远离人群 ···························· 159

第十三训练模块　提升自己的心理素质 ··· 165
　〖训练开讲之一〗　把自卑从心里赶走 ································· 166
　〖训练开讲之二〗　提高自己的抗挫能力 ···························· 172

第十四训练模块　规矩与道德 ··· 180
　〖训练开讲之一〗　恪守方圆规矩 ··· 181
　〖训练开讲之二〗　提高道德修养 ··· 186

第十五训练模块　诚信与感恩 ··· 194
　〖训练开讲之一〗　诚信助我们成才 ·· 195
　〖训练开讲之二〗　感恩是一种美德 ·· 200

第十六训练模块　态度与责任 ··· 207
　〖训练开讲之一〗　凡事态度为先 ··· 208
　〖训练开讲之二〗　担负责任奔前程 ·· 214

第十七训练模块　交往沟通 ··· 220
　〖训练开讲之一〗　交际能力的培养 ·· 221
　〖训练开讲之二〗　没有天生的辩才 ·· 227

第十八训练模块　为人处事与团队意识 ··· 234
　〖训练开讲之一〗　为人处事是一门艺术 ···························· 235
　〖训练开讲之二〗　培养团队意识 ··· 239

第十九训练模块　绽放青春正能量 ··· 246
　〖训练开讲之一〗　爱美是人的天性 ·· 247
　〖训练开讲之二〗　培养内秀外美的阳光形象 ··················· 253

第二十训练模块　创新与创业 ··· 260
　〖训练开讲之一〗　创新让社会更精彩 ································· 261
　〖训练开讲之二〗　倡导大学生辉煌创业 ···························· 266

参考文献 ··· 275
后记 ·· 276

绪　言

在如今的高职校园里,我们年轻而富有朝气的90后已经成为一道美丽的风景。但是,从踏入校门的那一刻起,我们是否已经认识到:这里只是我们接受岗前教育的地方,并不是已经就业!我们是否已经认识到:为了国家,为了自己,我们应该肩负起哪些责任;为了踏入职场,为了适应未来的职业发展,我们应该让自己具备哪些素质。

90后都是出生在我国经济改革后,社会正处于经济转型的重要时期。无论是城市还是乡村,90后都是成长在一个与过去相比物质极大丰富的社会环境里,从小就接受着良好的教育。这种生活无忧的成长条件让很多人都忘记了责任,忽视了任何就业单位都是一个讲规矩的地方,是一个追求经济效益的地方。也就是说,任何未来的工作都需要我们具有相应的专业知识和技能,并具有一定的文化修养和基本的职业素质。

责任是我们对所肩负使命的忠诚和信守;责任是我们对工作的出色完成;责任是忘我的坚守;责任更是人性的升华。今后,为了自己和家人,我们有工作的责任;为了企业发展,我们有做好本职工作的责任;为了社会发展,我们更应有公共道义方面的责任。责任是我们90后对未来、对社会所肩负的使命。我们只有承担起应有的责任,才能体现存在的价值。每位大学生必须从现在开始勇于承担起自己的责任,认真对待自己的学业。

素质是一个人所具有的天赋、素养、才智和能力。素质体现到职场上就是职业素质。它是劳动者对社会职业了解与适应能力的综合体现,且具有非常宽泛的内涵。在职场上,我们需要有基本的专业素养、道德素养、团队素养、科学文化素养、审美素养以及创新发展素养,等等。所有这些素养都不是先天就有的,而是后天习得的。但是我们更多的90后过去都是家里的独生子女,是在一种少同辈多长辈的家庭环境中长大的。我们习惯了以自我为中心的生活方式,比较容易忽视对他人、对社会的关心和责任,逐渐形成了只强调自己主观感受和个体意志的生活惯性。显然,这样的个体品质与职场对我们的要求是相去甚远的!

每个人在社会上的存在都是非常渺小的。我们唯一可以做的就是适应社会需要,满足社会需要,从而体现自己的价值。可见,正是社会需要决定了我们的存在和我们的价值。因此,我们没有理由不在接受岗前教育期间认真对待自己的学习,让自己具备一定的知识、技能、素养;没有理由不按照未来就业企业的要求,让自己具备一定的职业情怀和良好的习惯,缩短自己与就业岗位之间的距离。然而这一切都依赖于我们在大学期间的所作所为。那种在校期间虽然什么都不具备却还肆无忌惮地挥霍着自己青春的现象是坚决不可取的。我们只能把社会需要作为规划自己在校学习的根本依据，而不是自己愿意不愿意，或者喜欢不喜欢。

良好的职业素质形成孕育于良好的学习习惯养成之中。我们今天的职业素质如同一张白纸，需要靠我们在接受岗前教育的过程中逐渐培养。我们未来的职场人生没有草稿纸，不可能因为自己的不满意或不成功而重新来过。我们必须从认识自我开始，拒绝毫无意义的空想和幻想，重塑个体品质，明确自己的人生理想，树立正确的学习态度，克服懒惰的生活习惯，提升自己的心理素质，进而认识我们未来的就业环境，认识企业的用人标准和企业文化，按照企业对技能型人才的要求，学会学习，学会适应，学会尊重，学会交流，学会处事。

因此，我们要让自己从"德、智、体、美、劳"各个方面获得培养，让自己成为一个重德的人、一个守信的人、一个敬业的人、一个勤劳的人、一个注重团队的人、一个善于沟通的人、一个敢于担当的人、一个崇尚审美的人、一个勇于创新的人。这是我们在校期间进行全方位重塑的根本出发点。

上篇　认知与求学

　　上大学,首先要认识自我,认识高职教育的特点,认识培养高情商的重要性,还要认识自己未来可能的就业环境,认识企业的要求,认识职业化,知道需要具备哪些素质才能帮助实现职业化。

　　上大学,还要清楚地认识到这里只是岗前教育,并不等于就业,只有学习才是未来发展的硬道理,要形成自己的学习方法,处理好学习中的关系,利用大学资源获得一定的专业能力,并不断扩展学习。

第一训练模块　认识自我

※ 训练目的 ※

　　通过该模块的训练,使大学生了解自身的基本心理特征、现实心理状况以及各种影响因素,以期帮助大学生正确认识自己,并根据自己的成长经历和心理状况进行适应性的调整;同时,也使大学生掌握认识自我的方法,从中认识自己的客观条件,帮助他们按照一定的方法,能够正确评价自己,更好地完成大学学业,走好以后的人生道路。

※ 训练要求 ※

　　(1) 了解90后大学生的基本心理状态和性格特征,对照自己的情况,理解大学生心理发展的一般规律;

　　(2) 剖析大学生的现实心理状况和形成原因,对照自己的情况,掌握进行适应性调整的方法,考虑怎样进行自我调适,避免出现不良的心理现象;

　　(3) 每个同学要根据所学的认识自我的不同方法努力实践,形成有效的自我评价体系,并以冷静的心态,尝试着进行客观的自我评价;

　　(4) "内省法"是一个认识自我的重要方法,建议同学们把写日记作为一种习惯予以坚持,记下自己每天的生活轨迹,反省并完善自己的不足。

训练开讲之一 认识90后大学生的心理状况

每个大学生都具有完全不同的心理状况,这是由不同的生活和学习经历所决定的。如今的大学校园,年轻而富有朝气的90后已经成为最美的一道风景。认识90后大学生心理状况的基本情况以及各种影响因素,可以让我们更加深入、全面、客观地认识自己,有利于发掘我们的优势,帮助我们根据自己的人生成长经历对自己进行适应性的调整,在美好的大学生活中重塑崭新的自我。

一、90后大学生的基本心理状态

步入校园的90后大学生年龄一般在18至24岁之间,正处于生理发育的成熟期和心理发展的过渡期,必然会表现出这一年龄段共同的基本心理特征。

1. 心理发展的过渡性

从心理发展的水平看,大多数学生的心理正处于不断变化但又没有完全成熟的时期。其思维模式正由体验型向理性型转化;其情感正由易激、易感状态逐步向充满青春活力、富有理性、能有效地控制自我情绪、有社会道德感和社会责任感进行转化;其行动意志正由容易冲动型向具有一定的自控力和相对稳定的行为习惯转化;其性格、能力等个性心理特点正逐渐达到相对稳定和趋于成熟的水平;其理想、信念、价值观、世界观等也正逐渐接近成年人的水平。

2. 心理发展的可塑性

由于青年期是人生各种心理品质多元化急剧撞击、全面发展的时期,因而90后大学生在这一时期的心理发展也呈现出不稳定性和可塑性的特点。比如,在认知方面容易偏执;在情绪方面容易走极端;意志方面有时执拗;在个性方面容易受外界或生活情境的影响,情绪忽高忽低,难以控制。

大学生心理发展的可塑性源于内外两种原因:一是外因,面对生活中的各种纷扰,如果还是采取偏执、极端、执拗等处事原则,则凡事都难以如愿;二是内因,大学生都有自己的理想,是追求真善美的群体,对人生、对世界都抱以唯美心理,这使得很多人都愿意随着环境的变化去完善自我、完美自身。这就注定了大学生的心理必然是可塑的。

3. 心理发展的矛盾性

90后大学生常常敏感而脆弱。由于长时间在学校接受正统教育，社会生活经验较少，加上经济尚未独立，因此，在面对很多社会问题和人生问题时，90后大学生常常会产生很多心理矛盾和冲突。现实中，很多大学生就常常徘徊于自立与依赖、自信与自卑、理想与现实、情感与理智、要求与满足、冲动与压抑等的矛盾之中。

我们处于青年时代，精力充沛，但如果不善于自我控制或不顾客观条件的限制而凭空幻想，就可能导致心情浮躁、精力浪费。虽然在处事过程中能够真诚、坦白，但由于发展尚不稳定、容易失控，就很容易让自己成为情绪和情感的奴隶；有时在自我意识的发展上，还容易受到一些不良因素的影响，明知不对却深陷其中难以自拔。

二、90后大学生的性格特征

90后大学生成长于我国社会、经济、文化都处于重大变革、全球化不断加速的复杂社会背景下，每当面对各种新事物、新观念的相互碰撞，他们的思想观念、行为习惯等都会表现出鲜明的性格特征。

1. 强烈的自我意识

90后大学生大都是独生子女，一出生就成为家庭的中心，已经习惯了更多地被关注和关注自我，以自我为中心，更强调主观感受和个体意志。

社会环境的开放化，生活条件的改善，再加上家庭教育相对的民主自由，90后大学生在思想上比较独立，不喜欢随波逐流；对事物往往有着独到的看法；喜欢用自己的方法解决问题；不喜欢被别人过多的干涉和打扰；喜欢用与众不同的方式去获得社会的关注；对生活的质量和品位有更高的要求；在思想、观念、生活以及自己的学习生活安排等方面都表现出自身的个性。比如，男生会戴耳环耳钉，通过不同的头发造型标新立异；或者通过调皮捣蛋、起哄等方式来引起别人的注意；有些女生会模仿喜欢的日韩明星穿着打扮自己。

2. 价值观更加务实

身处市场经济发展和社会变革的大环境，信息逐步开放和透明化，使90后大学生对社会的认知比前辈们更加丰富和理性化，价值观更加务实。

他们重视物质，重视生活质量，同时目标定位也受到市场经济大环境的影响，功利性较强，更加重视与现实的结合。90后高职大学生在面对老师所提出的"你上大学是为了什么"时，更多的回答都是："为了找份好工作"；而且当中有些人还把有利于就业和个人前途作为入党的目的，反映出部分90后大学生对政治观念在认识上的模糊和实用化。另外，他们还重视人际关系对自己未来发展的影响，并努力开拓交际范围。他们非常重视实践技能的培养,在校期间努力考取各种职业资格证书,为拓展自己未来的就业范围在做积极的准备。

3. 易于接受新事物

网络时代是 90 后大学生的生存环境特征。有调查显示,90 后大学生近七成都拥有个人电脑。网络为我们展示了一个五彩斑斓的多彩世界。他们从小就接触网络,使用网络,是网络大大开阔了他们的视野。

我们身处一个更加开放的社会,信息技术和互联网的发达为我们获取信息、自主学习提供了便利条件,各种各样的新生事物也通过网络充斥着 90 后的眼球,使他们的思想更加活跃。网络时代成长起来的 90 后在这种开放的环境下,对未来都有着清晰的目标,也具有较强的成就动机和信心,渴望实现自我价值,主观上愿意为自己的目标付出相应的努力,并期望最终有所成就。这对于他们世界观、人生观和价值观的形成都会产生重大的影响。

4. 早熟但又比较脆弱

有社会人士是这样评价 90 后的:这群孩子虽然还没有真正登上社会的舞台,还处在被呵护、被教育的阶段,由于整个变革中的社会对他们的影响,使他们普遍地早熟,但在现实生活中他们往往又表现得比较脆弱。

由于出生在相对良好的家庭与社会环境中,90 后的成长道路大多较为平坦和顺利。当他们进入相对封闭的大学、开始独自面对自己人生的时候,学业、就业、恋爱等一些列现实问题又会使部分学生的心理产生相对孤独、敏感和脆弱等矛盾,并缺乏应有的承受能力、适应能力和分辨能力。有调查表明:大多数 90 后的心理素质偏弱,抗压能力明显不足。有的人在遭遇挫折后就开始怀疑自己;有的人也因此一蹶不振;更有甚者还会以极端的方式来发泄自己的情绪;只有少部分同学能够总结经验,从头再来。

三、90 后大学生在校各种行为的原因分析

90 后大学生呈现出来的各种特征是个体生理、心理、社会等诸多因素共同作用的结果。认识成长环境,发掘自己的"闪光点",有针对性地进行改变,将有利于塑造 90 后大学生的崭新形象。

1. 社会环境的影响

我们年轻人身处一定的社会环境中,必然会受到各种社会现象的影响,尤其是当今社会的网络信息通道非常发达,对其影响更加直接和快速。

1)社会文化因素

当代大学生正处在东西方文化交融、多种价值观冲突的时代。随着改革开放的深化,西方文化大量涌入,东西方文化发生着从未有过的碰撞与冲突:东方重义,西方重利;东方尚礼,西方尚法;东方重和谐,西方重竞争。面对不同以往的文化背景和多种价值取向,让很多学生常常感到疑虑和困惑,所以有时不能很好区分个性发展与个性放纵的差别。求新求异的心理又使得有些大学生盲目追求西方文化,并因此陷入

紧张、压抑、混乱、空虚的状态。长时间的心理失调必然带来一些不良影响。

2) 大众传媒因素

随着科学技术的发展,大众传播手段越来越丰富,广播、电视、报刊杂志、信息高速公路的发展日新月异。90后从小就接触了很多新事物,流行的、怀旧的、保守的、前卫的、国内的、国外的,加上信息时代互联网的发达,QQ、手机短信、bbs、网络文学、MP5、微信、博客等,这些对其心理健康的影响越来越大。他们具有求知欲强但又辨别能力弱、崇尚科学但又盲目崇拜的特点。大众传媒(尤其是网络环境)中的许多不良因素对大学生的思想及行为必然带来一定的消极影响。

3) 市场经济因素

90后都是出生在中国社会由计划经济体制向社会主义市场经济体制转型的重要时期,亲身感受了整个社会所发生的急剧而深刻的变化。随着社会主义市场经济体制的建立和完善,市场经济的竞争机制为充分发挥个人能力、展开平等竞争提供着各种机遇与挑战。随着经济改革的深入,优胜劣汰正呈现出更加激烈的趋势。

所有这些社会的急剧变化必然给社会带来各种利益关系的调整、价值观念的冲击,进而直接影响着大学生原本平静的心理。很多大学生都会把目光转向社会,开始关注现实,讲求实效,体验平等竞争,这是非常积极的影响。但是其中的一些意志薄弱的学生,遇到种种挫折时,就会产生许多消极的心理变化。甚至,市场观念也会使不少学生舍弃自身原有的价值观和理想信念,去单纯追逐经济目标,比如会把上大学求学与兼职打工本末倒置,盲目追求个人至上、金钱至上、享乐至上的实用化和功利化的价值取向,从而在成长过程中产生一些不和谐的音符。

2. 校园生活的影响

90后生活在相对封闭的大学校园,也必然受到来自校园各方面的影响。

1) 环境变化的影响

进入大学后,90后学生过去的那种在生活上一切由父母包办的状况,被大学里的集体住宿、吃饭排队、衣服自洗、日用品自买的生活方式所代替,从而产生了一定的不适应感。同时,大学里纷繁复杂的教学内容和方式,也代替了中学时代的"填鸭式"教学,打破了很多大学生之前对大学的浪漫梦幻,必然滋生出一些孤独情绪、怀旧情绪以及对陌生环境、新生事物的紧张情绪,如果再遇到一些实际困难,如生病、饮食不习惯、学习吃力、生活条件不佳等,其心理状态就会出现不同程度的扭曲。

2) 人际关系的影响

人际关系的好坏直接影响着每个大学生的学习和生活。营造亲密、融洽的关系氛围,可以使我们的心情变得愉快、舒畅,从而促进学习、提高学习效率,让生活变得更加轻松如意。相反,如果处在一种被疏远、冷淡的关系氛围时,便被一种紧张的状态所笼罩,会让心情变得不愉快,相互之间甚至产生敌对、憎恶的情绪,从而可能导致攻击性行为的发生,不利于身心健康。

3) 交往对象的影响

每个大学生在生活中都有一些交往对象,这些交往对象都在潜移默化地对90后大学生产生着一定的影响。如，老师的人生经历和言传身教对他们的思想和行为起着直接的影响；学长学姐们常常以自身的体会通过语言和行为，直接或间接地影响着他们；其他同龄人也以自己不同的人生价值观、世界观、抑或行为习惯对他们产生着积极或消极的影响。

4）不健康校园文化的影响

社会转型期的一些不良文化一旦辐射到校园，就会在校园里滋生出种种不健康的现象。有的校园随处可见成双成对，不顾自己的实际条件整天花前月下，让父母花钱供自己来谈恋爱；有的通宵上网成为习惯，严重影响学习；更有一些校园的"课桌文化"和"厕所文化"表现出低级趣味，有些甚至不堪入目。校园里的这些消极现象都严重地影响着我们的健康成长，使得我们中间的一些人变得颓废，也让一些心智不成熟的同学在这种氛围下盲目效仿，产生一些负面效应。

3. 家庭环境的影响

家庭对90后的成长有着最直接的影响，而且不同的家庭环境有着完全不同的影响。

1）望子成龙式教育的影响

无论是城市还是乡村，家长始终致力于为孩子们的成长提供一个非常优越的物质环境，希望子女从小就接受良好的教育，但是90后感受到的也许是教育的错位。一位90后在日记里这样写道："我没有感受过我们这个年龄应该有的欢声笑语，没有感受过我们这个年龄应该有的精神世界。"90后成长在国家大力提倡素质教育的年代，很早就感受到了竞争的压力和残酷。为了让自己的孩子把更多的时间和精力投入到学习上，90后的父母几乎包办了所有的家庭事务，忽略了对孩子独立性的培养。

2）经济条件改善的影响

改革开放以后，我国的经济形势发生了巨大变化，尤其是20世纪90年代以后很多家庭都感受到改革开放所带来的实惠：经济逐渐小康，物质消费水平不断提升。正是在这种大背景下出生的90后，更多的是家里的独生子女。在这种少同辈多长辈的家庭结构中，他们习惯了以自我为中心的生活，比较容易忽视对他人、对社会的关心和责任，逐渐形成了只强调自己的主观感受和个体意志的生活习惯。正如中国人民大学新闻学院的一位教授提到的："90后自尊，以'我'的感受为标准，自我意识极强烈，而且这些在他们看来是理所当然的。"

3）家庭变故的影响

90后的成长时期正是我国社会急剧变革的时期。国企改革的深化、非公有制的重新定位，市场经济带来的竞争和利益重新分配等问题，给90后的家长也带来了巨大的工作压力，很多90后家庭（无论是城市或乡村）也许有过拆散重组的现象，这也给90后带来了一些情感上和心理上的伤痕。很多家长只重视子女物质需求的满足，总担心自己的孩子输在起跑线上，却疏于与子女进行深入的沟通交流；虽然父母对90后的一些"非主流"的行为觉得很不理解，但在90后的内心世界里的的确确是有很多困惑和矛盾。他们渴望被理解、渴望摆脱内心的"孤独"。这是90后的一种本能诉求。

4）城乡差异的影响

相对来说，职业院校中来自农村的学生占相当大的比例。与农村父母相比，城市父母养育子女的经济压力相对较小，子女在成长过程中都能感受到更多的快乐。在城市家庭中，父母通常都在子女身边，因而这种分工是协调的。但是，在农村家庭中，父亲通常进城务工，子女多数时间与母亲在一起，母亲承担着既要养也要育的重任；有的家庭甚至父母均在外打工，子女完全由老人养育，这对子女的发展必然有一定的负面影响。

另外，由于城乡经济发展的不平衡，来自偏僻山村或城市远郊的同学一旦步入喧闹的繁华城市，难免眼花缭乱、新鲜好奇。当看到别人的穿着是如此的入时和得体，方才发现自己的衣服是多么的土气和寒酸；看惯了乡村里那些慵懒散漫的面容，再看看都市人的神采飞扬和自信，觉得自己是多么的格格不入；看到有些城市学生潇洒地旋转于舞厅和都市生活之中，而自己却陷入连每日三餐都要盘算计较的时候，自卑之感便油然而生。而来自城市的同学，其生活压力相对较小，从小接触外界的机会多，而且知识面广，在成长过程中更多地关注了自己的个人发展，导致了城乡孩子在自我概念上的评价也有所差异。

可见，由于每位90后大学生来自不同的地区、不同的家庭环境，都经受着不同教育背景和社会环境的影响，而且城乡差异也决定着每个同学的生活经历和心理状况有所不同，因此，每个人都应该静下心来，从认识自己的客观条件开始，对自己进行全方位的调适和培养，使自己的在校生活能够健康发展。

训练开讲之二　自我认知的基本途径

我们可能很早就听过"小马过河"的故事。说的是小马妈妈让小马去磨房搬运粮食，路上被一条小河挡住了去路。看着奔流的河水，小马不知自己是否该蹚过河去。于是它问小松鼠该怎么办。小松鼠说：河水很深，昨天才淹死一个小伙伴。但在场的老牛却说：河水很浅，水面才到膝关节。小马看看小松鼠，又看看老牛，将自己的身高与老牛比了比，然后就勇敢地蹚过了河。可见，做任何事情首先要能够自我认知，了解自己的客观条件，然后才能评价自己是否能够胜任要做的事情。

一、通过"投射自我"认识自己

毫无疑问，任何人必须借助其他手段才能看见自己的面孔。为了看清自己的容貌，只有借助于镜子或其他的投射媒介。同样地，我们也是很难正确评价自己的。要想真正了解和认识自己,就只能借助于别人对我们的言行和态度所作出的反应来获得答案。也就是说,只能通过"投射自我"来认识自己。

在大学校园和其他现实社会生活中,我们所表现出来的身体和生理状态,如性别、高矮、胖瘦、身体健壮或者羸弱,常常会将我们自己比较客观地"介绍"给别人,使得别人对我们产生某种印象,形成某种看法。反过来,别人所形成的看法又直接影响着我们对自己的认识。因此,每个人对自己的认识,在很大程度上取决于周围人对我们的评价;他人的评价是实现自我认识并对自己进行评价的基础,也是一面"镜子"。

当然,他人的评价也并非都是适当的,正如凹凸不平的镜子也会扭曲人的形象一样。对少数人偏颇过激的评价是不必太在意的,否则只会感觉自己活得太累。但是,在交往过程中,如果多数人对自己在某方面的评价都是相同的或趋于一致的,应该说这种评价就是比较客观公正的,因为,我们没有必要怀疑多数人对自己的评价。因此,在各种交往过程中,我们应当注意倾听和了解多数人的意见或反应,善于从周围人的一系列评价中概括出一些别人对自己比较稳定的、较为一致的评价,以作为进行自我认知和评价的基础,从而促进对自我认识的不断提高。

二、通过"社会比较"认识自己

大学生来到学校,如果对自我能力不了解,就会产生不安与焦虑,引起紧张,甚至会不知道应该怎样正确地行为和做事,更不会恰当地去表现自己,这就需要借助"社会比较"来认识自己。所谓"社会比较"就是指社会成员通过相互对比,包括个体与他人的对比、个体与自我的对比,来实现自我认知的一种方法。

1. 自我不确定感需要"社会比较"

来到大学,由于交往范围的扩大、与社会联系的加深以及社会发展变迁加剧等原因,大学生最容易产生自我不确定感,从而产生"社会比较"的愿望,并付诸实施,以了解自己在其中所处的地位。

大学生对自己和他人在身体条件、容貌特征等客观条件方面有强烈的探寻欲望。某职业院校曾对大学生身体自我满意度及其社会适应性所进行的调查研究表明:个人身体的自我满意度在性别上存在着极其显著的差异,表现为男生对身高比较敏感;而个人身材特征在性别上也存在着极其显著的差异,表现为女生对容貌比较敏感。因为男生的身高和女生的容貌都是最容易引起旁人关注的首选特征,从而更容易引起别人的品评,这是由男女心理因素不同所决定的。

如果一些大学生认为自己的身高、容貌跟周围人的身高、容貌相差不大,其信心就会大大增强,心理状态也就非常稳定。相反,如果感觉到自己的身高、容貌与周围人的身高、容貌差异较大,甚至有某些生理缺陷,其不适应感、自卑感就比较强烈,就会导致心态的不稳定。因此,容貌差、身体胖是某些女大学生产生自卑、忧虑的常见原因。旁人即使是无意中的一句话,也可能引起她们的极度敏感。同样,身材矮小也是某些男大学生产生自卑、忧虑的常见原因。

当然,有的人在青年时就早已习惯自己的身材矮小;有的人甚至还以自己的身材矮小而骄傲,并认为矮个子者更聪明;也有的大学生随着在校年级的增高,逐渐从别人对自己的态度中,从自己扮演的各种角色中,从与同学、朋友、老师的亲密接触中,已经能够客观地认识到自己与他人在外表特征、内在素质等方面的相同和不同之处,认识到自己在某种根本特质上,与周围人所具有的共同之处,以及自己所具有的内在潜质,让自己能够更加成熟地面对人生、面对生活。正如我们所知,曾两度担任英国首相的温斯顿·丘吉尔并没有因为身材矮小而影响他的政治生涯,反而被认为是20世纪最重要的政治领袖之一,并荣获"有史以来最伟大的英国人"称号。

事实上,对很多大学生来说,面对如此繁重的学习和生活、复杂的人际关系以及多元的社会生活现实,要想独立地形成成熟的自我综合意识,确实不是一件容易的事情。有相当多的人都会在很长的一段时间内无法选择自己的未来,不能在多元价值体系中找到自己的目标,而且找不到自己与现实世界的融入感,从而陷入自我评价的矛盾和混乱之中,不能形成理想自我与现实自我的统一,不能准确地表现自己,甚至会怀疑自我认知与他人对自己的评价之间是否一致,同时,也对他人不能正确(自认为的正确)评价自己而感到懊恼,并陷入莫名其妙的空虚、苦闷、失望的心理混乱之中。

就多数大学生而言,由于经济上的不独立以及对父母的依赖,很难在过去的生活中不断充实自己,强化自我意识。在面对自己的劣势和脆弱时,他们的行为和态度大多都是防御性的,总是把自己隐蔽起来,不愿意让别人知道自己的心事,因此烦恼多,行为、思想都极不稳定。一旦就业竞争及其他社会压力加大,就会表现出愈加不稳定的态度和行为,从而强化了自我不确定感。

2. 自我能力评价需要"社会比较"

强烈的自我能力评价动机也是大学生产生社会比较的主要原因。每一个人都有试图准确评估自己能力的动机,只是这种动机有强有弱而已。因为每一个人都希望能正确地把握自己,适应自己所处的环境,明确自己对于生活环境的判断是否正确,以便更好地适应环境。

随着年轻人自我意识的确定和自我角色的变化,来到大学的同学们会逐渐成为观察者和被观察者,并经常考虑一些问题:我是一个品学兼优的学生吗?我聪明吗?我的想象力如何?我是否机敏、能干、有活动能力?我在异性同学心目中是怎样一个人?我有个人魅力吗?如此众多对自我评价、自我判断的不确定因素,会让很多大学生产生跃跃欲试、并参与进行社会比较的实践。

由于对自己相对周围其他人的能力的认识还不够明确,年轻人就会产生一种相互比较和了解的期望。为了适应高校的学习和生活,大学生迫切希望将主观的自我形象和客观的自我形象一致起来,渴望准确地评估自己的能力、智力和品性。这个问题如果解决得好,就形成了稳定的自我评价;如果对自己评估不准或估价完全错误,或者听任评估不准的状况存在下去,都势必会发生自我评价体系的解体和混乱,让自己陷入深深的不适应状态之中,甚至会出现重大的行为偏差。

其实,我们对有些自我能力的评价是有相当明确的客观标准的,即可以通过物理的、客观的手段或方法直接测试出来。例如,自己的短跑速度、自己的跳高成绩等。对于这类自我能力的评价,只要用秒表和米尺等物理工具就可以知道结果。但是,在大多数情况下所进行的自我能力评价却是缺乏客观标准的,更没有可以利用的物理仪器和检测手段,例如,自己的职业素质在多大程度上能够满足用人单位的要求等。对于这类问题的评估是任何精确的物理检测手段也难以完成的。在这种情况下,为了寻求真实的自我,大学生就会产生将自己跟他人进行比较的要求。对自己评估的不确定性因素愈多,与他人进行比较的愿望也就愈加强烈。

3. "社会比较"的几种方法

通过以上的分析可以看出,大学生把自己与他人进行比较的根源就在于自我意识不确定性的存在。对自己愈是没有把握,把自己与他人进行比较的欲望就愈强烈。为了获得明确的自我认知,大学生常常是通过以下几种方法来进行社会比较的,而且,这种比较往往隐含在大学生各种各样的校园行为活动当中。

1) 与自己条件类似的人进行比较

与自己条件类似的人比较可以准确地评价自己。例如,要弄清自己打羽毛球水平的高低,如果与刚学会打羽毛球的小学生进行比赛,即使赢了很多球,也难以说明自己球艺的高超;同样,如果与国家队的世界冠军队员进行比赛,即使输了很多球,也难以说明自己的水平低下。因此,一般情况下应该回避与自己能力无可比性的人进行比较,而是要选择那些与自己能力相当的人进行比较,这样才更有实际意义。

与自己条件类似的人进行比较,有四个积极作用。其一,当与这种类似条件的人共同存在时,往往会直接消除自己的孤独感和恐惧感,从而对周围环境充满信心;其二,这种与自身条件类似的人能够体现自我评价的真实性,尤其是能引发自我激励的效果;其三,当多数类似条件的人和自己的意见一致时,我们就易于接纳并能融入周围的人群当中,自信心也会得到提升;其四,从方法论而言,这样做也解决了科学比较的前提条件,即可比性问题(可比性是进行有价值比较的前提)。与自己条件类似的人进行比较时,切忌出现以己之长比人之短的低级错误做法。

2) 选择比自己略胜一筹的人进行能力比较

对能力的评估有时不仅仅只是满足于"肯定"或"否定",还有"比自己优异""比自己低劣"之分。青年人争强好胜,期望自己的能力比别人强、成绩比别人优异,这是一种正常的心理。他们往往会选择那些比自己能力优异的人作为比较对象,以求提高自己的能力,并最终超过他们。当然,大学生也不应该选择那些比自己优异很多的人进行比较,因为能力相差悬殊将不会得出正确的自我评价结果,反而导致自卑或自我封闭等负面效果;而应该选择那些比自己略胜一筹的人进行比较,学人之长,补己之短。这在大学生的日常生活中随处可见,尤其是在那些"可分高低"的比赛场合更是如此。

能力的社会比较是大学生进行充满强烈竞争冲动的源泉。相比较的双方棋逢对手、旗鼓相当时,最容易产生我们期望的互利双赢的正效应。倘若选择和自己能力差不多的另一方为对手进行周旋和较量,寻找机遇制服了比自己略胜一筹的对手,则可向他人显示自己的实力;倘若弱于对方,自己也不会失多大的面子。

3)跟自己的过去和将来进行自我比较

除了和他人比较以了解自身的能力之外,最能自发、自动、自我激励的良方是进行自我比较。因为,在自己的过去、现在和将来的时间序列上,每个人都有进行自我比较和了解的强烈动机。所谓自我比较就是把现在的自我与过去的自我以及所追求的将来的自我进行比较。如果三者之间基本一致,个人就会对现在的自我进行肯定评价,并产生自信和自尊;如果对过去的自我不满意,或觉得现在的自我与将来的自我有较大的差距,那么就会对现在的自我持否定态度,这样,既不伤害自信心和自尊心,还能产生一种强烈的促进力,心悦诚服地自我完善与发展。

对这种自我比较,心理学家詹姆斯提出了一个公式:自尊＝成就/目标。公式中的"自尊"可以看作是对现在自我的态度;"成就"是过去活动的结果,因而也标志着过去的自我;而"目标"就是自己所设定的理想追求目标,因而标志着将来的自我。詹姆斯的这个公式概括了过去自我、现在自我和将来自我这三者的关系。如果已取得的"成就"与追求的"目标"一致甚至高于"目标",也就标志着对现在的自我充满自信,自尊感增强;反之,如果"成就"低于自我设定的"目标",自信心和自尊感就会降低,并对现在的自我产生不满,战胜自我、超越自我的动力也将油然而生。

4. "社会比较"对大学生的作用

社会比较在大学生各种各样的社会活动中都发挥着重要的作用。

1)促进大学生的竞争意识

青年时期存在的竞争意识主要来源于青年自我意识中的两种要求:其一是由于自我意识中"人生能有几回搏""初生牛犊不怕虎"的热情和进取心,企图通过与他人"比一比"来检验自身的力量和能力;其二是由于自我意识中争强好胜的动机和不服输、不言弃的欲望,企图通过打败对手来证明自己的存在价值。

大学生是在社会比较中通过不断与他人竞争而成长起来的。在与他人"比较"的过程中获胜,就会实现自我肯定和自我评估目标,就会产生成就感和满足感,增强生活的信心,进而向更高的生活目标迈进;倘若在社会比较的竞争中失败,由于是自己主动与他人进行比较,因此也不致陷入过度的苦恼和气馁当中,失败反而有可能成为一种契机,促使自己进一步反省,寻求超过他人的机会。

2)促进大学生的合群倾向

合群倾向是人类社会的普遍现象。世界上很少有人甘愿孤身寡欲,独处一隅,几乎所有的人都是在与他人的交往中度过一生的。如果大学生对自己的一天稍作回忆,几乎每一个人都会肯定地说:无论是在教室、宿舍、图书馆、阅览室、运动场或是校园的其他地方,一天中绝大部分时间都是与他人一起度过的。当然,人在孤独和恐惧的情境中尤其容易产生合群的欲望,大学生也不例外。大学生正是在各种社会比较活动中,促进了人和人之间的交往,无形中也促进了大学生的合群倾向。

3) 促进对他人的认知了解

通过社会比较,可以促进我们对比较对象的确切认知,对方的能力以及其他属性也在自己的比较中得到印证。这对于加深相互了解,促进人际关系的改善大有帮助。同时,由于比较对象能够为自我评价发挥积极的作用,因此也必然能引起我们的好感,促使我们与他人更加亲近;相反,那些不能帮助我们有效认识自我的人,也令我们感到失望或反感,导致我们对他的疏远。总之,不管亲近或远疏,通过社会比较,都可以进一步认识他人,从而让自己能够生活得更"接地气"。

4) 促进对自我的深层认知

人们往往通过与他人的比较来评估自己。每当我们怀疑自己的能力,或者当我们想知道自己在某方面的能力到底如何但又无法准确回答时,就会很自然地想到与别人进行比较,以判定自己在社会生活中的位置和形象。自己跑步的速度是通过与别人赛跑比较出来的;个子的高矮也是通过比较而确定的,同样,对自己品质、能力的评价也不例外。我们总是通过与自己地位、条件相类似的人进行对比来评估自己、认识自我,进而确定自己和周围环境的关系及自身定位的。

个人的自尊、自信、自大、自卑,主要取决于个人的内在状态与自我期望等主观因素。往往正是这些因素直接影响着个人对自己情感、态度的判断和评估。我们往往依据自己在一定活动中的成败,来对自己的学识、素养和才能做出判断。每一位大学生都是将自己心目中所形成的理想的"我"与现实的"我"进行比较后,才使自己不断进步的,这往往也会转变为我们对生活的动力。

三、通过"内省法"认识自己

内省法,又叫自我观察法,就是通过对自己的内心活动进行观察、体验和自我陈述,以进行自我心理活动研究的方法。

我们在进行主观自我观察时,不仅要依据他人的态度来观察自己、认识自己,同时还应通过"内省"来认知自己。个人关于自己的情感、倾向、信念的信息,主要来源于感知自己的内心状态,来源于观察自己的外显行为,来源于观察与这些行为相关的环境变化。要处理好这些信息,就需要"内省"。也就是说,把自己正在进行的心理活动作为自己关注研究的对象,还必须对自己已有的心理经验有所认识,进而认识自己。当然,正确的"内省"必须遵循现行社会中通行的社会文化价值观,遵循普遍的社会文化准则和行为规范,否则,就不可能对自己做出客观而公正的评价。

大学生常用的自我观察法就是写日记。这是反省自己,矫正自己的有效途径之一。但是很遗憾的是,现在的大学生有写日记习惯的人已经越来越少,这在一定程度上会影响我们在成长过程中不断进行自我认知。写日记不仅是自我暴露、自我交流的手段,还是自我分析、自我认知、自我监督的有效方法。相信很多大学生过去都有写日记的经历,也许那是老师的要求,也许是为了提高语文写作能力,但是不能否认写日记还有更重要的作用,就是通过对自己过去心理活动和实践活动的不断"观察",不断提高我们对自己的客观认知。因此,每个大学生都应该经常把自己的心理感受和生活历程记录下来,并在适当的时候对自己的心理和行为进行比较和分析,以促进自己的不断进步。

训练拓展

(1) 高职院校的大学生以来自农村环境的同学占绝大多数,通常情况下在70%以上,但所生活的时代让他们具有了很多类似的特征,很多同学在很多时候只看到了自己的需要和自己的成长,忽略了同学,甚至眼里没有对老师起码的尊重和礼貌。请同学们在半个篮球场大小的场地上进行一个"生命之旅"游戏,场地上由其他同学或躺、或蹲、或站、或两人手拉手模拟人生道路上的种种障碍,然后让每组一盲、一瘸两人的四组同学分别入场,盲人背瘸子按照规定的路线走完全程,以时间最短者获胜。从中让同学们去感受自己的成长离不开他人的扶助,自己的在校学习和生活也一定需要别人帮助。我们每个人不是独立成长,而是大家在一起共同发展。

(2) 课堂上提前准备四个一次性透明水杯、四瓶矿泉水、四盒回形针,请同学们参与一个分组"倒白酒"比赛。四组同学每组两人,一个负责给透明水杯中注满"白酒",直到不能再注入为止(如果溢出,则需要重新注);另一个同学小心地把回形针放入酒杯中,直到不能放入为止,即不能溢出。要求每组同学事先在黑板上写出预计可能放入的回形针数量,最后以放入的回形针数量与提前估计最接近者为胜。通过此项活动,同学们应该认识到,生活中固执己见是错误的,我们经常所想的都可能与实际有很大的偏差。因为,我们在很多的时候都不能正确认识自己,认识自己的能力。来到大学,我们首先要从认识自我开始。

第二训练模块　认识大学

※※※※※※※※※
※ **训练目的** ※
※※※※※※※※※

通过该模块的训练,要使大学生清楚认识大学是什么地方、大学的特点,正确理解上大学对自己意味着什么,以及高等职业教育与普通高等教育有什么区别,以期帮助同学们树立正确的学习态度和理念,锻炼自我管理能力,形成良好的学习习惯,并在了解高等职业教育培养特点的基础上,努力提高自己的实践操作技能,为自己顺利就业创造条件。

※※※※※※※※※
※ **训练要求** ※
※※※※※※※※※

（1）深入思考"上大学究竟意味着什么"、"为什么要上大学"、"上大学是不是仅仅为了学点专业知识"、"上大学就等于就业吗",等等;

（2）大学是汲取各种知识、改变我们知识结构的地方,请同学们根据大学的特点以及自己的愿望,为自己制定一个短期的在校学习规划;

（3）理解高等职业教育的本质,明确定位自己在大学的学习目标,并根据高等职业教育的特点,思考高等职业教育和普通高等教育的区别;

（4）了解高等职业教育的发展趋势和社会对职业院校人才的实际要求,思考如何使自己成为一名适应社会需要的合格人才。

训练开讲之一　正确认识上大学

对每个大学生而言,大学是人生的关键时期,更是完成岗前教育的重要阶段。我们要时刻记得:我们是为了良好就业而来,为此,要对上大学有个正确的认识。

一、大学是什么地方

不同的人对"大学是什么地方"会有着不同的回答。但从实践意义来看,大学是实现个性发挥的地方;大学是交朋友的地方;大学是开阔眼界的地方;大学是使人成熟的地方。事实上,只要我们有一定的自制能力,能认清自己的奋斗目标,那么不管我们在哪所大学就读,都将是殊途同归。

有一种说法:对高中生来说,大学是一个天堂;对大学毕业生来说,大学只是一段人生的路程。大学是人生求学与择业的关键时期。求学能为我们储备行走人生的能量,决定我们未来能走多远。择业为我们确定行走的方向,决定我们未来的生活方式。想好了再走是智者;走完了再想是愚者;边走边想、知行统一的才是聪明的人。这些说法都非常客观,很值得大学生认真思考。

大学是个好地方,她给予我们无拘无束的想象空间,给予我们寻找自己梦想的权利,书写最独特的美丽篇章;大学是个好地方,她提供各种各样的机会,让我们不再感到寂寞与无聊;大学是个好地方,她让我们初尝生活的涩涩滋味,使我们在以后真正踏上社会时不至于感到措手不及;大学是个好地方,她让我们明白"山外青山楼外楼"的含义,永远不要因为眼前的成绩而停止自己前进的脚步。

大学是梦想起飞的地方。站在新的起跑线上,能否镌刻出自己成长成才的足迹,路就在脚下;站在新的人生舞台上,能否演绎出精彩绝伦的乐章,笔就在手中。既然来到大学校园,我们就步入了尊重自由、珍视选择、成就自己理想的天地。当一切梦想在现实中需要实现的时候,一切才变得不是那样的虚幻。当真正地踏入大学的时候,才会发现一切并不是自己过去所听到、想到的那样,人生需要自己去亲身经历。

大学更是开始选择人生的地方。我们所读的大学就是社会,所读的课程就是人生。这里的诱惑和选择很多,而且任何选择都将深刻地影响我们的一生,但是我们只能选择一个,走一条人生的道路。我们每一个人都应该清楚地知道"我是谁""我来做什么""该怎么做""我要到哪里去"。大学对更多的人来说,不是最后的机会,也不是唯一的机会,但却是人生少有的关键点。

二、大学的特点

大学教育与中学教育完全不同,每个专业都是针对一定的就业方向而开展教学的。精心设计而又相对粗放式的管理,使作为主体地位的学生有了更大的自由度。

在大学,虽然有辅导员还有班主任,但老师不会整天盯着学生。他们只是负责把知识和技能传授给我们,能不能消化是自己的事。除了父母,大学里也许没有人会对我们的成绩有过多的要求,没有人监督我们一定要完成当日的作业,更没有人会因为我们拼不出一个单词而被罚抄50遍。

在大学上课,理论课也许是七八十人在一个教室,也许同时上课的有上百个学生;选择坐在教室的什么位置,那是个人的事情。实践课也许两个人一个工位,或多人组成一个小组,共同使用一个工位。老师不会再像中学那样能顾及到每个学生;听与不听,做与不做,全在自己。诸如此类的变化无不深刻地告诉每个大学生:自己要对自己的行为负责。

在我们职业院校里,更注重实践技能的培养和训练。大学的考核方法也有别于中学,每门课程会比较注重过程考核,也许平时成绩就占相当大的比重。通常情况下,老师将采用阶段评价、目标评价、过程评价或理论与实践一体化评价的模式对成绩进行评价。往往会结合考勤、课堂提问、学生作业、平时测验、实验实训、技能竞赛及考试情况,综合评价一个学生的成绩。在这里,老师更注重对学生动手能力以及在实践中分析问题、解决问题的能力进行考核,同时还会特别鼓励同学们在学习和应用上有所创新,从而全面综合地评价学生的能力。

大学或许是我们一生中最后一次有机会系统性地接受教育;或许是最后一次能够全身心地建立自己的知识基础;或许也是最后一次能在相对宽松的环境里学习为人处世之道。只有掌握大学的特点,发奋努力,才能为实现自己的理想奠定基础。

三、上大学对我们意味着什么

大学阶段是人生发展的重要时期,是世界观、人生观、价值观形成的关键时期。在"上大学对我意味着什么"这个问题面前,不同的人有着不同的答案。这要看我们将以什么样的态度和精神投入其中。

把上大学作为掌握知识、学习技能、充实自己、造福社会的人,他会确信知识和技能的价值和力量,在这里,他会驾驭自己的生命之舟,横渡知识之海,并不断学习磨练未来必需的技能,成为有用的社会人;把上大学作为改变自身处境、企图谋求一定社会地位的人,认为读书就是"寻求身份",在这里,他会有十分现实的动机,并为此付出自己的努力;把上大学仅仅作为满足父母期望的人,将不能唤醒尚在沉睡中的自我意识,在这里,他的学习动力也许仅仅来自父母的压力,缺少探求精神和创造欲望,经常充当实训实践教学课上的旁观者;当然,对于那些从未认真想过为什么要上大学的人来说,在这里,他虽然每天也和其他同学一起度过相同的时光,但更多的时候还是浮萍一般,随波逐流,漂到哪里,就安逸在哪里。

上大学,意味着我们的人生进入了一个崭新阶段。大学是一个平台,所得由付出来决定。在这个小社会里,我们要逐渐形成自己适应未来主流社会的一些观念、态度、品德、生活技能、工作技能,结交更多的朋友。而且,为了适应未来不断变化的生活工作环境,更应该培养自己良好的学习能力,毕竟大学不能包揽我们未来的一切。

职业院校的学制一般为三年,但是按照通常的情况,在大三就已经开始边参加就业招聘边进行学习。这样以来,在校的实际时间也就不到三年时间。我们应该认真地对待自己所走的每一步,规划自己,定位好自己,开发好自己,孜孜求学。如果抱着享乐的心态上大学,当自己刚毕业就面临失业的时候,也就只有后悔莫及。

希望每个大学生都能够在进入大学以后,认真地审视自己,审视自己对未来的定位,正确看待大学,理解大学能给我们带来什么。我们应该清楚地知道,上大学并不等于就业!因此,强烈建议每个大学生不要被大学的宽松条件和别的不良现象所迷惑。如果把大学当做是来玩、来潇洒的地方,那么等着我们的也许就是将来被别人、被社会"边缘化"。

四、掌控你的大学生活

一个大二即将结束的同学在自己的QQ空间留下了这样一个每日心情:我在浪费时间,我在挥霍时光,我在模糊现在,我在恐惧未来。那么,作为一名大学生,该如何从朦胧的梦中回到清晰可辨的现实之中?该如何想方设法充实自己的大学生活?该如何在这个浓缩的社会中找到适合自己的生存方式呢?贾平凹的小说《高兴》中的主人公在谈到进城农民如何融入城市时说道:"城里水深着呢,要学会保护自己。咱能改变的去改变,不能改变的去适应,不能适应的去宽容,不能宽容的就放弃。"这种适者生存的原则很有点现代意识和哲学韵味,值得每位大学生去思索,去玩味。

1. 转变思想,学会适应

进入大学,首先就要完成从高中生到大学生的角色转变。比尔·盖茨的"做人十条忠告"中就有一条:"社会充满不公平现象,先不要想去改造它,只能适应它。"

上大学,自己过去是好是坏已经不重要。进入大学就意味着你来到一个新的环境,将接触更多过去不认识的新人。你所有的过去,对于别人来说都将是一张白纸。所有的人都将重新开始互相认识。这是你最好的重新塑造自己形象的时候,改掉以前的缺点,展现自己阳光的一面。

来到大学,每个人都将重新站在新的起跑线上,此时要重新审视自己,重新把握自身,好好珍惜自己所面临的一切。要清楚"人外有人,山外有山"的简单道理。过去曾在高中生涯叱咤风云的人,来到大学后也许会变成平庸无奇;高考入学成绩不高的人,也许是在校各科成绩会非常优异,这些都是正常现象。因为大学对有些人来说就是一个发生蜕变的人生阶段。此时,一定要适应从中学生到大学生的角色变化,不管是在学习或生活方面,都得重新起航。

2. 放弃依赖,学会生活

现在的学生都是90后,在新生报到时,经常可以看到的是举家倾巢而出,来校为孩子办手续的场景:学生家长们帮着填表、交学杂费、领取饭卡、陪着新生购买生活必需品等。在父母眼里,此时每个新生依旧是没有长大的孩子,"捧在手里怕掉了,含在嘴里怕化了。"这是为人父母者对孩子的关心,是完全可以理解的。

但是,每位大学生必须明白,从这一时刻开始,意味着将永远告别自己过去的孩子角色。毕竟,都已成年,在法律上已经成为具有完全行为能力的个体。从进入大学的那天开始,要学会对自己的一切负责任,不能再依赖父母、依赖老师。在这里,要学着长大、学会自理、学会生活、学会做自己的主人,着手培养自己立身的生活技能。

3. 转变观念,学会学习

学会学习是在大学期间最重要的一项任务。毫无疑问,既然已经进入高等职业院校,当然要学习自己专业所必需的知识和技能,并逐渐学会独立获取知识和技能的本领。

以前在高中或初中,很多人都是被父母或老师逼着学习的。但到了大学这一切都发生了变化:这里基本上没人会强迫我们,主要靠的就是自觉。现在的高职校园里,有些学生不把学习当回事,上课时打闹、睡觉、看小说、玩手机,花样层出不穷,但到了考试前就临时抱佛脚,甚至有些同学铤而走险,考试作弊。

既然选择了上大学,选择了某个专业,就应好好学习,积极动手实践。虽然现实生活中,有时工作所需要的知识与在校所学有所差距,甚至有所脱节,但基本的专业知识技能仍旧是未来很重要的工作基础。事实上,每个人所选的专业并没有好坏之分,重要的是如何看待自己的专业,正所谓行行出状元。相信只要用心,就总会有所收获,有所成就。

在校期间,要养成一有空就到图书馆读书的习惯。曾有一位告别大学走进职场的老学生说过:不曾借助图书馆学习的大学生活就不能称其为大学生活!图书馆是学习的宝地,其一是那里的学习氛围,其二就是图书馆里有大量的藏书。在那里,汇集着古今中外名人的智慧,我们可以尽情畅游在书海,汲取知识的力量。相信每个人都能在图书馆里获得属于自己的食粮。处处留心皆学问,发掘自身潜能,培养自主学习和思考的能力,是每个大学生在大学里要掌握的一项基本学习技能。

4. 珍惜时间,学会规划

时间的流逝是不以人的意志为转移的。没有规划就等于没有目标。规划人生是每个人成长过程中必须面临的一个重要问题,因此,在大学阶段更重要的就是根据自身的特点和个人理想进行人生的规划,但事实上并不是每个人都懂得如何去规划自己的人生。

规划分为长远的和短期的。每个人一定要根据自身的特点进行合理的规划,重新塑造自己。进入大学,不管能不能实现,都应该首先结合自己的专业,对大学三年的学习生活做一个基本的规划,同时还要制定出自己每一学期的奋斗目标,因为,只有有了目标才有前进的动力和方向。

规划自己在一定程度上就是让自己养成一种生活习惯,避免混沌度日。以考试为导向的学习,无论怎么样学,最后也只能是一个复制了很多资源的存储器,缺乏自

21

己重新组合资源的能力。通过系统的学习和一定的知识积累,进一步学会解决未知的问题,也许更有实际意义。

在人生规划中,最重要的是要有一个正确的人生观和价值观,而正确人生观和价值观的形成不是一朝一夕可以完成的。这种规划也许还需要在过程中不断完善。但是,只有尽早地进行规划,才能在自己的成长成才道路上减少盲目性。因为,时间对每个人来说都是有限的,不进行规划就有可能让自己付出代价。

五、大学是实现社会化人生的开始

职业生涯的好坏与你的社会化程度有着密切的联系,大学就是实现社会化人生的开始。大学是进入社会的预备班,我们最终要进入竞争激烈的社会。但是,在很多情况下,毕业生在进入社会时常常表现出专业知识面窄、心理素质差,而且还缺乏创新意识和敬业精神。为此,我们不得不重视对自己进行社会化培养。

社会化是个体从自然人向社会人转变的一个过程。它要求每个自然人必须在社会认可的行为标准中形成自身的行为模式,成为符合社会要求的社会一员。人的社会化发展无论对于个人发展还是社会发展都具有重要意义。当代大学生的社会化不仅体现在适应社会要求上,更是表现在学生与社会之间的相互依存关系上。在预期的社会化过程中,起主导作用的不只是教导者,更重要的是大学生本人。

大学阶段是大学生社会化过程中的重要时期。大学生社会化进程中有两个重要内容:一是明确自己的社会角色,二是了解自己的社会责任。在大学的学习过程中,我们会遇到包括学习、交际、情感等各种各样的问题。在这些问题的处理过程中,要加强对职业的认知,努力学习,使自己成长为一个社会人,而不再是依赖老师和父母的纯学生。

增强就业、创业的生存意识,是每个大学生成为社会人的必修课。我们要积极通过一系列的实践活动过程,使自己具有较强的社会适应性和应变能力,具有良好的心理素质和个性特征,具有一定的实际工作能力与动手能力,从而转变成社会人。

虽然外部的引导因素在让自己成为社会人上起着重要的作用,但最终还是取决于个人。我们应该培养自己以主动、积极的心态面对未来的职业生涯。我们虽处于社会转型时期,全球化给世界带来了巨大变化,但上大学的基本目的仍应是掌握生活技能,培养社会角色,承担社会责任,使我们成为真正的社会人。

训练开讲之二　认识高等职业教育

高等职业教育是大学高等教育的一种新类型。虽然在运作方式、教育规律探索等方面对传统意义上的大学进行了许多借鉴,但由于其起源不同、主体不同,致使其采用的培养模式、承担的育人使命和直接目标也与传统的大学有较大的差异。

一、国家对高等职业教育的定位

高等职业教育可以用三句话来概括:它是高等教育;它是职业技术教育;它是职业技术教育的高等阶段。

根据《中华人民共和国高等教育法》和国务院有关文件精神,高职高专教育由省级人民政府管理。在国家宏观政策的指导下,省级政府根据本地区经济和社会发展的实际需要,结合招生能力、就业状况等综合情况,确定年度招生计划、招生办法、专业设置、收费标准和户籍管理,颁发学历证书,指导毕业生就业,确定生均教育事业费的补贴标准等,并同时肩负着保证教育质量、规范办学秩序和改善办学条件等职责。国家主要负责高职高专教育的统筹规划、综合协调和宏观管理,制定基本统一的质量标准、管理办法,编制年度指导性计划,并进行监督检查。

相对于普通高等教育而言,高等职业院校偏重于培养技术应用型人才。从学历层次上讲,高等职业教育在现阶段主要是专科层次。大学生毕业时颁发国家承认学历的大专毕业证书,并享受普通大专生的一切待遇。但是,我国部分省市在近年来为了适应社会经济发展的需要,已经开始了四年制本科层次的高等职业教育试点工作,这是完善我国高等职业教育体系的一个趋势。

高等职业教育目前都简称为"高职",与"职高"有着本质的不同。现阶段的高等职业教育或称"高职"就是过去常说的大专教育,而"职高"则是指职业高中。"职高"与中专、技校并称为"三校生",均属于中等职业教育,学历层次为高中文化。按照现在的有关规定,"三校生"可以通过考试升入"高职",继续深造学习。

二、高等职业教育的特点

高等职业教育是面向地方经济生产、管理、建设、服务第一线,培养具有一定职业素养的高技能应用型人才的教育,也就是培养"能工巧匠"的教育。高等职业教育与普通高等教育有着本质的区别:普通高等教育侧重于科学教育,而高等职业教育则侧重于技术教育。

科学与技术反映为人与自然关系的两个方面:科学是人类认识自然的产物,技术则是人类改造自然的工具和途径;科学的作用在于理解和探索,而技术的作用在于制造和实现;科学体系是由命题构成的,技术体系则主要是由工具、方法和经验构成的。

高等职业教育比较侧重学生明白"WHAT TO DO"和"HOW TO DO",是相对完整的实践体系和相对不完整的理论体系的教育;而普通高等教育则是相对完整的理论体系和相对不完整实践体系的教育,比较侧重学生明白"WHAT"和"WHY"。

高等职业教育具有以下特点:

(1)以适应社会需要为目标、以培养技术应用能力为主线来组织设计学生的知识、能力、素质结构和人才培养方案,毕业生应具有掌握适度的基础理论知识、技术应用能力强、知识面较宽、综合素质高等特点;

(2)以实现未来的实际"应用"为主旨和特征来构建课程体系和教学内容体系,

并以任务驱动和理论与实践一体化教学进行知识和技能传承为特征；

（3）以"实践教学为主，理论教学为辅"，教学实践过程必须拥有一定的实践实训条件，把实践教学的主要目的定位在培养学生的技术应用能力上；

（4）把学生作为教学的主体，实施"以人为本"的教学主旨，虽然高等职业教育所输出的"产品"是经过一定知识和技能培训后的学生，但学生同时也是整个教育过程中的能动主体；

（5）高等职业教育在本质上采用的是"工学四合"的系统教育模式，也就是在教学过程中积极实现"教育与产业结合、学校与企业结合、教学与生产结合、学习与就业结合"；

（6）"以就业为导向"作为学校办学的基本方针，把学生能否被用人单位所接纳、能否用得上、留得住、下得去看得至关重要；

（7）以学习能力、职业能力和综合素质为评价核心，把毕业生的就业率、就业质量、企业满意度等作为衡量人才培养质量的核心指标，构建、完善符合高职专业人才培养特点的评价体系；

（8）把"双师型"教师队伍建设作为提高高职高专教育教学质量的关键，专兼结合，注重理论联系实际。

三、高等职业教育的职业情怀

职业情怀是指大学生在求学过程中所形成的对职业的认识、理解、情感与态度。对学生职业情怀的教育将渗透到整个在校教学过程中。它期望在校学生以对职业价值的理性认识为核心，同时触发学生对自己未来的职业目标、职业道路、职业道德、职业能力、职业信念、职业发展等一系列问题展开思考。作为心理与思想素质的综合体，职业情怀至少要具有两个基本要素。

1. 敬业意识

学校培养的学生能否被录用，是否受用人单位欢迎，与未来毕业生的敬业意识有着密切的关系。敬业意识就是以恭敬、严肃、负责的态度忠于自己所从事的事业，就是要学生在校热爱所学专业，毕业后热爱自己的工作，有强烈的事业心、责任心，认真钻研业务，做任何工作都要认真负责，精益求精。

敬业意识是认识主体在实践活动中所形成的一种爱专业、专本职的职业观。具体讲，其含义有三点：一是讲认识主体，也就是形成这种观念的人，强调意识对主体的依赖关系；二是讲主体认识必须在其实践活动中形成，即不能主观臆造，凭空想象，而必须是在具体的工作实践中形成，强调了意识对实践的依赖关系；三是一种爱专业、爱本职的职业观，是对职业酷爱的情感，这种情感是一种稳定的观念，强调了意识的相对稳定性。

高等职业教育本身就是立足于不同职业土壤、培养指向明确的专门人才教育,许多学校甚至从校名上,比如航空职业技术学院、汽车职业技术学院、旅游职业技术学院等,就彰显出了学校定位所属的行业。学生在校期间,可以通过情境实践教学、对一线企业的参观实习以及顶岗实习等教学环节,了解未来工作岗位的实用知识和技能,并接受就业企业的企业文化熏陶,逐渐促成"乐业、勤业、精业、创业"等敬业意识在高职学生内心不断形成。

2. 职业操守

一个合格的职业劳动者不仅要具有从事某一职业所必需的专业知识和技能,而且必须具有相关职业所要求的职业道德,进而能够在工作中遵守道德规范,处理好各种关系。若仅有专业知识而缺少职业道德知识,最终会影响和制约学生专业知识的发挥,影响工作质量和劳动目的的实现。

对不同行业而言,职业操守涵盖着不同的道德标准、行业自律和法律规范等诸多方面的外延概念,这些与它们所属行业(职业)的社会形象紧密相关。也正因为如此,在不同的职业院校中,所强调的职业操守内涵是有所不同的。如航空类院校的职业操守多为"质量至上,安全第一",这就要求从业者在保证生产过程绝对安全的前提下,不断追求产品的质量,这是由航空产品的特殊性所决定的;同样地,商业、金融类院校的职业操守要注重"诚实信用",司法、警官类院校则强调"公平正义"。

四、认识德国的高等职业教育

随着现代工业社会的发展,各个经济发达国家都在积极发展自己的高等职业教育,不断调整高等教育的结构,这已成为共同的发展趋势。世界发达国家无一不将发展职业教育作为其教育发展的战略重点,德国的"双元制"职业教育模式就是一个成功的典范,并在国际上享有盛名,成为德国经济腾飞的秘密武器。

德国的高等职业教育包括两个层面:一是高等学校实施的高职教育(属于正规的教育形式);二是量多面广的成人职业培训和终身职业教育(属于非正规的教育形式,或称企业、行业、社会团体、学校合作性质的职业培训)。无论哪一种教育形式都非常注重以理论联系实际的途径培训应用型高级人才;对学习者文化水准的要求是必须完成高中阶段的文化教育,以保证受训者能够适应相应教学,实现职业素质的正常提升。

"双元制"职业教育是指学生在企业接受实践技能培训和在学校接受理论培养相结合的一种职业教育形式。"双元制"的本质是为年轻人提供职业培训,使其尽快掌握一定的实用职业技能。"双元制"培训体系中的课程总体说来分为两类:理论课和实训课。理论课主要在职业学校中进行,包括普通知识的学习和职业基本理论的学习;实训课主要是在企业内进行,通过理论联系实际,学习掌握真实岗位的实践操作技能。必要时,两者会进行一定程度的交叉。

通过"双元制"培训的学生,可以胜任所培训职业领域内的所有工作,或在职业范围领域里从事所有企业里的工作。他们在掌握业务能力的基础上全面提升了个人的综合素质,学会了大量基础知识以及有实用价值的社会能力,提高了驾驭自己命运的能力和适应社会的能力,为自己能够顺利走向职场进行了坚实的铺垫,可以更成熟、更出色地扮演其在社会中的角色。

德国在近现代实现国家经济快速腾飞的助推器正是这种科学而实用的"双元制"职业教育体系。

五、高等职业教育发展的十大趋势

近年来,"健康、和谐、快速发展"是当前高职教育的主基调。我国高等职业教育呈现出前所未有的良好发展势头,办学思想日益明确,办学规模不断扩大,办学形式日趋多样化,并积累了丰富的办学经验。

1. 坚持以人为本

随着社会的发展,人的主体地位和作用日益突出,"以人为本"的发展理念受到越来越多的领导者、管理者的重视。早在"十六届三中全会"上,党中央就根据新世纪、新形势、新任务明确提出了"以人为本"的重要办学指导思想。国内职业院校积极贯彻"以人为本"的发展理念,坚持科学发展观,努力提高思想政治教育的针对性、实效性和吸引力、感染力。

2. 强化素质教育

放眼世界,近半个世纪以来教育观念的更新引人注目:过去的阶段性教育为现今的终身教育所取代;"以教师为中心"已让位于"以学生为中心";"学科本位"发展为"能力本位",并进一步上升为素质教育,已成为世界性潮流。我国职业院校都尝试进行全方位强化素质教育,一方面为了构筑新世纪职业院校人才培养的蓝图,提高大学生的文化素养,积极营造校园文化氛围;另一方面,科学技术的迅猛发展也对从业人员在知识、能力、素质各方面提出了更新更高的要求。

3. 突出能力本位

国际流行的能力本位教育思想为职业院校的教学改革、打破学科本位课程模式提供了理论依据。因此,高等职业教育正在根据高职培养目标要求,建立新的理论教学体系和实践教学体系,以及与学生相关的能力培养体系,不断开发职业能力实训模块,加强学生在基本实践能力与操作技能、专业技术应用能力与专业技能、综合实践能力与综合技能等方面的培养。

4. 深化产学合作

根据教育部在教育工作会议上的要求,各职业院校要深化产学合作,鼓励"前厂后店"、联合办学等新模式,提高职业学校的专业化水平,促进职业教育资源向优势学校集中。各个高等职业院校正在以校企合作体制机制的创新为重点,不断增强自己的办学活力和综合竞争力,努力适应社会主义市场经济要求,积极探索建立"校中厂""厂中校"的办学体系,针对行业特点,系统设计和实施生产性实训和顶岗实习。

5. 推广订单式培养模式

"订单式"人才培养模式就是学院与企业人力资源部门共同研究用人规划和培养计划,通过签订委培协议书或以企业正式文件的形式予以落实,从而实现人才培养的一种重要途径。近年来,不少职业院校为了适应市场变化,不断注重研究毕业生就业工作中的新问题,逐步探索出了"订单式"职业教育的体制和机制,打造出灵活开放的"订单式"人才培养模式,毕业生就业工作取得了令人满意的成绩。

6. 建设精品课程和网上共享课程

我国职业院校在总结前几年网上精品课程建设的基础上,又提出了更加有实践意义的网上共享课程建设工作思路。利用现代信息技术的支撑作用,通过对精品课程和网上共享课程的建设,有力地提高了学校的总体教学水平。由于这些课程的内容力求具有前瞻性,因而能及时反映各个学科领域里的最新成果,广泛吸收先进的教学经验,积极整合优秀的教改成果,顺应了新时期发展对人才培养所提出的新要求。

7. 建立质量监控和评估体系

高等职业教育的核心是人才培养质量。在保证人才培养质量的众多因素中,建立行之有效的教学质量监控与评估体系是关键所在。以能力为核心,建立适应高素质技能型专门人才培养要求的质量评价标准,促进学生全面发展。从国家层面看,教育部已启动了包括以信息技术为手段,深化教学和人才培养模式的改革;建设精品课程和网上共享课程;改革大学公共英语教学等诸多方面的"质量工程",以及五年一次的教育质量评估和高职高专人才培养水平评估工作。从教学角度看,全国职业院校也纷纷走进企业调研,建立了教学质量监控和评估体系。

8. 充分共享教学资源

21世纪,人类进入了信息时代,信息产业飞速发展,并且推动着各行各业的进步。在此基础上网络多媒体教学已成为教育领域新兴的一个重要教育模式。它是网络和多媒体教学的结合产物,是多媒体教学充分利用网络进行传播的一种方式。各个职业院校纷纷加速校园网建设、优化教学资源配置,使优秀教学资源充分共享,以此促进教学和提高教学质量,推动教学改革的深入开展。

9. 创新办学模式与教学模式

创新是一个民族进步的灵魂,是国家兴旺发达的不竭动力。目前,各职业院校正在借鉴德国"双元制"的教学模式、加大学生实训的力度,大刀阔斧地改革原来不适合职业院校发展的教学模式和课程体系,并在此基础上进行创新,收到了较好的教学效果,例如武汉铁路职业技术学院采取灵活多样的办学方式,先后与加拿大荷兰学院合办戴尔特学院、与武汉军事经济学院合办函授学院、与西南交通大学合办网络学院,收到了较好的办学效益与社会效益。

10. 优化师资队伍

目前,各职业院校为了提升教师的整体水平,采取多种形式对教师进行素质教育与专业培训,如高学历教育、"双师型"师资队伍建设、计算机网络技术培训等。通过继续教育培训,在优化教师结构、更新教师教育观念、提高教师素质等方面取得了可喜成绩,培养和造就出一批适应 21 世纪科技进步与社会发展的教师群体。

另外,我国目前正处在一个产业转型升级的时期,考虑到现有的普通本科人才培养模式普遍缺乏实践技能训练,而三年制高职学生虽然专业技能强,但专业理论基础相对薄弱,技术面过窄,又鉴于我国在机械、模具、数控、航空、食品安全、工业设计等专业有着比较广泛的产业需求,亟需一定的技术研发和技术转化人才,因此,在我国产业聚集、有产业强烈需求的部分地区,进行四年制职业本科人才培养试点将是未来高职院校推动内涵发展的一个方向。

训练拓展

(1) 很多高职同学是否已经明白,自己过去赖以生存的家从你上大学的那天开始逐渐就不再是你的家了!那是你父母的家!你只是父母的孩子!你的家要依赖于自己现在的在校学习以及以后职业生涯的努力打拼才能逐渐得以创造。今天的上大学并不是就业,而是为良好就业做准备的。请同学们认真思考,初步制定出一个适合自己的《在校学习规划》。

(2) 请同学们通过网络进一步了解什么是高职教育,明白高职教育与普通高等教育的区别,并尽快了解自己所在专业在校期间需要掌握哪些基本知识和基本技能。

第三训练模块 认识智商与情商

※※※※※※※※※
※ **训练目的** ※
※※※※※※※※※

通过该模块的训练,要使大学生清楚地认识到拥有良好情商的重要性。在高等职业院校求学的大学生一定要理解多元智能理论,充分认识每个人都具有不同的智能结构,在此基础上,要注重发现并发展自己的个性特质。对大学生成才而言,虽然拥有良好的智商是非常必要的,但要想成就自己的事业,实现美好的生活,具有良好的情商则更为重要。

※※※※※※※※※
※ **训练要求** ※
※※※※※※※※※

(1) 研读智商的概念和构成智商的各个因素,充分认识大多数同学的智商没有明显差异,并科学地评价自己的智商水平;

(2) 理解多元智能理论,思考自己的智能特征属性,努力摆脱过去社会以及个人对自己的不实评价,给自己一个恰当的心理定位和角色定位;

(3) 学习情商的概念及其基本内容,分析自己在情商上的缺陷,思考怎样提高自己的情商;

(4) 理解智商和情商的关系,分析大学生的情商状态,树立正确的情商智商观念,努力实现"全面发展"与"个性发展"。

训练开讲之一　智商漫谈

智商是一个与每个人都有关系的概念,但却很少有大学生对它真正地了解。尤其是在高等职业院校里,很多人都不知道怎样客观地看待自己的智商水平,以至于很多同学盲目地认可世俗对自己的评价,不能给自己一个合理的定位,低估自己的存在价值。

一、智商的概念

据说在第二次世界大战时期,美国在征兵过程中要选定一些军官后备人员,选定的依据就是进行智能测验。最后证明,这次大规模的智能测验方法是非常成功的,漏选和误选的比例都非常小,入选人员在后来的实战中发挥了应有的作用。

1. 什么是智商

人们通常把智能商数简称为智商,即 IQ。通俗地讲,智商就是一种表示人的智能高低的数量指标,但也可以表现为一个人对外界知识的掌握程度,反映了人在现实生活中的观察力、记忆力、思维力、想象力、创造力以及分析问题和解决问题的能力。

该方法由法国的比奈和他的学生所发明。它是通过一系列的标准智能测试方法,来获得被测试者在其年龄段认知能力(即智能水平)的得分,然后以此来评价被测试者的智能水平。根据这套测验的结果,如果把一般人的平均智商定为 100,那么正常人的智商则大多就在 85 到 115 之间,且数字越大智商越高。

最新的研究已经表明,智商在一定程度上可以评价一个人的智能水平。智商不但与个体的遗传因素有关,还与他的生活环境和个人经历有着直接的关系,即智商的高低与个体的遗传因素和生活环境都有关系。

2. 构成智商的五种因素

根据智商的概念,可以把影响智商水平的因素归为五种。通过对这五种因素的培养和训练,可以有效地提升我们在实际生活和工作过程中分析问题和解决问题的能力。

1)观察力

观察力是指大脑对事物的观察能力,如通过观察去发现生活中的新奇事物。观察力强的人通过观察过程会对对象的声音、气味、温度等有一个全新的认识。这是个体在与社会打交道过程中非常重要的能力之一。我们完全可以在学习训练中积极增加一些训练内容,主动去观察和实践,努力提高自己的观察能力。

2)注意力

注意力是指人们在某一具体心理活动中能够指向和集中于该事物的能力。如上课时有的同学就能全神贯注地保持长时间的看书和听课状态,不会在课堂上玩手机或看小说,这就是注意力强的体现。社会实践早已证明,只有把注意力集中在某一领域,才可能成为某一领域的专业能手。但是高职学生也有很多人并不善于长时间关注一个目标。

3) 记忆力

记忆力是人们认识、保持、再认识和重现客观事物所反映的内容和经验的能力。如很多人对自己少年时曾发生过的某些场景总是记忆犹新,这就是人的记忆在起作用。它也许是过去某些事物对我们进行强烈刺激或不断强化的结果。这也让我们认识到记忆具有重复和再现的特征。成功人士大多都有超强的记忆力,那主要得益于他们在过去的长期积累和训练。

4) 思维力

思维力是人们的大脑对客观事物间接的、概括的反映能力。当人们在学会观察事物之后,就逐渐会把各种不同的物品、事件、经验进行分类归纳,并通过思维活动对不同的类型进行概括和总结。思维来自于观察,来自于人的主观能动性,来自于所观察事物对我们的刺激和我们的主观反应。人的创新能力以及由已知推未知的推理能力都离不开一定的思维能力。

5) 想象力

想象力是人们在已有形象的基础上,在大脑中创造出新形象的能力。比如当别人说起汽车的时候,我们的大脑里马上就可能闪现出各种各样的汽车形象;当别人说起水的时候,我们也许首先想到了今天上午雨下得很大,门口已经成河了。想象通常是在具备一定知识积累的基础上完成的。想象力可以带来无限的创新能力,为我们的将来发展打开通道。

3. 智商的评定

智商是对人的智能的数量化描述,也是对每个个体智能水平的一个估计。一个人的智商越高就显示了这个人的智能水平高于自己的同龄人,也表明了他比别人更聪明或能掌握更多的知识,具备更多的能力。

智商有两种,一种是比率智商,其计算方法是:智能年龄÷实足年龄×100 = 智能商数。如果某人智能年龄与实足年龄相等,他的智商即为100,表示其智能处于中位水平。比如一位4岁的儿童做智商测验时,经过反复的测试,他答对的题数相当于一位5岁儿童平均所答对的题数,即认为该儿童的智能年龄为5岁。由于他的实足年龄为4岁,因此,按以上的计算方法,他的智商就是125。

另一种是离差智商,即把一个人的测验分数与同龄组正常人的智能平均测验分数相比来表示智力商数,并通过计算受试者偏离平均值多少个标准差来衡量。比如两个年龄不同的成年人,一个人的智能测量得分高于同龄组分数的平均值,另一个的测验分数低于同龄组的平均值,那么就可作出这样的结论:前者的智商比后者高。目前绝大多数智能测量都用离差智商来表示一个人的智能水平。

在现代典型的智能测验中,设定主体人口的平均智商为100,则根据一定的统计原理,一半人口的智商是介于 90~110 之间的,其中智商在 90~100 和 100~110 的人各占 25%。智商在 110~120 的占 14.5%,智商在 120~130 的人占 7%,智商在 130~140 的人占 3%,智商在 90 分以下的占 25%,只有 0.5% 的人智商在 140 分以上。

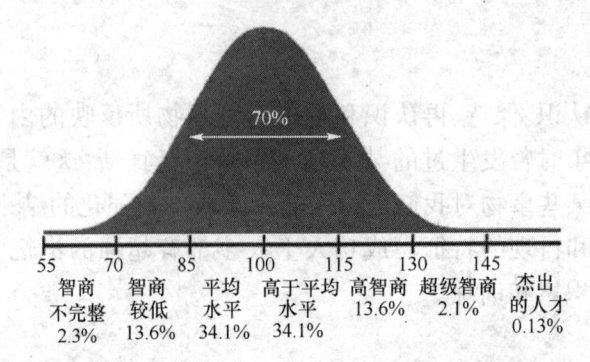

55	70	85	100	115	130	145
智商不完整 2.3%	智商较低 13.6%	平均水平 34.1%	高于平均水平 34.1%	高智商 13.6%	超级智商 2.1%	杰出的人才 0.13%

智商的分布是一种正态曲线分布。从图中可见,平均智商者占大多数,智商超常者和落后者占少数。分数越极端,人口比例就越小。根据正态分布曲线以 100 为标准,以 15 为标准差,将人群的智能划分为以下几种,具体见下表。

智商分数	145 以上	130~144	115~129	100~114	85~99	70~84	55~69	55 以下
评定结果	杰出天才	超级智商	高智商	中上	平均水平	智商较低	智商不完整	智能低下

据我国科学家证实,我国不同民族、不同性别和不同血型人的智商,并无明显的先天性差异,而且,智商并非完全由先天所决定,后天的培养也是同样至关重要的。

二、智商与现实生活杂谈

智商高固然是一件好事情,可以让自己为社会做出更大的贡献,可以体现出自己的更高价值,但是,智商高并不意味着自己的生活幸福程度就很高。事实上,社会上不同的活动领域对智商的要求是不同的。

1. 高智商对社会的贡献功不可没

达·芬奇是世界公认的意大利文艺复兴时期的艺术大师,智商水平达到 220。他不但是个大画家,同时还是一位数学家、音乐家、发明家、雕塑家、解剖学家、物理学家和机械工程师。由于其在不同的学科里都有极高的造诣,而被认为是世界历史上智商最高的人之一。他因自己高超的绘画技巧而闻名于世。最著名的画作有为米兰圣玛利亚修道院作的壁画《最后的晚餐》和肖像画《蒙娜·丽莎》《人间圣母》。他还设计了许多在当时无法实现,但后来却现身于现代科学技术的发明。他曾经设计过直升机、热气球、攻城器、城市防御体系、排水系统等,还研究过人体解剖、比例和透视。

歌德是位德国诗人,同时还是画家、自然科学家、物理学家、美学家、政治家、教育家,并长年担任魏玛宫廷剧院的经理,智商水平为 210。他 8 岁就能阅读德文、法文、

英文、意大利文、拉丁文、希腊文等多种文字的书籍;14岁开始写剧本;25岁发表了后来风靡全球的小说《少年维特之烦恼》,尤其是他完成这部小说仅仅用了四个星期的时间。然而,歌德的诗剧《浮士德》却花去他58年时间才得以完成,并以此把德国古典文学推向了高峰。

2. 智商与幸福没有必然的关联

每个人在社会的生存过程中都在积极地追求着幸福的生活,但是,幸福生活的人们并不一定都是高智商的。因为,智商和幸福不是同一层次的概念,幸福属于情商范畴。

苏格兰爱丁堡大学曾对550位出生在1951年自愿接受测试的测试者进行过调查,并有完整的档案记录了这550人在11岁时所测量的智商值。在80岁时,研究人员对他们的智商值又进行了测量。在分析过这550人的生活幸福程度后,研究人员发现,被测试者的幸福程度与他幼年时和老年时的智商均无任何关系。

在以往的调查结果中也表明,在现代社会中,智能水平、金钱和运动天赋是最被人们所渴望的,因为它们能够给自己带来受尊重的社会地位,以及高收入的工作和舒适的生活方式。爱丁堡大学科研人员认为,虽然,高智商的人能够获得更好的机会,但这同时也使得他们对生活有更高的期望值。正是这过高的期望值又使其背负着沉重的生活压力,使幸福指数下降。

其实,幸福是一种主观感受。一个人的幸福只源于自己的感觉,并回归于自己的内心。幸福来自于较高的价值感和生活的满意度。但是,这些都与良好的心态有密切的关系。社会对人才类型的需要是多样化的,智商低的人不一定笨,每个人在不同的智能范畴都有自己的优势和劣势,正如俗语说"傻人有傻福"。只有准确地了解自己天赋的人,才有可能正确选择对自己有利的职业人生,进而接受挑战,获得幸福。

3. 了解不同领域对智商的要求

如前所述,人们的智商是服从正态分布的,显示为每个人的智商有一定的差异,但更多的人只要具有平均的智商水平,就完全可以满足不同社会活动领域对智商的要求。

1) 学习考试

我们都应该发现,如果一个人有个好记性,那是让大家非常羡慕的事情。因为在大部分考试考查的内容里,有很多都是需要牢牢记住的东西。所以对于学生来说,记忆力好是高分的基础。虽然高智商的人在考试时特别有优势,但是,每位在校同学只要平时认真对待学习,应该不会出现因为智商不高而不能通过考试的情况。

2) 棋类比赛

棋类比赛相对来说确实需要高智商。但是,对智商的要求也不是不着边际的。根据华东师范大学心理系的测试,国内最好的围棋棋手之一常昊的智商是138;曾经有世界围棋第一人之称的李昌镐,其智商为139。显然,他们的智商都属于优秀水平。即便如此,他们的智商也并没有达到天才级的水平。看来,即使对于最需要动脑筋的棋类运动,对智商的要求也仅仅是够用而已。

3）科学研究

科学研究似乎也是一个特别需要高智商的领域。但客观事实是，这个领域对智商的要求也不是高得离谱，起码不会超过棋类运动员所需要的智商。我国著名的数学家张广厚在小学、中学读书时智能水平就并不出众。他曾说过："搞数学无需太聪明，中等天分就可以，主要是毅力和钻劲。"生物进化论的鼻祖达尔文也曾说过："我之所以能在科学上成功，最重要的就是我对科学的热爱，对长期探索的坚韧，对观察的搜索，加上对事业的勤奋。"

4）政治活动

从政似乎也是一个需要高智商的工作，但事实也不尽然。在美国，总统就不一定拥有高智商。只要关注过去美国的政坛，人们不难知道小布什就常常被嘲笑为智商低。美国宾州罗文斯坦学院的一项研究就表明，小布什的智商是91，而老布什也不过是98。

根据英国一位科学家的一项调查统计，在世界范围内，智商最高的人群是中国、新加坡、韩国和日本的国民，他们的平均智商高达105左右。不难看出，小布什和老布什的智商要比至少一半的中国人低。可见，在政治领域，对高智商似乎也并不迷信，人们更多看重的是政治家的个人魅力。

5）经济运作

只要关注过中国的福布斯富豪榜，就可以发现很多人都是小学文化。其实美国富豪也有小学文化的，比如福特汽车公司的创始人亨利·福特就是其一。对现在大学生来说并不陌生的新东方创办人俞敏洪，其智商也是不高的。想当年，他的大学考了三次才考上。世界巨富沃伦·巴菲特在记者问道："你是如何走到现在这一步，成为比上帝还富有的人的？"他的回答却是："我的成功并非源于高智商。"

三、划时代的"多元智能理论"

1983年，美国哈佛大学发展心理学家加德纳（Howard Gardner）在《智力的结构》一书中提出了多元智能理论，并认为：事实上不同的人会有不同的智能组合，这具有划时代的意义。

1. 多元智能理论

从现代哲学层面讲，所谓的智能应该评价的是人们对新情境、变式情境和环境的适应能力，是通过选择、改造、生成、创造等方式来主动适应环境的能力。因此，智能在本质上表征了主观与客观之间进行沟通、协调并高度统一的能力。

可见智能的本质就是适应，是一个充分发挥主观能动性，充分利用、改造、创造、能动适应客观的主客观高度统一的过程。这种统一表现既为信息、资源的统一，也表现为意识的统一，更表现为认知水平与认知操作、认知水平与解决问题能力等多个方

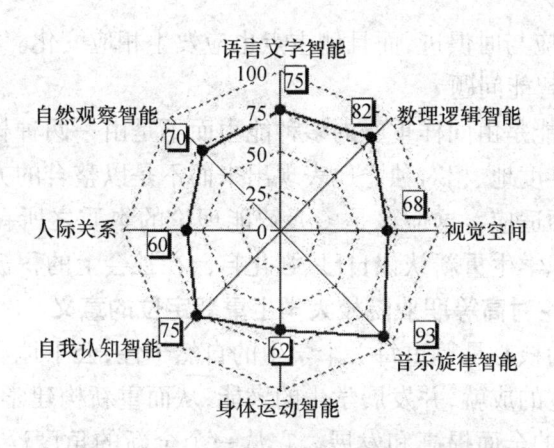

美国哈佛大学加德纳教授提出的多元智能理论

面的统一。

因此,智能结构对于每个人来说就应该是多元的。它既可以是某种独特的能力,也可以是能力的组合。加德纳多元智能理论认为,人的智能可以分为言语语言智能、逻辑数理智能、视觉空间智能、音乐节奏智能、身体运动智能、人际交往智能、自我反省智能、自然观察智能这八个维度。

2. 理解多元智能理论

很显然,多元智能理论打破了传统的将智能看作是以语言能力和逻辑数理能力为核心的认识,并从新的角度阐述和分析了智能在个体身上的存在方式以及发展的潜力,因而,多元智能理论为改变高等职业院校学生的自我评价观念开辟了一条新的道路。

1)每一个体的智能各具特点

根据加德纳的多元智能理论,作为个体,每个人都同时拥有相对独立的八种智能,但每个人身上的八种相对独立的智能在现实生活中并不是绝对孤立、毫不相干的,而是以不同方式和不同程度进行有机组合的。正是这八种智能在每个人身上以不同方式、不同程度的组合,才使得每一个人在社会上的表现各具特点。

2)智能的发展受环境的影响

在多元智能理论看来,个体智能的发展受到环境(包括社会环境、自然环境和教育条件)的极大影响与制约,其发展方向和最后结果也会因未来环境和教育条件的不同而表现出一定的差异。尽管不同环境和教育条件下的人们身上都存在着八种智能,但是,在不同环境和教育条件下,人们智能的发展方向和最后结果都会产生明显的差异。

3)强调解决实际问题的能力

在加德纳看来,智能应该强调两个方面的能力:一个是解决实际问题的能力,另一个是生产及创造出社会所需要的有效产品的能力。根据加德纳的分析,传统的智能理论产生于重视语言智能和逻辑数理智能的现代工业社会,智能被解释为一种以语言能力和数理逻辑能力为核心的整合能力。而如今的人类已经进入了现代信息社会,对智能的评价也应与时俱进,而且侧重点也应发生相应变化。

4)多维度看待智能问题

加德纳认为,智能是由同样重要的多种能力而不是由一两种核心能力所构成的,各种智能应该是多维度地、相对独立地表现出来而不是以整合的方式表现出来,而且是对社会活动的全面适应。这应该是多元智能理论的本质之所在、方法论指导的意义之所在。这让高职学生重新认识自己、强化自己在社会上的积极地位找到了依据。

3. 多元智能理论对高等职业院校大学生重新定位的意义

多元智能理论的核心是尊重每一个学生的自然个性,公平地看待全体学生,比较全面地评估个别学生的成就,并发展学生的潜能,从而重新构建学生的自信心和学习兴趣,最终达到个人的全面提高和发展。它从一个全新的角度诠释了中国的一句俗语:"人比人,气死人。"盲目地与周围人进行比较是毫无意义的。因为多元智能理论所倡导的是尊重个体差异、尊重每一个个体的发展,认为在这个世界上不存在谁聪明谁笨的问题,而是一个人与另一个人相比在哪些方面更聪明、更有作为的问题。每一个学生都可以通过发展自己的优势智能领域,而使自己成为社会多元化发展所需要人才。

高等职业院校是拥有不同智能特征学生的集合。由于每个人的智能表现都有其各自独特的方式,而每一种智能又有多种不同的表现形式,因此,很难找到适合所有人的统一的评价标准和尺度。我们对智能关注的本质应该是,在以后的工作和生活中,解决实际问题的能力,或者是生产或创造出有效产品的能力。大学生在某些方面往往具有他人所不可比拟的潜质,只不过是智能个性没有得到培养和发展,甚至根本就没有被发现而已。

每个进入高职的同学要逐渐摆脱过去社会以及自我对自己的不科学评价,要放得下昨天,拿得起今天,对得起明天,给自己一个恰当的心理定位和社会角色定位,努力培养和发挥自己的个性特征,减少盲目性,增强生活和工作的信心,从思想上解放自己。

训练开讲之二 认识情商的重要性

长期以来,人们习惯于将智商作为衡量人才的标准,而现代研究表明,人才成功的决定因素不仅仅是智商,还有情商,而且情商比智商更能诠释人们事业的成功。正如爱因斯坦所说:"优秀的性格和钢铁般的意志比智力和博学更重要。"所以,大学生必须对情商有个高度认识。

一、情商的内涵

因为培养良好的情商对每个大学生今后步入社会具有非常积极的意义,所以学习情商的概念、了解情商的基本内容就成为提升自我素质的必修课。

1. 情商的概念

情商(EQ)是对人们情感智商的简称,它主要是指人在情绪、情感、意志、耐受挫折等方面的品质。情感智商的说法最早是由美国耶鲁大学心理学家萨洛维和新罕布尔什大学梅耶尔教授提出的。他们用这一术语来描述人们的情绪评价、表达和情绪调节及运用情绪信息引导思维的能力。

随后,专门从事人类行为和脑科学研究的美国哈佛大学心理学博士丹尼尔·戈尔曼,对该理论作了进一步的提升和拓展,并在1995年发表的《情感智商》一书中,提出"情绪智力"的概念,即通常所说的"情商"。他认为,人们首先要认识情商的重要性,改变过去只重视智商、认为高智商就等于高成就的传统观念。通过科学论证,他得出结论:"情商是人类最重要的生存能力",人生的成就至多有20%可归结于智商,而另外的80%则要受其他因素的影响,而且这里所说的其他因素都是非智力因素,主要指的就是情商。

简而言之,情商就是指人的心理素质,指一个人运用理智来控制自己情感和操纵日常行为的能力;情商是个体最重要的生存能力,是一种发掘情感潜能、运用情感能力来影响生活的各个层面和未来人生品质的要素;情商是一种洞察人生价值、揭示人生目标的悟性,是一种克服内心矛盾冲突、协调人际关系的技巧,是一种生活智慧。

2. 情商的基本内容

情商是一种能力,是一种创造,更是一种技巧。既然情商是技巧,那就有规律可循并能被掌握,进而熟能生巧。只要能够正确评价自己,多点勇气,多点机智,多点磨练,多点感情投入,我们就会像"情商高手"一样,营造一个有利于自己生存的宽松环境,建立一个属于自己的交际圈,创造一个更好发挥自己才能的空间。

1) 自我评价的能力

认识自己"是世界上最难学的一门课程。""知人者智,自知者明。"自我评价的能力就是鲁迅所说的剖析自我的能力,就是要客观地进行自我评价。这包括对自己性格的评价、学识的评价和能力的评价。这种评价一定要客观,要符合实际情况。一个人既不能对自己的能力判断过高,也不能轻易低估自己的潜能。只有这样,才能保证自己在一切社会活动中得到正常的发挥。但是很遗憾,在校大学生由于个人经验和阅历的缺少,能够进行正确自我评价的人非常少。

随着年龄的增长,我们在不断地获得新的知识,各种能力也在不断提高,每个人对自己的评价也要不断地进行修正,也就是说,自我评价应该是动态的。自负和自卑都是不能正确评价自己的表现,其结果只能导致事业的失败,或原本能做好的事情也可能归于失败。只要能够正确评价自己，自负和自卑在一定情况下都可以发生积极的变化。了解自己，意味着能够快乐地做自己，也意味着能够让自己的生活和工作充满兴趣与热情。

2）自我激励的能力

自我激励能力是指一个人以积极的心态激励自我、超越自我、追求卓越的能力。自我激励就是在任何时候都要对自己所从事的工作充满激情，不怕挫折，不怨天尤人，永远进取。善于运用自我激励的方法激发自己的兴趣、热情和信心，这对于一个人获得成功是至关重要的。90后的很多同学，由于过去的生长环境以及惰性的存在，在自我激励上已经大不如前辈，这无益于成长。

自我激励依赖于心境，体现为激情。不同的心境对自我激励会产生不同的影响。积极的心境有利于更好的自我激励。但如果认识不正确也会导致安于现状、不思进取。当然，自我激励的能力还包含自我纠错的能力，要做到勇于承认错误，知错就改。消极的心境容易使人悲观、消沉，甚至颓废，要尽量避免并克服。生活早已告诉我们，能够自我激励的人，做任何事情的效率都比较高。因此，要学会自我激励，树立明确的人生目标和健康自信的生活态度，提高学习效率，唤醒沉睡的生命激情，激励自己取得成就，将自己带入崭新的人生境界。

3）自我控制的能力

自我控制的能力就是自律的能力，就是自我实现心理调整和控制情绪的能力，也就是遇事沉着冷静、任凭风浪起、稳坐钓鱼台。90后的一些同学在这方面是有欠缺的。实践证明，一个人情商的高低很大程度上体现在对自身情绪控制的成败上。一个人出现某种不好的情绪并不可怕，这是正常现象。好情绪和坏情绪一样都是生活的调味品，也是人物性格的组成部分，重要的是人们应该学会如何保持两者之间的平衡，即调控自己的情绪，驾驭自己的心情。

当情绪受到冲击时，我们要能以开阔的胸怀去接纳各种情绪，在理解中去实现心理的平衡。当情绪冲动时，要学会自我排解，要自觉地从积极的角度重新看待使自己生气的事情，也可以采用转移注意力的方法，使情绪得以缓解。控制好自己的情绪就可以把消极因素转化为积极因素，在遇到一些难以解决的问题时，不会任其向坏的方面发展，不会任性而动、任情而为，也不会出现一种非理性行为。正所谓小不忍则乱大谋。我们一定要在三年的大学生活中努力培养自己，掌控自己的情绪，在处理人际关系上"求大同、存小异"，面对个人利益和集体利益冲突的时候，努力做到顾全大局。

4）亲和凝聚的能力

亲和凝聚的能力表现为人格魅力、善解人意、能换位思考，以及为人大度、助人为乐、不图回报，即所谓的同理心。何为同理心，同理心一是知人之所感，即理解，二是感人之所感，即同情。我们在生活中也常说人同此心，心同此理。大学生在校期间会遇到各种自己在过去没有遇到的问题。我们要本着学习的态度，在与他人接触和共处的过程中，要积极做到在努力了解他人优点和缺点的前提下，扬长避短，处理好彼此的关系，尤其要克制自己的嫉妒心理。

嫉妒是友谊的最大杀手,也是学习进步和事业成功的绊脚石。90后大学生要努力做到时时为他人着想,积极主动帮助他人,培养自己与他人的共处能力。如果你是一个班级或社团的组织者或领导者,就要让同学或部下感到学习和工作的顺心和愉快,而且要敢于和善于使用能力比自己强的人承担一些工作,要有在竞争中培养和欣赏他人的气度。作为一个学生,要能处处为老师和班干部着想,努力达成集体的共同意愿,有好的主意和点子能积极与人分享,大度为人。

5)人际公关的能力

拥有人际公关的能力就是要能恰当地管理他人的情绪,以诚信为基础,广交朋友,人际关系和谐,人缘好,会做人;要有很强的社会活动能力、宣传鼓动能力和语言表达能力;能了解对方的思维方式,不论是上级还是下级,都能善于选择适当的时间、地点、氛围,采用不同的方式进行沟通和交流。人际公关的能力是未来职场上不可或缺的能力,我们应该从现在开始,从学习生活中的小事着手,进行自我培养。

在以上五个方面中,前三个方面涉及的是"自身",是对自身情绪的认识、管理、激励与约束;后两个方面则涉及"他人",要设身处地理解他人情绪,并通过妥善管理他人情绪来达到人际关系的和谐。换句话说,情商的基本内容实际上包括两个部分:第一部分是要随时随地认识、理解并妥善管理好自身的情绪;第二部分是要随时随地认识、理解并妥善管理好他人的情绪。

二、情商与智商的区别

智商和情商都是人的重要心理品质,是事业成功的基础。正确认识这两种心理品质之间的差异和联系,有利于更好地认识自身,有利于纠正智能第一和智能唯一的错误认识,把自己培养成为更健康、更优秀、符合未来需要的人才。

1. 心理品质不同

情商与智商的区别首先表现为心理品质不同。智商主要反映人的认知能力、思维能力、语言能力、观察能力、计算能力、律动能力等,即是理性思维、判断、推理、决策的能力,也就是主要表现人的理性能力。它是大脑皮层主管抽象思维和分析思维的左半球大脑的功能。而情商主要反映了一个人感受、理解、运用、表达、控制和调节自己情感的能力,以及处理自己与他人之间情感关系的能力。在每个人的现实表现中,情感常常走在理智的前面。它具有非理性的特征。因此,一个情商不高的人,往往是一个非常容易冲动的人。

2. 形成基础不同

情商和智商虽然都与遗传因素和环境因素有关,但是,它们与遗传因素、环境因素的关系是有所区别的。

智商与遗传因素的关系远大于社会环境因素。根据英国《简明不列颠百科全书·智力商数》:"约70%~80%的智能差异源于遗传基因,20%~30%的智力差异是受到不同的环境影响所致。"而情商的形成和发展,一方面受到先天因素的影响,但更主要的影响还是后天的、环境的。从近代史研究中可以看到,人的情感容易受到社会环境的影响，人总是有着根深蒂固的从众心理。另外，民俗学研究表明，不同民族的情感表达方式有着显著的差异，这主要还是环境和社会文化影响的结果。这也就说明情商较智商而言有更大的改变可能，教育对情感智力有更大的可塑性。

3. 外在作用不同

智商的作用主要在于更好地认识事物。智商高的人，思维品质优良，学习能力强，认识程度深，容易在某个专业领域做出杰出的成就，并可成为某个领域的专家。调查表明，许多高智商的人通过自己的努力，最后都能成为专家、学者、教授、法官、律师、记者等，并在自己所从事的领域里有着较高的造诣。

而情商主要与非理性因素有关，并直接影响着自己认识社会和参加实践活动的积极性。它通过影响人的兴趣、意志、毅力，从而加强或弱化自己认识事物的驱动力。智商不高而情商较高的人，也许学习效率不如高智商者，但是，这并不意味着最后的所学就差，其成就也许反而更大。因为，智商不高而情商较高的人往往能够通过锲而不舍达到勤能补拙的效果。

另外，情商还反映为自我和他人情感把握与调节的能力，因此，对人际关系的处理有着较大的关系。其作用与社会生活、人际关系、健康状况、婚姻状况有密切关联。情商低的人往往人际关系紧张，婚姻容易破裂，领导水平不高；而有较高情商的人，通常有较健康的情绪，有较完满的婚姻和家庭，有良好的人际关系，容易成为某个部门的领导人，具有较高的领导管理能力。

三、大学生情商现状分析

在情商基本内容所描述的各项能力因素中，以自我评价、自我控制、亲和凝聚、人际公关对大学生的未来成败起着决定性的作用。一个成功的从业者首先应该善于管理自身情绪，否则一切都无从谈起。每个大学生求学的目的都是为了就业，必须从现在开始注意培养自己的情商水平。

1. 自我评价方面

俗话说：人，贵有自知之明。社会生活中的每个人都应该对自己的素质、潜能、特长、缺陷、经验等各种基本能力有一个清楚的认识，对自己在社会工作生活中可能扮演的角色有一个明确的定位。古希腊是世界文明的发祥地之一。德尔菲神庙刻着一句名言："人啊，认识你自己。"苏格拉底解释说，这句话的意思是告诫世人，在万能的神的面前，要认识人的无知，要有敬畏理念。

当代大学生处于青年时期，心理发展正在走向成熟，但又未真正完全成熟。其心理发展状态具有消极的一面：心理起伏比较大，自我控制能力较差，经常表现为易冲动、做事欠考虑、心态浮躁、情绪不稳、难耐寂寞、牢骚满腹、悲观失望，甚至因为生活中的一些琐事而轻生。很多学生不能正确地认识自我，要么高估自己，要么低估自己，自卑消极，不思进取，缺乏自信、自立、自主的精神。因此，对自己做出一个正确的自我评价，正确的自我定位是很重要的，这不仅会消除自己很多烦恼，也会让自己不断完善，让自己更加自信，从而更加积极地去面对生活。

2. 亲和凝聚方面

亲和凝聚能力通常表现为同理心。同理心是一种比较抽象的心理学概念,指的是人们常说的设身处地、将心比心的做法,也就是说,在发生冲突或误解的时候,当事人如果能够把自己放在对方的处境中想一想,也许就可以更容易地了解对方的初衷,消除误会。

当今中国社会正处于转型期,一些浮躁偏激的社会情绪对大学生影响较大。将心比心,设身处地地去理解别人,这样才能增强自己的亲和凝聚力,减少误会,增加彼此间的感情,才会很好地融入集体生活中去,使自己更健康的发展。90后大学生很多都是独生子女,缺乏一定的谦让品质,集体观念淡薄,个体化倾向严重。相当一部分家长要么过分溺爱,要么放纵不管,使得有些大学生适应能力差,承压能力弱,缺乏良好的心理素质,而且往往以自我为中心,过多注重自己的需要和感受,很少考虑别人的反应,在集体活动中不善于与他人合作,不会换位思考,缺乏全局意识和他人意识,最终表现为没有一定的亲和凝聚能力。

3. 自我控制方面

当代大学生具有成人感、自尊感、自我表现感,希望被他人理解,渴望友谊,但是,独立生活能力普遍偏低,自理能力和自我控制能力较差。处于该阶段的大学生,其身心发育还不够成熟,其情绪和感情还不够稳定。一些学生不善于控制、调节自己的情绪,缺乏应有的自控能力。有的学生经常因为不能正确处理一些关系,而受到悲观、忧郁、紧张、愤怒等不良情绪的困扰,导致学习兴趣不浓、学习精力不集中、缺乏主动性和积极性、甚至上课睡觉。

4. 人际公关方面

人是群居动物,人的生活离不开集体,因此,人际公关能力就显得尤为重要,而很多大学生却缺少这种能力。现代家庭子女少,父母对子女的物质需求基本上是有求必应,但却忽视了子女的心理健康问题,这种物质和精神的错位,形成了许多大学生心理的亚健康状况。其结果是,无论是在生活还是在学习中,一些大学生常常表现出缺乏团队协作精神,不能有效与人沟通;过于要求别人,疏于要求自己;过于依赖感性,疏于运用理性;过于自尊,疏于自爱;甚至有时为了维护所谓的自尊,缺乏社会责任感,没有良好的公德意识,不尊重长辈,不关心父母,不热爱劳动,最终导致各种关系的不协调,造成自己的人际关系危机。

四、大学生应有的情商智商观

高等职业教育的发展是我国经济社会发展的需要,"以能力为本位,以就业为导向"的教育理念已经为社会所公认。因此,在高等职业院校求学的大学生,应该在培养自己的技术、技能、动手操作能力基础上,进一步重视情商素质的提高,为将来进入社会、成功就业打下坚实的心理、行为基础。

也许我们早已发现,情商较高的人在社会各个领域中都能具有较大的优势。未来社会是竞争激烈的社会,要求我们必须具有情绪稳定、调控适度、愉悦平和的健全情感。通过情感交流,可以获得他人的理解、支持、认可,以及自己事业的成功;与人合作、形成互补可以使自己在未来的工作中有更多的机会。可见,良好的情商能增加自身的人格魅力,成为自己融入集体、感染他人的强有力品质,并可以扩大自己的人脉关系。

因此,不但要提高自己的智商水平,更要提升自己的情商水平。要在注重全面发展自己智能结构的基础上,更加注重不同个性的发展,将"全面发展"与"个性发展"有机地统合起来,在校期间争取做到读万卷书、行万里路、与万人谈。同时,大学生还应走出校园,积极参加各种社会实践活动,在接触社会的过程中,多与人相处、交流,学习校园中不曾了解的社会知识。只有这样,情商才不会成为发展道路上的绊脚石。

训练拓展

(1)智商的高低与遗传有关,也与后天的生活环境有关。请同学们认真思考并列举出你的智商与你的在校学习有着怎样的密切关系。我们知道,智商的五个基本构成因素是观察力、注意力、记忆力、思维力、想象力,这些都是在学校接受教育过程中重点培养的内容。每个人都希望自己聪明,但是长期的在校学习已经让我们对学习与提升智商水平之间的关系产生了迷茫。

事实上,学校教育让我们在掌握各种知识的同时,也在不断锻炼和提升着我们的智商水平。没有课堂上老师一再强调的注意力集中和观察力的培养,我们将很难获得对新事物的认知;没有平时的有意记忆以及为考试而进行的大量背诵,我们将很难提升自己的记忆力水平;没有各种知识的不断积累,我们将很难实现思维力和想象力的提升。对此,我们必须重新认识,并予以重视。

(2)请同学们进行一个讲笑话活动。笑话能给大家带来愉悦,但能表演好笑话是要进行准备的,而且还要了解同学们的笑点,并要在表演时注重语言的表达,不能别人还没有笑,而自己却笑个没完,更要表演者在大家面前具备一定的自如表达能力,胆怯和吞吞吐吐都不能产生良好的效果。这个过程既可以实现对自己情绪的控制,也可以实现对别人情绪的控制,是一个很好的情商锻炼活动。

请同学们每人通过网络等渠道收集准备一个笑话,然后以班为单位搞一个小型的笑话晚会,每个人都要上台表演讲笑话,看谁的笑话最能引起大家的共鸣。

第四训练模块　认识未来就业环境

※ 训练目的 ※

通过该模块的训练,要使大学生基本了解未来的主要就业环境,认识国有企业、民营企业和外资企业的性质、用人特点和企业文化,充分体会不同企业的企业文化内涵,培养自己对企业的融入意识,在以后的大学学习过程中树立更加明确的学习目标,以满足不同用人单位的要求。另外,还希望每个大学生提高对我国第三产业发展情况的认识,了解第三产业在国民经济发展中的地位,培养自己今后在第三产业中谋求发展的就业意识。

※ 训练要求 ※

(1) 研究国有企业、民营企业和外资企业的特点,理解不同性质的企业在国民经济发展过程中的差异;

(2) 研究国有企业、民营企业和外资企业的用人机制,思考如何在大学期间把自己培养成为符合一定企业要求的人才;

(3) 正确认识发展第三产业在国家经济建设中的重要意义,认识第三产业的就业空间,分析自己以后从事第三产业工作的可能性;

(4) 研究国有企业和民营企业的不同企业文化,理解企业文化对企业发展的意义,并在求学期间逐渐培养自己的企业文化融入意识。

训练开讲之一　认识就业企业

高职院校的毕业生作为国家经济发展的实践者未来必将走入不同的企业,包括国有企业、民营企业甚至外资企业,当然也可能在第三产业中就业发展,认识一些企业的特点对未来就业将有一定的帮助。

一、国有企业

长期以来,我国的国有企业在国民经济中始终占有着主导性的地位,这是由我国的社会主义制度所决定的。

1. 国有企业的特点

国有企业作为一种特殊的企业制度而存在着,这主要表现为:国有企业具有不同于一般企业的特殊性质和功能,在国有经济中居于主体地位,对国民经济的大发展起着主导性的作用。

1) 具有特殊的产权制度

这种产权制度的优点是,它可以克服一般企业产权所有者的局限性,具有更大的承担风险能力,投资和决策的领域更宽广;其缺点是,企业的权利义务关系,特别是所有者、决策者、经营者、劳动者之间的责、权、利关系复杂、模糊,难以用一般的民事法律来规范。

2) 超越单纯的商业利益目标

作为国有企业产权主体的国家与一般企业的产权主体是不同的,它除了追求企业的商业利益之外,同时还要兼顾实现一定的社会政策目标,例如,控制国民经济命脉、保障国家安全、提供生产和生活设施、发展高新技术产业,甚至包括维护社会公平和增加社会就业等。在国有经济控制的四大领域中,有些产业可能几乎没有商业回报,但却对社会和公众是不可缺少的。这就必然削弱了国有企业的市场竞争能力,尤其是当同一产业中存在其他竞争对手时,国有企业往往处于劣势。

3) 具有特殊的融资渠道

国有企业通常的融资渠道包括财政拨款、国家银行贷款、国家向国际金融市场进行主权性融资(发行主权债券、接受外国政府贷款)等。在经济发展中,国有企业可以依靠自己强大的融资功能,成为产业发展和国家经济增长的巨大推动力。但是,近年来某些国有企业也在尝试进行市场化融资改革。

4) 具有较高的信誉和稳定性

国有企业在国民经济中的地位就决定了其在各种社会经济活动中都具有非常高的社会信誉,而且也决定了其破产倒闭也不像一般民营企业那样只是经营者自己的事情,国有企业具有很强的"退出壁垒",从而保持了其较强的市场地位。但是,这将导致两个不利的后果:一是减弱了国有企业经营者和劳动者的竞争压力和危机意识,企业效率不高;二是使国有企业的产业结构调整更为困难,国有企业对市场变化的适应性不强。

5) 可以实现一定的垄断经营

由于国有企业与政府有着天然的"血缘"关系,从而可以由政府特许经营一定的业务领域,可以通过对自然资源和社会资源的垄断,取得一定的经营优势。另外,当遇到重大的不利影响时,国有企业还可以受到政府的特别关照,与政府谈判时有较便利的条件和谈判地位。

2. 国有企业人力资源管理新趋势

由于国有企业的特殊性,在过去的人力资源管理上必然存在着一些不良现象。但是,按照社会主义市场经济体制的要求,为了加快建立现代企业制度,建立健全富有活力的人力资源开发管理新机制,国有企业在人力资源管理中也正尝试着进行各方面的改革。

1) 树立人力资源管理新理念

企业把有效稳定的人力资源开发与管理放在了首要的战略位置;逐渐形成以人的能力、特长、兴趣、心理状态等综合因素来科学地安排员工的工作岗位;在考虑员工成长和价值观念的基础上,逐渐建立起有效的激励机制,使员工在工作中能够充分发挥积极性和创造性,从而提高工作效率,促进企业效益的提高。摒弃过去传统意义上的人事管理方法,依靠既懂理论又会实践的人力资源管理专门人才,为企业选才、育才、用才。

2) 推行能本管理和效率优先配置机制

能本管理是一种以能力为本的管理,是人本管理发展的新阶段。它通过有效的方法,最大限度地发挥人的能力,从而实现能力价值的最大化,把能力这种最重要的人力资本作为企业发展的推动力量,以此实现企业的不断创新发展。国有企业在招聘员工时,逐渐把员工个人能力是否适应岗位要求作为了招聘上岗的用人标准。人尽其才,岗适其人,合理配置,使职工在合适的岗位上发挥作用。

坚持效率优先就是国有企业配置人力资源必须讲求用人效率。目前,我国的人力资源市场基本呈现出供大于求的长期态势。在这种情况下,为了在市场竞争中取胜,企业有条件以效率为尺度来选择和使用人才,优化人力资源的配置,提高企业人员的整体素质,降低用工成本,从而提高企业效益。

3) 实施人力资源规划

人力资源规划就是为了满足变化中的企业对人力资源的需求,根据企业的发展战略和经营目标,分析企业人力资源的内外部机遇与威胁,制定必要的人力资源管理政策和措施。目前有些国有企业的人力资源管理部门在积极进行调查研究的基础上,对本企业在人力资源需求与供给的数量、质量、层次结构等方面做出分析和预测,进而制定和实施人力资源管理与开发的总体计划和分阶段、分部门的配置方案,以确保企业整体经营目标的实现。

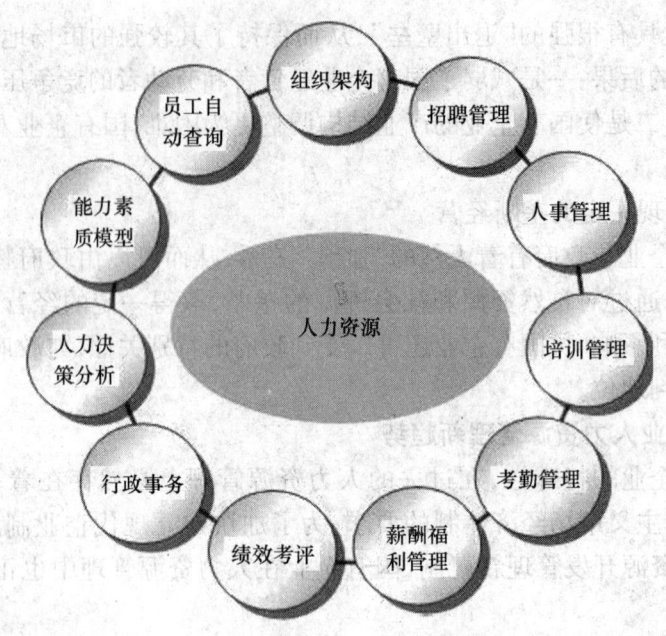

人力资源管理环形图：组织架构、招聘管理、人事管理、培训管理、考勤管理、薪酬福利管理、绩效考评、行政事务、人力决策分析、能力素质模型、员工自动查询（围绕中心"人力资源"）

4）建立竞争机制

随着市场经济规则的建立和人力资本价值、地位的提高，一些国有企业根据企业发展的要求，制定以任职资格为基本条件，以竞争上岗和岗位交流为主要形式的多元化人才成长机制，及时发现和使用人才。许多国企都制定了一些竞争上岗的办法，在员工满足一定资格条件下，通过综合心理测评、综合知识笔试、专家答辩、组织考察、集体决策等环节，逐层淘汰，选拔出业绩、能力、综合素质突出和符合企业发展需要的人才。实行竞争上岗有利于促进企业内部年轻优秀人才的脱颖而出，可以调动员工长期沉淀的积极性和工作热情。

5）建立绩效考评分配机制

现代绩效考核制度采用目标管理的方法，通过计划、沟通、评价和反馈四个阶段，促进工作改善和员工的成长。在计划阶段，明确了考核的内容和标准，并且使公司的经营管理目标层层传递，从而得到落实；在绩效沟通阶段，上级担负着教练员的角色，有培养、指导、激励和约束下属的责任，可促进员工工作绩效的改进和个人的成长；在绩效评价阶段，按照一定的程序，上级作为裁判员对员工考核期的工作业绩、能力和态度进行评价，使员工的劳动价值创造获得企业的认可；在反馈阶段，上级以面谈的形式，肯定员工取得的工作成效、指出存在的不足以及改进工作的措施，从而激励员工朝着更高的目标努力工作。

6）建立员工职业生涯规划机制

越来越多的国有企业已经充分认识到，企业的发展战略必须与员工的职业生涯规划相结合。许多国有企业根据长远发展的需要，已经把职工的教育培训作为一个系统工程，重视创新能力的培养，树立职工的创新观念，激发职工在实践中学习的能力和创造的潜能，最大限度地开发人力资源的潜力，建立了多层次、多渠道、多形式的职工教育培训网络。并且把在职培训与脱产培训相结合，一方面企业在其内部开展各种形式的在岗培训,既要进行专业技能培训,还要进行企业文化和价值观念的培训,以提高员工在岗工作态度和技能;另一方面积极与社会和大专院校合作,对员工进行再教育培训,为企业的骨干提供知识更新和学位提升的机会。

7)建立用工契约机制

在市场经济趋向成熟的环境下,国有企业已经转变了传统的劳动用工观念,树立法制观念,把劳动关系推向市场调节的范畴,建立健全与市场经济相适应的劳动用工制度,建立了能上能下、能进能出的用人机制,对促进国有企业人力资源的合理流动和人才资源的优化配置发挥着积极的作用。目前,国有企业用人制度中已经明确了无论长期工、短期工、季节工和临时工都必须签订劳动合同。

每个高职院校的学生一定要认识到,过去国企的那种论资排辈和重成分、轻知识的用人现象已经逐渐淡出历史的舞台,取而代之的是年轻化、知识化、专业化的用人方针。这种变化无疑对年轻人才的成长大有好处,给进入国有企业的大学生带来实现人生发展的大好机会。要想抓住这个机会,就必须在校期间不断学习,增长才干,提升素质,为自己能进入相应企业创造条件。

二、民营企业

狭义地讲,民营企业就是在我国境内除国有企业、国有资产控股企业和外资企业以外的所有企业。根据我国民营企业发展的现实情况,民营企业可分为个体企业、私营企业、乡镇企业、股份合作企业、国有民营企业等类型。

1. 民营企业的特点

在中国企业中,私营或民营企业在数量上已远远超过50%。民营企业是我国经济发展的一支重要力量。民营企业中有相当一部分都是从家族企业发展而来的。民营企业在运作整个企业和市场的时候具有自己的特点。

1)家族化管理特征

据调查,70%的民营企业基本上仍采用家族集权式的管理模式。企业的产权、结构治理不够合理,制约了企业竞争力的提升。从经济学角度分析,家族化的管理模式在创业阶段有其特定的优势。但在企业做大、做强、规范化的过程中,企业需要科学的经营管理和组织结构,家族式管理模式的固有特性,使其在大规模私营企业中表现出明显的局限性。

2)完全的市场导向特征

民营企业的经营目标就是实现资本增值、追求资本收益最大化,有将其利润进行再投资、以实现进一步资产增值的内在投资欲望。在这一目标的驱动下,民营企业最大的特点就是其经营活动完全以市场为导向,将资本向市场需要的产品上转移,将资本投向边际生产率高的产业。

3)灵活性和竞争性特征

与国有企业相比,民营企业较难得到像国企那样的优惠政策扶持。民营企业完全在市场经济中依靠自己求得生存和发展,具有很强的市场竞争性。而且,相对来说,民营企业规模小、转型快,能够跟随市场的变化及时调整企业的战略方向,而不像大企业那样转型困难。所以,在投资、生产、销售、分配等各个方面,民营企业都表现出极大的灵活性。

4) 老板经营特征

民营企业初期发展较快,虽然管理模式不尽相同,但在企业从小到大、人员从少到多、资金从几万到数千万乃至数亿的发展过程中,老板作为这个飞速成长企业的拥有者,其经营活动无时无刻都打着老板的思想烙印,外来的优秀人才难以打入企业管理核心,始终遵循"财权老总一把手"原则。家族化管理和财权内控,有力地保证了企业财务与资金的稳定。

5) 管理滞后特征

民营企业在管理上存在着一些问题:内部组织关系不稳定,管理层次不清,计划性不强,管理方法单调,重市场不重现场等。但是,随着企业的发展壮大,目前很多民营企业深感家族化的管理已不能适应市场竞争,开始把目光投向职业经理人,进行大胆而又艰难的尝试。除董事长和总经理外,其他重要岗位逐渐由外聘精英担任,试图将企业打造成一流的现代企业。

2. 民营企业人力资源管理趋势

我国的民营企业在国家经济发展中起着越来越重要的作用,形成了我国当前极富活力和极具发展潜力的企业群体。一些大的民营企业,已经完成了第一次飞跃,无论在企业规模、资金实力,还是在综合竞争力方面,都代表着当前民营企业的较高水平。

许多民营企业的所有者,在经历了艰难的一次创业之后,都逐渐意识到在由人力资源和物力资源所组成的各种资源要素中,人在其中起着不可低估的作用,意识到决定民营企业兴衰成败的最具决定性的因素就是人。因此,如何选人、用人、留人,如何构建一个合理的民营企业用人机制,充分调动民营企业员工的积极性和创造性,是很多民营企业能否持续发展和做大做强的关键。

1) 灵活的人才选用机制

民营企业的资产所有者会根据本企业的实际需要,采取多种必要的渠道和方式,选拔和聘用他们所需要的人才。民营企业在人员的选拔上是比较自由的,较少受行政指令等外部因素的影响。相比之下,在国有企业,大多数资产经营管理者都是由上级任命和指派的,上级任命的人员不一定就了解和适合企业的发展。

2) 灵活的人才使用机制

民营企业一开始就是在激烈的市场竞争中磨练和成长起来的。民营企业的资产所有者和经营者,以追求经济效益的最大化为根本目的。因而,民营企业在人员的使用上,会较多地考虑所使用的员工是否会为本企业带来效益,或者能够带来多少效益。如果民营企业的经营者发现员工不能胜任他所在的工作岗位,或者是不能在本岗位上做出令他们满意的成绩,他们就会考虑对不能胜任的员工进行转岗,甚至是解雇。

3) 灵活的人才留用机制

民营企业的资产所有者为了有效地留住员工,实现资产的保值增值,积极采取各种灵活的措施,如与优秀的员工进行一对一的谈判、实行谈判工资制等。民营企业的所有者比国有企业的经营者具有对企业资金更大的支配权力。他们能够根据实际需要,在各个方面及时采取积极的措施给予有才干、有能力的人以更好的待遇。

4) 实用的人才开发机制

民营企业结合企业经营发展目标,制定科学的、系统的员工教育培训计划,把培训当作一项投资,而不是消费。考虑到人才的培养有一个时间过程,所以,员工培训是从长远出发,注重未来,根据员工的年龄层次、知识结构、岗位特点以及企业未来人才需求状况,有选择地资助大专院校贫困学生上学,为企业的人才库储存年轻的后备力量,形成人才梯队。对于企业来说,这种投资不仅会产生良好的社会效益,也会带来较好的经济回报。

5) 合理的人才激励机制

激励是人力资源管理上的一个极其重要的功能,同时也是一种重要的工作手段。以往民营企业更多地采用物质激励的方式,往往忽略精神激励的价值。事实上,人的需要和追求是多方面、多层次的,而更高、更深层次的需求大多体现在精神方面,尤其在知识经济时代,员工的素质不断提高,这一点将表现得更为突出。

6) 科学的人才考核机制

我国民营企业在建立考核制度及实施人力资源考核时,遵循着一些基本原则。第一,公开与开放。开放式的人事考核制度首先是公开性和绝对性的,借此而取得上下认同,推行考核;其次是考核标准必须是十分正确的,上下级之间可通过直接对话,面对面沟通进行工作考核。第二,反馈与修改。即把考核后的结果,及时反馈,好的东西坚持下来,发扬光大;不足之处,加以纠正和弥补。第三,定期化与制度化。人事考核既是对员工能力、工作绩效、工作态度的评价,也是对他们未来行为表现的一种预测,发现组织中的问题,从而有利于组织的有效管理。第四,可靠性与正确性。一种人力资源考核体系要想获得成功,就必须具备良好的可靠性与正确性。第五,可行性与实用性。可行性是指任何一次考核方案所需时间、物力、财力要为使用者的客观环境条件所允许。实用性,包括两个方面的含义:一是指考核工具和方法应适合不同测评目的的要求,要根据考核目的来设计考核工具;二是指所设计的考核方案要能够适应不同行业、不同部门、不同岗位人员素质的特点和要求。

三、外资企业

外资企业是我国改革开放的产物,更是世界经济全球化的产物。外资已经成为我国经济的重要组成部分,对我国经济的发展具有不可或缺的推动作用。

外企与民企在用人观上有许多地方是相同的,毕竟企业存在的目的都是为了最大限度地回报股东和取得利润。但是由于经营理念的差异,外企与民企在实现企业目标的途径上做出了不同的选择,从而在选人用人上也有着不同的倾向和标准。

1. 领导才能和技术才能

外资企业在选聘人才时比较注重领导才能,民营企业则比较注重技术才能。外资企业通常认为好的领导力是完成任务的必备条件,一个好的员工必须是一个好的领导,哪怕该岗位不一定是领导岗位。因为只有具备好的领导才能才可能为自己的工作设定方向,从而高质量地、独立地完成工作。民企则更注重技术才能,注重应聘者是否具备该工作岗位的工作经验。

外企和民企之所以有这样的差异是基于外企有充分"授权"的理念。经理希望员工能够在自己的领域做决定,而不是让领导来做决定。在做决定的时候,领导才能比技术才能起到的作用更大。

2. "德"和"才"

外资企业重"德",民营企业重"才"。当然这里所说的"重"是相对而言的,因为无论是外企还是民企都希望找到"德才兼备"的人才,但在实际的招聘和选拔过程中,外资企业则更看重"德"的因素。

比如说"诚实正直",外企在招聘员工时非常注意求职者是否说了实话,为了证实这一点,有些外企可能会花比较多的时间做"背景调查",确保员工讲的是实话。外企的背景调查是非常认真的,除了电话调查还有书面调查,甚至请第三方的咨询公司做调查;而民营企业在这方面投入的精力则较少,即使有背景调查也主要集中在应聘者的工作能力上。

3. 潜力和资历

外企重潜力,民企重资历。外企招人是为了"明天"用人,而不是"今天";民企招人则是为了满足"今天"工作的需要,把是否具备"今天"工作要求的技能看得很重要。

外企通常具有较长的发展历史,像杜邦有200多年的历史,宝洁有170年的历史,爱立信在慈禧太后时代就进入了中国。因为外资企业的企业文化往往是通过几十年,甚至上百年的时间形成的,因而公司更看重应聘者能否适应企业的文化,能否和企业的核心价值理念保持一致,能否有潜力在企业工作较长的时间,与企业共同成长。

不管外企和民企在用人观上的差异有多大,他们在许多方面上还是有着相同之处,比如都强调敬业精神,强调绩效等。在通用电器,工作激情是用人的一个主要衡量指标,这与国内企业所讲的爱岗敬业有相通之处。

四、第三产业

第三产业是现代国家经济很重要的产业构成。它可以是任何所有制的企业,是市场经济条件下促进我国社会主义生产力发展的重要力量。认识第三产业可以帮助我们在未来就业过程中进行选择。

1. 了解三大产业的划分

人类生产活动发展的历史可以分为三个阶段：第一个阶段是以农业和畜牧业为主；第二个阶段是以工业的大规模发展为标志，即工业化阶段；第三个阶段是以资本和劳动力大量涌入信息业和各类技术服务业等为特征，即现代化阶段。为了准确理解第三产业的内涵，我们有必要了解三大产业的基本划分方法。

1）第一产业

第一产业就是农业。农业是人类社会的衣食之源，生存之本，是工业等其他物质生产部门与一切非物质生产部门存在与发展的必要条件，更是支撑整个国民经济不断发展与进步的保障。农业的地位和作用决定了它是国民经济最基本的物质生产部门。在经济发展的任何阶段，高度重视农业生产，走发展高产、优质、高效农业的道路，由粗放向集约化转变，把农业生产改造为与市场经济相衔接的社会大生产，这是我国发展第一产业的基本思路。

2）第二产业

工业就是国家的第二产业。工业是国民经济各部门进行技术改造的物质基础，是国民经济的主导。工业可以为国民经济各部门提供技术和装备，为国民经济各部门提供能源和原材料，为满足人民生活需要提供各种消费品。工业是国家积累的主要来源，是加强国防的重要条件。工业分为重工业和轻工业，分别为社会提供生产资料和消费资料。一个国家工业的发展水平，直接决定这个国家技术水平和经济发展水平，因此，要实现我国的社会主义现代化，必须大力发展现代工业。

3）第三产业

第三产业是由第一、第二产业的发展派生出来的行业，并为第一、第二产业服务的。随着科学技术的进步、劳动生产率的提高、社会分工的细化以及专业化程度的升级，社会就业人口必然下降，而当居民消费水平提高到一定程度的时候，人们的消费结构就必然发生变化，再加上国际经济技术交流的需要，这时，人们对社会服务的要求也随之发生变化。社会中的流通部门、生产和生活服务部门、科学文化水平和居民素质服务部门、社会公共需要服务部门都将以完全独立的产业形成而存在。因此，第三产业的兴旺发达已经成为现代经济发展水平的一个重要特征和主要标志，并理应在国民经济中占有相当大的地位。

从三大产业的发展关系来看，它们是相互依赖、相互制约的。一方面，第一产业可以为第二、第三产业的发展奠定坚实的基础，另一方面，第一、第二产业又为第三产业的发展创造着条件，同时，第三产业发展又能大力促进国家第一、第二产业的不断进步。

2. 认识第三产业

长期以来我国第三产业的发展是相对滞后的，这主要是我国对第三产业的重视不够，人们在认识上存在重视工业而轻视流通和服务行业的严重问题，使社会劳动力在思想上受到极大束缚。

1）层次划分

了解第三产业的层次划分,有助于我们对第三产业发展空间的认识。

在当今世界,服务业的运营对象和产品大概可以分成四大类:人流、物流、资金流、信息流。据此,可以将第三产业作四个层次的划分。

第一层次:人流服务业,包括交通、旅游、商业饮食、职业中介、婚姻中介、理发照相、医疗卫生、体育保健、房地产和物业服务等。

第二层次:物流服务业,包括运输、邮政、物流仓储、批发零售等。

第三层次:资金流服务业,包括金融、保险、银行、证券、租赁、社会福利等。

第四层次:信息流服务业,包括教育、科研、电信、广告、广播影视、信息网络、信息咨询、地质普查等。

2）在国民经济中的地位

从现代经济发展的状况分析,第三产业在国民经济中有着不可低估的作用,因而占有非常重要的地位。

首先,第三产业的兴旺发达是体现现代国家综合国力强盛与否的重要标志,也是促进现代国家经济发展繁荣的重要手段;其次,大力发展第三产业能促进整个国民经济的兴旺发达,从而使经济结构的发展更符合世界趋势、更有利于充分发挥市场的调节作用;再次,大力发展第三产业本身就是对产业结构的调整,使产业结构向第三产业倾斜,从而降低第一、第二产业在国民经济中的比重,促进产业结构趋于合理,有利于经济的进一步发展和繁荣。

3）我国第三产业的现状

与其他国家横向比较,我国第三产业在 GNP 和 GDP 中所占比率较低,不仅远远低于发达国家水平,甚至低于发展中国家的平均水平。早在 1948 年,美国第三产业的比率就已经超过第一、第二产业的总和,达到了 53.96%,并在随后的 52 年间仍然保持着每年平均 0.4 个百分点的增长速度,到 2000 年就已达到 74.45%,相应地,第一、二产业的比重也分别从 8.89% 和 37.14% 下降到了 1.37% 和 24.19%。可见,第三产业是第二次世界大战以后美国经济发展的第一推动力。相比之下,我国的第三产业发展是非常滞后的,即使到目前为止也仅占 40% 左右。

国家	韩国	日本	美国	加拿大	法国	德国	英国	澳大利亚
比较年份	2000 年	2000 年	2000 年	2000 年	2000 年	2000 年	2000 年	1999 年
就业比率	61.1%	63.1%	76.6%	74.1%	74%	62.6%	72.8%	73.6%

上表为一些国家在第三产业上的就业比率统计数据。从 2010 年 5 月 21 日我国人力资源和社会保障部发布的数据来看,直到 2009 年年底,我国第一产业就业人员占全国就业总人数达 38.1%;第二产业占 27.8%;而第三产业仅占 34.1%,显示了我国与其他国家的差距还很大。

4）从 2010 年后的热门职业预测看第三产业

从国家有关部门对 2010 年以后的热门职业预测来看,贸易、经纪人、房地产开发、律师、教育、医疗保健、新闻出版、服装设计制造、公关及策划、旅游、公务员、注册会计师、涉外文秘、建筑设计师、农业技师、心理医生、市场营销、新材料、新能源开发、网络服务位于前 20 名。很显然,这 20 个热门职业主要是第三产业,也足见第三产业在未来的广阔发展前景,应该引起在校大学生的高度重视。

训练开讲之二　认识企业文化

在现代企业制度下,任何一个企业都有自己特有的企业文化。认识企业文化对每个大学生将来能较好地融入企业大家庭是非常重要的。

一、企业文化的由来

把追求利益最大化作为目标的企业,在经历了科学管理模式、行为管理模式之后,迎来了文化管理模式时代;同时也在经历了"以物为中心""以人为中心"的管理阶段之后,发展到了今天的"以企业文化为中心"的企业管理时代。

开放式经营的企业必然受到各种环境因素的影响。企业环境包括企业的技术环境、人力资源环境、金融环境、投资环境、市场需求环境等,这是企业发展所依存的客观环境,直接影响着企业的短期效益和生存,且影响力度较大。同时,企业经营还要受到政策、法规、社会评价、公平竞争、社会信誉等主要由人为因素控制的社会发展软环境的影响。它们对企业发展的影响表面上是间接的,然而对企业长期的经营业绩和企业的竞争力却是深刻的。在 21 世纪的社会发展条件下,这些软环境因素与企业发展之间的关系必将呈现出比以往更加复杂和难以想象的变化。企业要想立于不败之地,就要借助企业文化的力量在其发展战略、经营策略和管理模式方面及时进行相应的调整。

企业文化的建立就是要在这样的环境条件下实现企业内部的高度整合,增强企业对外界经营环境的适应性;实现企业的主导价值观和经营理念;不断孕育企业自身的创新和发展潜力。这种反映企业生存发展需要的文化必将形成企业文化竞争力,使企业具有强大的生命力。因此,从 21 世纪开始,我国的企业都在积极大力培育和发展自己的企业文化。

二、企业文化及主要功能

无论企业的性质如何,但企业文化的内涵和主要功能都是相通的。

1. 企业文化的概念

企业文化是企业在长期的生产经营实践中逐步形成的共同文化观点,是由企业领导者倡导,为全体企业员工所认同的本企业的群体意识和行为准则。它支配着企业及其员工的行为趋向。我国学者许宏认为:企业文化是经济意义和文化意义的混合,即在企业界所形成的价值观念、行为准则在人群中和社会上发生的文化影响,它不是指知识修养,而是指人们对知识的态度;不是利润,而是对利润的心理;不是人际关系,而是在人际关系中所表现出来的处事哲学。

企业文化是一种渗透在企业的一切活动之中的东西,它是企业的美德之所在。国内有经济学家对企业文化进行了这样的诠释:"企业文化是一种从事经济活动的组织之中形成的组织文化。它所包含的价值观念、行为准则等意识形态和物质形态均为该组织成员所共同认可。它与文教、科研、军事等组织的文化性质是不同的。"

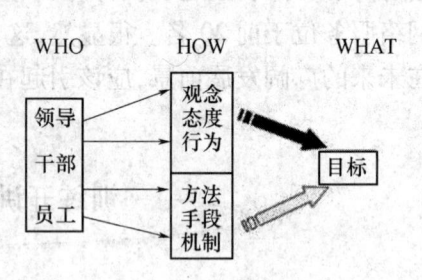

企业文化的定位

著名学者、管理学家朱则荣说:"真正的企业文化只解决一个问题:员工心态。"先进的企业文化是对企业员工最好的精神激励,它是企业的灵魂所在。企业要通过培育富有本企业特点的企业文化来激励员工的工作热情和工作责任感。企业员工在这种文化理念的影响下,会把企业的昌盛作为共同的目标,并且在实际工作中,发挥良好的团队精神,使员工之间相互取长补短,主动将个人才能体现在集体中,集体又可以充分发挥每个人的优势,让智慧和学识在强大的凝聚力下发挥到极限。

因此,企业文化通常是在一定的生产经营环境中,为适应企业生存发展的需要,首先由创立者或领导者所倡导,并经过较长时间的传播和规范管理,制定适合企业文化传播的激励政策,从而使企业员工的思想意识逐步变化,达到全企业的共识和认同,最终融合为全体企业人的默契、习惯和氛围的一种经营环境文化。企业文化的形成过程实质上是一个以新的思想观念及行为方式逐渐战胜不适合企业经营和发展的旧思想观念及行为方式的过程。

2. 企业文化的主要功能

从以上企业文化概念的阐述,就可以看出企业文化应该具有六大功能。

1) 导向功能

对企业整体和企业成员的价值及行为取向起引导作用。具体表现在两个方面:一是对企业成员个体的思想和行为起导向作用;二是对企业整体的价值取向和经营管理起导向作用。

2) 约束功能

对企业员工的思想、心理和行为具有约束和规范作用。企业文化的约束不是制度式的"硬约束",而是一种"软约束"。群体意识、社会舆论、共同的习俗和风尚等精神文化内容,会造成强大群体心理压力和动力,使企业成员产生心理共鸣,继而达到行为的自我控制。

3) 凝聚功能

凝聚功能就是指当一种价值观被企业员工共同认可后,它就会产生一种黏合力,从各个方面把企业成员聚合起来,从而形成一种巨大的向心力和凝聚力。

4）激励功能

企业文化能够满足员工多层需要，并能用"软约束"来抑制某些不合理的需要。所以，积极向上的理念及行为准则将会形成强烈的使命感、持久的驱动力，成为员工自我激励的一把标尺。

5）辐射功能

企业文化一旦形成较为固定的模式，它不仅会在企业内部发挥作用，对本企业员工产生影响，而且也会通过各种渠道（宣传、交往等）对社会产生影响。

6）品牌功能

企业在公众心目中的品牌形象，是一个由以产品服务为主的"硬件"和以企业文化为主的"软件"所组成的复合体。优秀的企业文化对于提升企业的品牌形象将发挥巨大的作用。独具特色的优秀企业文化能产生巨大的品牌效应，如"微软""海尔""联想"等，它们独特的企业文化在其品牌形象建设过程中发挥了巨大作用。

三、国有企业的企业文化

由于国有企业在我国的特殊地位决定了国有企业具有不同于其他性质企业的企业文化。

1. 国有企业的企业文化功能

我国的国有企业是国家所有或国家控股，是社会主义公有制的主要实现载体。它具有经济属性、政治属性和社会属性。国有企业因其自身的特有属性，决定了其企业文化的自身特点，最终目标是实现员工价值、企业利益和社会效益三者的综合效应最大化。其企业文化功能有三个方面的表现。

1）服务经济功能

在经济属性上，国有企业要为社会提供优质产品和服务，不断提升企业和产品竞争力，创造更高的经济效益，促进国民经济平稳快速发展。国有企业的企业文化必须服务于企业经济建设，因此，其服务经济功能是国企企业文化的首要功能。

2）服务政治功能

在政治属性上，我国的国有企业占据着国民经济的主导地位，掌握着国家的经济命脉，是社会主义制度存在和发展的经济基础，是国家实行宏观调控的主要经济保障。它承担着维护社会主义市场经济秩序，为国家应对突发事件和重大经济风险提供可靠支持的重任。企业文化要为国有企业的这一重大社会责任提供精神支撑。因此，国有企业的企业文化具有非常重要的政治功能。

3）服务社会功能

企业文化中所倡导的诚信、公平等理念，能够很好地起到调节企业与市场、企业与社会、企业领导与员工、企业员工与员工之间关系的作用。它不仅能够促进企业内部的和谐发展，还能起到促进社会和谐进步的作用。由此可见其所具有的服务社会功能。

2. 国有企业的企业文化理念

国有企业的企业文化理念期望在规范员工的思想、统一员工的认识、树立良好的企业精神面貌、实现企业发展的同时,还要达到实现社会稳定的目的。

1)以人为本发展理念

国有企业作为我国占主导地位的企业,在文化建设中充分体现了全面贯彻党的路线、方针和政策,落实科学发展观,而科学发展观的核心就是以人为本。在国有企业中体现以人为本,最基本的落脚点就是以广大职工的根本利益为本。国有企业始终坚持全心全意依靠职工群众办企业的方针,把维护全体职工的利益作为企业发展的出发点和最终归宿,将员工的需求与企业的命运紧密结合在一起,让企业的发展建立在人的全面发展基础上,增强每个员工的自身素质,满足员工的个体需要,最终实现员工和企业的共同发展。

2)可持续发展理念

可持续发展是科学发展观的基本要求之一。这一理念要求国有企业在经营管理过程中,必须处理好企业发展与社会、环境、资源之间的关系。不能只看到企业的眼前利益、局部利益,更要看到企业的长远利益,甚至是国家未来的发展利益,乃至全人类的长远生存利益。企业在发展的同时必须兼顾环境保护的责任,保证地球生态基本平衡,合理开发利用资源。

3)和谐发展理念

企业是社会的重要组成部分,构建和谐社会离不开企业的和谐。构建和谐企业已经成为国有企业发展的目标之一。构建和谐企业需要将和谐理念融入企业文化建设之中,培养一种和谐的思维方式。这种和谐的思维方式,要求企业管理者和员工善于辩证地看待一切问题,承认矛盾,承认差异,对于分配的差别和职务的升迁要以非常平和的心态来对待,让各种矛盾、差异形成一种良性互动。和谐的企业文化应包容多样、团结多数,更好地贴近员工、贴近实际,并要能让大多数企业员工接受和认可。

4)注重特色发展理念

企业文化建设有很多共性的东西,但实际上每个企业都各有其特点,因此,企业文化建设的内容对不同的企业有所不同。国有企业遵循理论联系实际的原则,结合所属行业特点和企业组织的特点,把建设特色企业文化作为企业文化建设的重点。目前,我国不同所有制的企业因经营内容不同、规模不同、效益不同、历史不同、声誉不同等差异造就了各具特色的企业文化。

5)创新求变发展理念

面对经济全球化的发展,面对知识经济的挑战,面对变幻莫测的市场,要想在激烈的市场竞争中始终处于优势,就必须牢固树立创新理念,用文化创新推动科技创新、制度创新。国有企业只有不断创新、与时俱进,才能充满生机和活力,才能在激烈的市场竞争中立于不败之地,不断发展壮大。

3. 中航工业集团公司企业文化

中国航空工业集团公司(简称"中航工业")是国家授权投资、由中央管理的国有特大型企业,拥有几十万在职员工,下辖近200家成员单位,有20多家上市公司,目前已经踏上了建设新航空、大航空、强航空的新征程,正在积极打造国家的强大航空实力。透过中航工业的企业文化可以认识大型国有企业的企业文化。

1)中航工业集团宗旨

"航空报国,强军富民"是中航工业的宗旨,是集团公司对自身经营活动进行理性而科学的分析后形成的具有明确导向意义的价值观念,体现了航空工业企事业单位及广大职工的理想追求和品格风貌,彰显了航空人的历史责任、崇高使命和坚定信念。

2)中航工业集团理念

"敬业诚信,创新超越"的集团理念,是中航工业经过半个多世纪风雨历程凝结而成的宝贵精神财富,是航空工业的优良传统与时代精神相融合的产物。"敬业诚信,创新超越"是"航空报国,强军富民"集团宗旨的外显,构成了中航工业文化的精神支柱,成为中航工业文化的行为基石,是塑造良好的集团形象、激励并维系广大职工激情进取的动力源泉。

3)中航工业集团发展战略

中航工业集团把"两融、三新、五化、万亿"作为自己的发展战略。两融,即融入世界航空产业链、融入区域发展经济圈;三新,即品牌价值的塑造、商业模式的创造、集成网络的构建的新三位一体;五化,即市场化改革、资本化运作、产业化发展、专业化整合、国际化开拓;万亿,即到2017年挑战收入一万亿的奋斗目标。

中航工业企业文化认为:在决定一个企业发展的诸多因素中,首要的是宗旨和理念,然后才是机制和政策。没有先进的宗旨理念,很难形成有效的机制,也难以出台对路的政策。有了先进宗旨理念的引领,才能增强"闯"的魄力、"抢"的意识、"争"的劲头、"拼"的勇气。只有这样,中航工业才可能融入世界航空产业链、融入区域发展经济圈。

四、成功民营企业的企业文化

民营企业在发展中意识到:一个没有企业文化的企业,其经营往往是随波逐流的,其员工也没有主人翁意识,这样的企业很难在市场上长久地生存下去。在现代市场经济大潮中,民营企业将面临激烈的竞争和巨大的机遇,而加强企业文化建设,对增强企业的凝聚力和向心力、赢得竞争优势有着巨大的作用。

太平洋建设集团是一家多元化经营的大型民营企业集团,创造了辉煌的经营业绩,并跻身于中国民营企业500强之林。这与其有良好的企业文化理念有着直接的关系。下面是该集团企业文化的部分内容,从中可以看出该企业成功的原动力。

1. 太平洋建设文化理念

太平洋建设集团有着自己不同的文化理念。

其成长理念是"生活因热爱与付出而美好,思想因经历与压力而成熟,生命因体验与躬行而延伸,意志因磨砺与柔韧而坚强,人生因进取与舍得而精彩。"

其诚信理念是"今天的诚信,明天的市场,后天的利润。"

其决策理念是"科学、民主、团队、理性。"所谓科学就是遵循规律;所谓民主就是集思广益;所谓团队就是集体智慧;所谓理性就是量力而行。

其发展理念是"遵循规律,稳健前行,效益为先。"

其执行理念是"决策一言九鼎,执行一发千钧。"和"目标明确,指挥坚定,步调一致,执行坚决。"

其管理理念是"管理,当管则管。"

其管理法则是"集权有道,分权有序,授权有章,行权有度。"

其管理特色是"材财垂管。"

其用人理念是"讲文凭更讲水平,讲职称更讲称职,讲阅历更讲能力,讲资历更讲贡献,讲道德更讲风格。"

其忠诚理念是"忠诚于职业,忠诚于事业,忠诚于企业。说主人话,办主人事,尽主人责。"

2. 太平洋建设团队文化

其团队职责是"企业战略的执行者,企业文化的传承者,企业变革的推动者,沟通平台的构建者,管理效益的承载者,团队力量的凝聚者。"

其团队本质是"对己与对企一致,权利与责任对等。当局者清、旁观者迷,纵然生活在此山中,永远识庐山真面目。"

其团队风尚是"自信而不自傲,果断而不武断,自尊而不自负,严谨而不拘谨,知足而不满足。"

其团队境界是"大成在胸怀,小成在德才。高层看胸怀,中层看德行,基层看才能。心态决定状态,眼界决定境界,胸怀决定格局。"

其团队力量是"沟通的魔力,妥协的魅力,果敢的魄力。"

3. 太平洋建设员工文化

太平洋建设集团有着非常高尚的员工文化。他们认为:

可敬的人就应该"做事敢为人先,做人甘为人后";

可爱的人就应该"做事敢为人先,做人敢为人先";

可悲的人就应该"做事甘为人后,做人甘为人后";

可恶的人就应该"做事甘为人后,做人敢为人先"。

训练拓展

(1) 不论是国有企业还是民营企业都可能是我们未来的就业选择,但是也不要忘记选择第三产业就业的可能性。从实践角度来看，第三产业比第二产业更有发展前景。请同学们在可能的情况下，对自己所在城市周围第三产业的发展和就业情况进行调研，并形成调研报告。相信同学们会发现：第三产业的发展空间是巨大的，而且实际收入往往也大于第二产业。

（2）企业性质不同，企业文化也是不同的，但是从本质上来说，任何企业的企业文化都有许多共同的内涵，都在倡导企业发展的正能量。请同学们认真研读太平洋建设集团的企业文化，从中体会企业文化中的正能量，对照自己目前的状态，按照企业文化的要求，不断锻炼和培养自己在各方面的素养，提升自己未来融入企业的能力。

第五训练模块　认识大学生就业与企业用人标准

※※※※※※※※※
※ **训练目的** ※
※※※※※※※※※

　　通过该模块的训练，要使大学生通过有关的权威统计数据清楚认识本科毕业生和职业院校毕业生的不同就业状况，了解大概的就业薪资待遇，认识大学生就业过程中存在的问题，端正学习态度和就业态度，并根据企业的用人标准，规划自己在大学的学习生活，练好"内功"，以不变应万变，打造自己未来就业的"通行证"。

※※※※※※※※※
※ **训练要求** ※
※※※※※※※※※

　　(1) 从毕业人数、签约率、就业薪资等方面研究近年大学生的就业统计数据，并通过社会实践或网络调查，了解大学生近年来的就业现状；

　　(2) 根据高职毕业生在就业中所存在的问题，请同学们思考自己未来将如何面对就业问题；

　　(3) 研读"企业对新入员工的用人标准"的内涵，正确理解企业设立用人标准的意义；

　　(4) 为了满足企业的用人标准，同学们应对自己的在校学习生活进行规划，制定一套符合自己情况的在校素质养成计划。

训练开讲之一 认识大学生就业状况

高等职业教育从产生之初就决定了它更贴近用人单位需要,因此与普通高等教育有着非常明显的差异,表现在就业上就是高职毕业生比本科院校毕业生容易就业,但这并不意味高职毕业生的就业就没有问题。下面列举国家有关部门以及国内第三方毕业生就业调查专业机构——麦可思的一些调查统计数据,帮助未来毕业大学生认识可能要面对的就业状况。

一、从毕业人数看就业

2013年我国公开数字显示,有699万大学生毕业!其中有一半以上是高职毕业生,从而使2013年成为新中国成立以来大学毕业生最多的一年。699万人是什么概念?699万人就意味着比总人口数为630万的宁夏回族自治区还要多出69万人!2013年的这个数字足以让它成为我国大学毕业生的"最难就业年"。

下表显示了2003年到2013年大学生毕业人数。

年份	2003	2004	2005	2006	2007	2008	2009	2010	2011	2012	2013
毕业人数	212	280	338	413	495	559	611	631	660	680	699
比上年递增	—	32%	21%	22%	20%	13%	9%	3%	4.6%	3%	2.8%

从表中可以看出近年来我国每年的大学毕业生数据以及每年毕业生的递增情况。官方数据显示,2001年全国大学生毕业人数为114万,到两年后的2003毕业人数就达到了212万,几乎翻番;而到2013年,毕业生人数又达到了699万,是2003年的3倍多。近5年来,虽然每年的增长比例似乎不是特别大,但是,其绝对增加比例却是非常惊人的。可见,随着高校的扩招,每年大学毕业生的人数在不断攀升,造成就业压力日益增长。

下面的两个场面也许更可以让我们对毕业生人数的攀升有深刻的认识。

成都市2003届毕业生"双选会"暨2002年秋季人才招聘会在成都人才市场举行,来自全国各地的560余家单位为应届毕业生提供了1.5万余个就业岗位,吸引了省内外众多的大学应届毕业生前来应聘,仅绵阳市几所高校就联合出动六辆大客车,四川工业大学学生也自发结成浩浩荡荡的队伍前来参与。另外,此次招聘会还吸引了大批来自重庆、西安、贵阳等外地的高校应届毕业生。当天上午8点半以前,成都人才市场已人头攒动,上万名求职者把设在人才大厦一、三、四楼的招聘现场挤得水泄不通。与此同时,在与之相隔一街的丽阳天下大厦的招聘现场也是拥挤不堪。9点刚过,招聘现场的人流量达到高峰,有两万余名的求职者穿行于设在街道两旁的招聘现场,大约500米长的街道完全被求职者所阻断。出于安全考虑,人才市场的管理人员不得不临时采用分批进场的办法来限制入场人数。

十年后的河南2013年春季首场大型招聘会在郑州国际会展中心举行,引得11万人次年轻人在此寻找明天的梦想,他们与来自河南及外省的440家知名企业进行面谈,追逐着2.2万个就业岗位。岗位涉及市场营销、人力资源、行政管理、财务、审计、企业管理、机械制造、电气自动化等上百个工种,基本涵盖了毕业生的所有专业方向。当天上午8时许,会展中心门口就已排起长长的队伍,为防止场内过度拥挤,主办方采取了尽可能的措施进行有序化管理,但是尽管如此,会场里每个招聘单位前还是被围得水泄不通,致使求职者不能顺畅地与招聘人员进行交流。

二、从签约率看就业

根据腾讯—麦可思2010届大学毕业生流向月度网上跟踪调查的2009年后三个月及2010年前四个月的调查结果,截至4月25日,2010届本科和职业院校毕业生签约率分别达到50%、49%,较2009届本科(39%)和职业院校(39%)毕业生同期签约率分别上升11个、10个百分点,增长显著。下图是2010年4月底以前的大学毕业生签约率走势情况。

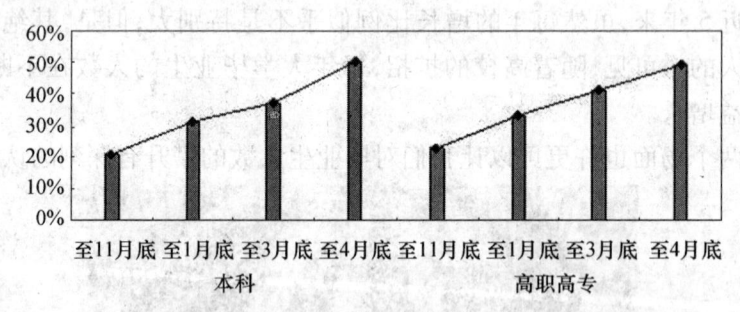

可见,无论是本科还是高职高专,其签约率都在呈逐渐递增的走势,而且两者的递增规律是相当的,说明当年总体的就业形势在好转。

但是,2013年的就业情况却不容乐观。2013年广东高校毕业生就业工作会议上显示,到3月底,广东2013届毕业生签约率仅30%,较之去年同期下降了10个百分点;另据《2013应届生求职反馈调研报告》调查显示,截至2013年2月底西安各高校仅有39.5%的毕业生在秋季招聘中收到了企业录取通知,也就是说就业人数还不足四成。

三、从雇主选择看就业

选择雇主是应届大学生择业中很重要的方面。毕业生需基于文化、环境、待遇等多方面因素具体分析希望就职的企业。良好的发展前景是很多高素质人才选择企业时最看重的一点；而企业文化是企业环境的核心，它决定了企业的气质与氛围，不仅关系到毕业生工作的热情、心情和待遇，更会影响到个人成长、工作习惯和工作作风的培养，以及长远的职业发展等很多重要方面，也是毕业生就业所重点考虑的内容。

据麦可思2010届大学毕业生流向月度网上跟踪调查的2009年后三个月及2010年前四个月的调查结果，2010届更多本科和职业院校毕业生就业最理想的雇主选择还是大型国企和大型外企。排在前50位的大型国企和大型外企有中国移动、中石油、微软、国家电网、IBM、中国电信、中石化、中国银行、联想、宝洁、华为、万科、阿里巴巴、百度、海尔、中建集团、通用电气、富士康、中铁、神华、中海油、中国工商银行、中广核、中粮、美的、南方电网、中远、比亚迪、西门子、中兴、INTEL、三星、华能集团、宝钢、网易、招商银行、保利地产、盛大网络、平安保险、惠普、马士基、沃尔玛、丰田、汇丰银行、诺基亚、搜狐、奥美、LG等。下表显示了2009年3月底以前我国职业院校毕业生签约率排名前20类的主要专业排行情况。

专业类别	签约率	专业类别	签约率
矿业工程类	65%	化工技术类	46%
安全类	63%	机电设备类	45%
制药技术类	53%	电力技术类	44%
能源类	52%	测绘类	44%
水利工程与管理类	50%	市政工程类	43%
铁道运输类	50%	纺织服装类	42%
民航运输类	50%	石油与天然气类	42%
城市轨道运输类	50%	公安技术类	42%
公共服务类	47%	矿物加工类	42%
地质工程与技术类	46%	轻化工类	41%

可见，从就业专业的类别看，毕业生还是倾向于在传统的基础行业内就业，而且其分布基本是均衡的。下图显示了2010年应届毕业大学生的理想签约雇主类型分布情况。

从雇主的选择上看，毕业生更喜欢按照传统的观念愿意选择在政府部门、国企或者外资企业就业，而在占较大比例的民企等中小企业中就业的愿望比较弱。然而，这两年这一现象正在发生悄然变化，毕业生把民企作为就业选择的人数在增加，如2012年，天津职业大学毕业生中近一半去往民企，三资企业占比近三成，国企占比近两成。另据天津市大中专就业指导中心统计，津城中小企业已成为吸纳人才的主阵地，有60%

政府机构/科研事业,28%

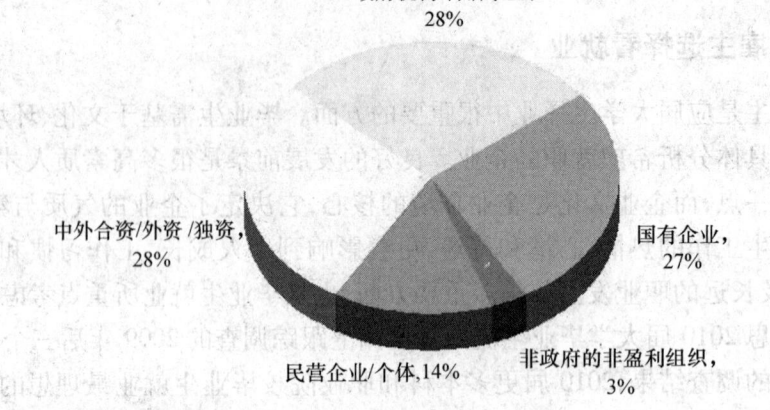

中外合资/外资/独资,28%

国有企业,27%

民营企业/个体,14%

非政府的非盈利组织,3%

至70%的毕业生把选择进入中小企业作为开启人生的第一份工作。

由北京青年压力管理服务中心完成的"2013年中国大学生就业压力调查"报告显示:2013年的就业压力值为18.17,已经接近于2009年全球经济危机时的最高点19.12。"北上广"已经不再是大学生就业的热点城市,二线城市明显受热捧,46.9%的学生表示,希望在省会城市及计划单列市工作,只有19.2%希望在直辖市工作。从连续三年的调查结果看,二线城市已成为求职者的首选,直辖市已沦为第三选择。

四、从薪资水平看就业

下表显示了2009年3月底以前我国主要省份高职高专和大学本科应届毕业生的签约薪资比较情况。

所在地	北京	上海	新疆	青海	辽宁	广西	重庆	福建
高职高专	2119	2114	2017	1994	1974	1907	1823	1821
大学本科	2472	2415	2344	2132	1913	1718	1961	1958
所在地	云南	广东	浙江	陕西	天津	湖南	黑龙江	河北
高职高专	1819	1818	1777	1769	1763	1754	1751	1722
大学本科	2009	2149	1929	2045	2116	1952	2054	1800
所在地	江苏	内蒙古	四川	吉林	江西	山西	湖北	河南
高职高专	1700	1674	1672	1669	1659	1645	1602	1600
大学本科	1962	2058	2021	2134	1813	1802	2017	1754
所在地	甘肃	安徽	海南	山东	贵州			
高职高专	1596	1535	1498	1481	1449			
大学本科	1645	1768	1740	1813	1653			

另据腾讯—麦可思2010届大学毕业生流向月度网上跟踪调查的2009年后三个月及2010年前四个月的调查结果,2010届本科和职业院校毕业生4月签约平均月薪分别为2403元、2168元,较2009届同期的本科2031元、高职高专1760元分别上升18%、23%。

从上表中可以看出，无论是高职高专还是本科毕业的学生在北京的薪资是最高的，而相对来说贵州的薪资是最低的，但是如果考虑到不同地区的消费差异，北京和上海的薪资水平并不高。另外，从上表还可以看出，本科毕业生通常情况下要比高职高专的薪资水平高10%左右，但也有的地区如辽宁、广西却呈相反关系，说明薪资水平的发展是由企业需要决定，并不一定和学历有直接关系，这也许可以反映一个发展趋势。

有些高职专业由于切合市场的需要，适销对路，能够满足企业对高技能人才的需求，几年后的薪资水平还是非常乐观的。据《2013年度麦可思——大学生就业年度指标》显示，2009届有些高职高专专业的毕业生三年后薪资较高的前10个专业见下表（月收入指工资、奖金、业绩提成、现金福利补贴等所有的月度现金收入）。

高职高专专业名称	毕业三年后平均月收入/元	高职高专专业名称	毕业三年后平均月收入/元
软件技术	5340	市场营销	4398
建筑装饰工程技术	5115	物流管理	4305
道路桥梁工程技术	4831	计算机信息管理	4233
计算机应用技术	4537	电子信息工程技术	4193
建筑工程技术	4506	应用电子技术	4170

五、了解高职就业中存在的问题

从我国社会经济发展的情况看，高等职业技术教育是十分需要的，但其"产品"也存在着"滞销"的问题，这有几方面的原因。

1. 学生素质不佳影响就业

影响高职毕业生就业的一个很重要的因素就是学生的素质问题。随着经济的迅速发展，企业用人单位把人力资源管理放在了企业发展过程中的重要位置，用人单位的用人标准也发生了较大的改变，对高职院校毕业生的综合素质提出了更高的要求。然而，高职院校毕业生的综合素质和企业用人单位的标准存在着一定的差距，在人际交往和接人待物上都存在许多不足。

2. 就业准备不足妨碍就业

每年的就业季都有部分同学对就业形势不了解，有的学生甚至没有准备有针对性的简历，而且在面试技巧上也可能存在欠缺，不善于沟通，提出不合理的要求，缺乏推销自己的经验，或者对就业单位的性质以及工资薪金水平抱有不切实际的期望，轻视中小企业，不接受相对较低的工资，或者这山望着那山高，心想也许另一个单位更好，让自己犹豫不决，不能顺利就业。

3. 专升本妨碍部分同学就业

在高职就业季，由于有的同学全身心投入专升本复习，拒绝寻找工作单位，而且专升本考试时间是5月初，成绩公布时接近5月下旬，这样就把一批高职毕业生或主动或被动地牢牢拴在专升本这根绳子上。落榜后的同学由于前期埋头于复习，缺乏面试和实习的经验,导致寻找工作时困难重重,甚至部分同学还沉浸在专升本失败的痛苦中,不能自拔。

4. 性别差异令女生就业困难

在许多人才招聘会上,常常可以看到一些用人单位招聘员工公开注明"只限男生"或"男生优先",使女生望而却步,有部分单位虽未公开表示"只招男生",但女生前往应聘时,故意设置难题,称具体岗位不适合女生,让女生不得不知难而退,甚至有少数单位向女生提出要求,工作几年内不得结婚生子、婚产假期不享受待遇等。

5. 就业向心力影响签约

高职毕业生面临的用人单位以中小型民营企业为主。但是,一方面外资以及大中型国企是毕业生就业的首选目标,导致了愿意吸纳高职毕业生的中小企业难以吸引这些学生的注意力;另一方面,中小型民营企业在签订协议书方面确实存在着不规范的问题,往往需要等待学生拿到毕业证后才能签订合同,导致签约率徘徊在较低水平。

6. 专业差别导致就业不均衡

除了学生个人和用人单位的因素以外,高职院校的某些专业设置也会造成个别专业毕业生就业难的现实问题。一方面,入学时比较热门的专业在毕业季时有可能变得非常滞销;另一方面,某些专业可能不被用人单位认可。如招聘出纳等岗位时,用人单位会排斥物流(会计)甚至是审计专业的毕业生;而商务英语专业学生由于不是专门语言类学校毕业的,企业并不认可,从而也导致签约率较低。

训练开讲之二　认识企业的用人标准

高职确实相对于本科更容易就业,但也面临着巨大的就业压力。要么有些是企业对就业的同学不认可,要么是毕业生就业质量不高,或者是就业后自己的可持续发展能力欠缺。究其原因,同学们的在校素质养成与用人单位的实际用人标准之间存在着一定的差距。因此,高职同学必须在校期间就要掌握企业单位的用人标准,不断丰富自己的知识和素养,提高自身的就业能力。

一、从统计数据看大学生对就业素质的认识

本着从心理学角度帮助广大大学生"挑战就业压力,提升就业能力",并为政府以及与大学生就业相关的各类机构提供相应参考的基本目的,北京青年压力管理服务中心与新浪网教育频道以及新浪微博合作,于2012年4月在新浪网推出了"2012年

大学生就业压力调查问卷",同时在北京部分高校也发放了相同题目的纸质调查问卷。在不到一个月的时间内,共有 12525 人参与了该问卷的填答,经系统自动剔除无效信息后,保留了 4649 份完整的问卷,并回收纸质问卷 639 份。进一步剔除无效问卷后,有效问卷总数为 4388 份。在个人素质题目中有"大学生最应该具备的素质"一题,下图是针对该题的统计结果。

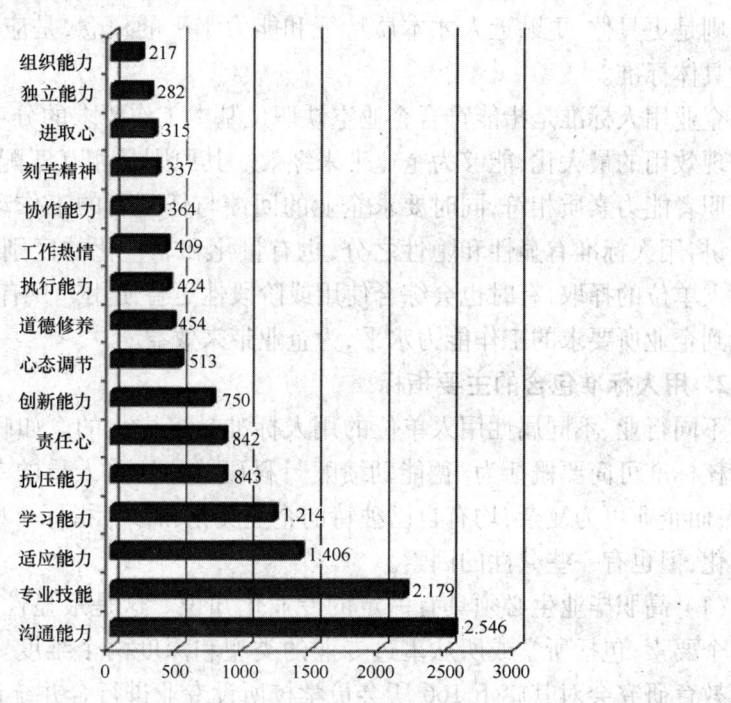

素质	人数
组织能力	217
独立能力	282
进取心	315
刻苦精神	337
协作能力	364
工作热情	409
执行能力	424
道德修养	454
心态调节	513
创新能力	750
责任心	842
抗压能力	843
学习能力	1,214
适应能力	1,406
专业技能	2,179
沟通能力	2,546

该图显示:在 16 项候选的个人素质中,大学生认为最重要的 3 项素质依次为"沟通能力、专业能力、适应能力",而"进取心""刻苦精神""协作能力""工作热情""道德修养"等却并不为广大的大学生们所看重。我们知道,在就业、职场乃至整个人生发展的每一个阶段,衡量一个人综合素质高低的标准都不是单一的。我们每个高职同学只有在全面发展的基础上有所突出才是正道。

如果把所有的个人素质按照通俗的"为人处事"而主观分成两类,一类是"为人",一类是"处事",那么,前者显然更为重要,而后者似乎更显得功利。在如今的社会中,有相当多的人更注重的是"处事"方面的素质,而对于"为人"方面的素质却远远不够重视。因此,加强大学生自身综合素质的培养,尤其是"为人"方面基本素质的加强,也许是包括大学生在内的年轻人需要思考的一个重点课题。

二、企业对新入员工的用人标准

随着知识经济时代的到来,我国企业正面临着前所未有的挑战,竞争更加激烈。然而企业的竞争实际上就是人才的竞争,是人与人之间智慧和力量的较量与抗衡。每个企业都把企业人力资源的开发与管理作为现代企业管理的首要工作任务。在企业以"追求企业价值最大化"为首要目标的今天,我们非常有必要了解企业的用人标准。

1. 用人标准的概念

正常情况下,企业需要围绕用人单位的业务特点、用工结构以及行业发展趋势等要素,对企业未来一段时间的人员需求进行分析,包括需求的种类、数量、趋势等,并进行汇总。通过人才需求分析,明确某个特定的岗位、专业所需人才的状况。而用人标准则是更具体、更贴近人才本质特征和能力水平的概念,是应聘、吸纳各类属性人才的具体标准。

企业用人标准是指能符合企业空缺职位基本工作要求的分项指标。其核心目标是实现效用的最大化,能够为企业带来绩效。其原则是相互匹配,即企业职位的要求与任职者能力素质相符,同时要求企业的回馈与任职者的工作动机也相匹配。从分类上讲,用人标准有显性和隐性之分,也有量化和非量化的区别,在具体的使用中要看用人单位的择取,有时也会综合使用或阶段性更替使用。只有这样,才能促使任职者达到企业所要求的工作能力水平,为企业带来效益。

2. 用人标准包含的主要指标

不同行业、不同属性用人单位的用人标准是多样化的。如政府和公共部门用人和考核标准可简要概括为"德能勤绩廉";科研单位注重人员的专业水平和研究发展潜力;而企业更为复杂,均有自己独特的企业文化和参考指标。尽管它们存在着各种差异化,但也有一些共性的因素。

(1) 高职毕业生必须具有一定的专业化知识。这是最显性、最直观且容易衡量的一个要素,包括所学或所从事过专业的类型和深度两个维度。根据中国高等职业技术教育研究会对其旗下 166 所会员学校所设专业进行合并统计,目前共有 1504 个专业,不同的专业有着不同的知识结构要求。高职教育是能力教育,强调技能训练,毕业生必须具备相应专业的基本理论知识和应用能力。

(2) 高职毕业生必须具有一定的道德水平。道德水平是任何用人单位和部门在录聘人才过程中均予以重视的品质要素。现代社会由于网络普及的严重影响,精神文明体系出现失衡状况,所缺失和提倡的"以德为先,诚信为本"在今天更显珍贵。此外,互助、忠诚、廉洁等也是用人单位录取新人时的道德考核要素。

(3) 高职毕业生必须具有一定的责任感,也就是对未来所从事工作的担当意愿。我们知道,有责任感才有执行力,而执行力恰恰是用人单位最为重视和强调的。凡是敷衍塞责、推诿责任、行事拖沓的行为品质都将是做好一项工作的负能量。因此,责任心就成为了高职毕业生能否被用人单位录取的先决要素和必要条件。

(4) 高职毕业生必须具有一定的沟通表达能力。今天已经是高速信息化时代,沟通表达能力已成为现代社会的必需能力。无论从事什么岗位的工作,没有一定的语言和文字表达能力是不可想象的。而且我们在任何单位工作都有宣传、包装自己和所在单位的责任,只有这样,才能获得用人单位的认同,工作起来事半功倍。

(5) 高职毕业生必须具有一定的成就自己的意向。俗语说:"不想当将军的士兵不是好士兵。"积极上进的成功欲望以及对完成工作的迫切渴望都直接影响着员工在工作过程中的努力程度,能够最大限度地激发个人的潜能和动力,这对入职员工能够融入用人单位的整体目标和发展规划具有着非常重要的意义。

(6) 高职毕业生必须具有一定的社会实践经历。从功利角度讲,现代用人单位强调新进员工的经验因素是合理的要求。高职学生在校进行了大量的实践技能培养,但是还应该经常走入社会,进行社会实践,锻炼自己的社会能力。因为,一个善于人际交往、深谙沟通技巧的员工才既有利于尽快为用人单位带来绩效,也有利于降低专业培训费用和时间。

三、正确理解企业的用人标准

不同的企业、不同的岗位有着不同的用人标准,但它们有着更多相同的要求。好的就业绝对不是依赖于闭门造车式的学习,而是针对目标岗位的全面准备。我们应该换位思考,必须正确认识企业的用人标准。

1. 企业生存需要好的个人素质

企业的用人标准首先要考虑的就是人的素质。人是企业发展的基石,必须具有一定的个人素质。人的素质通常包括他们的知识、专长、品德、心理、修养等方面。因为有才无德不行,有德无才也不行,德才兼备了,没有过硬的心理素质同样也不会有开拓、冒险的职业精神,这显然不适应现代企业的发展要求。

企业用人首先注重的是个人的思想道德素质,这是做好工作的前提,包括工作责任心、积极性;忠诚老实、光明正大的品德;以身作则、身先士卒的品质;积极进取、奋发向上的精神;宽宏大量、不计前嫌的胸怀;干练、高效、公正的作风等。其次注重的是业务素质,这是做好本职工作的重要基础,包括筹划及沟通、生产经营、新产品研制及技术开发、人事协调、市场推广、观察、分析、判断、应变等能力。再次注重的是心理素质,这是做好工作的保障,包括吃苦耐劳、任劳任怨、承受委屈和心理疲劳、果断处事等能力。

2. 企业发展需要创效型新员工

在劳动力(或智慧)都是商品的市场经济条件下,企业以"追求价值最大化"为首要目标,所以企业制定用人标准必定会坚持效益原则。各个企业就是围绕企业能最大限度地获得经济效益(包括短期利益和长远利益)来制定自己的用人标准。

每位高职学生必须明白,企业一定是在保证生存的前提下让企业得到不断发展的,而每个人今后进入企业都应该能够成为为企业创效的载体,通过自己的努力工作,在为企业增效的同时让自己不断发展。我们应该相信,企业用人标准对我们所提出的要求都是应该的和适当的,这是企业增效的需要,也是企业管理的需要。劳动密集型企业制定用人标准更侧重于人才的现场管理和实际操作水平,通过提高劳动生产率、节约人力资源成本来提高企业经济效益;技术密集型企业更侧重于人才的科技创新、管理和应用能力,力争从产品的更新换代速度、产品独特的性能和卓越的使用价值等优势中抢占市场,以获取丰厚的回报,并始终保持自己的人才优势和市场竞争优势。

3. 企业长远发展需要高素质人才

"企业最好的资产是人",企业的长远发展更需要高素质的人。可以说拥有了人才就拥有了推动企业向前发展的动力。但发展的基础是生存,因为只有在保障生存的前提下,才有可能考虑其发展。但要加速企业的发展,实现长远发展就必须加大对人力资源方面的投资。显然,企业用人标准中的某些高要求无疑可以减少对人力资源的投入,是有利于企业发展的。

任何企业的用人标准都会受制于一定的历史条件。对一个拥有现代化产品生产能力的企业来讲,如果仅仅考虑眼前的利益,而无视人才必须具有的发展素质,企业的长远效益目标就一定难以实现。因此,企业用人标准都是在确保企业生存的大前提下,分阶段建立,对新入员工高素质的培养要求有利于这个过程的实现。只有这样,才能保证企业的用人标准满足企业的生存与长远发展,才能保证企业在各个发展时期内,最大限度地、合理有效地利用现有人力资源,不断地建立和完善自己的人才队伍,保障企业持续、稳定向前发展。

4. 企业用人标准符合市场规律

今天的企业已被完全推向市场,企业必须具有强烈的市场观念和竞争意识。市场是加速人才流动和员工素质不断提升的催化剂,在劳动力(或智慧)成为商品的现代社会里,企业的用人标准不可能建立在空中楼阁之上,而是与市场机制完全接轨的。

通过外部市场对企业内部现有人力资源所进行的合理调配,企业急需的人才会从企业外部市场源源不断地引进到企业各个岗位上来,也会将不适应企业内部现有岗位工作要求的人通过市场向外流动,使企业内部不断产生新鲜的血液与活力。只有这样,才能促进企业不断参与市场竞争,才能保障自己的企业在日益激烈的市场竞争中永远处于不败之地。

四、大学生应该注重就业能力的培养

当前社会快速发展,企业对毕业生的能力要求越来越高,已不再局限于过去的能力要求。更多的企业在招聘应届毕业生时都把复合型人才提到议事日程上来,强调毕业生的综合素质,希望毕业生不仅要有专业知识和技能,还要有涉及相关岗位的各类知识。我们应该积极地培养自己的就业能力,适应企业的要求。

1. 什么是大学生的就业能力

大学生的就业能力简称大学生的"就业力"。目前关于"大学生就业力"概念并没有一个明确的定义。有学者认为,"大学生就业力"就是大学毕业生在校期间学习和掌握到的能够实现社会需求与自身价值接轨的本领;也有学者认为"大学生就业力"是个人获得的可以应对工作生活变化的能力。他们在一定程度上都表达了大学生就业力的本质内涵。

大学生就业力的概念和内涵应该以企业的用人标准来界定,即可以把大学生就业力界定为求职者符合企业用人标准的职业胜任能力。而且从时间序列上讲,大学生的就业力应该是特指大学生的初次就业能力,以后的再就业能力应该属于个人职业生涯的再就业能力。

2. 企业用人标准与大学生就业力的匹配关系

根据企业的用人标准,可以把大学生的就业力结构按照知识、能力、品质三个维度与企业的用人标准进行匹配,具体关系如下表所示。

维度	指标	企业用人标准	就业力匹配
知识	专业知识	对应具体专业	课程成绩、证书等
	基础知识	外语、计算机知识等	等级考试
	其他知识	职业岗位要求	知识广博度
能力	学习能力	学习掌握新技能	第一、二、三课堂学习
	实践能力	动手操作能力	实习、实践活动
	表达能力	口头、文字表达等	演讲、朗读等
	人际交往能力	适应新环境等	同学师生关系等
品质	敬业精神	责任心、事业心	学习、工作方面
	团队协作	团队意识、协作能力	集体活动等
	心理素质	耐挫、抗挫能力	心理健康教育等
	身体素质	健康状况	体育锻炼等

3. 就业力提升重在养成

高等职业教育从本质上讲就是岗前教育,不论在读的专业是什么,都是为了以后的良好就业。每所高职院校都制定了一套严格的在校期间学习"大餐",如何面对它首先是我们自己的事情,因为现阶段的一切都是为自己以后的就业在做准备。

通过以上的大学生就业力与企业用人标准匹配表可以看出,对应三个不同的维度有相应的二级指标,借助就业力匹配的在校相关活动来满足企业的用人标准。从三个维度上讲,除了在校必须接受正常教学安排,接受相应的教学内容外,还需要根据自己的情况制定一套符合自己的在校素质养成计划。

如根据不同专业未来可能要面向的不同企业岗位的要求,按照企业对岗位的实际需要完善自己的知识结构;通过社会实践、社会调研、顶岗实习,丰富自己的体验,全面提升素质和能力;积极看待人生,形成正确的世界观、人生观和价值观,培养良好的敬业精神和诚信意识;接受心理健康调适,对自己准确定位,并不断克服焦虑、自卑、懒惰、信心不足等心理问题;积极参加体育锻炼,提升自己的身体素质,为以后在工作岗位上大展宏图打下坚实的基础。

训练拓展

　　高职学生在校学习时间为三年,第五学期就进入了毕业招聘季。从近年的高职就业情况来看,高职学生确实好于本科院校的毕业生,因为用人单位非常强调学生在校期间对动手能力的培养。但是高职毕业生的就业也不是没有问题。能不能良好就业则完全取决于自身的在校学习和锻炼,取决于我们的素质是不是满足企业的要求。

　　请还没有进入招聘季的在校同学积极创造机会,前往每年的毕业生就业招聘现场,与未来可能的就业单位进行近距离的接触,从而感受毕业生就业难的状况,感受自己与企业要求之间的差距,给自己的在校学习增加一点压力和动力,努力按照未来的目标就业企业对人才的用人标准不断完善自己的学习,并提升其他的相关素质,以增强自己的就业力。

第六训练模块　认识职业与素质

※ **训练目的** ※

通过该模块的训练,要使大学生了解职业、职业化、素质、职业素质的概念和有关内容,了解影响未来职业生涯的各种因素,掌握职业素质的特征和构成,以期使每个大学生能够根据自己的情况,进行有针对性的学习和提高,提升自己的素质和能力,使大学生在毕业后能尽快实现从大学生向职业人的过渡,提升自己的职业竞争实力,打下坚实的就业基础。

※ **训练要求** ※

(1) 学习职业的概念,冷静研究影响职业生涯的各种因素,并制定自己下一步的努力目标;

(2) 学习职业化的概念,理解实现职业化对自己未来职业生涯的意义,思考自己如何能够尽早实现职业化;

(3) 研究素质和职业素质的有关内容,分析自己在职业素质的各个方面有哪些优势与不足,并可进行有针对性的自我完善;

(4) 思考如何从现在做起培养自己的职业素质意识,让自己的素质得到全面提升,为将来的就业做好准备。

训练开讲之一　职业与职业化

一个职业化程度高的员工，必将成为一个优秀的员工；一个职业化程度高的企业，也必将会成为一个运转效率高且深受社会尊敬的企业。大学生一定要正确认识职业与职业化，并在未来职场努力做到无可替代。

一、职业

我们知道，为了生活，我们得工作；为了生活的意义，我们更得工作，必须有一个适合自己并能体现自身价值的职业。

1. 职业的概念

每个人都需要有自己的工作，这是生活法则。工作虽给我们带来辛酸劳累，但同时也给我们带来了快乐。纵观职场，有多少人的朋友是从工作中认识的；有多少社会知识是从工作中学到的；有多少人的笑容是在工作之后展现的。一个有工作而没有爱情的人，虽然日子有点单调，但他还有可能快乐生活一时；但一个有爱情而没有工作的人，他必然失去让自己长久地快乐的基础。

我们可以把职业定义为：个人参与社会分工，利用专门的知识和技能，为社会创造物质财富和精神财富，自己从中获取合理报酬，以作为自己及家人的物质生活来源，并满足一定精神需求的工作。

从这个定义可以看出，职业首先与人类的需求和职业结构相关，强调社会分工，因为人类生存的关系是依存的，首先要根据人类的总体需求把社会职业进行分类，正如泛称的"三百六十行"。其次与职业的内在属性相关，强调利用专门的知识和技能，因为，不同的职业具有不同的内涵，需要具备的知识和技能不同。再次与社会伦理相关，强调创造物质财富和精神财富，并从中获得合理报酬。最后与个人生活相关，强调物质生活来源，并满足精神生活的需要，因为我们在工作的同时也可以从中找到乐趣，活跃生活内容。

生活实践已经告诉我们，一个人学习的技术越先进，掌握的技术越全面，那么这个人的职业前景就越广阔，工作选择的机会就越大。例如，由于互联网技术的飞速发展，很多掌握过时技术的人员也不得不重新进行培训，以使自己能够与最新的技术同步，并获得一个理想的工作岗位，满足自己的物质和精神需要。

2. 我国职业的分类

现代社会存在着许许多多的职业、行业、工种，即日常所说的"三百六十行"，它们既相互区别，又相互联系和渗透，而且其分类比较复杂。

1）根据行业划分

根据行业划分，可分为一、二、三产业。第一产业指农业、林业、渔业、畜牧业等国民经济的基础行业；第二产业是指工业、交通业、建筑业等国民经济发展的主导行业；

第三产业是指商业、服务业、旅游业、信息业等行业。

2）根据工作特点划分

根据工作特点划分，可分为实务、社会服务、文教、科研、艺术及创造、计算及数学、自然界、户外、管理、一般服务性职业等十多种类型的职业。例如，实务性职业主要是指工作任务很实际的职业，包括使用机器、工具和其他种类设备的工种，如一线技能人员所从事的工作等；社会服务性职业主要是指帮助别人解决困难或问题的职业，如医疗卫生保健、民事调解、婚姻、心理咨询、职业介绍等工作；文教性职业主要是指通过使用文字或其他媒介，把信息和知识传授给别人的职业，如教师、记者、编辑、档案工作人员所从事的工作；户外性职业主要是指大部分工作时间在户外，且有一定艰苦性的职业，如交通警察、地质、勘测及其他野外作业人员等的工作；管理性职业主要是指凭说服力和影响力进行工作的职业，如国家公务员、厂长、经理、律师等。

3）根据职业横向划分

根据职业横向分类，我国职业可划分为八大类：第一，国家机关、党群组织、企业、事业单位的工作；第二，专业技术岗位的工作；第三，办事人员和有关人员的辅助性岗位工作；第四，商业、服务业人员所从事的工作；第五，农、林、牧、渔、水利业生产人员所从事的工作；第六，生产、运输、设备操作人员及有关人员所从事的工作；第七，军人所从事的特殊工作；第八，不便分类的其他从业人员所从事的工作。

4）根据经费来源划分

根据经费来源分类，可分为事业单位的工作和企业单位的工作。经费来源主要靠国家财政、地方财政拨款的是事业单位的工作。自主经营、自负盈亏、靠银行贷款为经费来源的是企业单位的工作。

3. 影响职业生涯的因素

每个在校大学生将来都会从事某个职业。大家在其职业生涯中或者成功，或者失败；或者开心，或者郁闷，结果会不尽相同。其原因可能与我们对"四商""四能"的认识和培养直接有关。

1）"四商"

（1）智商　经营好自己的职业生涯首先要有一定的智商，既要有专业学业上的基础理论和专业技能，又要有一定的开拓性、创造性思维能力。

（2）德商　德商是指一个人的人品，即品德、品性、品格、品行修养。经营好自己的德商将使自己拥有无穷的人格魅力。这是我们在社会生活过程中处理好各种关系的基础。

（3）情商　经营好自己的职业生涯必须要有良好的情商，即要有控制自己情绪、情感的能力，要能承受一定的工作压力、感情压力，以及一些其他方方面面与职业生涯有关的压力。这些都体现着每个从业者情商的高低。

（4）意商　经营好自己的职业生涯还要有良好的意商，即胆识、胆略、进取精神和意志力的强度，要能忍耐工作中所出现的一切问题。这就要求我们在职业生涯中学会在面对任何困难时都能做到不放弃、不抛弃、知难而进、顽强拼搏。这是一个成

75

功从业者必不可少的精神力量。

2)"四能"

(1) 学习能力　学习能力强调善于把知识转化为各种能力。知识显示了一个人的基本素质。拥有更多的知识就意味着拥有了更多的能力,也意味着应该能处理好两个职业生涯问题:一是做人,即为人处事要方正圆滑;二是做事,即在实际工作中敢于任事,敢于挑战,敢于负责。

(2) 创新能力　创新能力与专业技能的高低有着密切的关系,且创新能力不强的从业者,其职业发展的通道将不会很宽广。我们要有一份好的工作,就要有一定的专业技能。专业能力是基础,创新能力是方向。研究成果表明,人的创新能力最活跃的时期就是人的青春时期,培养自己的创新能力对自己的职业生涯意义重大。

(3) 团队能力　团队能力指的是从业者与他人合作共事的能力和水平。现代化大生产中分工越来越细,团队中的每个人都要有独当一面的能力、协作交流的能力,这就要求我们必须具有良好的团队工作能力。只有以拥有自己的工作为荣,并且能全身心地融入到所在团队去工作去发展,一切以团队目标为中心进行工作,才能称得上是一位称职的员工,一个拥有高尚职业道德的工作者。

(4) 审美能力　任何一个从业者的工作过程都是一个追求美、创造美的过程,因此必须注重审美能力的培养。只有这样,才能够在立足本职工作的同时,发现美,追求美,欣赏美,创造美,从而强化自己的爱美之心、审美之趣、悦美之情,并让世界的各个角落都充满美的元素。

二、职业化

职业化是所有职场人士都应该具备的素质,尤其是那些渴望得到职业竞争力提升的员工。如果你将来不愿意痛苦和难堪地面对各种各样的问题,如果你渴望得到提升,你就得首先了解职业化的概念。

1. 职业化的概念

在每个行业里都有很多出色的人才。他们之所以能存在,是因为比别人更努力、更智慧、更成熟。但是最重要的是,他们比一般人更加职业化! 职业化是新时代对从业者提出的一个职场发展新标准,是现代化过程中的必然产物,其主要目的是提高劳动生产率,保证企业工作的品质达到一定的标准。一个人仅仅专业化还是不够的。只有走职业化道路的人,才能走在别人的前面,让别人难以超越!

职业化是一种精神、一种力量,是对事业的尊重与执着,是对事业孜孜不倦的追求精神,是追求价值体现的动力,是实现事业成功的一套规则。"职业化"就是以此为生,精于此道;就是细微之处做得专业;就是用理性的态度对待企业、老板、客户、同事、自身以及自己的工作对象;就是专业和优秀,别人不能轻易替代;就是不断地、富有成效地学习;就是责任心、敬业精神和团结协作。对企业来说,大量"职业化"人才的培养就是以最小的成本,获得最大的效益。

职业化是国际化的职场准则,是职业人必须遵循的第一游戏规则,是作为职场人

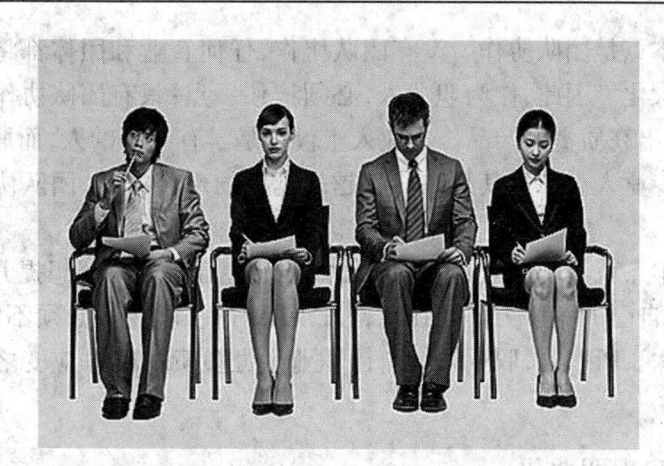

士的基本素质,是国家与国家之间、企业与企业之间、企业与员工之间、员工与员工之间、员工和工作对象之间必须遵守的道德与行为准则。要想参与职场竞争,成为职场中的成功者,取得职业生涯的辉煌,就必须懂得和坚守这个规则。

职业化有很多外在的素质表现,比如着装、形象、礼仪、礼节以及操作规范、娴熟等;也有很多内在的意识要求,诸如思考问题的模式、心智模式、内在的道德标准等。职业化的内涵至少包括四个方面:以"人事相宜"为追求,优化人们的职业资质;以"胜任愉快"为目标,保持人们的职业体能;以"创造绩效"为主导,开发人们的职业意识;以"适应市场"为基点,修养人们的职业道德。

因此,可以把职业化定义为工作状态的标准化、规范化、制度化,即在合适的时间、合适的地点用合适的方式说合适的话、做合适的事,准确扮演好自己的工作角色,使从业者在知识、技能、观念、思维、态度、心理等各方面都符合职业规范和标准的要求。

2. 职业化的观点

职业化的基本观点可概括为:一个中心、三个基本点。

1)一个中心

职业化的一个中心就是给客户提供满意的服务。广义上的客户就是我们的服务和工作对象,包括上司、同事、家人、下属以及生意上的客户。

以客户为中心的第一个含义是能够对客户产生影响,能够使客户满意,使客户乐于接受你为他提供的服务;以客户为中心的第二个含义是互赖,即做到敬上司、敬客户、敬同事,能协调好各个环节,使其功能发挥并达到最佳状态。

2)三个基本点

第一个基本点是职业人要为高标准的产出负责。你行为思考的出发点应该是客户最感兴趣的。而且你有义务保守与客户合作之间的所有秘密。对老板而言,职业人能够帮他做到他做不了的事情。他之所以雇佣你,是因为你具有专业优势和特殊才能;他认为你的判断是客观的,一切是用数据说话的。你的所有建议有数据支持,你的所有行动方案切实可行,且有量化指标,便于考量。而且你还是正直的,具有一定的职业道德和职业操守。

第二个基本点是团队协作。没有团队协作,任何企业和团体都将难以实现追求目标的价值最大化。因此,作为职业人,必须记住一点:只有团队协作才能够提供高标准的服务,产出高质量的产品。专业人士仅仅是学有专精的人,而职业人士则是注重团队合作的专业人士。尤其是在分工越来越细的现代社会,团队协作就更应该被强调。

第三个基本点就是职业人必须为自己的职业生涯负责。要想提升对客户的竞争力,首先要提升自己的竞争力。处在急剧发展的时代,职业人必须不断地学习,否则只能被社会淘汰。所以说,职业人为自己职业生涯负责的唯一应变之道就是终身学习,开拓进取。

三、如何实现职业化

曾有美国学者的调查表明:绝大多数人在工作中仅发挥了10%～30%左右的能力。而我国一位曾多年从事企业管理和职业培训工作的人士也发现,一个人通常情况下在职业工作中只能发挥其能力的40%～50%,但是如果受到充分的职业化素质训练,就能将其能力发挥到80%～90%,从而也大大提升了自己的职业竞争力。

企业员工职业化程度的高低决定了企业的未来发展,也决定了员工自身未来的发展。因此,是否具备职业化的意识和职业化的知识、技能,直接决定了企业和员工自身发展的潜力和未来成功的可能性。具备职业化素质是我们迈向成功的第一步。职业人实现职业化必须经历一定的学习和培训。

1. 获得职业资质

职业资质就是从事相应职业所需要具备的基本素质和能力,是能够胜任相应职业的基本标准,是对职业在必备知识和专业经验方面的基本要求。资质是能力被社会认同的证明,如注册会计师、注册医师、注册律师及各种操作技能证书等就是一种资质。获得一定的资质是职业人具有一定职业标准能力的外在证明。对民航机务人员来说,没有民航基础维修执照和机型执照,他就不可能具有放飞飞机的资质。

2. 强化职业意识

职业意识表现为职业敏感、职业直觉,甚至是职业本能的思维过程。不同职业,其职业意识的内涵也许有很大区别。一个将来从事医疗工作的在校大学生,必须在大学期间尤其是在实习阶段,就开始培养和形成自己未来职业所要求的职业意识。

作为职业人,需要具备的职业意识主要有目的意识、问题意识、行动意识、变革意识、短板意识、客户意识、成本意识、利润意识、市场意识、营销意识、经营意识、效率意识、质量意识、责任意识、团队意识、创新意识、服务意识、完美意识、细节意识、系统意识、健康意识、危机意识、人才意识以及工作程序意识等。不同的职业人所从事的职业不同,所应该具备的职业意识是有所不同的。

3. 培养职业心态

人与人之间只有很小的差异,这种差异就是对事对物的态度。但这种差异往往却造成人生结果的巨大差异,决定成功还是失败。个人事业能否成功,也许不在乎你的才华,但肯定很注重你的态度。态度决定行为,行为决定习惯,习惯决定性格,性格决定命运。这是每个人的人生命运逻辑链条。想改变自己命运就必须从改变自己的态度开始。而态度的形成不是一朝一夕的事情,必须从现在开始,从大学生活和学习的方方面面开始。

作为职业人,需要具备的心态主要有积极的心态、主动的心态、空杯的心态、双赢的心态、包容的心态、自信的心态、给予的心态、行动的心态、学习的心态、老板的心态、羞耻的心态、奉献的心态、服从的心态、竞争的心态、专注的心态以及感恩的心态等。

4. 完善职业道德

人生在世,做人和做事都必须受到道德的监督和约束。职业道德就是从事一定职业劳动的人们,在特定的工作和劳动中,以其内心信念和特殊社会手段来维系的,通过善恶标准进行评价的心理意识、行为原则和行为规范的总和,是人们在从事职业的过程中形成的一种内在的、非强制性的约束机制。职业道德是事业成功的保证。

职业道德主要有爱岗敬业、诚实守信、办事公道、服务群众、奉献社会、认真负责以及团结互助等。一个没有职业道德的人,在工作中一定是没有工作质量的人,也一定是不能享受工作乐趣的人。

5. 规范职业行为

行为是指机体的各种外显动作和活动的总和,具体来说就是指一个人想了什么、说了什么和做了什么。根据社会伦理和组织所要求的行为规范,每个人的行为都可以分为正确的行为和错误的行为。职业行为就是作为职业人所要坚守的正确行事规范。职业行为包含职业人对工作、对企业、对老板、对同事、对客户、对自己等方面的行为规范。坚守这些职业行为是职业化素质的成熟表现。

6. 提高职业技能

职业技能是一定工作岗位对从业者在相关岗位上专业技能的要求。职业化必备的职业技能主要有角色认知、正确的工作观与企业观、科学的工作方法、严谨的工作程序、职业生涯规划与管理、专业形象与商务礼仪、高效沟通技巧、高效时间管理、商务写作技巧、团队建设与团队精神、人际关系处理技巧、商务谈判技巧、演讲技巧、会议管理技巧、客户服务技巧、情绪控制技巧、压力管理技巧、高效学习技巧等。

现代企业需要职业化人才。职业化素质的修炼与职业竞争力的提升培训,可以帮助企业管理者和员工形成良好的职业意识、职业心态、职业道德、职业行为以及掌握具备职业化所需要的各种职业技能。所有这一切都应该从大学生在校期间就着手开始培养和获得。

训练开讲之二　素质与职业素质

每个未来将走入职场的在校大学生,努力实现职业化是工作以后的最终发展目标,而让自己具备一定的素质和职业素质则是实现职业化的前提。

一、素质与职业素质的基本概念

为了适应未来职场需要、提升自己的素质和职业素质,首先必须清楚地了解有关素质和职业素质的概念。

1. 什么是素质

素质是一个人所具有的天赋、素养、才智和能力。一个人的素质包括思想素质、道德素质、心理素质、业务素质、身体素质,以及独立生活能力和文化艺术素养。例如,与别人交融互动的能力,观察发现问题和提出问题的能力,理解问题和解决问题的能力,查阅参考文献资料的能力,实验和动手能力,管理和组织能力。

同一个事物,摆在不同人面前,有人能从中发现问题、提出问题;有的人则不能。这就是素质的不同。同一个问题,摆在不同人面前,有人能通过理论分析、查阅资料、实验分析提出解决问题的办法;有人则不能。从中就能看出他们素质的强弱与高低。同样的新技术,同样的机遇,摆在不同人的面前,机会是均等的,有的人能及时抓住;有的人则不能。这也反映出不同人的素质。即使问题找到了,解决的方法也有了,但困难很大。有人有魄力敢于承担,百折不挠,千百次失败也不动摇,并取得成功;有的人则退缩动摇。这也是素质。许多事只靠个人力量是不够的。有人善于团结他人,无论脾气好的和不好的,比较主观的或倔强的,他都善于团结,发挥调动他们的所长和积极性,大家齐心协力完成任务目标;有人却做不到。这些都是素质问题。

素质包括先天素质和后天素质。先天素质是通过父母遗传因素而获得的素质,主要包括感觉器官、神经系统和身体其他方面的一些生理特质;后天素质是通过环境影响和教育而获得的素养和能力。

因此可以说,素质就是在人的先天生理基础上,受后天的教育训练和社会环境的影响,通过自身的认识和社会实践,逐步养成的比较稳定的身心发展的基本品质。这里需要强调的是,先天素质只是基础,后天训练更为重要。

因此,对素质的理解应该包括以下三方面的内容:

(1) 素质首先是教化的结果。它是在先天素质的基础上,通过教育和社会环境影响逐步形成和发展起来的。

(2) 素质是自身努力的结果。一个人的素质是通过自己的努力、学习、实践所获得的一定知识并把它变成自觉行为的结果。

(3) 素质是一种比较稳定的身心发展的基本品质。这种品质一旦形成,就相对比较稳定。比如,一个品质好的学生,由于品质稳定,他总是能正确地对待别人,对待自己。

2. 什么是职业素质

素质体现到职场上就是职业素质；体现在生活中就是个人素质或者道德修养。职业素质是劳动者对社会职业了解与适应能力的一种综合体现，其主要表现在职业兴趣、职业能力、职业个性及职业情感等方面。在职业素质中，专业素质是第一位的，但是除了专业素质以外，敬业精神和道德素养也是必备的。职场上个体行为的总和就构成了每个职业人自身的职业素质。

影响和制约职业素质的因素很多，主要包括受教育程度、实践经验、社会环境、工作经历以及自身的一些基本情况（如身体状况等）。一般说来，劳动者能否顺利就业并取得成就，在很大程度上取决于个人的职业素质。职业素质越高的人，获得成功的机会就越多。

因此，职业素质可以定义为：从业者在一定生理和心理条件基础上，通过教育培训、职业实践、自我修炼等途径所形成和发展起来的，在职业活动中起决定性作用的、内在的、相对稳定的基本品质。

二、职业素质的特征

从以上的基本概念可以看出，职业素质是体现每个人在职场上生存能力的基本特质。因此职业素质必然具有其自身的一些特征。

1. 职业性

不同的职业，职业素质是不同的。对建筑工人的素质要求就不同于对护士职业的素质要求；对商业服务人员的素质要求也不同于对教师职业的素质要求。北京市公交总公司21路公共汽车上的李素丽，其职业素质始终是和她作为一名优秀的售票员联系在一起的。正如她自己所说："如果我能把10米车厢、三尺票台当成为人民服务的岗位，实实在在去为社会做贡献，就能在服务中融入真情，为社会增添一份美好。即便有时自己有点烦心事，只要一上车，一见到乘客，就不烦了。"这表现了李素丽作为一名售票员有较高的职业素质。

2. 内在性

每个从业人员在长期的职业活动中，经过自己学习、认识和亲身体验，会形成自己的做事习惯，并能清楚地意识到怎样做是对的，怎样做是不对的。这种有意识地内化、积淀和升华的心理品质，就是职业素质的内在性。我们常说，"把这件事交给小张师傅去做，有把握，很放心。"人们之所以放心他，就是因为他的素质已经内化为了一种良好的工作习惯，并已经形成了大家的共识。

3. 稳定性

一个人的职业素质是在长期的从业实践中日积月累形成和完善的。它一旦形成,就会在一个相当长的时期内表现为相对的稳定性。比如,一位一线的技术工人通过入职前的踏实学习和入职后老师傅的传帮带,就会形成一套完全符合岗位要求的工作能力;再比如,一位教师经过三年五载的教学生涯,就逐渐形成了怎样备课、怎样讲课、怎样热爱自己的学生、怎样为人师表等一系列教师职业素质,并保持长期的相对稳定。

4. 整体性

一个从业人员的职业素质是和他的总体素质有关的。我们说某某同志职业素质好,不仅指他的思想政治素质、职业道德素质好,而且还包括他的科学文化素质、专业技能素质好,甚至还包括他的身体和心理素质好。一个从业人员虽然思想道德素质好,但科学文化素质、专业技能素质差,就不能说这个人的整体素质好。相反,一个从业人员科学文化素质、专业技能素质都不错,但思想道德素质比较差,我们同样也不能说这个人的整体素质好。所以,职业素质的一个很重要特点就是强调整体性。

5. 发展性

一个人的素质是通过教育、自身社会实践和环境影响逐步形成的,它具有相对性和稳定性。但是,随着社会的发展和工作内容的变化,必然会对从业者提出一些新的要求。人们为了更好地适应、满足、促进社会发展以及工作的需要,又总是通过各种途径在不断地提高自己的素质,如,一个从业者在即将面对一个全新的产品时,为了适应这种变化,他也许首先需要经过短时间的培训和学习,所以,职业素质又具有发展性的特征。

三、职业素质的内容

职业素质的内涵是非常丰富的。但在通常情况下,我们会把职业素质分为若干个不同的方面。

1. 身体素质

身体素质是指从业者在自身体质和健康(主要指生理)方面的素质。不同的职业对身体素质都会提出最基本的要求,如有的工作对眼睛的视力有要求,有的对身高有一定要求等。

2. 心理素质

心理素质是从业者在认知、感知、记忆、想象、情感、意志、态度、个性特征(兴趣、能力、气质、性格、习惯)等方面的素质。这是很重要的职业素质要求,它关系到从业者情商水平的高低。因为每个从业者成功与否,情商在中间都起着极其重要的作用。

3. 政治素质

政治素质是从业者在政治立场、政治观点、政治信念与信仰等方面的素质。每个大学生在今后的工作中都要有坚定的政治立场。只有这样,才不至于迷失自己的政治方向。

4. 思想素质

思想素质是从业者在思想认识、思想觉悟、思想方法、价值观念等方面的素质。思想素质受客观环境等因素影响,例如家庭、社会、环境等都对其有很大影响。不同思想素质的从业者,其职业生涯的道路也是不同的。

5. 道德素质

道德素质是从业者在道德认识、道德情感、道德意志、道德行为、道德修养、组织纪律观念等方面的素质,是每个从业者社会存在意识的具体反映。每个人的存在都是相互关联的,其行为都要遵循一定的道德规范。

6. 科技文化素质

科技文化素质是从业者在科学知识、技术知识、文化知识、文化修养等方面的素质。这是我们在社会活动中必须具备的思想武器。社会在发展,人们对社会诸方面的认识也在发展。只有掌握一定的科学文化知识,才能在各种社会活动中展现自己的存在价值。

7. 审美素质

审美素质是从业者在美感、审美意识、审美观、审美情趣、审美能力等方面的素质。可以绝对地讲,社会发展过程中始终伴随着人们对美的追求。因此,审美既是精神生活的需要,也是实现物质生活的基础,更是职业生涯中必须具备的素质之一。

8. 专业素质

专业素质是从业者在专业知识、专业理论、专业技能、必要的组织管理能力等方面的素质,也是每个从业者赖以生存的基本工具和手段。社会分工已将社会职业分成了不同的专业。从事任何专业都离不开一些特定范围的相关知识和技能。

9. 社会交往和适应素质

社会交往和适应素质主要是指语言表达能力、社交活动能力、社会适应能力等。社交适应能力是后天培养的个人能力,也是职业素质的另一核心内容。它可以从一个侧面反映从业者社会生存能力的高低,因为当今社会一切个人目的的达成都离不开人与人之间的交融和沟通。

10. 学习和创新素质

学习和创新方面的素质主要是指学习能力、信息处理能力、创新意识、创新精神、创新能力、创业意识与创业能力等。学习和创新是表现个人价值的另一种形式,体现着个人的发展潜力以及对企业的价值贡献。一个学习能力强的人一定是一个适应不同工作能力强的人,也是一个在工作中不断追求创新的人。同样,一个学习能力强的人也一定是一个在创业道路上不断成功的人。

以上可见,职业素质具有很宽泛的内涵。大学生在今天的岗前教育学习过程中不能仅仅局限在专业书本知识的提高上,还应该更广泛地去涉猎其他的知识,培养和锻炼各方面的能力。

四、如何提高大学生的职业素质

提高大学生的职业素质是个人就业和发展的需要,是社会用人单位的需要,更是社会经济发展的需要。我们有必要从高职院校毕业前的四个不同阶段进行有意识的自我培养。

1. 新生入学阶段

一方面要遵守校规校纪,了解校园周边环境,提高自我约束和保护能力,改变过去的一些不良生活和学习习惯,规范自己,实现从中学到大学的正常过渡;另一方面要了解学校的办学思想和办学理念,培养自己热爱学校、以校为荣、尊敬师长的感恩意识,以及社会责任感和集体主义意识;同时,还要了解专业培养目标、专业和行业背景、未来就业岗位、就业前景,树立专业思想,增强学好专业的信心,激发学习兴趣。

2. 理论学习阶段

大学生要以企业用人标准为主线,实现向"准职业人"的角色转变。这一阶段,要了解职业素质的概念,了解就业形势,了解企业用人标准和企业文化;了解专业岗位的任职要求,使自己能按照未来从事的岗位要求与企业用人标准来丰富和完善自己,真正树立起远大的职业理想;了解所在专业的实践实训内容,了解每个专业课程所支撑的知识和能力,增强对课程学习的兴趣,形成自主学习意识;了解专业的发展趋势、专业的前沿知识;提升思想政治素养,激发爱国热情,增强社会责任意识、诚信品质,养成良好的职业素质和职业道德;增长礼仪知识,培养阳光气质,提高人文素质,发展个性特长;培养合作意识和团队精神。

3. 实践实训阶段

实践实训阶段是大学生基本职业技能形成以及为校外顶岗实习奠定基础的重要阶段,也是接受企业管理理念熏陶的关键时期。通过技能训练,可以培养职业生涯的安全质量意识和职业习惯,形成爱岗敬业的职业情感和心态,端正职业态度;明确岗位要求,养成良好的工作习惯,培养严谨的工作态度和吃苦耐劳的敬业精神,增强集体荣誉感和团队意识,在学技能的同时学做人;培养刻苦钻研的精神,增强综合实践能力,强化动手能力和自主创新能力的培养。

4. 顶岗实习阶段

顶岗实习阶段是职业素质全面养成的阶段,其重点是进行岗位规范、责任感和爱岗敬业精神的培养。首先要通过学校的实习动员和教育,使自己明确实习的目的、意义和任务,明确实习目标;然后通过在企业的顶岗实习,在真实的环境中接受规范的企业文化熏陶,学会与人相处,培养爱岗敬业、吃苦耐劳的品质,培养遵章守纪、团结协作、科学严谨的工作态度和良好的职业道德,全面提升职业素质;最后通过撰写实习报告、进行毕业设计,全面提高职业能力。

通过以上四个阶段,就可以基本实现把自己培养成具有良好职业习惯、职业态度、职业道德、职业能力、职业发展能力的高素质、技能型专业人才,完成自己在高职院校的全部岗前学习,并具有较强的可持续发展能力。

※ 训练拓展 ※

　　每个人都希望自己在未来的职场上有好的发展,那就让自己实现职业化吧!对职业化最简单的表达就是无以替代,就是德智体美全面发展,就是拥有岗位所需要的各种素质,就是对其工作知其然还要知其所以然,就是让自己成为岗位的熟练执行者。

　　请同学们走入社区,进行一个"公益+访谈"活动。同学们提前通过自己所在学校的青年志愿者组织,了解曾经是企业先进工作者或者劳模的公益服务对象,然后安排周末时间前往进行公益劳动,并在劳动的过程中与他们进行交流,了解他们曾经的职业生涯故事,从中感受时代虽然不同,但对待所从事事业的敬业精神是永恒的。

第七训练模块　学习是一种能力

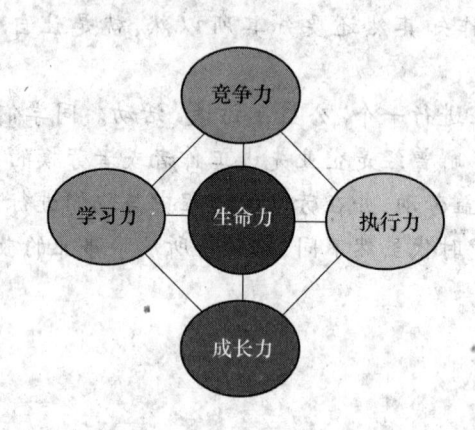

```
         竞争力
          │
学习力 ── 生命力 ── 执行力
          │
         成长力
```

※ 训练目的 ※

通过该模块的训练,要使大学生清楚地认识到学习对于人类来说是非常必要的。只有积极主动地学习,才可以为未来的人生奠定一个坚实的基础。当然,还要认识到大学的教学本质:大学阶段并不能让我们获得未来人生所需要的全部发展知识,必须通过大学阶段的过程学习,找到适合自己的学习方法,并使学习成为未来的一种生活能力。

※ 训练要求 ※

(1) 每个大学生都是从小学、初中、高中走过来的,请同学们思考学习是不是提高自己的唯一途径;

(2) 分组讨论大学教育的本质到底是什么、来大学是不是只是为了学习一定的专业知识;

(3) 通过十年左右的大学前教育,同学们都形成了自己的学习习惯,也可能经历过"高原现象",请问你过去的学习习惯是否有利于成绩的提高;

(4) 充分认识大学学习的重要性,积极总结和形成适合自己的学习方法,深入理解学习是人生重要的生活工作能力。

训练开讲之一　学习是提高自己的唯一途径

大学生是青年群体中极富创造力的优秀群体,而高等职业院校的大学生更在其中占有半壁江山,是参与国家未来经济建设的后备军,而这一切的基础是离不开学习的。为此,每个大学生都应该重新认识学习对于未来发展的重要性。

一、重新认识学习的重要性

俗话说,"活到老,学到老"。我们所拥有知识的多少决定着自己在我国现代化建设中发挥作用的大小,也更决定着以后的工作质量和生存能力,因为学习的过程也是自身可持续发展能力提高的过程。

1. 学习是生存的重要手段

动物和人的生活都离不开学习。学习是动物和人与环境保持平衡、维持生存和发展所必需的条件,也是适应生活环境的重要手段。

动物要在后天环境中求得生存和种群延续,首先要依靠先天遗传的本能行为,但这种先天本能行为只能适应相对固定或变化较小的外界环境。因此,动物和人为了生存下去,还必须通过学习不断获得可持续发展的个体经验。只有这种后天习得的行为经验才能适应变化相对迅速的环境。与先天本能相比,其意义显然更为重要。譬如,一只小羊羔不断地通过向羊妈妈学习,知道了哪里可以寻找到丰富的食物,知道了怎样躲避狼的追捕。如果小羊不学习,就不能适应不断变化的外界环境,也就无法生存下去。

然而,学习对个体生活的作用和重要性的程度,在各种动物之间存在着很大的差异。越高等的动物,生活的方式越复杂,相应的本能行为所起作用就越小,不断学习的重要性也就越大。在低等动物中,习得的行为很少,获得的速度也很慢,学习对其生存来说作用并不大。例如原生动物刚出生不久,其一生中的大部分动作就已出现了,后天所需要的反应也大都已具备。它们学习的能力很低,保持经验的时间也很短,因而学习的结果对它们生活的作用是很小的。

人是最高等的动物,生活方式极为复杂,本能行为是最少的。人类的绝大部分行为能力都是后天习得的,因此,学习的能力以及学习本身在人类个体生活中的作用也就必然是最大的。相对来说,人类婴儿时期与初生的其他动物相比,其独立生存的能力很低。可以说,离开父母的养育,婴儿是无法生存下去的。但是人类却有动物不可比拟的学习能力,可以迅速而广泛地通过学习不断适应环境。如人类种植谷物,获取粮食,靠的是学习;战胜毒蛇猛兽等天敌,对付可怕的瘟疫,靠的也是学习。人之所以能够成为万物之灵,唯一依靠的就是学习。国外有句名言,叫做"不学习就灭亡",它很好地诠释了学习对人类生存的重要性。

2. 学习可以使人走向成熟

随着年龄的增长，人的生理和心理会逐渐成熟。人从未成年到成年的成长发育过程中，始终伴随着各种环境文化的影响，需要不断学习各种知识和技能。但即便人在成年以后也并不意味着就已经完全成熟，还需要不断完善自己在社会生存过程中所需要的一切知识和技能。而且这里所说的成熟也是一个不断递进的过程，是没有顶点的。

心理学家的实验研究发现：动物，尤其是初生动物的环境丰富程度可以直接影响动物感官的发育和成熟，也影响着大脑的重量、结构和化学成分，从而影响其智慧的发展和完善。

在婴儿出生后的四五年里，除了营养条件外，缺乏适当的学习训练或接受不当的教育都会给大脑的发育带来不利的影响。比如，世界著名的印度狼孩卡玛拉在回到人类社会时虽然已经有七八岁，但智力水平仅相当于六个月的婴儿；她死时大约十六岁，其智力也只相当于三四岁幼儿的水平。因此，科学家研究认为，"儿童的成熟必须通过技能的练习来完成。儿童年龄渐长，自然及社会环境影响的重要性将随之增加。"对初生婴儿眼手协调动作的训练实验研究表明：经过训练的婴儿，平均在三个半月便能举手抓到面前的物体，其眼手协调的程度相当于未经训练的五个月婴儿水平。这正是由于学习促进了婴儿潜能发展的表现和能力的提高。事实早已证明，人的一生都需要学习，这是我们不断走向成熟的必经之路。

3. 学习可以使人不断进步

纵观历史，人类文明的延续和发展，就如同一场规模宏大且旷日持久的学习"接力赛"运动。前人通过劳动和生活获得维持生存和发展的经验，在不断总结、不断积累、不断提高的基础上，形成了一定的知识和技能，然后代代相传；后人在学习前人经验的基础上，不断适应时代与环境的变迁，又对其进一步丰富和提高，再通过口传或文字传递给下一代。如此相传，便形成了人类文明延续发展的历史。

而且，人类文明的发展在一定意义上存在着加速发展的趋势，这就让学习这一重要活动对人类社会的发展作用变得更加突出。从18世纪的工业革命开始，伴随着蒸汽机的发明而有了后来的火车、飞机；有了百年前活塞式发动机推动的螺旋桨飞机；才有了今天民航客机中的巨无霸——A380飞机。计算机的发展也是一样，它的发展速度没有人能想象，它的应用领域已经触及现代人类生活的各个角落，尤其是彻底改变了过去人类对知识的储存方式和传播途径。所有这些，我们不得不心悦诚服地承认学习对人类文明与进步的重要作用。每位大学生如果不积极主动学习各种知识，不但找不到自己的社会生存位置，而且必将让自己远远地落后于时代的发展，并且还会直接影响到子孙后代的发展。

4. 学习可以提高文化修养

人类在社会历史发展过程中创造了大量的物质文化与精神文化。特别是精神文化,如文学、艺术、教育、科学等方面的成果,尤其需要通过学习去获得,以提高自己的文化素养。现代社会的新型人才必须具有较高的文化素养。缺乏一定文化素养的人不能算做真正健全的现代人。

环顾今天的现实生活,没有一定的文化修养就会给人留下"粗俗""现代文盲"的印象,也会在人与人之间的沟通过程中降低对方对你的认知感,让自己胜任不同行业的岗位有一定的困难,从而也就失去了体现自己人生价值的空间。处在当今竞争社会中的人,只有坚持不懈、不断学习,积极思考、不断超越,提高自己、养成习惯,完善自我、提升素质,才能提高自己的个人素质和个人品位,从而才能更好地让自己适应社会发展和工作生活,干好自己的本职工作,在自己的岗位上发光、发热,在各方面的工作中取得优异的成绩。

5. 学习可以优化心理素质

一个现代社会的新型人才应该具备诸多方面的良好心理素质,如高尚的品德、超凡的气质、敬业的精神、目标专一的性格,以及坚忍不拔的意志等。这些都可以通过不断学习来逐渐获得。

只有不断学习,才会有乐观的生活态度,以微笑的目光、平静的心态去看待一切,建立自己健康、愉快、丰富的生活方式;只有不断学习,才能形成多元思维方式,在面对同一种境况时,有多种考虑和选择的途径;只有不断学习,才能不断地充实自己,把环境的变化看成是迎接挑战和再学习的机会,而不会在瞬息万变的事物面前惊慌失措,愁眉不展。正如萨克雷所言:"读书能够开导灵魂,提高和强化人格,激发人们的美好志向,读书能够增长才智和陶冶心灵。"

6. 学习可以提高生活质量

人生在世,有纷繁复杂、五花八门的生活及其追求和向往,把它归结起来无非是物质生活和精神生活两个基本方面的追求和向往。生活快乐属于人们精神方面追求和向往的一个主要目标。

只有通过不断学习,提高整体素质,才能在竞争激烈的职业生涯中站稳脚跟,才能在各方面的工作中取得优异的成绩。曾经听过一句话,"人生三大宝:勤奋、学习加思考",此言确实不虚,很多人因为不懈的努力,不断的奋斗,在平凡的岗位上创造出了不平凡的业绩。每个大学生都应该调整好自己的心态,安排好自己的时间,不断阅读、学习、思考,努力提升自身文化素质,这样才能更好地把握住机遇,进而也让自己的知识更加丰富,思维更加敏捷,为自己赢得更加全面的生存权利,获取更多的发展机会,最终达到提高自己生活质量的目的。

二、正确理解大学学习的本质

我们来到大学必须明白,大学的学习将完全不同于此前的学习,必须知道大学的学习到底是什么。很多人对大学教育的理解仍认为是无所不至、无所不能的。其实,大学教育的本质就是传"道",就是传授方法。这个"道"不仅仅是怎么样做好自己未来工作的方法,还包括学习的方法以及为人处世的方法。

大学教育是一种影响,一种积极的影响,一种对人类认识和改造客观世界的积极影响,以及认识和改造自身的积极影响。大学教育的最终目的是达到"教是为了不教",是以正确的习惯和态度对待客观,以及教会我们自我反思、自我管理的生存和发展能力。在大学里,老师只是充当引路人的作用,学生必须自主地学习、探索和实践。

大家都知道,当今的计算机技术发展日新月异。我们在任何时候通过学校教育所得到的有关计算机软硬件的知识,不能保证在未来的实际工作中都是完全可用的。同样,高等职业教育也不能保证在校所学的每一种知识、技术和工具都是永远有用的。毕竟知识的更新、技术的发展都是很快的,相应的工具也在不断地改变和改进着。大学的教育就是让每一个受教育的学生学会思考,并掌握学习的方法。只有这样,才能保证学生在进入社会以后,不管遇到什么样的新技术或新工具,都能游刃有余。

大学是一个让学生适应社会、适应不同工作岗位的初级平台。在大学期间,学习专业知识和专业技能固然很重要,但更重要的还是要学会独立思考,培养举一反三的能力。这才是适应未来世界瞬息万变的根本。每个走上工作岗位的人,其自我学习能力是非常重要的。微软公司曾做过一个统计:在每一名微软员工所掌握的知识内容里,只有大约10%是员工在过去的学习和工作中积累得到的,其他知识都是在加入微软后重新学习的。

另外,大学生在校学习还要清楚地认识到知识不是力量,知识的结构才是力量。对高职学生来说,合理的知识结构就是既有一定的从事专业工作所需具备的基础知识,又有一定与所从事工作相关的扩展知识,具有实际岗位发展需要的最合理、最基本、最优化的知识体系。李政道博士说:"我是学物理的,不过我不专看物理书,还喜欢看杂七杂八的书。我认为,在年轻的时候,杂七杂八的书多看一些,头脑就能比较灵活。"大学生建立知识结构,一定要防止知识面过窄的单打一倾向。

三、让学习的思想根植于心

随着知识经济时代的到来,企业之间的竞争越来越表现为员工素质的竞争,只有具备高素质的人,才能成为高素质的企业员工。而员工的高素质,在很大程度上取决于其学习能力。从这一意义上说,在新的时代背景下,企业竞争的实质就是企业员工学习能力的竞争。

在人类的成长发育过程中,在每个不同成长阶段,接受恰当的学习内容、进行合理的训练都是必须的,这是促进生理和心理成熟的唯一手段。唯有学习才可以使我们不断走向成熟。人的一生就是一个不断学习的过程。也许我们并没有意识到这一点,但事实上我们一直是在生活中、工作中不断学习的。当然,有时候是在被动学习,但这种被动的学习效果肯定不会理想。相反,如果我们能够不断地主动学习,就能激发自己的潜能,就能在整个生活和工作过程中始终保持强大的竞争力。

IBM公司总部的大楼上就写着"学无止境"的铭文,可见企业对员工在学习上的强调。IBM从不忘记对每个员工进行"苦行僧"式的培训。该公司每年都会花费10多亿美元进行130万人次的职业教育和培训。在培训过程中,紧张的学习每天从早上8点到晚上6点,而附加的课外作业常常要使学员们熬到半夜。而且每个学员还要同时进行销售学习。每天长达14~15小时的紧张学习会压得人喘不过气来,然而,却很少有人抱怨,几乎每个人都能如期完成学业。因为他们知道,如果在这个时代不学习、不会学习、不会终身学习,其结果只能是被淘汰。因此,学员们都会在这种艰苦的培训过程中以及长时间的激烈竞争中获得迅速成长。

身处大学校园,当重新认识了学习的意义,了解了大学的学习本质,我们没有理由不让学习成为自己的一种主动行为,并形成自己适应社会的良好习惯和方法。即使在以后的工作生活过程中把在校期间所学过的东西全部忘记,只要还有独立的自学能力,以及举一反三或无师自通的能力,就不怕在社会上找不到适合自己的位置。因此可以说,把学习的思想根植于心将是适应未来社会的基石。

训练开讲之二　掌握大学的学习方法

联合国科教文组织早在20世纪80年代对未来教育的预测报告中就提出:未来教育最根本的任务就是教会学生学习。学习能力将是未来适应社会、服务社会的重要本领。这就要求我们在大学阶段对学习应有较浓的兴趣、形成良好的习惯、掌握适用的学习方法。

一、大学生的实际学习现状

此前,某高等职业学院对在校学生的有关学习状况做了一个很有意义的调查。调查的内容涉及学生的学习动机(态度)、学习方法(包括认知策略、知识的迁移、记忆策略)、学习目标、学习效果、学习品质、教师的教法和教育教学过程中学生与老师的互动沟通等方面。调查结果显示大学生的学习存在明显的问题。

1. 学习目的认识片面

大学生应该知道,获得较强的专业和实践能力、提高自身的综合素质是大学生学习的主要目的。调查发现:有36.5%的学生希望通过学习获得专业和实践能力;29.7%的学生以提高自身的综合素质为目标;但也有21.6%学生的主要目的是为了拿到毕业证和技能证,显示有不少学生的学习目的不清晰,是片面的,存在认识上的问题。

2. 学习遇阻兴趣不高

面对学习,35.8%的学生认为这是目前最大的困难;43.9%的学生学习兴趣不高,其原因在于专业课学习难度较大;有17.6%的学生认为自身学习基础相对较差,尤其是文科生学习理科的内容,常常会感到力不从心;有44.6%的同学感到学习压力大,但也有16.9%学生认为没有压力,认为压力合适的为31.8%。由于学习兴趣不高,许多学生面对压力却采取了消极的应对方式:上课分心,下课揪心,平时上网,考试作弊。

3. 学习重实践轻理论

30.4%的同学最感兴趣的是实验实训课,其次才是专业课。很多高职大学生在学习上急功近利,对基本理论学习不感兴趣,错误地认为自己只是来学技能的。殊不知,没有理论知识的实践将不利于自己未来的发展。基本理论的学习解决的是一个科学思维问题,它可以让人们学会思,善于想。作为万物灵长的人类,最了不起的就是会思想。而一个善于思想的大脑,只能通过孜孜不倦的学习来获得,尤其是要学习一些专业的基本理论知识。

4. 学习方法没有形成

从与教师和学生的座谈以及调查问卷的结果来看,大学生在学习上存在问题的根本是没有形成自己的学习方法。调查中,不知道如何学习的同学占到7.43%;认为自己学习方法效果不佳的占到50.7%;而认为效果良好的只有16.9%!许多学生的学习没有计划性,不注重各学科之间的关联性,基本上是被动上课,课后也只是以抄书完成作业为主,基本上不涉及预习、复习、自我学习这些简单而基本的过程。由于学习方法存在问题,学生几乎没有问题可提,对不懂的学习内容也难以表达哪里不懂或者为什么不懂。

二、掌握必要的学习方法

从上边所显示的调查结果可以看出,除了没有树立良好的学习动机以外,大学生学习状况出现问题的一个非常主要的原因就是没有掌握必要的学习方法。学习方法是人们在学习过程中总结出来的获取知识、技能的途径、方式、程序和手段的总和。事实上,学习和掌握一定的学习方法,是大学生在校期间的重要学习内容。

1. 树立良好而恰当的学习动机

人的一切活动都是由一定的动机所引起的。动机是一切活动的原动力。动机的产生有两个必要的条件,即内驱力和诱因。内驱力是推动人们从事某个活动的正能量,包括生理的内驱力和社会的内驱力;诱因是吸引人们从事某个活动所能达成的行为目标,是能满足人们需要的目的物。所以,学习动机是引起和维持学习活动的动力,而且是使学习活动朝向一定目标的一种内在过程或内部心理状态。动机是由需要引起的。每个进入高等职业院校的大学生至少都是抱着强烈的就业目的来到学校,这种需要应该足以成为学习的动机。这也是最起码的为生存而学习的动机。

毋庸置疑,良好的动机对在校所学有着非常积极的作用。好的学习动机对学习行为有着启动作用、维持作用和监控作用。它可以唤醒学习欲望,让我们集中精力;可以让我们在学习过程中出现问题的时候纠正自己的行为,保持良好的状态。但是,我们也应该知道,学习动机和学习效果也并不总是保持一致。在校园生活中,可以看到有些学生的学习动机水平较高,但学习成绩并不理想。即便这样,也不能否认学习动机的积极意义。这也许是我们在基础知识、学习技能或学习方法上还存在一定的问题。

另外,学习效果与学习动机并不是呈线性相关的关系。一方面,动机过弱,不能激起学习的积极性,必须有一定的动机才可以达到较好的结果;另一方面,动机过强,智力活动能力就会降低,学习效率也可能会下降。很多来到高等职业院校求学的学生一定有这样的体会:过去自己平时的学习成绩还不错,但在考场上却经常失利。其原因就是在考场上期望考出好成绩的动机太过强烈。在各种比赛中都可以看到这样的实例。

2. 掌握适用的学习方法

事实上,世界上没有一种对所有人都通用的所谓最好的学习方法。人们在适应自然、征服自然过程中确实形成了一些有效的学习方法,但那都是人们各自经验的总结,可能有的人适用,有的人就不适用。因此,就学习方法而言,应该是"学习有法,学无定法,我用我法,贵在得法",这就要求每个人在学习他人方法的基础上,归纳出属于自己的最好学习方法。

1) 学习有法

学习有法的"法"指的是客观规律。自然界万事万物都是有规律可循的,学习活动也不例外,也有其自己的规律。学习方法是一门科学,学习者要有方法意识,要结合理论和实践认识规律,探求高效率、低耗时的学习方法。每次学习之前都应该想一想,用什么样的学习方法最好。

2) 学无定法

学无定法的"法"指的是学习过程中所采用的具体手段和途径。学习方法不是固定的、一成不变的。针对不同的学习对象,应该采用不同的学习方法,必须着眼其特点,因人而异,因师而异,因课而异,因学习阶段、教学环节、学习环境而异。正是在这个意义上说,世界上不存在适合一切人、一切场合的"最佳"学习方法。

3) 我用我法

每个人所用的学习方法要适合自己的具体情况,要为自己所掌握,为自己所使用。适合自己的方法才是最好的学习方法。因此,对别人的学习方法要善于借鉴,更重要的是要通过不断学习、不断实践进行不断总结,形成自己的一套行之有效的学习方法。借鉴百家,以我为主,养成习惯,内化在心,方可终身受用。

4) 贵在得法

方法得当,事半功倍;方法不当,事倍功半,甚至劳而无获。检验是否得法的唯一标准就是学习效果。方法有笨法、常法、妙法之分,效果也有理解深度、牢固程度、效率高低的不同。科学的学习方法,是既高效,又省时的。

学习方法有很多,如程序学习法、交叉学习法、牢记目录学习法、"四环式"学习法、SQ3R(Survey 纵览、Question 发问、Read 阅读、Recite 背诵、Review 复习)学习法等。每个人要根据自己的学习习惯和适应性在校形成自己的有效方法。

3. 正确对待"高原现象"

在学习过程中，包括在有些技能的学习中，有时会出现这样一种情况：在学习的某个阶段，无论怎么样努力，成绩一时也不能提高，即出现暂时的停顿现象，这就是所谓的"高原现象"，它是学习中的一种常见现象。很多大学生在英语的学习中都应该体会过：当学习达到一定程度后，想要再提高学习成绩就变得异常困难，仿佛学习停滞不前了，即使继续努力还是收效不大。事实上，这只是暂时现象，也是表面现象。

出现"高原现象"的原因可能很多，如学习的热情下降、身体过分疲劳、长期而集中的训练、受到旧的学习或技能结构的限制等，其中受到旧的技能结构限制是最重要的原因。这时，只要重新调整自己的思维模式，或进行短期的休息，或改变旧有的学习或技能结构，或者根据学习对象的新特点进行学习和训练，消除"高原现象"也许只是捅破窗户纸的问题。

三、培养良好的自学能力

大学学习不仅是完成课堂教学所规定的任务，还要在有限的时间里选择与学业及自己的兴趣有关的书来读，培养自己良好的学习能力。学会在浩如烟海的书籍中，选取自己必读之书，而且还要掌握基本的读书艺术。

1. 培养自学能力的重要性

自学能力是指一个人对信息能够独立选择、吸收、储存应用的能力，它是学生自我发展的重要组成部分。或者说，自学能力是一个人较少依赖他人的帮助去掌握知识、应用知识的能力。它主要包括独立阅读能力、独立思考能力以及灵活运用所学知识分析和解决实际问题的能力。

有人说："未来的文盲，不再是不识字的人，而是没有学会怎样学习的人。"这句话道出了培养学生"会学习"的重要性！如果一个学生有较强的自学能力，他就可以不断扩大知识面，并增强自身的技术和技能。素质教育中，能力的培养是极其重要的方面，自学能力又是其他能力发展的重要基础，影响着其他能力发展的速度、深度和广度。而自学能力的形成是复杂的、多层次的，需要长期坚持，形成方法，形成习惯。

自学能力必须在大学期间开始培养。许多同学也许总是抱怨：老师教得不好，学校的课程安排也不合理。尤其是90后学生对老师的要求似乎是越来越高了。或许学生的抱怨是客观的，但大学生根本就不应该只是跟在老师的身后亦步亦趋，而应当主动走在老师的前面。事实上，课堂教学往往是提纲挈领式的，老师在课堂上只讲难点、疑点、重点，亦或者是老师最有心得的一部分，其余部分就要由学生自己去攻读、理解、掌握。在校的大部分时间是留给学生用于自学的，而不应该是很多高职学生不知道怎么打发课余时间。大学老师在教学过程中只是充当一个领路人的作用。因此，培养和提高自学能力，是大学生必须具备的本领。

2. 自学的四个基本原则

自学能力的培养必须注重一些基本原则。

1）同步原则

同步原则即尽量做到专业选择与未来工作内容同步；个人奋斗目标与自己的兴趣爱好同步；发展方向与社会需求同步。另外，同步原则还应该体现在所学与老师的所教同步。这样做，容易使主观与客观相统一，从而产生共振效果。

2）优势原则

优势原则即根据社会的实际需要和自己的实际情况，确认自己的优势和长处，然后，重点发展自己的优势和长处。需要注意的是，自己最擅长的未必就是你的选择，还要看社会现实和社会发展的实际需要。相对的高起点和优势积累，将非常有利于快速成才。

3）定向原则

定向原则即注意发现和选择能充分实现自我价值的"冷门"，努力奋斗，争取几年内大见成效，多年后一鸣惊人。这也是决定人生成功的一个重要原则。别人都拥有的你也拥有并不特别，别人没有的你却拥有可能就会产生特殊的收获。

（4）量力原则

自学不怕起点低，但也不要好高骛远。应该立足当前，着眼长远，争取春有耕耘，秋有收获。硕果既可以带来喜悦，鼓舞斗志，又往往会改变境遇，使你从泥泞的土道走上柏油马路。如果不考虑自己的实际能力而选择高难目标，结果往往是让自己误入歧途。这就好像用一根蜡烛去烧开一壶冷水，即使蜡炬成灰泪流尽，也难以让它达到沸腾。

3. 形成良好的自学能力

大学教育不能包揽未来职业发展所需要的全部知识，将来还需要我们边工作边学习提高，这就离不开自学能力，而大学是培养和形成自学能力的最佳阶段。

1）让学习有计划

大学学习单凭勤奋和刻苦精神是远远不够的，只有掌握了学习规律，相应地制定出学习规划，才能有计划地逐步完成预定的学习目标。恩格斯曾说过，"没有规划的学习简直是荒唐的"。可见，严密的学习规划是完成学习目标的保证。

每个在校大学生都要根据学校的教学大纲或人才培养方案，从个人的实际出发，根据总的要求，从战略角度制定出基本规划。如，设想自己在大学要达到的目标，达到什么样的知识结构，学完哪些科目，培养哪几种能力等。诚然，让高等职业院校的新生制定整体计划是困难的，最好去请教班主任老师和求教于在校的高年级同学，先制定好第一学期的整体计划，经过实践，再完善三年的整体规划。

当然，还要制定阶段性具体计划，如一个月或一周的安排。这种计划主要是根据入学后自己的学习情况、适应程度来决定。计划中主要包括学习的重点、学习时间的分配、学习方法如何调整、选择和使用什么教科书和参考书等。这种计划要遵照"符合实际，切实可行"的原则，要注意不断总结、适当调整。

2）做时间的主人

时间是学习必不可少的条件，学习理应存在于时间的流动之中。学问是时间的结晶，学习成就大小与时间利用的程度密切相关。大学时间有限，大学生要善于管理时间，科学地运筹时间，将要做的事情分成轻重缓急，进行合理地安排和科学地管理，以达到用较少的时间做较多的事情。

大学期间，除了上课、睡觉和集体活动之外，其余时间的机动性很大，科学地安排好时间对成就学业是很重要的。要根据自己的身体状况和用脑习惯安排好每日的作息时间表。在大脑效率最高的时候，要安排需要理解和记忆的内容来学习；在大脑相对疲备的时候，要安排一些相对机械的学习内容，或者搞一些文体活动。时间表一旦安排好，就要严格执行，切忌拖拉或随意改变，养成今日事今日做、明日事明日想的习惯。

3）让主动学习成为习惯

大学生正处于黄金年龄，一定要让学习成为一种生活习惯，而且要自主学习。自主学习是个体在学习过程中一种自觉、主动的学习行为。在自主学习状态下，学习的压力产生于内在需求的驱动，即自我价值实现和社会责任感的驱动，而不是外在的压力或急功近利的行为。具体表现为学生在学习过程中强烈的求知欲，主动参与的意识和积极思考的行为。自主学习的实质是学生积极主动地进行认识和实践的活动。自主学习的过程是从"想学"到"会学"的过程。大学生除了学习一些基本的知识以外，每个人都应该按照自己的学习目标和专业要求去选择、吸收有用的知识，要自主选择适合自己特点的学习方法，提高获取知识的能力。

4）充分利用互联网资源

在今天这个网络社会，如果不能利用计算机进行学习将是一个非常遗憾的事情。大学生一定要能熟练地利用互联网进行文献检索，以便接触更广泛的知识和研究成果，消化自己在学习过程中不懂的知识点。

如今的网络资源是一种信息时代赋予的更为便捷的获取知识的方式。在网络上，人们可以索取与自己专业相关的知识，也可以学习其他自己感兴趣的知识，甚至是自己未曾接触过的新鲜东西。网络信息资源的快捷和知识更新的高频性已经使它成为人们获取知识的最主要的途径之一。大学生是利用网络资源的主体，也正如此，网络资源给大学生提供了更多的培养自学能力的机会。

5）学习有方法也有艺术

科学的学习方法包括预习、上课、复习、作业、小结五个环节。所谓的"学习是艺术"强调的是每个人的学习方法都可能不一样，就像我们看到不同画家的不同作品没有两个是完全一样的。因此，不能简单地看别人是怎么学习的，更要想自己该怎么学习。

我们要学会从钻研教材开始，养成预习和复习的好习惯。课前预习可以对将要学习的内容有个大致了解,从而可以带着难点问题听课,提高听课的效果;复习可以使刚学的知识得到及时消化和巩固,又可以做一些对比、分析、归纳和总结,而这些是自学能力必不可少的;作业是巩固所学知识和检查学习效果的有效手段,大学生独立完成作业的过程也是培养自学能力的过程。作业之前认真复习所学知识,理清脉络,做作业的过程中还可以培养运用所学知识分析问题、解决问题的能力。当然,作业还可以让我们与老师之间实现一次良好的沟通,让老师明白你的学习态度以及你对知识的掌握情况。切忌做作业就是简单地抄书!

另外,除了自己所学的专业书籍以外,还要大量阅读其他书籍。这样就能在较短的时间里读很多书,既广泛地了解最新科学文化信息,又能深入了解重要的理论知识,这是一种较好提升自己知识结构的方法。首先要确定读什么书,其次对确定要读的书进行分类:第一类是浏览性质的,第二类是通读,第三类是精读。浏览可粗,通读要快,精读要精。而在这个过程中做读书笔记不但可以帮助记忆,更可以梳理学习的头绪,从而提高自己的独立学习能力。

训练拓展

(1)网络上流行着一个《8020法则》,对在校学习有着非常重要的警示意义。世界上有20%的富人,他们掌握着全世界80%的财富,因为他们通过学习明白了人生最根本的发展道理:喜欢正面思考问题,知道制定人生目标,知道自己怎么做可以有钱,知道只有行动才会有结果,知道把简单的事重复做就是不简单,能够把明天的事情放在今天做,能够坚持做今天的事,并相信自己必将成功。请同学们在网上搜索《8020法则》PPT,认真研读,努力按照20%的富人的做事态度,重新定位自己的学习。

(2)大学教育并非终身教育,这样,在校养成自主学习的能力就变得非常重要。而且要通过在校的学习过程逐渐形成符合自己特点的学习方法。请同学们随便拿一本自己感兴趣的书籍,尝试着在尽可能短的时间里掌握其中的实质。首先可以看看前言,了解作者想对读者说的话;看看目录,了解该书的基本章节组成和各个章节之间的逻辑关系;看看书前的概述,了解该书要传达哪些知识信息;然后翻到最感兴趣的章节,研读一个小的知识体系,最后寻根溯源掌握全书的精神实质。

第八训练模块　让学习成为生活

生活和学习是同一条河
放弃学习就是放弃生活

※ 训练目的 ※

通过该模块的训练，要使大学生清楚地认识到进入大学就意味着大学给我们提供了一切可供利用的资源：运动场、图书馆、实验实训条件等。大学生要充分利用这些资源，寓学习于生活之中，寓生活于学习之中。而且努力学习专业知识是大学生活中很自然的事情，这对胜任未来工作非常重要。只要把学习当作生活来看待，那么，学习就会变得轻松而积极。

※ 训练要求 ※

（1）发散思考，大学里有哪些可供自己使用的学习和生活资源，并将其罗列出来；

（2）请考虑，既然大学生未来就业必须具备一定的素质，那么这些大学资源对我们形成一定的素质有哪些帮助；

（3）来到大学就是要获得一定的专业知识，请同学们分组讨论自己所学习的专业都需要哪些专业知识，在思想上建立一个专业知识框架；

（4）分组讨论：除了自己的专业知识以外，平时还应该涉猎哪些方面的知识，并根据个人爱好给自己制定一个在大学期间的读书计划。

训练开讲之一　让大学资源为我所用

提到资源,首先想到的或许是诸如煤炭、石油、天然气、水等的一些自然资源。其实,在大学里,就有很多资源也许是学生们没有想到的,所以也就不知道怎样去很好地挖掘利用。

大学里可供学生利用的资源可以定义为:一切能够使学生在求学期间获得基本知识和基本技能、提高自身综合素质的全部校园设施、软硬教学条件和学习环境。具体地说,就是包括教师、同学、教学楼、公寓楼、实验实训条件、多媒体教学条件、图书馆、体育运动场地、校园绿地、校园文化以及各种各样由学校批准设立的社团组织等。对每位学生来说,充分利用大学资源来提升自己无疑是非常重要的。

一、运动场

锻炼身体是为自己的身体所进行的一个积极投资,而运动场就是高职大学生第一个应该充分利用的教学资源。强健的体魄是革命的本钱。今后无论是就业还是创业都离不开一个好的身体素质和心理素质。

1. 提高身体素质

在某大学就曾经出现过这样的情景:新生入学军训期间,晨跑一个小时,就有26人先后倒下;更有体育课上在进行800米常规训练时,一次训练下来就有很多同学怨声满天,有的人竟然连说话都没有力气,甚至有人之后接连几天腿都是疼的。

不言而喻,良好的身体素质可以保证我们更好地进行学习,而且,好身体对就业也是大有好处的。大学里有很多体育设施,田径运动场、篮球场、足球场等都是提高身体素质的良好资源,应该善加利用。

2. 调整心理状态

事实上,锻炼身体并不仅仅可以用来进行强健体魄,还是调整情绪的好方法。在心情不好的时候,只要围着操场跑几圈,心情就会很快得到舒缓。

大学里由于学习或其他原因,常常使我们感到有很大的压力,从而凭空产生一些烦躁的情绪,这应该说是很正常的。但是,处理不好,有时候就会严重影响学习。其实,在这个时候,改变这一状况的最简单办法就是去运动场做一些适量的活动。当然,在学习很累的时候,去锻炼锻炼身体也是一种很好的休息。

我们在学校与同学接触的过程中,也确实常常听到一些即将毕业的大学生在谈到对运动场资源的利用时感触很深。有些同学在大学期间很少去运动场,其实,原因很简单,就是一些同学不喜欢运动。我们应该知道,强健身体并不是自己喜欢不喜欢的问题,而是一种需要。可以想象,在以后的人生历程中,这样的学生就有可能因为身体而影响自己的事业和生活。

二、图书馆

有人说,大学生应该把 10% 的精力投入到专业学习上,30% 的精力用于其他各方面(娱乐、参加业余活动等),而剩下的 60% 则应投入到图书馆。实践说明,这种说法对每个大学生都有一定的参考价值。

1. 图书馆是填充自己闲暇时间的好地方

在校园生活中,经常听到一些大学生发出"郁闷""无聊"之类的感慨,原因就在于很多大学生在专业课之后的闲暇时间比较多,但是又很少光顾图书馆。哈佛图书馆有一条训言:"Time the study pain is temporary, has not learned the pain is life-long(学习时的痛苦是暂时的,未学到的痛苦是终生的)"。

拿破仑曾经说过一句很有名的话:"想象力统治世界"。想象力从哪里来?从学习中来,从书中来。在人类浩繁的工具中,最令人叹为观止的就是书!如果望远镜是我们视力的延伸、电话是语言的延伸,那么书就是记忆和思维的延伸。书籍是人类进步的阶梯,而图书馆将这些资源无偿地向你敞开着,但你又不去利用,至少说明你不够聪明。将闲暇的时间投入到图书馆,不仅可以消除自己空虚无聊的心理状态,更重要的是,可以用知识武装自己的头脑,使自己的羽翼更加丰满,从而使大脑也更加灵活。

2. 图书馆是课内和课外汲取知识的好地方

在今天这个知识爆炸的时代里,图书馆充斥着大量的图书资源。只要你办理了相应的借阅手续,就可以很便捷地获得自己所需要的资料。有些课,如果在学习之前能够在图书馆里查阅相关知识,无疑对课堂的学习会有很大的帮助。当然,我们必须清楚,大学的学习并不只是获得专业知识,还应该涉猎更多的对未来工作和生活有益的常识。如果有的学生非常喜欢自己专业以外的某个学科,图书馆就是一个非常好的去处。

图书馆里配有大量的座位可供学生用来阅读和自习。这里安静的环境更容易使自己潜下心来去思考问题,反省自己;更适合自己实现对新知识的渴望。更何况,现在很多学校的图书馆都配备有上网条件,可以很方便地利用网络来查阅资料、检索文件、涉猎自己感兴趣的知识。

另外,图书馆还是学生锻炼自主学习能力的好地方。由于过去长期受家庭环境和中小学应试教育的影响,许多大学生进入大学后在自主学习方面表现出一定程度的不适应。一个不能很好自主学习的人,未来也很难有大发展。

三、实验实训条件

相对于其他普通高等院校,高等职业院校更注重学生动手能力的培养,因此在每所高等职业院校里都有许多可供学生用来锻炼实践能力的实验实训条件。每个大学生都应该在严格遵守操作规程的前提下,本着安全第一的原则,积极主动地参与。

例如,有的学校有良好的焊接实训条件,通过仿真的或真实的工作任务,学生可以在学习焊接的实际操作技能和相关理论知识的同时,感受未来的工作环境,形成与焊接专业有关的良好职业素养,但是,在实训现场,常常总有一些90后学生只是看别人操作,而自己却不愿意真正动手。

现在高等职业院校的学生中独生子女越来越多,他们在家里都是掌上明珠。高职的三年教育,各位同学就是要实现从高中生向未来职场从业者的转变,专业素质的提升完全依赖于在校的不断实践。我们不能将自己过去的生活方式照搬到大学,该动手的时候,必须亲自去做、去实践,现在的学习是在为未来能够适应实际工作创造条件。进入高等职业院校,不仅要学习基本的理论知识,更要通过实际操作提高自己的操作技能。为了自己今后能顺利就业,今天就必须动手实践起来。

四、社团组织

大学里的社团组织通常都是在有关老师的带领或指导下成立并组织活动的,旨在发掘学生的第二兴趣和提高学生的综合素质,也是我们不容忽视的可供利用资源。

1. 社团组织可以扩大自己的朋友圈

学生从中学进入大学,之前由于生活环境和学习压力的影响,有很多人性格比较内向,而且在与人交往和沟通的能力方面相对比较欠缺,但都有着强烈改变自己的愿望。加入自己感兴趣的社团,就意味着扩大了自己的交际圈,扩大了自己的人脉资源网。

由于兴趣,大家走到了一起,做自己喜欢做的事,因此,更有动力,更有成就感,从而获得的知识也更多、更深刻;又由于兴趣,大家在彼此的合作中以做事为平台,促进了互相的交流和沟通,因此,可以让一切改变都在不知不觉之中完成。相反,如果众多的大学社团摆在自己的面前,而自己又不主动去参与,就已经输在了同龄人的起跑线上,无形之中将使自己在竞争中处于劣势。

2. 社团组织可以锻炼自己为人处事

社团组织也是锻炼为人处事的地方。在社团里,不同的人有着不同的过去,有着不同的社会背景,个人能力的差别较大。社团中的事务比较繁杂、琐碎,因此社团里的亲身经历会让我们明白一些做人做事的道理,比如"把简单的事情做好就是不简单"。加入社团组织,就可以让自己以此为舞台,在服务于学院和同学的同时,培养为人处事能力。

做事包括两个方面,一是完成一个工作过程,二是组织管理一个工作过程;做人也包括两个方面,一是学习别人做事过程中所展现的品格,二是通过做事让自己学会与别人良好相处。如果把大学社团为我所用,就可以更好地锻炼自己对待工作的处事能力和管理能力,从而学会做事;在工作过程中如若遇到潜在的竞争对手,通过做事可以学会如何与人共容共赢,从而学会做人。

毕竟,我们身处在一个和平的年代。在一个期望和谐的社会里,锻炼自己能很好地为人处事是一个非常重要的事情。良好的为人处事必将在以后的职业发展中,帮助我们更快更好地适应社会,也必将给自己带来很多现实的发展机会。

五、校园文化

校园文化也是一种可以利用的资源。只要身处校园,校园文化就必将对我们产生潜移默化的作用,这对我们完成学业有着非常积极的意义。

1. 校园文化的内涵

大学的校园文化是指每所大学所具有的一种特定的精神环境和文化气氛。它既包括校园建筑设计、校园景观、绿化美化等物质文化的内容,也包括学校的传统、校风、学风、人际关系、集体舆论、心理氛围、各种规章制度等精神文化和制度文化的内容。高等职业院校的校园文化具有自身的鲜明特色,主要体现在职业特征、职业理想、职业技能、职业道德、职业态度、职业人文素质等方面,比如,航空类院校就是围绕航空服务、航空产品制造和修理展开整个教学活动,校园处处都可以感受到航空文化和高职教育的有机结合。

校园物质文化是学校各种客观实体存在的总和,包括校容校貌、自然物、建筑物等各种设施,是校园文化的基本载体;校园制度文化是高校各项规章制度的总和,包括与外界建立的有关机制、学校内部的各种规章制度,是保证学校与外界、学校内部各项活动正常运行的机制;校园精神文化是学校全体人员长期或短期的意识思维活动和一般心理状态的总和,包括价值观、行为模式、学校传统、校风校训、教风学风、班风舍风、人际关系、集体舆论等,是校园文化的核心。

2. 校园文化的特征

校园文化是高等学府在长期办学实践的基础上通过历史的积淀、自身的努力和外部环境的影响逐步形成的一种独特的社会文化形态,因而具有自身的一些特征。

比如,校园文化具有理想性的特征,它总是力图按照对未来预期的理想化图景和方向去影响人、培养人;校园文化具有互动性的特征,它是在学生的参与下创造的,同时也体现在学生的一切在校活动中;校园文化具有渗透性的特征,它可以强烈地影响学生的一切思想观念和在校言行;校园文化还具有传承性的特征,它可以把已经形成的校风学风、崇尚技能培养的传统和思维方式一届一届地传承下去,相沿成习,就像学校的"遗传基因"一样,不断复制,又不断优化。

3. 积极融入校园文化

凡是进入办学条件良好的任何一所高等职业院校,我们无不被其规划合理的校舍和优美的校园环境所折服,更被校园内的文化气息所感染。校园里的一砖一瓦、一草一木、一楼一室以及实训基地、仪器设备等都好像在讲述着学子求学成长的故事。

校园里的绿地、亭台、园林、小径、广场以及用植物装点出来的各种图案让人宛如进入大自然的怀抱,让我们感知大自然的清新和精神的愉悦,可以让我们在学习基本知识和技能的同时,不断感受大自然给予的清新。大学校园里随处可见一些雕塑,有爱因斯坦、牛顿、居里夫人、门捷列夫等国外科学巨匠,也有祖冲之、张衡、毕昇、李时珍、鲁迅等国内历史名人,可以让我们置身于人类社会发展的长河,不断感受科学和技术对社会的推动作用。如果没有他们在人类征服自然的过程中所做出的巨大贡献,就不可能有今日社会的裂变式发展。

另外,在校园最显眼的位置,还可以看到学校的校训以及各种激励学生奋发向上的语录标牌:"含泪播种的人一定能含笑收获""应当仔细地观察,为的是理解;应当努力地理解,为的是行动""淡泊明志,宁静致远""莫等闲,白了少年头,空悲切";等等。所有这些客观的存在以及精神氛围把大学打造成了一个让自己完成学业、实现成长的圣地。我们没有理由不融入其中,成就自己。

六、同学和老师

大学里除了以上这些资源应该好好利用以外,还应该注意向自己身边的同学去学习,向老师去求教。

1. 同学可以给我们贴身的帮助

我们每天和同学朝夕相处,无论是学习,还是生活,总是在一起,喜怒哀乐也总是连在一起。一起去上课,一起去就餐,一起活跃在运动场上,晚上又同在一个屋檐下。我们的优点和缺点都会展现在同学的面前。因此,同学就像一面镜子,他们可以通过语言或生活中的态度告诉我们,什么是对的,什么是不得体的。我们可以从中不断地发现自己的不足,并努力修正自己,完善自己的人格和处世态度。

同学在一起,不仅仅在学习上可以互相帮助,克己之短、补人之长,可以在各种团体活动中互相支持和配合,更可以在生活中互相关照。当你心情不好的时候,同学的问候可以让你烦恼顿消;当你卧病在床的时候,同学的帮助可以让你衣食无忧。良好的同学关系不但让我们感觉到学习的轻松,更可以让我们体会到大学生活的终生难忘。

2. 老师是大学生活的指路明灯

在大学,对学生影响最大的莫过于身边的老师。每个老师都有着自己不同的人生经历,有着对人生不同的看法;他们对于学生所学习的专业以及未来的就业前景都有着自己独到的见解;对于我们的未来,他们更能提出一些实际而适用的发展建议。

由于他们也是从年轻时候过来的,而且也有过和我们现在一样的大学经历,对于在大学期间所出现的各种问题,他们也曾有过体验。因此,他们可以站在更高、更深的层面理解我们,理解我们在生活和学习中所出现的问题,从而也能指点迷津,帮助我们明确自己的人生方向。

在大学期间,我们总免不了在心理上出现种种问题,有时还会对自己的人生奋斗目标感到茫然,甚至对未来失去信心。这时,身边老师的存在,可以帮助我们梳理内心烦乱的思绪,可以给我们指明未来的发展方向。老师作为一个旁观者,他们最了解我们,知道我们的优缺点,最明白我们在大学不同阶段所处的状态。每每聆听他们的教诲,对学生的心灵都将是一次次的洗礼与升华。有老师的激励和指导,可以少走些弯路,避免误入歧途。

老师丰富的学识和人生经验,很有利于拓宽我们的生活视野。在大学,一位优秀的老师的影响力是无与伦比的。对于这样优秀的资源,每位在校大学生都应该加以珍惜。

总而言之,大学资源既包括有形资源,也包括无形资源。大学是一本书,大学的精彩在于书中的真理和创新;大学是一首诗,"德以明理,学以精工"便是这首诗的灵魂;大学是一幅画,画中丰富的素材要求我们崇尚实践。我们要很好地利用大学里所有的资源,在学中干,在干中学,努力实践,不断提升自己,修练出自己未来工作和生活的本钱。

训练开讲之二 获得一定的专业知识和技能

目前,我国高职高专院校约有 1200 所左右,每所学校都设有大量适应社会需要的专业。根据中国高等职业技术教育研究会对其旗下 166 所会员学校所设专业的统计,目前共有专业 3068 个,即使将各学校的重复专业进行合并,仍有 1504 个专业。不同的专业有着不同的知识结构要求。每位大学生,为了在未来找到一份既能服务社会又能让自己高质量生活的岗位,就必须获得一定的专业知识和技能。

一、大学生获得专业知识和技能的重要性

高等职业院校强调的是以基本理论知识做基础的"能力本位"教育,也就是立足不同职业土壤、培养指向明确的职业教育。它是以提供产业界对培训对象履行岗位职责所需要的能力为基本原则,致力于使学生具备从事某一职业所必需的实际能力素质为前提而进行的岗前教育。

1. 胜任未来工作需要专业技能

任何工作岗位都离不开专业知识。对一个好的推销员来说,要想业绩出众,他除了要自己亲身体验所推销产品的功能和效果之外,还要熟记与之相关的所有数据和资料,而且在推销中还要运用自己纯熟于心的专业知识,结合自己使用后的体会向用户进行推销,只有这样,才可以达到事半功倍的效果。因为,只有掌握了丰富的专业知识和技能,他在推销的时候才能更自信,当面对任何可能提出的问题时,才可以在

第一时间迅速做出反应,并能及时给用户一个专业的回答,增加用户对产品的信任感;相反,如果他的相关专业知识不丰富,在介绍产品的时候不能详细说明产品的功效,或者在面对用户提出的问题时,自己不知道如何回答,这只能让用户怀疑产品的真实功能和效果。可见,从事某一岗位具备所需要专业知识水平的高低和工作业绩成正比。

2. 进行人际交往需要专业知识

工作后的第一课也是最难学的一课,即人际交往。专业知识在人际交往中起着非同一般的作用。因为人在做任何事的时候都要同人打交道,而且打交道效果的好坏直接影响到工作成绩,所以,专业知识的多少在人际交往中就显得异常重要。无论从事任何一个行业,都要对自己的行业有深刻的认识和理解。只有专业知识丰富,才会在人际关系交往中赢得别人的欣赏和信任,反之,往往会被误认为是欺骗,不诚实,不专业,不敬业。当然,良好的人际交往可以帮助我们进一步丰富自己的专业知识,更好地掌握处理人际关系的方法,让对方相信自己的技术特长,并且乐于互动沟通,从而更好地实现自己的职业目标。

3. 满足精神生活需要专业知识和技能

精神生活是对人们思想活动状态的一种形容,是对生活中的快乐感和幸福感的一种描述。文化程度低、工作能力差的人与生活上无忧无虑、工作上一帆风顺的人在精神感受上是相差甚远的。很显然,如果一个人对什么都无所求,那么他是不会有什么大作为的。要想充实自己的精神生活,就必须有一个良好的人生态度,具备一定的专业知识,并不断提高自己的工作能力,从而可以获得高质量的精神生活,比如,很多教师由于自己专业知识比较丰富、业务比较纯熟,故而很受学生的爱戴和欢迎,他们的精神生活也会因此而变得很充实,并有较好的满足感或成就感。

二、不同专业对专业知识和专业能力的要求不同

社会上有三百六十行,行行都有不同是知识要求和能力要求。大学生要想在自己未来的行业中做出突出成绩,就必须学好专业知识,练就一定的专业技能。

1. 不同专业有不同的知识要求

专业知识是指从事某一专业工作所必须具备的知识,且有较为系统的内容体系和知识范围。因此可以说,专业知识是一定范围内相对稳定的系统化的知识。

掌握专业知识是培养专业技能的基础。不同专业有着不同的专业知识要求。例如,作为一名汽车销售人员,就必须具备与销售业务相关的专业知识,了解汽车类型、汽车型号、汽车识别代码、汽车总体构造、汽车主要性能指标、汽车车型配置和现代汽车技术等汽车基础知识;还要了解新汽车消费信贷、新车上户及年检、新车保险等汽车销售知识。再如,作为一名数控加工高级技工,就必须具备计算机应用、制图识图、机械常识、车工工艺与技能训练、数控机床控制、机床操作技能、数控编程、数控仿真、数控加工等专业知识。

2. 不同专业有不同的技能要求

不同专业除了专业知识要求以外,还有专业能力的要求。对于焊接技术专业来说,就要掌握焊接的基本理论知识和应用知识,具有一定的技能水平,比如,了解焊接安全、劳动卫生、安全操作规程,了解焊条、焊丝、焊剂、保护气体组成、类型、作用及常用焊接材料的选用,了解金属材料、焊接装配识图,掌握焊缝符号及代号、坡口形式尺寸及坡口选用、焊接变形及预热,掌握低碳钢、低合金钢、珠光体耐热钢、奥氏体不锈钢的分类、焊接性及焊接工艺、焊接缺陷形成原因、防止方法及修补要求等专业知识;除此以外,还要具备焊接施工、设备维修与安装方面的能力,比如,能针对具体的焊接对象,正确选择和使用常用焊条、焊丝、焊剂及保护气体,能进行低碳钢的平、横、立三个位置的焊接,能进行氩弧焊、CO_2焊、埋弧焊、等离子弧焊、电阻焊的焊接操作,能控制和矫正焊接变形,减少和消除焊接应力,能对焊接接头的焊接质量进行外观检验和进行返修等能力要求。

我们上大学的目的就是为了把自己的本专业学好,将来找个好工作。大学时代的专业知识和专业技能是以后在特定行业进行工作的基本知识和基本技能。这些是大学生以后走上工作岗位时所必须具备的。因此,必须要正视专业知识的学习和专业技能的培养,让自己更好地适应未来社会分工的需要。

三、如何获得一定的专业知识和技能

大学生在校的学习时间为三年。其间要完成文化基础课、专业基础课、专业技能课的学习,最后还要完成毕业设计。三年时间转眼就会过去,我们一定要对自己有一个合理的规划,以获得更多的专业知识和技能。

1. 树立正确的人生观、价值观和世界观

人生观就是人们对自己的人生采取的根本观点和根本看法。人生,是一个漫长的奋斗过程,是大学生施展才华、展现自我的大平台,树立正确而远大的人生观,不仅能端正大学生的人生态度,更能始终引领大学生以积极的姿态和面貌去迎接每一个挑战,去战胜每一个困难。

价值观是人们对于实现自己的基本价值所采取的信念、信仰、理想系统,它包含善恶美丑、利弊得失、祸福荣辱、优劣贵贱、有用无用、可爱可恨、妥当与否、值不值得、应该不应该、重要不重要、轻重缓急等,以及在不同的条件下如何正确地做出选择,积极地调整自己的人生态度。这些都会对大学生的未来发展产生重大影响。作为新时代的大学生,只有坚持积极向上的价值取向,不断完善自我,才是正确的人生态度选择。

世界观是左右一个人行事为人的思想架构或思想体系,它是决定一个人之所以有某些言行和决定的前提。我国正处于一个重大转型期,需要大量的技能型人才。

大学生风华正茂,来到大学,接受高等职业教育,一定要把自己的人生和国家的长远发展结合起来,要把自己的命运同民族的兴衰荣辱紧紧相连,拓展视野,在自己的人生道路上不断追求,完善自我,让自己的人生有所作为。

2. 培养谋业意识

这里的谋业意识就是指从大学生在大学时就逐渐树立的一种为将来职业发展谋划规划做准备的意识。大学学习应抓住职业的谋划点,抓住社会对本专业的需求点进行准备。如果我们站在就业的高度来看待专业知识和技能的学习,也许思维会更积极、理论与实践的结合也会更好。

大学的学习单凭勤奋和刻苦精神是远远不够的,还要在掌握学习规律的基础上制定出自己的学习规划和计划。好的规划不仅仅需要目标意识,还需要有实现目标的步骤以及所采取的方法和途径。这样做,不但有利于提升自己的专业知识和技能水平,也更迎合了社会对具有规划能力的人才需要。

谋业意识要有时间规划,这是学好专业的关键所在,是在激烈的社会竞争中干出大事业的根本。华罗庚说:"时间是由分秒积成的,善于利用零星时间的人才能珍惜时间,做出更大的成绩来。"1903年,英国数学家科尔曾因攻克一道无人攻破的数学难题而轰动世界,而他这个成绩的得来依靠的却是他在近三年时间里的每个星期天。可见,一个有谋业意识的人并不是只把自己的事业放在八小时之内,而是利用一切可以利用的时间。

3. 消化课堂知识

课堂教学是每所大学的重要教学环节。老师经过充分地备课,将计划内的知识传授给学生,这是学生学习专业知识的最基本途径。事实早已证明,学习成绩好的学生在很大程度上是得益于课堂上时间的充分利用,这也意味着在课后可以少花些功夫。同学们对待课堂教学正确的做法是,课堂上要及时配合老师,积极参与教学过程,做好笔记,尤其重要的是要独立思考,跟得上老师的思维。

最好养成上课前能简单浏览和预习教材内容的习惯,这可以保证在学习之前,了解学习的大致内容及知识结构,以便能及时理解和消化学习内容。课堂上做笔记也是好的习惯,要学会用关键词进行记录,把课本上可能没有的内容简单记录下来,但是一定要在课后及时复习和总结课堂笔记,并进行适当地补充。我们不仅要复习老师在课堂上讲授的重要内容,还要复习和消化仍然感到模糊的知识点。如果坚持定期复习笔记和课本,并做一些相关的习题,就能更深刻地理解这些专业知识,记忆力也会得到提高,从而不断提升自己的学习信心。

4. 养成自主学习

自主学习就是学习主体通过自立、自为、自律而不断积累知识的过程,是与传统的单向接受式学习相对应的适应现代职业发展的一种学习方式。顾名思义,自主学习是不借助他人而以学生自己作为学习的主体,通过学生自己独立地阅读、消化、分析、探索、实践、质疑、创造等阶段来实现最终的学习目标。

自主学习是对大学生学习能力的检验。传统的学习常常都是被动的,大学以前所接受的教育主要都是这样,但是自主学习则完全是主动的。来到大学,每个学生都应该变被动学习为主动学习,因为任何学校都不可能让学生在学校学习期间就掌握所有的社会能力。学校教育的目的就是要培养学生完全依靠自己掌握知识的能力,以达到今后能够独立学习的效果,这就要求我们锻炼自主学习的能力。大学生在学习专业知识的过程中,也要学会借助于网络、图书馆等途径丰富自己的专业知识,以补充自己未来工作对知识的需要。

5. 注重社会互动

理想状态下,高等职业教育的培养目标应该实现与职场就业需要之间的零距离"无缝对接",即高等职业教育所培养的高级应用型人才,毕业后应能在短时间里适应实际工作岗位的需要,应消除或尽量缩短今后在实际工作中的培训、磨合和适应过程,能尽快为用人单位和社会创造经济效益,使学校教育与经济和社会发展实践紧密结合起来。这就需要大学生在校期间,必须在全面掌握专业知识和其他有关知识的基础上,加强专业技能的培养,在学习书本知识的过程中重视社会实践环节的锻炼,积极参加社会调查和生产实践活动,努力研究并解决社会发展和社会实践中的各种实际问题。

实践是检验认识正确与否的唯一标准,因此,将专业知识运用于社会实践,通过社会实践的反馈信息,来验证专业知识的应用方法正确与否,从而形成了两者的良性互动,更好地满足未来岗位的需要。

四、完善自己的知识结构

21世纪是一个人才、知识大竞争的世纪。知识水平的高低将直接决定着工作定位。只有扎实掌握社会发展所需的专业技能,以丰富的专业知识去适应新时代的要求,才能迎接新时代的新挑战。

高等职业教育面向不同职业岗位培养人才,职业自身的发展规律对从事该职业的人有着客观的发展要求,所以人才的知识结构要与社会广泛需求的职业群及相关的职业岗位技术标准相适应。高等职业教育虽不是普通高等教育的学科教育,但某一职业往往是以某一个或几个学科的理论与方法作为基础的。因此,人才的知识结构应能满足岗位技能的需求。

实际工作中,经常可以看到这样的情况:两个专业知识相当的人,在处理同一实际问题时,产生的效果大不一样,甚至会看到专业知识相对较低的人,解决实际问题的效果可能还好些。因为,解决实际问题是对知识的具体运用,而学会知识和运用知识之间并不能画等号。因此,我们在掌握专业知识的同时必须具备相应的运用知识的能力,即学会做事。

大学是大学生将来跨出校园、走向社会的素质提升平台。学习是大学生的首要任务。大学生必须首先扎实掌握本身的专业技能，这是最基本的。但是，只有这些还不够，还要处理好"专"与"博"的问题。这里说的"博"并非博大精深的意思，而是博采众长、吸取精华。从某种意义上来说，"博"是对"专"的延伸。随着目前各个行业的专业分工细化，术业有专攻，对大学生来说，确实应以专为主，学会应用知识。

同时，一个专业知识单一的上岗新兵，未来要想和有着多年工作经验的员工进行同台竞技，其结果是不言而喻的。大学里每个专业所教授的专业知识都是该专业里最基本的知识，这些也只能保证我们未来有一个简单工作。要想在未来工作中有更好的业绩、能从事具有创造性的工作，还必须学习其他的相关知识，毕竟专业分工越来越细，各个专业之间又有一定的交叉。为此，平时在完成一定的专业知识学习以后，可以到阅览室看书或报纸，或是到图书馆借阅专业书籍来看；同时还要积极参加各种校园活动，多方面提高自己，开拓自己的知识面，构建自己合理的知识结构，以挑战未来严峻的就业形势和生活压力。

训练拓展

（1）每所高职院校都提供了良好的学习条件，这都是我们可以利用的在校学习资源。清晨的校园里，是否有你朗朗的读书背影；正常教学之外，你是否常常流连于学校的图书馆藏之中；辛勤学习之余，是否在运动场上可以找到你活跃的身影；迷茫困惑之时，你是否正在与老师或同学进行促膝谈心。所有这些都应该是利用大学资源提升自己、让自己更好成长的拓展内容。

（2）请同学们郑重地给自己算一算在校学习的"成本账"。一方面，将自己在校期间的学费、书杂费、生活费、通信费、交通费、零花钱等支出全部加起来；另一方面，再想一想自己平均每天学习了多少小时，每周、每月学习了多少小时，计算出自己每个小时的在校"学习成本"。思考：如果一堂课缺勤或者没有好好听讲，相较于平时在金钱上的斤斤计较，是不是等于自己很大方地丢弃了父母给你用于学习的血汗钱。

第九训练模块　处理好学习中的关系

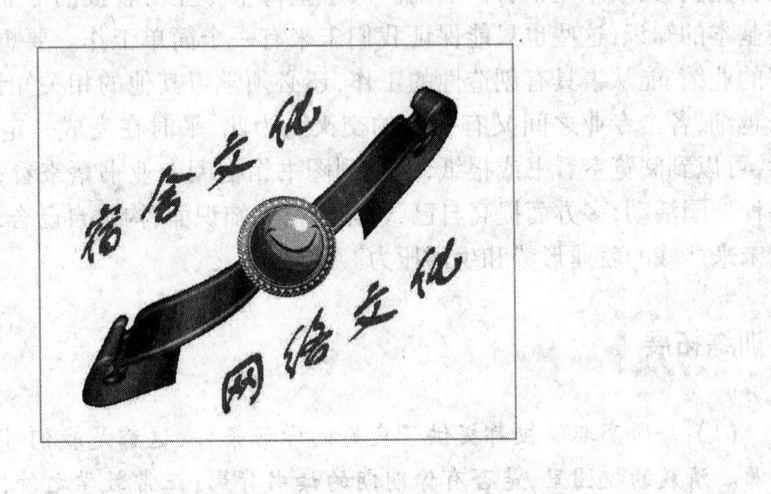

※ 训练目的 ※

通过该模块的训练,要使大学生充分地认识到良好的宿舍文化对大学生活和学习有着极其重要的作用。宿舍是每天大学生活的"家",对大学生活有着直接的影响。培养和形成良好的宿舍环境是生活在其中每个成员的应有责任。我们还要充分地认识到网络的巨大影响,要理智地对待网络,自觉地进行时间管理,处理好网络与学习的关系。

※ 训练要求 ※

(1) 编制一个问卷调查表或请学生现场回答有关问题,了解同学们每天在宿舍熄灯后所谈论的主题内容,以及平时所进行的宿舍活动;

(2) 以宿舍为单位进行分组讨论,共同编制一份自己所在宿舍的《宿舍行为管理办法》;

(3) 编制一个问卷调查表,了解同学们在高考之后的两个多月时间里是怎样度过的,如果曾经长时间上网,其感受如何;

(4) 90后是伴随网络发展而长大的一代,无论是电脑上网还是手机上网都对我们的成长有着重要的影响,思考自己是健康上网一族吗?

训练开讲之一　培养良好的宿舍文化

大学宿舍是大学生学习、生活的重要场所。大学生在校期间的大量课余时间都是在宿舍中度过的。宿舍不单是学生休息的场所,还是学生养成良好生活习惯、提高独立生活能力、学会与他人和睦相处、树立集体观念和团队意识的重要场所。在宿舍,同学之间可以探讨问题、获取信息、交流思想、开展健康有益的活动,这些都是大学生学习生活的重要组成部分。

一、宿舍文化的定义和内涵

来自五湖四海的大学生生活在一个相对固定的空间中,必然会形成自己特有的文化。不同的宿舍,其文化也许有差异,但总体来说它们有着共同的内涵。

1. 宿舍文化的定义

大学生宿舍文化是指大学生以宿舍为主要活动空间,在长期共同的学习、生活及相互作用过程中所形成的环境和氛围。它既包括宿舍的设施、环境卫生、室内陈设等物质环境,也包括宿舍规章制度、成员的生活方式、多种多样的课余活动,以及由此而表现出来的各种各样的人际关系、道德水准、学识智能、审美情趣、价值取向、思想观念、理想情操、心理趋向、行为方式等精神文化环境。物质环境是大学生宿舍文化的基础,精神文化环境是核心。

2. 宿舍文化的内涵

根据对大学生宿舍的观察,大学生宿舍文化的内部结构大体可分为三个层次:第一层次为表层宿舍文化,就是肉眼可以直接触及的客体内容,如宿舍的内部设施、布局结构以及成员多少;第二层次为中层宿舍文化,主要反映宿舍的功能、制度、规范,如学生的学习、生活制度、道德行为规范及其执行情况等;第三层次为深层宿舍文化,主要指宿舍成员内在的特质和风貌,如政治信念、思想意识、价值观念、精神面貌、心理素质、审美情趣及其外化表现等。大学生宿舍文化的这三个层次互为表里、相互影响,从而构成了一个个特殊而相对完整的文化体系。

从大学生宿舍文化的内涵可以看出,大学生宿舍文化是大学校园文化的重要组成部分,是一种特定的场所文化,是大学生在宿舍内以各自的人生观、价值观为核心所体现出来的一种精神文化氛围,是在一个时间段里形成的特有宿舍制度、宿舍精神、文化活动与文化环境的总和。大学生宿舍文化是以大学生为主体,以学生宿舍及其外延空间为主要的活动空间,属于校园文化基本组成部分。它既受校园文化的影响,同时又反作用于校园文化,并丰富和影响着校园文化。

二、宿舍文化的精神特性

大学生宿舍文化的核心是精神文化,其存在的影响意义是最大的,需要正确认识。大学生宿舍文化从精神文化层面来看,具有以下几个明显特性。

1. 辐射性

宿舍作为相对狭窄和固定的人际空间,成了大学生日常交往的主要场所之一。以某一主流文化为主干、以部分支流文化为旁支的宿舍文化,呈"伞"形辐射圈,覆盖和影响着宿舍每个成员。例如,一部分成员如果关心某个领域的文化知识,在讨论与交流中所传达出来的话题就产生一定的辐射性。其他成员为了使自己能更好地融入集体,平常的学习和生活中就会有意识或无意识地关注其他成员所关注的话题,以便在自己参与他人的活动时有言可发。

2. 自发性

宿舍成员的生活习惯、脾气秉性在宿舍这个学习、休息、交流、娱乐的主要场所有明显的延续。成员们会不自觉地以家庭文化教育的背景和模式作为独立学习生活的参照和标准,以使自己努力在参与营造的宿舍文化氛围里找到与个体家庭情结相符的契合点,这种不自觉、无意识地建构自我个体学习生活环境的行为称为宿舍文化建设的自发性。例如有的成员生活杂乱无章,固执己见,各行其是,团体观念薄弱;有的成员则把自己的物品整理得井井有条,尊重他人,乐于为他人服务,主张民主决策,集体意识较强。

3. 感染性

大学生宿舍文化是宿舍各成员之间在感情及情绪上相互交流中所形成的心理上的认同。各成员平时的行为具有强烈的感染性,深深地影响着每个宿舍成员的思想、观念和言谈举止。当宿舍里良好的风气占主导地位的时候,健康文明的宿舍文化就会内化为每个成员自觉遵守的潜在规则,并在这种具有良性刺激作用的"约定俗成"下,形成一股向心力和凝聚力。反之,则是一种恶性循环。宿舍文化越是丰富多彩、健康活泼,对宿舍成员的感染性就越强。

4. 倾向性

倾向性是指宿舍成员受他人的心理感染而形成的自我判断、遵从和模仿,并再现他人的行为和意见,从而形成统一的看法和行为,也就是由宿舍文化所形成的群体意识。通过每个成员之间在心理上及其固有的思维方式、价值观念和行为模式方面的交互作用,而表现出相对一致的外部特征和行为方式。例如,同一宿舍的同学往往对事物抱有相同的看法或喜好,有些宿舍的成员会说相同的口头禅,表现出相似的动作行为,这些都是宿舍文化倾向性的具体表现。

5. 动态性

大学生容易受社会上各种文化与价值观念的影响,再加上大学生本身所具有的思维敏锐性、独特性、批判性、创造性的特点,常常使大学生表现出思维活跃、反应敏捷、善于标新立异,在心理、情绪、价值观念等方面具有易变性,如兴奋点容易转移、思维跳跃跨度大、涉及领域广、转换节奏快。这些都决定了大学生宿舍文化是处于一种相对不稳定的状态之中,即具有动态性的特点。

6. 潜在性

大学生宿舍文化对个体的影响,通常不是仅仅通过规章、制度、纪律、条例等外部强制力量来完成的,而是通过宿舍文化所形成的精神氛围和相应的物质环境,在学习生活的潜移默化之中逐渐形成的,是一种无形的约束力,因而具有潜在性。

7. 自我性

现代大学生的有些宿舍文化还具有个体意识强、集体意识淡薄的特点。这一特点表现在群体生活中,每个成员的自我意识强,比较关注个人在群体活动中的得失,有的甚至利用群体活动来达到自己的目的,使群体中团结友爱、互帮互助的风气淡化。自我性是大学生宿舍文化中具有消极意义的精神特性,应通过自律和道德规范而加以约束。

三、大学生宿舍文化的作用

宿舍文化作为一种重要的文化形态,有其独特的功能。良好的宿舍文化以其浓厚的学习氛围对完善知识结构、开发潜在能力、全面培养个性、训练创造思维等提供了充分的条件和机会。它对形成正确思想、健康心理、良好习惯和行为方式、正常人际关系都起着重要的作用,并且还会影响我们进入社会以后的生活道路以及做人的原则。

1. 舆论传播作用

宿舍是一个开放的小小社会,是大学生对社会上各种各样的思想、观念、理论、思潮吸收以至内化的场所。

当今快捷的传媒,增进了我们与社会的沟通和交往,足不出户,便可获得大量信息。我们头脑中容纳了多来源、多层面、多途径的社会信息。宿舍成了评价和交流这些信息最好的场所。在宿舍里,各成员可以针砭时弊、指点江山、高谈阔论、发表自己的见解或争辩某些敏感的问题。这些都有利于开拓视野、启迪思维,活跃思想。通过同学之间激烈的思想交锋,可以帮助大家认识真理、提高识别能力和政治素质。所以,良好的宿舍文化有利于形成正确的价值观。

但是,大学生正处于涉世之初,辨别是非能力差,对社会环境的复杂性知之甚少,只能凭借各种传媒、舆论导向及一些现象去作简单地分析和判断,因此容易被表面现象所迷惑,对有些错误的观点或言论深信不疑,并在宿舍里大肆宣扬,这往往造成其他同学思想混乱。有的大学生容易听信一些政治谣言,并在宿舍里传播,使得小道消息、流言、谣言在宿舍大有市场,从而降低了舍友的政治辨别能力。

2. 规范约束作用

宿舍文化中的宿舍制度文化是一种行为规则。良好的宿舍文化可以使这种行为规则占主导地位。宿舍成员通过投射效应,可以从舍友对自己的褒贬、毁誉中来反省自己、约束自己和控制自己,让所在宿舍能够处于文明健康的运行轨道之中。这是宿舍文化规范约束作用的特殊之所在。

3. 情感平衡作用

大学时期是一个学生内心充满着矛盾和冲突的时期。90后大学生面临诱惑多，压力大，个体意识越来越强，相互之间差距越来越大，因而使得许多同学出现心理失衡的现象。每个学生都需要有知心朋友作为倾诉的对象，更要有适合自己的场所作为对自己的愿望、利益和要求进行外化的平台。相对于课堂文化和其他校园文化载体来说，宿舍具有较大的自由度和宽松地进行心理调节的特点，能起到冲淡内心矛盾和冲突、实现情感平衡的作用。

4. 品质塑造作用

大学阶段，世界观、人生观、价值观都有待确立。毫无疑问，大学宿舍里各个成员之间都存在着彼此的全方位的影响。每个成员都在追求着个人的生存价值，但由于宿舍文化的辐射性和感染性作用，每个人的世界观、人生观、价值观总在潜移默化地影响着其他人，从而确立或改变着各自的观点、态度以及价值判断，并逐渐形成相对应的、共同的评价标准，达到实现对自己世界观、人生观、价值观进行塑造的作用。

5. 心理疏导作用

同宿舍的成员大都年龄相仿，文化素质接近，很容易产生心理互动。如果一个宿舍群体和睦，都愿意把个人的喜怒哀乐向大家诉说，心理的矛盾和冲突自然能得到及时的疏导，并从大家那里得到理解和支持，获得"家"的力量，从而使宿舍成为大学生获得情绪按摩的港湾。

相反，如果宿舍成员之间彼此不和睦，互不理睬，仅仅把宿舍当成一个休息的地方，一个睡觉的场所，那么宿舍成员就不会有归属感和自豪感。在这样的环境里生活，即使产生心理矛盾或冲突，也找不到合适的人和合适的时间去倾诉，久而久之，就会形成孤僻、自私的个性。这样的宿舍将无异于心理的"难民营"。

6. 社会心理过渡作用

健康向上的宿舍文化，可以让同学们学会与他人共处，学会沟通，学会理解，学会宽容他人，学会尊重他人，学会适应环境，让他们从宿舍开始学习认识社会和适应社会的本领。

通过三年大学的良好宿舍生活，可以帮助我们实现由"校园人"向"社会人"的过渡，缩短理想与现实的距离；通过与室友进行感情的交流和心灵的沟通，培养我们对环境的适应能力，学会协调和处理各方面的人际关系；宿舍文化作为独特的群体文化，可以使我们有一种归属感和安全感，从而能够不断增强我们对客观认识的能力和心理承受的能力，并完善自我批评、自我发展的能力，促进心理健康；通过互相之间知识的交流与传递，完善我们的知识结构和思维模式，实现向"社会人"或未来的职场从业者过渡。

四、塑造良好的宿舍文化

高等职业院校的大学生在校学习只有三年时间,而宿舍是大学生之间联系最密切、交流最频繁的场所之一。我们每天都要在自己的宿舍里生活,必然要受到所在宿舍文化的影响。但是,良好的宿舍文化是依靠每个成员的努力共同塑造出来的。

1. 营造整洁的内务环境

通过对宿舍文化进行如前所述的第一层次和第二层次的建设,可以让宿舍拥有一个良好的物质环境和约束机制。

1) 规划设计

通过舍长与宿舍成员的共同协商,根据宿舍空间布局以及每个成员的兴趣爱好,对所在的宿舍环境进行合理的规划和设计,使之成为既具有活力、赏心悦目,又符合学校有关规定的、让大家共同认可的生活空间。

2) 建章定制

制定适合宿舍特点的宿舍规范条例,或提出某种不成文的规定,对宿舍成员的学习生活、言行举止,提出详尽而合理的要求。如宿舍内外注重仪表;提倡文明用语;一方有难,八方支援;杜绝在宿舍内追逐打闹,大声喧哗;进出门轻推轻拉等。

制定卫生制度:不在宿舍内乱丢生活垃圾;个人物品摆放整齐,被褥干净整洁;认真值日,打扫好宿舍卫生;定期对宿舍进行大扫除等。对于宿舍环境卫生,可采用由宿舍成员轮流值日的方法。

制定奖惩制度:大家共同来监督宿舍制度或公约的执行情况,对违反者,进行惩罚。如,为宿舍做公益劳动,打扫几天卫生,提开水等。对表现优秀的成员进行鼓励,弘扬正气,使成员养成良好的自觉行为。

2. 求大同存小异,彼此理解、宽容

宿舍每个成员的生活习惯不尽相同,需要彼此尊重,需要学会换位思考,为他人着想。这样,就会达到一种境界:有人睡觉,其他人绝不高声吵闹;有人弹琴唱歌,一定是大家都高兴、都欢迎的时候。在彼此尊重的环境中,不良的生活习惯可以得到逐渐地纠正;个人的良好生活习惯必然起到对他人的影响和同化作用。

随着大家在一起共同生活时间的延长,同学之间在宿舍难免有吵闹发生,其行为难免对他人有无意的伤害。此时,我们应以宽容的态度去面对一切,不能以牙还牙、恶语相加。在很多情况下,如果能宽容别人已经意识到的错误或者不良行为,常常能促进对方的反思和自责,同寝室的其他同学也会从中得到启发,也会进行自我反思,这种行为的循环往复就是一个塑造良好宿舍文化的内在过程。每个人在不顺心的时候往往会看什么都不顺眼,这时其他同学不要对他(她)加以指责,或视之为另类,而应该耐心地等待他(她)自己恢复理智和平静。

3. 开展有益的宿舍活动

大学生除了面临繁重的学业之外,还要面对将来就业、工作等方方面面的压力,如若得不到适当的缓解,容易引起各种心理问题。开展有益的宿舍活动,不仅可以缓解这种压力,活跃宿舍氛围,而且可以使宿舍成员之间更加相互了解和信任,逐渐淡化个人意识,增进彼此的感情,塑造良好的宿舍文化。

每个成员在宿舍里可以开展的活动有:充分发挥个人的特长,开展俯卧撑、仰卧起坐以及可以借助其他小型健身器材从事的体育项目比赛;开展唱歌比赛、演讲比赛、书法、棋艺交流、舞蹈才艺展示;比赛谁最先通过某些等级考试,如某些技能证书或英语四、六级考试;或者宿舍成员共同参与某件作品的制作;共同参加某项活动,如外出郊游等。通过这些积极健康的活动,形成自己特有的宿舍文化,增进成员的凝聚力。

另外,还应积极地响应学校开展的各种评比活动,如"文明宿舍""卫生宿舍""模范宿舍"等,增强成员的集体荣誉感和团队意识。

4. 培养交流氛围

在大学,晚上睡觉之前是大部分学生思想最为活跃的时候,大家可以借助"座谈会""卧谈会"等形式进行健康有益的交流。每天的课余饭后也是彼此交流、释放自己的时候。

大家在一起交流的话题可以很多,比如,对上周或上几周宿舍成员的表现做一个总结;交流一下自己最近的想法或新的发现;探讨一下对某本书的心得体会;发表一下自己对时局的看法;谈谈自己的学习情况及进展;展望一下对未来就业及工作的前景;谈谈彼此的兴趣爱好,找到彼此的契合点;等等。

在此基础上,逐渐确立一个大家都感兴趣的核心话题,久而久之,这个话题就会成为每时每刻宿舍成员谈话的主题,同时,围绕这个主题还可以延伸出来各种各样的其他话题,使良好的宿舍文化在无形中得到建立和巩固。

训练开讲之二　大学生与网络时代

当今时代,网络已深入社会的每个角落,尤其是手机上网环境的普及,对人类生活的各个领域产生着巨大的影响。大学生好奇心、求知欲强烈,面对丰富多彩的网络平台,无疑已成为网络技术的主要使用群体。当前的青年学生对网络的认识与利用情况总体上不错,但同时也存在着一些问题,我们应该清醒地看到网络作为一把双刃剑,对大学生的素质形成具有一定的影响。

一、互联网的普及对大学生的影响

网络可以使大学生及时获得大量信息、丰富思想教育资源、开阔学生的视野,这是毋庸置疑的。有调查显示,58.5%的同学认为网络的影响是利大于弊,只有7.8%的同学认为网络的影响是弊大于利。这说明青年学生对于网络的总体把握能力是比较强的,但也不能忽视网络的虚拟性与多元化使其成为各种思想的"大熔炉"。由于网络在现实生活中的普遍存在,这对大学生形成正确的价值观、人生观、世界观都产生着很大的影响。

1. 互联网对大学生人生观、价值观的影响

大学阶段是青年学生成长的重要阶段,由于缺乏经验与知识,容易良莠不分。面对网络文化这种开放性的、超国界的多元性文化,价值观、人生观都会受到来自不同国家文化传统、思想观念、宗教信仰和生活方式等的冲击。西方发达国家依靠其雄厚的资金和先进的技术,对外输出大量信息,对当代大学生的价值取向有着很大的影响,使一些大学生的道德观念发生错位。

2. 对大学生学习方式的影响

互联网的出现给教育带来了巨大的变革,使学习环境实现了信息显示多媒体化、信息传输网络化、信息处理智能化和教学环境虚拟化。从宏观来看,它改变了传统的教育观念,可以使有限的教育资源得到最优化的配置和充分的利用;从微观来看,互联网使自主学习真正成为可能,这是学习方式、学习观念的重大改变。可以讲,在今天的时代背景下,每个求学者只要愿意,都可以从网络上找到自己感兴趣的学习资源,并藉此进行学习。

3. 对大学生人际交往的影响

网络社会是一个高度信息化、自动化的虚拟社会。在日常的生活和工作中,人们都可以通过计算机进行联系。这极大地改变了人们情感沟通的方式,传统面对面直观的、有亲和感的人际交往方式逐渐减少。只要愿意,只要有网络,无论在地球的什么地方都可以进行交流和沟通。

大学生在现实生活中遇到各种困难都是很正常的事情。通过网络,确实可以解决所遇到的一些问题。对正处于学习和提高沟通交流能力的大学生来说,因为网络的隐匿性,在网络上可以向别人畅所欲言,请教学习。但长此以往,我们将不会或不善于在现实生活中和别人进行正常的交流,导致自己人际交往活动的淡化,以及人际交往能力的削弱,从而严重影响现实交往能力的提高。

4. 对大学生心理健康的影响

互联网的发展打破了传统的权威观念和单向信息传播方式,体现着平等和交互的特点。但网络所形成的虚拟社会也造成了许多大学生逃避现实、沉浸于虚拟世界而不能自拔的现象。网络的虚拟性极可能扭曲大学生的人格,形成以个人为中心的倾向,并出现一系列的心理疾病或心理障碍。

网络信息的多元化导致一些学生道德认识的矛盾性。开放的网络环境中,可以任由上网者完全

主动地获取各种信息。这对正处于社会化过程中的青年学生来说,一方面打开了从未有过的新奇世界,另一方面对形成正确的道德认识又产生了种种困惑。因此,在多元化的网络信息冲击下,如果不进行必要的自我约束,就可能对自己产生一定的负面影响。大学生在形成自己正确的道德认识时,可能会遭受激烈的内心冲突,从而影响我们的心理健康。

二、上网成瘾者的特征及形成的原因

为了对大学生在利用网络的过程中所形成的一些不良习惯进行有效的调整,很有必要对上网成瘾的特征和原因进行分析。

1. 上网成瘾者特征

有调查显示,上网成瘾者主要有以下特征:

(1) 上网成瘾使其社交、学习、工作等社会功能受到严重影响;

(2) 借助互联网逃避现实生活,并把上网作为逃避现实的首选;

(3) 向别人隐瞒自己在互联网上的陷入程度;

(4) 通过不断增加上网的时间来获得精神满足;

(5) 如果一段时间(从几小时到几天不等)不上网,就会变得焦躁不安,时刻担心自己错过了什么;

(6) 难以控制自己的上网时间,而且实际的上网时间总是比自己事先计划的要长;

(7) 花费大量的时间在与互联网有关的活动上,如安装新软件、整理和编辑所下载的大量文件等;

(8) 虽然也能意识到上网给自己带来的严重负面影响,但仍然会花大量的时间呆在网上。

2. 上网者成瘾的原因

90后有部分同学已经达到了嗜网成瘾的程度。成瘾类型多种多样,而且对个体的影响都是负面的。笔者就了解到,刚入学的大学生就有同宿舍集体上夜机的现象,足可见部分大学生上网成瘾的程度。影响形成网瘾的因素非常复杂,但概括起来主要有内部因素和外部因素两个方面。

1) 内部因素

首先有必要从大学生自身查找上网成瘾的原因。

(1) 自尊因素 自尊即自我尊重,指既不向别人卑躬屈膝,也不允许别人歧视、侮辱自己。它是一种健康、良好的心理状态,是对自我的肯定。自尊较低的人,会在网络上寻求他人的认可和自我肯定。他们往往通过网络游戏中的不断得分、在讨论区发表信息获得网友的共鸣、在虚拟社区中担任重要角色等方式寻求自尊的提升,从而诱发了某些人依恋网络、过度上网的心理。而实际上,过度的上网又对大学生的学业成绩、人际关系产生一定的负面影响,反而又降低了自尊感和对自我的正确评价,进而形成恶性循环。

（2）孤独、社交因素　由于网上交流可以避免面对面的困惑,这可以让有孤独感、有社交焦虑或社交缺陷的、缺乏社会支持、爱与归属感得不到满足的同学,在网上寻找到交往和情感的寄托。这种独特的虚拟交往方式给这些大学生一种"亲近感",虽然是从未谋面的陌生人也能很快就成为知己。这种网上交友的体验会强化他们的上网依赖。每当自己在现实生活中不开心或者遇到挫折,或者是有开心的事情发生时,他们总会在第一时间想到网上虚拟的"友谊",与对方交流或分享。很显然,这种交往必然不断减少他们现实生活中本来就不多的社交活动,使自己本来就比较幼稚和脆弱的心更加孤独和焦虑。

（3）抑郁因素　抑郁就是指一种显著而持久的情绪低落状态。抑郁水平高的上网者,常常会借助匿名或虚构角色的方式和他人进行交谈,以克服日常生活中与他人交往时可能存在的困难,从而避免触发自己的抑郁情绪,把上网作为聊以自慰的一种方法。抑郁以及与抑郁有关的一些人格特征,如缺乏动机、寻求外界认可、害怕被拒绝等,都常常是引发网瘾的因素。

（4）自控和认知因素　大学生正处于对知识的渴望时期,他们的价值观和行为方式正处于尚未定型阶段,生理上成熟与心理上不够成熟之间的矛盾非常尖锐,常常表现出自律性不强的特征。再加上自己对外部世界的大量未知,对外界各种新鲜事物的好奇,以及网络世界各种信息的无所不包,让他们难以抵御网络对自己的诱惑:或者经常涉猎新信息、新技术以及各种武器装备,或者光顾层出不穷的各种极品新游戏,或者沉湎于光怪陆离的情色网页。因此,很多在校同学每天都在上演着大学生活三部曲:晚上睡不着,早上起不来,后悔昨天睡的太晚。

（5）自我膨胀因素　90后的大学生独生子女很多。他们具有自我意识强、追求独立个性、期望成人化等特征,而网络又恰好提供了这样一个虚拟的自我满足空间。我们知道,在网络上人人平等,在匿名的保护下只要不触犯法律,就可以畅所欲言,不用担心受到什么审查、带来什么惩罚,而且观点越新、越奇,引起的反响也就越多,例如网络上的搞怪拍客就拥有着大量粉丝。因而网络便成为了一些大学生心目中展现自我的绝好平台,这样无形中就为自己网络成瘾埋下了种子。

2）外部因素

虽然内部原因是很多大学生上网成瘾的主要因素,但也不能忽视外部原因对他们所起的影响作用。

（1）家庭因素　当今,越来越多的家庭都有了电脑,而且子女有自己独立的房间,有很好的上网条件。有些父母因忙于工作和生计,忽略了与子女之间的情感沟通,有的则是教育方式不当,导致父母与子女的关系产生隔阂。另外,因为很多独生子女与同龄伙伴的交流相对较少,便会在网络中寻找可沟通的对象,迷恋于网上的互动生活。据专家研究,家中有电脑并有自己独立房间的,网瘾的发生率较高;学生与父母关系越差,网络成瘾倾向越明显。

(2) 学校因素　大学里,考虑到网络可以给广大学生提供良好的学习条件,都有良好的网络接入,学生可自带电脑在宿舍上网,这在给学生带来方便的同时,也为上网成瘾提供了客观条件。电脑和网络已成为学生不可缺少的学习工具,但如果缺乏有效约束,很多学生并不是把电脑用作学习工具,而是当成了一种娱乐工具。当学生在学习上找不到乐趣,或交往中遭受挫折但又得不到家人、老师和同学理解的时候,他们为宣泄心中的苦闷,逃避不愿面对的现实,往往在网上寻求安慰、刺激和快乐,以减轻平时的压抑情绪。

(3) 社会因素　目前,网吧可以说是遍布大街小巷,尤其是各大高校附近更是网吧林立。大学生是成年人,进出网吧随心所欲。通常情况下,每所大学里也都有直接为学生学习服务的开放网吧教室,但是一般在晚上十点以前就统一关闭。这样学校附近的网吧就为学生上网提供了极其方便的条件。90后学生调节自己生活内容的方法比较单一,而富有互动娱乐性的网络游戏和网上聊天室对一些学生却有着强大的诱惑,促使他们将网吧当作快乐的天地。

三、健康上网,快乐学习

过去的资料显示,在校的高职大学生通不过考试的有三分之一以上与无节制上网有关;而考试作弊的人中有二分之一以上存在过度上网情况;退学或试读的学生中,有60%以上迷恋网络。当然,在信息电子化的今天,我们没有必要回避上网,而要正确利用网络所提供的便捷条件,健康上网,让网络为学习提供帮助。

1. 大学生利用网络学习情况的调查

我们知道,网上丰富的教学资源和网络便捷的交互方式给大学生的学习提供了极大的便利。河南三门峡职业技术学院对此进行过一项专题调查。

1) 上网条件和上网情况

对学生上网条件的调查显示,有8.7%的学生家庭有电脑,其中91%的电脑可以上网;有3.8%的学生在学校拥有个人电脑,这些学生大都集中在与计算机有关的专业,如计算机专业、设计专业、电子商务等;96.7%的学生认为学校有方便的上网条件和充裕的计算机设备,这归功于近年来办学条件的不断改善。学生上网情况的调查结果显示:平均每天上网1个小时以内的占31.8%,1~2小时的占24%,2~3小时的占7%,很少上网的占17%。可见,上网已成为学生业余时间的一项主要活动。

2) 对借助网络进行学习的认识

在被调查的对象中,有97.1%的学生认为网络资源非常丰富,有88%的学生认为网上有丰富的学习资源,有66.4%的学生认为可以在网上找到与自己专业相关的信息和学习材料,有65.3%的学生认为网络资源对自己的专业学习有帮助,有93%的学生认为网络对自己知识的拓展有帮助,有97%的学生认为网络学习是终身教育的一种有效途径。可见,随着学生对互联网的深入认识,大多数学生已经认识到利用网络资源进行学习的重要性。在网络的交互性方面,有24%的学生认为在学习中遇到问题可以通过网络求助,有47%的学生了解有关QQ群的概念,然而仅有7%的学生确切知道与自己所学专业相关的论坛,这也说明大多数学生直接借助网络进行交互学习的积极性还有待提高。

3) 使用网络的技能

大多数学生认为网络资源丰富,但在具体的网络学习中,76%的学生认为自己学习需要的内容不好查找,这一方面是因为网络上存在着大量的重复信息和垃圾信息,同时也反映出许多学生对互联网上信息资源的分布情况了解不深。所有的学生都在大一或更早的时候学过类似《计算机应用基础》的课程,具备了一定的计算机应用技巧和上网经验,61%的学生确信自己具备了利用网络学习的能力。但是,在谈到是否有必要对大家进行计算机上网操作技能的培训时,仍有87%的学生给予了肯定的回答,说明同学们在这方面有着较强的技能提升愿望。

4) 上网的目的性

调查结果显示,大学生上网的目的主要集中在以下几个方面:获取信息(60%)、休闲娱乐(65%)、学习需要(54%)、对外联系(49%)、获得各种免费资源(36%)。然而在回答是"学习需要"的学生中,大多数是出于教师布置的任务,只有7%的学生确定是出于自发的学习行为,可见,同学们主动利用网络进行学习的人数并不令人满意,上网的目的性有待调整。

5) 使用网络学习的情况

在利用网络学习方面,在被问到"你是否利用网络系统地学习过某一部分知识"时,只有0.7%的学生给予肯定回答;在利用网络的交互功能方面,有86%的学生有自己的QQ号、邮箱或博客,且都有聊天、发电子邮件或发微博的经历,但具体用在学习方面的却很少。虽然有24%的学生认为在学习中遇到问题可以通过网络求助,但只有0.5%的学生有过实践经历。分析个中原因,一是学生缺乏网络求助的意识,二是学生使用网络的技巧不够熟练。

由此可见,大多数学生已经意识到网络学习是一种新时代获取知识和技能的学习方式,但他们还并没有完全突破自己长期形成的学习模式,在网络学习中没有充分发挥自己的积极性和主动性,在很大程度上仍然把网络作为一种娱乐工具或通信工具来看待。

2. 怎样利用网络进行学习

今日的互联网已经完全融入到我们生活的各个方面。利用网络进行学习已经成为很多期望成才的大学生必要的自我提升手段。我们应该充分利用现今这一重要的学习途径。

1) 网络是实现个性化学习的重要平台

基于Internet的网络教学资源进行学习,是新时代发展的需要,而且利用网络进行自主学习是一种全新的学习方式。大学生应该意识到,这是时代给我们带来的学习机遇,并藉此能与发达国家保持在同一条起跑线上。我们要积极主动地利用好网络这一重要的资源。

由于每个学生学习过程中的背景知识、学习能力、认知风格都有差异,传统"一刀切"的教学方式不可能适用于每个学生,而个性化自主学习却能体现学生的主体学习地位,实现学生自主学习的意愿。学生可以按照自己的需要选择学习内容,可以按照自己的特点选择学习方法,可以按照自己的时间去安排学习进度,可以按照自己的能力选择学习深度。

2)通过精品课程和网络公开课的网络公开资源进行学习

精品课程是指具有显著特色和一流教学水平的优秀课程。最近几年来,我国很多高校都建设了不同专业的精品课程,其内容涉及非常广泛。它恰当地运用了现代教学技术、方法和手段,具有显著的教学效果和辐射作用。如机械制图和机械设计对工科学生都是非常重要的课程,网上就有大量的学习资源。

网络教学资源的开发和应用在精品课程建设中十分重要。精品课程的网络教学资源包括"有形资源"和"无形资源"两大类。有形资源包括教学内容、教材、师资队伍、教学条件、教学方法、教学管理制度等直接可用或可见的资源;无形资源则是指蕴含在课程建设中的教学理念与教学思想等。它可以通过有形资源方式表现出来,成为共享资源,对学习产生积极的影响。

3)让网络作为提高英语水平的重要手段

由于英语学习已经成为我国与世界接轨的普及型教育,而网络又提供了丰富多彩的英语学习资源,其中包括多媒体资源、软件资源和电台与网站资源。对于英语学习来说,语言环境的创造、语言运用的真实性和语言材料的丰富性是实现学习目标的有力保证。而高职学生过去英语基础不好的非常多,原因是多方面的,但没有借助真实语境坚持学习也许是一个重要原因。我们非常相信,真实语境对维持大学生的学习动机,促进语言知识向言语能力的转化起着重要的作用。

网络上各种资源的表现形式多种多样,有文字、声音、图形、视频等。电子书籍、动画短片、视频录像、原声电影等已成为很多学习者广为熟知并充分利用的媒体形式。这种多元化的媒体形式可以从听觉、视觉上极大地促进英语学习者的兴趣,同时这些媒体形式的声、光刺激也可以提高英语学习者对英语知识的掌握能力。网络环境能给大学生提供丰富多彩的思维表象和现实素材,通过多媒体的真实情境,可以为我们创设一种适合于自己思维发展的理想环境,并能够通过各种手段引导我们开发自己的创造性思维能力,打破传统教学方法和教学手段的束缚,培养自主学习、自我创新的精神。

3. 认识"慕课"学习新时代

我们应该看到,今天借助网络进行学习已经进入了"慕课"时代,这是一股来自海外的在线教育新潮流,是基于"为所有人提供免费高等教育,是人类社会的理想境界。把学习作为一种终身习惯,把汲取新知识作为一种精神养分,人类应该共同创造这种美好氛围。"这一理念而开发起来的在校教育方式。

"慕课"(Massive Open Online Courses, MOOC),即大规模开放式网络课程,是一

种针对于大众人群的在线课堂,人们可以通过网络来学习在线课堂。它是远程教育的最新发展,是一种通过开放教育资源形式而发展来的。该课程具有自由取得资源的特征,不需有学校的学籍也可以免费使用大型开放式网络课程;还具有没有学生人数限制的特征,即许多传统课程师生比都很小,但大型开放式网络课程是设计给广大"受众"使用的,没有课程人数限制。

近两年来,大量的 MOOC 已经独立地浮出水面,Coursera,Udacity,EDX 构成的三大平台的课程全部针对高等教育,并且像真正的大学一样,MOOC 的设计和课堂类似于学院和大学课堂,有一套自己的学习和管理系统,但 MOOC 一般不会像在校付费的学生那样要求学分,学习的奖励可能通过证书来证明,所有的课程都是免费的。

清华大学校长陈吉宁认为,这种在线教育提供了一种全新的知识传播模式和学习方式,将引发全球高等教育的一场重大变革。这场重大变革,与以往的网络教学有着本质区别,不单是教育技术的革新,更会带来教育观念、教育体制、教学方式、人才培养过程等方面的深刻变化。可以相信,这种变革也必将带来在校大学生在学习观念和方式上的革命性改变。高职在校大学生应该尽早认识并主动适应这种新变化,把网络学习作为自己学习的一个组成部分,为自己的成才去努力。

训练拓展

(1)宿舍是我们在校学习的家,形成良好宿舍文化环境可以极大地帮助我们很好地度过三年大学生活。请同学们以无记名投票的方式在一张纸片上填写三位你认为对宿舍环境建设贡献最大的同学名字。如果票数非常集中,那么恭喜你,你们的宿舍是一个团结和谐之家;如果相反,那么你们宿舍的每一个成员就需要努力了。仅仅读书还不够,只有思考才能提高。

(2)以《网络时代,我与网络》为题准备一篇演讲稿,要求能够申明自己的观点,并引用必要的实例进行说明论证,以倡导大家形成"健康上网、快乐学习"的网络生活习惯,然后在班级里进行交流。

职业素质教育

第十训练模块　扩展学习

※ 训练目的 ※

通过该模块的训练,要使大学生充分地认识到提高书面表达能力和文字编辑能力的重要性。现在很多大学生连起码的请假条、申请书、总结都写不好,很难想象以后在实际工作中会怎么适应各种工作需要。另外,大学的学习并不局限于对课本知识的学习,还应该包括在社会实践中学习各种有用的知识,开阔视野,了解社会与现实,完善自己的人生阅历。

※ 训练要求 ※

(1) 学习"大学生书面表达能力的现状"和"产生的原因",反省自己在书面表达能力方面的实际情况;

(2) 要求同学们自我选定一个与本专业有关的论文题目或文章,完成从搜集资料开始到编写成稿、形成电子档并进行编辑、打印输出的过程;

(3) 为同学们设定一个社会实践活动,并让学生为此编写一个活动策划书,要求有实践内容、活动目标、协作分组等;

(4) 随机选择部分同学对提高书面表达和编辑能力稿件或社会实践活动策划书进行课堂交流,让同学们充分体会扩展学习的重要性。

训练开讲之一　提高书面表达和常用软件应用能力

我们知道,相对于本科院校,高等职业教育的基本特点是:①学制短,在校时间少;②把学生的实际应用能力、动手能力的培养作为重要的目标;③生源入学成绩低于本科院校的学生等。这些特点在一定程度上导致了大学生在书面表达以及文字编辑能力上都存在一定的弱势,而它们又是未来职业发展所需要的。

一、大学生书面表达能力的现状

高职大学生风华正茂,平时生机勃勃,尤其是在运动场上,他们都表现出无限的朝气。但是,只要让他们写文章,大多就会犯难,而且问题百出,写出来的东西如同嚼蜡一般,让人哭笑不得。有人对高等职业院校毕业生走上社会、走进职场以后在文字表达能力上的现状作过一次调查,统计结果显示:认为大学生文字表达能力还可以的只占12.3%,而有70.4%的人对大学生的文字表达能力很不满意。这份调查表明,高等职业院校大学生的文字表达能力整体现状不容乐观。从大学校园生活中最常见的请假条上,就可以清楚地了解到这一现状。

我们经常可以看到,高职大学生在请假条上往往都是一句话:要么没有标题;要么没有请假时限和请假时间;甚至没有落款。而且,这些现象并非少数。在完成毕业论文的过程中,更能看到大学生在书面表达能力方面的欠缺:要么文字表述与图表质量较差,基本素质不高;要么堆砌材料,不着要领;要么就是不动脑子,直接抄袭,甚至连"谢辞"所要感谢的对象也不是自己的指导老师;当然,其中的格式问题和语法错误更是随处可见。另外,从有些学生平时所写的文章(如申请书、报告、总结等)中,也可以看出类似的问题。

二、产生的原因

这种现状的存在必将影响到高职同学未来的发展,有必要对此进行思考,并尽快提高自己。

1. 入学前基础较差

现在的高等职业院校招生基本上都是国家统招,从录取过程来看,进入高等职业院校的学生主要都是以低于"三本"的成绩录入的。而且,其中很多学生还因偏科补习过一两次,最后才选择接受高等职业教育。很多学生都存在着偏科现象,或者数学很不好,或者物理很不好,或者英语很不好,尤其是相当多的同学在语文写作方面的能力非常欠缺,其基础水平差别较大。

2. 缺乏写作素材

我们知道,要提高写作表达水平,必须要有丰富的阅历,正所谓见多才能识广。但是高等职业院校许多学生的家庭条件相对不是很好。在农村,很多学生的父母不是面朝黄土背朝天的农民,就是背井离乡外出的打工一族;即使在城镇,很多高职学生由于父母下岗、单亲、父母离异等,家庭的经济状况也不好。在这样的环境下,很多学生在过去的生活中都承受着很大的思想压力,因此也很难有条件出去丰富阅历,增长见识。再加上在大学里,大家更多的时间都在接受专业教育,学生们对生活的体验较少,缺乏写作素材,使得相当多的学生在书面表达过程中即使绞尽脑汁,也仍然很难呈现于书面文字。

3. 平时动笔太少

清代文人曾有这样的说法:"读十篇不如做一篇。"多练笔可以说是提高写作水平最关键的环节。正所谓"实践是检验真理的唯一标准。"没有了具体的写作实践,看再多的文章和书籍也只是理论知识。在高职院校里,正常的教学内容更多的是专业教育,很少涉及写作。时下除有些学生有写日记的习惯之外,很少有学生尝试着动笔写作文章,即使有作业,更多也是照着教材进行抄录。一方面是高职教育中规定动手写作的机会大大减少,另一方面是很多学生本身也不想动手。

三、培养自己写作素养

大学生不会书面表达将是一个人生不可忽视的缺点。我们唯一的选择就是在这个阶段不断提高自己,从日常生活和平时学习着手,自己给自己制造机会,全面地培养和提高自己的写作水平。

1. 兴趣培养

"兴趣是最好的老师",因此,培养自己的写作兴趣就变得非常重要。改变过去的厌写情绪、调动写作兴趣,也许可以从以下两个方面入手。

首先,要明确为谁而写。如果仅仅是为了应付作业而进行练习写作,就不会将书面写作和自己未来的生活和工作需要联系起来,更不会想到要用写作来陶冶情操,塑造人格,提高自身素质。我们参加工作以后难免需要进行一些简单的写作,比如写一个活动策划,写一个倡议书或者工作总结,等等,相信没有哪个同学愿意将来面对同事对自己在写作方面的耻笑。因此,大学生要明确今天练习写作对自身未来发展的意义,让自己对写作重视起来。

其次,要发挥性地去写。写作是表达内心情感的一个重要手段,更是丰富内心世界一个重要工具。写作应该真正做到抒其志,写其心,要以自己丰富多彩的生活做基础,来充实文章的内涵。文章要写出对生活的感悟,要让丰富多彩的生活来诱发我们的一种表达欲望,使我们永葆愉悦的情绪状态,而且有时候如果能把自己在工作中的体会和总结以论文等形式呈现给同事和世人,还可以在达到锻炼自己的同时提升自己的职业价值。因此,在校期间就应该规划自己,让自己将兴趣投入到积极的写作当中。

2. 大量阅读

仅仅重视并有兴趣还不行,不进行大量阅读也只能是无源之水,无本之木。阅读是写作的基础,阅读为写作提供了丰富的养料,它可以促进写作能力的提高。古人说过:"读书破万卷,下笔如有神。"鲁迅也曾这样说:"只看一人的著作,结果是不大好的,你就得不到多方面的优点;必须如蜜蜂一样,采过许多花,这才能酿出蜜来,倘若叮在一处,所得就非常有限、枯燥了。"

因此,要给自己安排一定的阅读时间,充分利用图书馆、阅览室、电子阅览室等资源,不但要阅读相关专业知识,还要阅读专业以外的书籍;在可能的时候,还要参加校园里组织的读书竞赛、演讲比赛、作文评比等有意义的活动,借此提高自己的阅读兴趣。读书不是目的,思考才能提高。另外,在大量阅读时还要进行一定的抄录,要养成做笔记、记札记的习惯,要用心去阅读,熟读精思,融会贯通;积累素材,并学会运用,让它成为自己写作的"活水源头",使书面表达更加丰富,内容充实有力。

3. 感悟生活

大学生写不出文章有两类情况:一类是有话说不出来,另一类是无话可说。前者无非是表达上的问题,可以慢慢提高,但后者的弱点却是致命的。书面表达是真实生活的反映,要想写好文章,首先要注意观察和感受生活。古往今来,凡是写文章有所成就的人都十分重视这一点。汉朝的司马迁说:读万卷书,行万里路。这"行万里路",就是指要从多方面观察和感受生活。

针对很多学生在生活积累和社会阅历方面的贫乏,我们的应对措施是,积极走进生活,参加学校里的各种社团组织,在锻炼自己社会能力的同时,也不要忘记经常写一些工作记录和感受,锻炼写一些活动策划案。同时,还要参加其他各类社会实践活动,到农村、企业了解社会,和一些年长者进行有益的交流,积极观察生活,体验生活,感悟人生,还要在平时对身边的人和事多加关注,对所学知识进行反思和总结,养成细心观察生活的良好习惯。

4. 批判精神

大学生还应该有一双评判的眼睛。在今天网络时代的大学校园里,大学生们缺乏对生动现实生活的参与,缺少深刻的社会批判意识:要么对现存的一切盲目反叛;要么对不合理的现实作无奈地接受,很少用自己的笔去书写和评判校园生活中的一些不良现象。

大学生绝不能自我封闭或盲目从事,更不能自我放弃,而应扬起自己理想的风帆,以年轻人特有的蓬勃思想、敏锐目光和朝气,将目光投向日新月异的现实生活,通过对现实的参与和思考,不断审视和发展自己,并对社会做出贡献。即使是在平时的学习过程中,也应该带着质疑的态度去吸收知识。只有这样,才能借助自己的笔端表达出当代青年所应表达的思想和朝气,弘扬青春正能量。

四、提高应用文写作水平

提高应用文的写作是未来职业生涯中非常重要的技能。目前,所有的高等学府都有对学生完成毕业论文的要求。实际上毕业论文只是各种应用文中的一种。

1. 大学生应用文写作有待提高

应用文是人们工作、生活中最常用的一种写作文体,小到一张借条和请假条,大到生意场上企业与企业之间所签订的合同,都要用到应用文。据某高等职业院校的专项调查结果显示,大学生最需要掌握的应用文体有:毕业论文、求职信、个人简历、合同、通知、申请书、总结、计划、演讲稿、市场调查报告、报告、介绍信、致辞、起诉状、辞职信、调查报告、申诉状、感谢信、便条、上诉状,共20种。

调查显示,有七成多的大学生能够认识到应用文写作在社会上有着广泛的应用范围;但是却又有八成多的大学生不了解或仅仅略知借条、证明、申请书等常用应用文写作的格式;有七成多的大学生认为自己的应用文写作能力一般或较低;有九成多的大学生认为自己不会主动去自学应用文的写作。毫无疑问,这种现状会对大学生未来的职业生涯构成一定的潜在危害。

每位大学生都应认识到:在知识经济的今天,应用文已经社会化、大众化;应用文写作已经是每个人必须掌握的工具和技能之一,与自己的职业发展息息相关。面对实际需求广泛而自身能力不足的现实,我们应该通过自主学习和训练,获得相关应用文的写作能力,否则连写请假条也会让人闹出笑话,岂不很丢"面子"。

2. 毕业论文中存在的问题

毕业论文是授予大学生毕业证书的主要依据,也是高等职业教育中不可缺少的一个重要的教学实践环节。高等职业院校毕业生撰写毕业论文有五大好处:其一,借完成论文的实践机会让自己提早进入学校与社会、理想与现实的磨合期;其二,可以将自己的职业和学业关联起来,理论联系实践,将自己在校所学理论知识重新梳理和总结,通过论文表达出来;其三,了解和体会如何进行一项创造性的工作,好的论文应该是在校生的一次创造性体验;其四,可以促进学生的书面表达能力和利用计算机软件进行常用编辑的能力;其五,可以为学生将来在工作岗位上参与科研攻关项目,实现更好发展奠定基础。但是,从每年指导学生毕业论文的情况看,目前大学生在写作毕业论文方面存在着很多问题。

1) 论文写作态度问题

调查显示,有六成多的教师认为自己指导的学生对论文写作的态度不够认真;更有两成多的教师认为学生从不主动与他们联系。很多学生认为高职学生写作论文的能力不重要,因此也就抱着无所谓的态度。

确实,高等职业院校的培养目标是技术应用性人才,强调的是培养学生在专业领域从事实际工作的基本能力和基本技能。基础理论知识和专业知识以"必需""够用"为标准。因此,不少学生对此产生了片面的认识,忽视基础理论知识和专业知识的学习,忽视写作能力和自身综合能力的培养和提高,不能很好地认识能力培养与实践教学的相辅相成关系,认为毕业论文写作只是走走形式,故而采取应付态度。大量同学面对论文都是摘抄、拼凑成篇,更有甚者竟抄袭他人作品,论文中有很多地方连自己都不甚理解;还有的学生不按规定时间完成初稿,对指导教师的修改意见也经常采取不予理会的态度,从而导致论文的完成质量不高。

2) 写作基本功问题

论文的写作过程是对自己书面表达能力的一次全面检阅,是建立在收集大量资料基础上的一次大功课。论文的写作是从无到有、从理论到实践的探索创造过程,是锻炼学生独立的科学研究过程。在写作之初,要做一定的准备工作,要全面了解论文写作的基本常识,明确格式要求,梳理总结自己的在校所学,然后在指导老师的指导下确定论文题目。

事实上,不少学生选题时随意性较大,对自己极不负责任,导致论文写到一定程度后由于资料缺乏无法继续,再换题目又来不及,只好勉强成文;还有的学生对课题展开的容量把握不准,导致一些论文不得不拼凑字数,材料与中心主题不统一,最后又草草收尾;有些论文大量堆积材料,中心思想不突出,导致文章散乱,缺乏整体的协调,文章各部分之间缺乏内在的逻辑联系,表述也没有条理;有的论文段落划分生硬,过渡不自然,尤其是欠缺承上启下的过渡文字,甚至一整页文字也不分段,通读性很差;不少文章存在语句不通顺、词不达意、误用标点符号、错别字连篇等语法问题;对指导老师在写作过程中所提出的问题,没有用心修改,不能做到举一反三;谢辞不能做到有感而发,而是按照一个统一的模板,抄袭雷同。

学生撰写毕业论文,不仅是对学生进行专业知识的考核,也是对学生毕业实践或顶岗实习过程中所学知识和技能的考核,更是对学生运用所学知识对某一问题进行探讨和初步研究能力的考查。大学生毕业后不论从事何种工作,都必须具有一定的研究和写作能力。大学教育要求学生既有较扎实的基础知识和专业知识,又能发挥无限的创造力,从而可以不断解决实际工作中所出现的各种新问题。

五、提高常用软件应用能力

90后的大学生都是随着计算机网络的普及而成长起来的一代。按道理,学生和计算机打交道的时间较多,在计算机操作方面应该颇有特长,但客观实际却完全相反。除了大多数学生在聊天和电玩方面能做到登峰造极以外,大学生中擅长各种常见应用软件的同学非常少。虽然,大学在基础课里也有计算机应用之类的课程,但是,由于缺乏练习,即使让大学生编辑 Word 文档或者应用 Excel 软件,其困难还是比较大的。这在学生的毕业论文编辑过程中就有突出的反映。

Microsoft Office 是微软公司开发的办公自动化软件,也是学生在毕业论文编辑过程中不可缺少的工具。它其中包含 Word、Excel、PowerPoint 等应用软件,都具有非常强大的功能。Word 应用软件可以帮助我们实现毕业论文的输入、编辑、排版、打印等工作;Excel 应用软件可以帮助实现毕业论文中的数据汇总和处理等工作;PowerPoint

可以帮助进行毕业论文演示文稿的制作，使我们可以借助于多媒体手段进行演示和论文答辩。

但遗憾的是，大学生很少能够使用这些功能强大的软件。比如，Word应用软件已经提供了目录自动生成功能、相同错误全文统改功能、表格编辑功能、公式编解器输入功能、首行缩入两个汉字功能、文本框插入功能、不同效果的图片插入功能、分页功能、页眉页脚编辑功能，等等，但是，学生很少会使用，从而造成在完成毕业设计过程中出现各种问题。

时代不同了，每个大学生都应该清楚地认识到这些办公软件对未来生活和工作所具有的重大作用。因此，为了掌握这些应用软件的强大功能，都应该在平时通过自主学习，掌握其基本应用，并在不断练习使用的过程中，不断深入认识，相信最终就能达到熟能生巧的程度。

训练开讲之二　积极参加社会实践活动

大学生社会实践是认识社会、了解国情、拓宽视野、爱我国土、丰富自我和改善知识结构的重要手段，是进行素质教育的重要途径，是提高自身综合素质、激发创新精神的有效方式，也是对在校教学环节中所学不足的重要补充，可以使我们在社会实践活动中受教育、长才干、作贡献，增强社会责任感，实现社会化。

一、大学生参加社会实践的内涵

大学生社会实践是对大学生进行素质教育、培养大学生的创新能力、实践能力和创业精神的重要形式，是大学生接触社会、参加社会活动、参与实际工作，从而达到认识社会、服务社会、认识自我、提高素质的重要活动。

高校目前存在着教学计划内的社会实践活动和教学计划外的社会实践活动。前者主要是由学校教务部门根据专业课程教学的需要安排实施，后者是由校团委、各系部的团总支或各级学生会在假期进行组织实施。除此之外，也有大学生自发参与的勤工俭学，如做家教、导游、咨询服务等社会实践活动。

所有这些活动都可以帮助大学生把书本知识同社会实际结合起来，服务社会、融入社会，起到促进其独立性和个性发展、培养合作与务实精神、提高大学生创新能力与就业竞争力的作用。通过社会实践的锻炼，增加社会阅历和工作经验，弥补学校教育的空缺与不足。

二、大学生社会实践存在的问题

虽然参加社会实践活动对正处于社会过渡期的大学生有着积极的作用,但是从一项有关的调查结果来看,大学生在参加社会实践活动过程中确实还存在着一些问题。

1. 目的不明

从调查的数据可以看出,大部分学生参加社会实践的目的比较明确。这部分大学生能够认识到社会实践的意义是在社会中认识自我、找出不足,增强创新意识,并不断地提高个人能力和综合素质,为自己今后走向社会、改造社会、奉献社会做好思想准备。但调查结果显示,仍有少部分大学生对社会实践的目的认识不清,认为社会实践仅是思想政治教育的一种形式,并没有意识到社会实践可以培养自己的计划、组织和协调能力,以及丰富自己的专业知识、体验社会生活疾苦和世道艰辛、增长自己社会阅历的作用。

2. 主动性差

从调查结果可以看出,在对社会实践的认识上,仅有不到20%的学生认为参加社会实践很有必要,而超过半数的学生对社会实践的认识模糊,甚至还有一少部分学生在对社会实践的认识上存在严重偏差。同时调查结果还显示:能够参加社会实践的学生比例较大,但是能够积极参加并全身心投入到社会实践的学生仅占14.8%,高达60.1%的被调查对象是被动地参加社会实践,还有25.1%的被调查大学生几乎不参加社会实践活动。由此表明,大学生对社会实践缺乏足够的认识,参加社会实践活动的积极性、主动性较差,在思想上准备不充分。

3. 转换角色能力差

在有些社会实践活动期间(例如顶岗实习),学生既扮演实习者又扮演员工的身份,既接受学校的管理又接受企业的管理。这两种角色的转变使有些学生对社会实践思想认识不足,认为社会实践是走过场,完成老师布置的实践任务即可,对学业毫无帮助,他们没有主动接受从学校到企业的管理模式,进而出现一系列的适应问题。

三、认识大学生参加社会实践活动的意义

大学生社会实践所表现出来的一些问题主要来自大学生对参加社会实践活动的意义认识不足。

1. 帮助实现个性发展

尊重学生的个性、促进学生良好个性品质和独特特性的形成与发展,一直是高等教育的目标。个性教育包含确立远大的人生理想;锻炼良好的社会适应能力;接触各种事物和现象;发现社会发展的主流;保持积极的生活态度;使自己的思想、行为跟上时代的步伐,与社会的要求相符合,实现自己的社会化发展。这些内容都可以在大学生社会实践活动中得到培养。

社会实践活动作为培养大学生适应社会能力的重要途径,能增强其发现问题、研

究问题和解决问题的能力,改进脱离实际的思维方式和行为。通过各种形式的社会实践活动,可以从中进一步了解社会、增强社会责任感和社会适应力、提高综合素质,进而实现个性化发展。大学生社会实践活动,可以为其个性化发展提供展现个性和升华个性的舞台,这些完全符合其人生发展需要。

当然,通过社会实践,还可以提高自身的人际交往能力、独立生活能力和处理错综复杂问题的能力,做好从校园角色向职业角色的转变。长期的校园生活必然使大学生对社会缺乏完整而深刻的认识,比较容易形成认知的片面性和思维的局限性,以及用浪漫主义和理想主义的眼光来看待社会和人生。只有参加社会实践,才可以让其走出学校,投入真实的生活和工作,为将来的独立和发展打下坚实的基础。

每个大学生都拥有灵活好学的特点以及一定的专业技术优势,但由于受到学校单纯学习环境的限制,使其对社会的了解以及适应社会发展所需要的知识结构都不全面。社会实践活动能使我们清醒地看到自己的缺点和不足,从而可以重新调整、完善自己,实现理想与实际、理论与实践、自身与社会的统一。

2. 提高就业竞争力

当今社会,用人单位关注的不再仅仅是学生的专业课成绩,同时还强调学生的社会实践能力。现代社会要求我们不仅要有一定的理论知识,还要具有较强的实际工作能力。社会实践是理论联系实际的重要途径。参加社会实践的过程,就是知识与社会实际互动的过程,是形成知识与技能进一步提升的有效过程,也是丰富情感、培养个性的有效过程。

同时,大学生社会实践活动往往表现出团队合作的特征。每个人在自己的成长过程中,都必须处理好个体与集体的关系,因为个体的发展只有在集体活动中才能得以实现。在团队实践活动中,每个人只有分别发挥自己的作用才能实现整体目标,而且只有整体目标的实现,个体目标才能实现。

每个人必须成为集体的有机部分,必须具有责任感,必须主动而正确地处理好局部和全局、自己和集体的关系,把自己融入集体当中;必须学会与他人合作,关心他人、理解他人、互相学习、取长补短,同心协力。在社会实践中,要学会与各种人打交道,处理好各种关系。在实际工作中遭受挫折、感到无助、甚至失落都是正常现象,但是大家的团结协作可以使我们克服危机、增强自信以及培养积极的生活情感,从而提升就业竞争力。

3. 培养创新创业能力

培养具有创新精神与实践能力的高素质人才是高等院校人才培养的重要任务之一。大学生社会实践活动是解决理论脱离实际、知识远离生活问题的有效途径。大学生社会实践活动可以提高与社会实际需求的契合度,从而成长为适应时代需要的高素质创新型人才。社会实践活动可以帮助大学生找准自己的创新创业目标,有利于把所学知识应用于现实生活,从中也检验和发现自己所学理论知识的不足,明确今后的努力方向。

通过参加社会实践活动,大学生可以让自己有更多的生活体验机会,从中自主获取知识。现代社会所需要的是具有一定的专业知识以及丰富的实践经验和技能的复合型创新人才。大学生社会实践活动提供了把经验、技能、人际交往能力等知识向自身素质进行内化转移的平台。通过对知识的内化,提高知识水平、能力素质,成为更加适应社会需要的个体,同时也可以最终实现知识的创新和对知识应用的创新。

我们都知道,能力与知识是两个不同的概念。能力并不是简单依靠外来的灌输或者借助工具存储就可以获得。大学生通过自己在社会实践中的尝试与摸索,激发创新意识,开发创造能力,并从创业成功者的实践中受到启发和教育,逐步具备创业者所需要的敏锐观察力、丰富想象力和远见卓识。当然,还可以在社会实践活动过程中,把观察到的其他社会人在工作、处世等方面的技能潜移默化地向自身进行转移。这对我们在以后走出校门、踏入社会之后进行创新和创业是相当重要的。

4. 促进实现全面发展

人的全面发展就是使个人才能和个性特质得到充分的、自由的发展,使自己成为一个适应社会发展的积极推动力量,也就是说,要在智力上和人格上成为一个从平等、完整、和谐、自由四个层面都能和谐发展的有机整体。

人的全面发展是让由自然和社会长期发展而赋予每个人的一切潜能得到最充分、最自由、最全面的调动。在人的全面发展上,大学生社会实践活动就具有符合这一调动作用的积极意义。它遵循了教育规律和人才成长规律,是青年人成长、成才的重要途径。人与社会的发展都离不开实践,而处于青春发育时期的我们,其发展将更离不开社会实践。

社会的发展会不断对人的全面发展提出新的目标和新的要求,同时,人的全面发展也必然会不断促进社会的进一步发展。社会实践让我们走出课堂,走向社会,可以有效激发我们的主体创造意识,让我们的进取精神得到培养,让我们的人格得到完善,让我们的社会责任感和使命感得到提升,从而使我们的综合素质得到提高,获得全面的发展。这不仅是时代发展的客观要求,而且也是新时期大学生成长的现实需要。

总之,正是由于大学生社会实践活动在他们成长过程中具有非常重要的积极作用,世界各国教育专家对大学生参加社会实践都给予了普遍的关注和研究,如欧洲各国的"开放课堂",美国学校出现的"探索性的学习"和学生自定学习计划的个别教学形式等。为了自己的健康成长,大学生在校期间只要在不影响正常专业知识学习的前提下,就应该积极走出课堂,大胆走向社会,走向大自然,参与包括做兼职在内的各种有益的社会实践活动。

四、让我们早日实现社会化

毫无疑问,参加社会实践是大学生实现自身社会化的重要方式,也是大学生接触和了解社会的重要途径。因此,怎样早日实现社会化就成为了我们需要关注的主题。

1. 提高对社会实践的认识

社会实践是大学生成才不可缺少的重要途径,是大学生素质教育的重要内容。大学生必须明确学校和社会之间是有很大差距的。我们往往对社会的了解过于简单化、片面化和理想化,没有清楚地认识到社会对毕业生的要求与期望。借助于社会实践这个平台,可以大大提高大学生的职业实践能力、心里承受能力、人际交往能力和应变适应能力,使自己及早了解就业环境、行业特征和发展趋势等,有利于找到与自身知识水平、性格特征和能力相匹配的工作。只有通过社会实践,才能让我们在未来的职业生涯中体现出自己的人生价值。

2. 强化大学生社会化意识

大学阶段是实现社会化的重要时期。对大学生来说,我们已初步形成了自己的人生观、世界观、道德观、职业观。这是实现自身社会化的基础。通过社会实践,可以把自己的在校所学应用于社会实践活动,以检验所学,丰富我们对知识的理解,完善自己的知识结构。

社会化是指个体从一个"自然人"转变为"社会人"所经历的学习与被教化的过程。其中包括从政治、道德、思想、人生观、价值观和知识技能等各个方面的社会化过程。但是按照以往观念,社会实践只是增进大学生对社会的了解、提高动手能力、促进良好品格的形成等。这从根本上忽略了社会实践对促进大学生社会化的实践价值。因此,每个大学生要在深入认识大学生社会实践活动的教育价值基础上,彰显社会实践对大学生实现自身社会化的积极作用。

当然,社会实践也是我们提高自身专业技能的最好方法。通过它可以加深对专业技能的理解,逐渐形成解决实际问题的能力,培养坚毅顽强、吃苦耐劳、勇于探索、脚踏实地的精神。这些对我们健康地成长为一个"社会人"是必不可少的。

3. 拓展对社会实践的范围

大学生社会实践不仅仅只是慰问老人、拜访成功人士、考察乡土风情,或是学生的课程实习实践、生产劳动、青年志愿者活动、勤工俭学等。加强大学生社会实践必须突破原来那种将实践简单地理解为就是参观、实习、暑期"三下乡"和"四进社区"的狭隘想法,努力拓展大学生社会实践的范围,而红色之旅和人文之旅也是当代大学生社会实践活动的重要内容。

如红色之旅社会实践的场所有:北京市的天安门广场、圆明园遗址公园、八达岭长城、北京自然博物馆、中国科学技术馆等;河北省的西柏坡中共中央旧址、董存瑞烈士陵园、潘家峪惨案纪念馆、唐山抗震纪念馆等;山西省的"百团大战"纪念馆、刘胡兰纪念馆、平型关战役遗址等;陕西省的延安革命纪念馆、八路军西安办事处纪念馆、西安事变纪念馆、半坡博物馆、秦始皇兵马俑博物馆等;四川省的邓小平同志旧居、赵一曼纪念馆、都江堰水利工程、红军四渡赤水太平渡陈列馆、陈毅故居等;辽宁省的"九一八"事变博物馆、辽沈战役纪念馆、抗美援朝纪念馆、雷锋纪念馆等。

如人文之旅社会实践场所有:长城(北京)、故宫(北京)、周口店"北京人"遗址(北京)、颐和园(北京)、天坛(北京)、平遥古城(山西平遥)、云冈石窟(山西大同)、苏州古典园林(江苏苏州)、黄山(安徽黄山)、庐山(江西九江)、泰山(山东泰安)、曲阜孔庙、孔府、孔林(山东曲阜)、龙门石窟(河南洛阳)、武当山古建筑群(湖北丹江口)、大足石刻(重庆大足)、丽江古城(云南丽江)、九寨沟(四川南坪)、乐山大佛(四川乐山)、青城山与都江堰(四川都江堰)、布达拉宫(西藏拉萨)、秦始皇陵与秦兵马俑(陕西西安)、敦煌莫高窟(甘肃敦煌)等。

社会实践是一个非常广泛的概念。我们要通过各种实践活动让自己长见识、增能力、强素质,不断提升自己的人文修养,感受祖国的河山美、人文美,增强作为中华民族一员的自豪感,体会国家强盛对每个人的意义,进一步树立爱我中华从现在的学习开始的信念。每个在校大学生都应该胸怀投身实践、服务社会的思想观念,积极参与其中,突出自己的特色,符合自己的实际,根据自己的兴趣爱好、经济实力、学习经历、职业规划等去身体力行,最终使自己早日走出学生身份,成为一个有理想、重实践、社会化程度不断提高的新人。

训练拓展

(1)请同学们根据以下素材改编并制作一个题为《青蛙比赛的寓意》的PPT课件,深刻理解该故事对我们的成长意义,并从故事内容展开、完整性、改编效果以及美学效果确定优胜者。

从前,有一群青蛙组织了一场攀爬比赛,比赛的终点是一个高高的铁塔塔顶。一大群青蛙围着铁塔看比赛,给它们加油。

比赛开始了,群蛙中没有谁相信这些小小的青蛙会到达塔顶。它们都在议论着:"这太难了!""塔太高了!"听到这些,一只接一只的青蛙退出了比赛,只有那些情绪高涨的青蛙还在往上爬。

群蛙继续喊着:"没有谁能爬上顶的!"越来越多的青蛙累坏了,退出了比赛。但有一只却还在越爬越高,没有放弃的意思。

最后,只有那一只青蛙成为唯一的到达塔顶的胜利者。自然,其他所有的青蛙都想知道它是怎么成功的,于是有一只青蛙跑上前去问那位胜利者,此时才发现:这只青蛙是个聋子!

(2) 请同学们以《手机与大学生活》为题设计一套问卷调查表,针对在校大学生进行问卷调查,了解有关情况,锻炼自己与陌生人打交道的能力以及对调查情况进行汇总分析的能力,并请同学们思考:成为"手机控"将对自己的健康成长有多大的危害。

下篇　重塑与提升

为了将来的职业发展，我们需要重塑自己的发展素质。培养适应全新生活的能力，让自己远离懒惰，能够客观看待自己，胜不骄败不馁，做一个守规矩、修道德、重诚信、知感恩的社会人。

为了将来的职业发展，我们需要提升自己的发展素质。培养自己良好的职业态度，去积极面对责任，加强人际交往能力，练就良好口才，做一个宜人事、讲团队、追求美、懂创新的职场人。

第十一训练模块 适应社会

※※※※※※※※※
※ **训练目的** ※
※※※※※※※※※

  通过该模块的训练,要使大学生清楚地认识到怎样适应全新的生活环境,以及如何让自己能积极地面对现实生活。只有以积极的人生态度面对不同的生活环境,才能享受到生活的甘美和幸福,相反,如果凡事都是消极的态度,那么获得的只能是幽怨和感伤,而且对自己的未来于事无补。只有用微笑去面对生活,与积极的人同行,大学生活才更有价值。

※※※※※※※※※
※ **训练要求** ※
※※※※※※※※※

  (1) 了解大学的生活特点,思考这些变化是不是在自己入学之前就已充分认识清楚,是不是自己能够独立地、主动地去适应这些变化;

  (2) 来到大学就是为了学习今后对自己有用的知识和技能,包括生活的知识和技能,对照自己,学习理解"培养良好的消费习惯"的意义;

  (3) 思考什么是生活,什么是生活的真谛,以及追求幸福生活必须抱以什么样的生活态度;

  (4) 理解调整自己消极情绪的方法,规划自己的在校生活,学会以微笑面对一切,并与积极向上的人结为朋友。

训练开讲之一 适应全新生活环境

高职大学生告别了中学时代,迈进大学的校门,人生翻开了新的一页,人生的道路也跨入新的阶段。莘莘学子满怀希望和憧憬:人生理想将在这里确立,未来发展将在这里奠基,美好生活将从这里开始。适应今天的大学新生活和新环境,是适应未来职业生涯的基础。高职大学生必须正确面对、尽快适应。

一、适应人际变化

和中学相比,大学生的人际交往类型以及交往的对象都发生了相当大变化,要根据新的变化调整自己,尽快适应。

1. 与同学的交往

一方面,入学初期,大多数学生是直接从中学校园走进大学校园的,社会阅历浅,思想单纯,相互之间能够自然地产生纯朴的"同窗"情谊,并容易形成友好的同学关系,但是,随着交往和了解的深入,同学之间不同的地域出身、家庭背景、个性特点、生活习惯甚至不同的方言,都有可能成为继续交往的障碍。

另一方面,大学生在学习、课余活动等方面的激烈竞争中,往往夹杂着利益冲突,容易对相互间原本正常的交往造成影响,有些人甚至因此而开始逃避与周围同学的交往。但是,大学生应该认识到,自己远离了家人的呵护,需要独立地生活,许多人际交往不再是可有可无的,也不再是任性的、随意的。

在大学校园里,很多新生都热衷于找老乡,与籍贯相同或相近的老乡进行交往,这已成为大学生交往中不可或缺的一种交往特征。共同的乡音、俚语、饮食习惯很容易使不同专业、不同年级甚至不同学校的大学生们联系起来。大家一起交流大学生活经验、减轻心理震荡、获得情感共鸣、摆脱暂时的孤独和对家乡的思念,这是好的一面。但只热衷于老乡关系,那是有失偏颇的大学交往方式。

2. 与老师的交往

大学生在校接触最多的老师就是自己的辅导员、班主任。他们与学生的关系平等,会像朋友一样与同学们交流思想或促膝谈心,有时还会直接参与到班级组织的各项文体活动之中。

任课教师一般情况下是上课来、下课走,只在授课时间与同学们有接触,因而通常是单纯的教学关系。任课教师要面对不同班级的同学,数量多,时间短,流动性大。由于大学生自主意识不断增强,往往对教师的授课质量有更高的希望和要求,经常会从内心对教师的教学内容、方法、工作态度进行评价,更愿意与授课水平较高、教学态度较好的老师进行接触,并由衷地敬佩甚至崇拜一些任课老师,这是积极的做法,有利于自己的在校成长。

管理育人的行政人员、服务育人的学校其他工作人员也是大学生经常要面对的人际交往对象,比如宿舍、教学楼、食堂、图书馆等处的管理人员。这些交往的顺利进行也有利于大学生的在校生活,必须建立在自觉遵守相应规章制度的基础上与他们进行良性互动,否则,大学生的行为就会受到批评和制约。

3. 与父母的交往

大多数的大学生进入大学以后都会觉得自己长大了,并有意识地、积极地调整心态来适应自己成长的需要。他们能体谅父母对自己思念的心情,能通过书信或电话及时、主动地和父母加强思想感情的交流,向父母汇报自己的学习生活情况。此时与父母的交往也与以前有所不同。

随着自己的长大,有的同学很能体谅父母的辛苦,进入大学后就开始勤工俭学,经济上逐步独立,这不仅减轻了家里的负担,甚至有时还能给家里一定的帮助。很多父母可以从中感到欣慰:孩子长大了、懂事了。相反,也有一部分同学过去对父母依赖性很强,现在则会非常想家、想父母,电话天天打是不用说的,而且还可能经常抽空或逃课回家,甚至有的还想到了退学。他们就像长不大的孩子,自己的情绪也常常影响到父母,让父母牵肠挂肚,是一种很不成熟的表现。也有少数同学随着自己知识的增加,和父母越来越没有共同语言,因而不再经常与父母联系,只有在缺钱的时候才想起父母。

4. 社会交往

大学阶段对人际交往提出了更高的要求。在就业压力日益增大的今天,大学生要想在激烈的竞争中脱颖而出、找到理想的工作,较强的社会交往能力是必不可少的条件。扩大社会交往的方式多种多样,如加入学生社团、参加社会公益活动、勤工助学等积极健康的社会实践活动,都是扩大社会交往面的途径。通过各种社会交往活动,大学生既可以增加对社会的了解,也可以扩大交往的范围,还能够提高自己独立生活的本领。

大学生正处于知识和阅历都不足的人生阶段,非常需要从各个方面汲取能量,和各个层面的人进行交往是实现这一目的的最佳方式。大学生应该在各种社会交往中积极培养自己的亲和力,掌握与不同类型、不同层次人交往的技巧和方法,为自己营造一个和谐的人际环境;同时,我们思想单纯、阅历不深,考虑到社会的复杂性,必须要有自我保护意识,谨慎交往,以免上当受骗,给自己带来不必要损失。

5. 网络交往

网络给交往所带来的变化是有目共睹的,并已成为一种重要的新型人际交往方式,也是社会交往的延伸。大学以前,我们更多的时间都用于高考学习,相对来说,进行网络交往的实践活动并不是很多。但上大学以后,好多同学借助网络认识了更多的人。人们通过电子邮件、聊天工具、电子公告板等手段可以在虚拟世界里进行联络、聊天、交友、游戏。

一般来说,网络人际交往对大学生来说具有双重效应。一方面,有的大学生通过网络交际结交了许多善友,获取了很多有价值的信息,开拓了思路,使自己受益匪浅;另一方面,有的大学生将虚拟当作现实,热衷于网络交际,过分地迷恋在网络上产生的友谊或爱情,甚至幻想用这些虚拟的人际关系来取代现实的人际交往,这是网络交往中的不理智表现。长此下去,就会与周围的人没有共同语言,缺乏现实社会沟通和人际交流,出现孤独不安,情绪低落,思维迟钝,并产生自我评价降低的现象。还有的大学生在进行网络交往时受到不良因素的影响,在网络空间里肆无忌惮地放纵自己的思想、言语和行为,丧失了基本的道德良知,对自己的成长危害很大。

二、适应学习变化

进入大学,学习的内容、形式和要求都发生了变化。同学们不仅要努力学习,而且要学会学习;不仅要掌握知识,而且要掌握获得知识的能力;不仅要在学业上不断进步,而且要在综合素质上不断提高。

1. 学习内容的变化

大学是知识的海洋,这里有浩瀚的图书资料、先进的仪器设备和良好的实训基础设施,能使我们在接触广博知识的同时,培养自己必要的专业技能和实践操作水平。因此,掌握获取知识的本领,学会在知识的海洋中畅游冲浪,是同学们在大学阶段的主要任务,是顺利成长成才的重要基础。

在这里,通过系统的学习活动和严格的科学训练,同学们可以准确地掌握基础知识和专业知识;通过亲自动手进行操作训练,可以提高专业能力和实践应用能力,培养自己的专业创造能力;通过耳濡目染,可以从老师那里学到很多做人的道理,形成良好的学习态度,接受人格的熏陶,实现人生的蜕变。

同学们可以自由支配的学习时间大大地增多,学习的广度和深度大大地扩展,学习的自主性也大大地增强。大学图书资料和各种信息丰富,获取知识的渠道更加多样化,熟练利用图书馆和互联网搜集资料以及掌握信息已成为同学们必备的学习技能。掌握科学的学习方法,广泛涉猎相关知识,培养自主学习和独立思考问题、分析问题、解决问题的能力,是大学阶段学习的重要特点。

2. 学习理念的变化

高等职业教育不再是传统意义的填鸭式教育,更不是百万大军过"独木桥"的迎接高考式的教育。这里的一切都是为了适应未来的就业。

1) 自主学习的理念

大学的学习更强调自主学习。自主学习是一种能动的学习。它要求同学们有明确的学习目的,自觉适应专业要求和社会需要,积极主动地掌握相关知识、技能和方法,使自己真正成为学习的主人。

坚持自主学习,离不开教师的指导,但同学们也不能被动地接受教师的指导,要有强烈的求知欲望和主动

性,学会举一反三、触类旁通,注重对知识的拓展和领悟。在大学阶段,大量的自学时间、自由的学习空间提供了自主学习的良好条件,也对自主学习理念的培养提出了必然要求。同学们要学会根据教学计划和自身所学专业的特点,合理制定学习目标,科学安排学习时间,掌握正确的学习方法,全面提高自主学习能力。

2) 全面学习的理念

学习应该是全面的,不仅要认真学好本专业的知识,而且要学好与专业相关的其他知识,学好有利于提高自身综合素质的各方面知识。因为,在当今知识经济的时代,仅仅有知识还是不够的,而知识结构才是让自己成才的基础。

学习不仅是学习知识,更为重要的是掌握科学方法,培养探索求知的热情,学会如何收集、处理、选择和管理信息,学会分析和解决理论和实际问题。学习不仅只是掌握课堂知识、向书本学习,还要向实践学习、向生活学习,努力锻炼自己的动手能力,提高实践本领。学会关心他人、尊重他人,学会与他人协作,学会按照道德准则和法律规范做人处事。

3) 创新学习的理念

创新学习是一种以求真务实为基础、采取创造性方法、积极追求创造性成果的学习。社会的发展和未来的事业,要求同学们自觉培养创新学习的能力。

树立创新学习的理念就是要脚踏实地,打下扎实的专业根底;同时,又要善于思考,勇于开拓,不断激发自己的创新意识,敢于突破陈旧的思维定势,努力从事探索性活动,培养创新精神。在学习过程中,不仅要善于组合、加工、消化已有知识,而且要力求有所发现、有所发明、有所创造。要破除迷信、解放思想,勇敢地追求真理,掌握客观事物发展规律,养成科学的创造性思维的习惯,为将来的创新工作打下良好的基础。

4) 终身学习的理念

树立终身学习的理念要从大学开始。当今世界,科技发展日新月异,知识、信息的更新和增长空前快速。我们已经进入了终身学习的时代,要树立终身求知、终身学习的理念。

在大学阶段,同学们要学习和掌握专业基础知识,同时要为今后继续学习、终身学习奠定良好基础。将来大学毕业,也只是告别学校,并不是告别学习。只有不断学习新知识、获得新本领,才能更好地适应社会发展。

3. 考评方法的变化

大学一改高中阶段单一的考评方法,实行的是多元化考核。对不同类型的课程采取不同的考评要求。有的高职院校还对学生的在校素质进行综合测评打分。

1) 对理论讲授课程的考核

理论讲授课程分为必修和选修两种。必修课一般为闭卷考核;选修课一般为闭卷考核、开卷考核或专题写作考核。对理论讲授课程增加过程考核,可以采取作业、课堂提问等形式,最后进行综合考核,这与中学的一卷考核定成绩完全不一样。其中,必修课的过程考核占总成绩的30%,卷面考核占70%;选修课的过程考核占总成绩的40%，卷面考核或专题写作考核占60%。

2）实践/实习科目的考核

对专业一体化课程，不但要对知识的掌握程度进行考核，还要对技能的掌握、工作的过程进行考核。知识的掌握程度考核占30%、工作过程考试占20%、技能的考核占50%计入综合成绩。将专业能力、方法能力与社会能力融入到整体评价过程，把学生的实践技能、实践过程表现及社会能力都纳入到考评内容中，由校企老师共同进行评定。

3）综合素质考评

很多高职院校还建立学生素质综合测评体系。由系书记、辅导员、班主任、专业课老师、各班委组成测评小组，从思想品德、智育、健康素质、发展素质等几个方面，客观、公正、全面地记录每个学生三年学习期间在各个方面所做的工作和取得的成绩，最后总计出每位同学的综合评分。综合测评体系可以使学生本人及时发现不足，引入竞争机制，也使前来招聘的企业领导很直观地看到每位同学的发展轨迹，帮助企业发现并选拔优秀人才。

三、适应生活变化

高职院校是培养技能型专业人才的地方，更是培养独立生活能力的地方。我们要积极适应各种变化，不断提升自己独立处理各种生活问题的能力。

1. 确立独立的生活意识

鸟总有单飞的时候，人总有长大的一天。进入大学以后，同学们离开父母，许多同学还远离家乡。从一定意义上说，进入大学就意味着要独立地走向社会、走向生活。在这个新的起点上，每个同学都应该摆脱依赖、等待、犹豫的习惯，开始学会一切对自己负责，学会自己安排衣、食、住、行，不能再事事依赖父母，依赖老师，树立自信、自律、自立、自强的精神，学会自理，学会生活，学会做自己的主人，学习立身的本领。

大学生适应新的学习生活环境，很重要的就是要培养和提高自己独立的生活能力。无论是学习、生活、交友，乃至认识社会和人生，都需要更多地依靠自己去观察、思考、判断、选择和行动。同学们来自五湖四海，兴趣爱好、生活习惯可能存在较大的差异，主动地进行沟通和交流、互相理解和关心已成为一种需要。自理能力强的同学会很快适应，一切应对自如；自理能力弱的同学，则可能经常计划失当，顾此失彼。因此，同学们要尽快适应新的环境，既要学会过集体生活，又要学会独立处理学习生活中遇到的各种实际问题。

2. 积极培养实践能力

生活离不开各种各样的实践。实践能力的强弱直接关系到未来创造生活的能力，而且任何能力都是在实践中积累起来的，都有一个从不会到会、从不熟练到熟练的过程。

人们常说，"生活是最好的老师。"意思是说，只有在生活实践中不断磨砺自己，才能逐渐提高在未来生活中的勇气和能力。毕竟，实践是生活的基本内容。大学生进入校门,一定要积极参加各种实践活动。我们不但要走出学校寻找各种机会,去参加社会实践,比如去兼职、做公益等,还要积极参加校内的各项活动,无论是班级里的集体活动,还是学校社团组织的活动,都应该有自己的身影。

大学有各种各样的学生社团,涵盖了科技、文化、体育、娱乐、公益、助学以及学生管理等各个方面。学生社团已成为学校学生管理以及个人素质提升的一个重要组成部分。学生社团都是由志趣、爱好相同的同学自愿组织起来的,让同学们参加各种社会活动的机会大大增加。每个人都可以根据自己的特点和爱好、时间和精力合理安排课余生活,积极参加各种丰富多彩的社团活动,锻炼自己的组织和交往能力。

社团在学生与学校、学生与社会之间搭建了一个良好的平台,比如,促进思想交流,陶冶品德操守,建设精神文明。我们将来要走入社会,需要具备许多生活能力。所有未来在实现目标、战胜困难、人际交往、互相合作等活动中所需要的能力,都可以通过参与各种社团活动而不断得到锻炼,从而提高自身素质,确立正确的世界观、人生观和价值观。

3. 培养良好的消费习惯

毫无疑问,大学生是一个令人关注的消费群体,但是我们一方面有着旺盛的消费需求,另一方面又尚未获得经济上的独立,使消费行为受到很大的制约。那么,怎样才能拥有一个健康合理的消费习惯呢?这是一个在适应生活变化中除了确立独立的生活意识之外所不能忽略的重要问题。

1)克服攀比倾向

在今天这个物欲横流的社会里,攀比心理的存在是不可避免的。但是,我们应树立适应时代潮流的、正确的、科学的价值观,逐渐确立正确的人生准则,给自己理性的定位,使个人消费标准与家庭的实际情况相适应。大学生的确需要一定竞争意识,但并不是在所有的事物上都要争个高低,由于家庭情况的不同,生活质量上低于别人也是很正常的,没有必要在心理上留下什么阴影,尤其是女同学,没有必要别人有什么时尚的东西,自己也非要拥有不可。

2)锻炼议价能力

议价俗称"讨价还价"。大学生消费基本上都属于寄生性消费,也就是依靠父母家人的经济资助来完成在校的学习和生活。很多大学生由于没有亲身体验过挣钱的艰难,并不知道"一个钱要当两个花"的概念,甚至有时候还对大人在买东西时讨价还价感到不屑。我们以后总是要就业的,到那时,就知道一个道理:每个月的工资收入相对来说是一定的,而且还是捉襟见肘。换一句话说,挣钱是非常不容易的,那么,花钱也应该不容易才对!因此,要从上大学开始就应该学习讨价还价的技巧,如欲擒故纵、百般挑剔、迂回战术等,在买任何商品时,只要可能,就要锻炼讨价还价的本领。我们在平时还应该逐渐积累一些常识,如某一商品的成本大概是多少以及某个商品大概的价格等。

3)提升理财能力

现今的大学生必须懂得如何在激烈竞争的社会中生存,那么理财能力的培养就成了一种需要,以提升"财商"。理财不是简单的四则运算,不是简单的收支平衡,它需要长期的理性积淀。个人盲目的冲动消费并不是个人独立的象征,而是任性的、不成熟的个体表现。我们需要培养的不仅仅是简单的个人独立意识,更是对独立意识的行动和理性的思考。我们要有正确认识金钱及金钱规律的能力,还要有正确运用金钱及金钱规律的能力,让金钱的使用效率达到最大化。

训练开讲之二 积极面对现实生活

人生是对生活的一种亲身实践与体验,而且对于每个人来说也永远都不会有一个标准的答案。生活中,每个人恐怕都有过消极、颓废的时候,这很平常、很普通,对大学生也不例外。但如何积极面对这个现实生活,却不是每个人都能解决好的事情。每个大学生都要从现在开始,努力培养自己,找到自己的生活坐标,在自己生命的航行中学会抵达生活的彼岸。

一、正确理解生活和幸福

生活是一个既简单又复杂的过程。只有正确理解了生活的真谛,才能在生活中处处感受到幸福,生活也会变得异常简单。

1. 什么是生活

由于大学生的生活阅历所限,还没有体会到太多的生活艰辛,还不能对生活的内涵有深层次的理解。但是,生活确实就是由喜、怒、哀、乐所组成,把它比作酸、辣、苦、咸、甜这五味是恰当的。自然界要经历春、夏、秋、冬四个季节;人要经历生、老、病、死不同阶段;就连与我们朝夕相伴的"光"也是由赤、橙、黄、绿、青、蓝、紫组合而成。这是客观存在,也是自然规律。

生活本来就是打翻的五味瓶,其中浸透各种滋味,而且每种滋味都不可缺少。缺少一味,生活都将是不完美的。正所谓没有苦,怎知甜;没有酸辣,怎知咸。生活都是甜,那是不可能的;生活都是苦,那也是不可能的。

现实生活中,由于每个人所面临的现状与所处的环境不同,各自对生活的标准、对生活的理解、对生活的渴望、对生活的追求也是完全不同的。虽然,我们有时候也能体会到生活的快乐,但在多数时间里,烦恼、苦闷、无奈与失落依然会伴随在生活的左右。

生活中总有各种各样的诱惑,是它们让我们的生命对明天与未来充满着各种渴望,也许这个渴望就是我们心中想要达到的目标。它的存在就是生命的极大挑战,也是对心态的最大考验。生命在生活中就是要面对一次又一次的挑战,而每一次挑战的成功与否,必将使我们切身感受到生命的震动,感受到生命的快乐。正是因为如此,才要为自己的人生不断加油,要为生命持续呐喊;也是因为如此,我们才要保持一个永不言弃的人生信念,以及一个走向未来的精神寄托。

2. 什么是生活的积极态度

生活中,人们有两种需要面对生活的态度:一种是积极的态度;另一种是消极的态度。两种不同的态度,可能会让人感受到完全不同的人生。消极的态度会在很大程度上让人们感受到生活的威胁与麻烦。

当然,积极的生活态度与消极的生活态度有时也是可以相互转化的。比如,生活中遭受到打击,或者行为得不到认可时,我们可能就会对生活产生怀疑,这样,原有面对生活的积极态度,就会转化成为消极的生活态度,甚至走向极端,进而毁灭我们的生命。因此,要想更好地驾驭自己的人生,就必须具备驾驭自己心魔的能力,以积极的心态迎接生活中的各种挑战。

爱,应该是生活中的一个主要内容,也是一种积极的生活态度。在生活中,要学会对爱的追求,要努力去爱自己的父母,爱自己的师长,爱自己的同学和朋友,爱自己所从事的任何有意义的事,爱自己身边的一草一木。在生活中,只要有了对爱的追求,才会生发出对生活的动力,从而才能接受自己的现实生活,让烦恼与寂寞、忧愁与忧心、无奈与失落荡然无存,也才能微笑着面对自己的生活,面对自己的学业和工作。

生活是甜蜜的,因为一路上充满欢声笑语;生活是苦涩的,因为一生中也许经历数不清的艰辛和无耐;生活是酸楚的,因为生命中总会遇到一些躲也躲不过去的叹息;生活是新鲜刺激的,因为它会不断地在沿途展现层出不穷的各种各样新生事物,期待着我们去感受和开拓。所有这些,都由我们的生活态度来决定。良好的生活态度应该是记住该记住的,忘记该忘记的;改变能改变的,接受不能改变的。

3. 什么是幸福的生活

每个人对生活都有幸福与不幸福的感受,这是一种精神体验。幸福是我们对生活的一种精神追求。消极的生活态度使我们有了忧愁、有了失落、有了悲伤、有了无奈、有了情绪的低落,让我们远离幸福的感受。我们要以积极的生活态度对待每一天。当然,每个人对待幸福有着不同的追求,因为每个人有着不同的幸福标准。正确的态度是:一个人对幸福生活衡量指数的追求目光不能只放在物质财富的多少上,而应放在它的精神影响力上,要看它的精神给我们生命所带来的意义大小和感动大小。

来到大学,我们每天都要面对学习,而枯燥的学习可能就让一些同学感觉自己远离了幸福,那是我们还没有认识到学习可能给将来所带来的影响力。因此,幸福不在于有多么丰厚的物质财富,幸福也不在于地位的高低,幸福更不在于权力的大小,幸福只在于对生命意义的理解、对自身成长的意义以及对生活环境的和谐追求。幸福有的时候仅仅就是一个微笑、一个拥抱、一次牵手、一个问候,更或者是上好每天的每一堂课。

只要父母健康,只要子女平安,只要爱人幸福,只要亲人快乐,只要班级或宿舍人人和谐,只要学习在天天进步,这些无一不给我们带来幸福的感受。幸福的人必须有一颗平常的心,有一双善良的眼,有一双勤劳的手,有一个持之以恒做事的心态。幸福不在于别人怎么看,而在于自己怎么想和怎么做,它是一种真真切切的生活感受。

二、调整自己的消极情绪

人的情绪同其他一切心理活动一样与大脑神经系统有关,而人是能够通过主动地控制来调节自己情绪的高级动物。我们可以用理智来驾驭情绪,使自己的情绪逐渐成熟起来。当不良消极情绪滋生时,我们应该采取不同的方法有意识地进行调适。

1. 转移注意力

转移注意力是我们出现消极情绪时所能想到的第一情绪调适方法。悲伤、忧愁、愤怒等不良情绪一旦发生,人的大脑皮层就会出现一个强烈的兴奋灶。此时,如果能有意识地调控大脑的兴奋与抑制过程,使兴奋灶转换为平和状态,就能重新实现心理上的平衡,使自己从消极情绪中解脱出来。

例如,当我们因为与同学关系而苦闷、烦恼时,要主动地不再去想引起苦闷的事,尽量避免烦恼的刺激,有意识地听听音乐、翻翻画册、读读小说、校园漫游、操场健跑,强迫自己转移注意力,把消极情绪转移到积极情绪上,淡化乃至忘却烦闷。再如,当在学习上遇到难题又不能及时通过同学或老师解决时,就要努力控制自己,先不要想它,等思维出现火花时,再去尝试解决;或者通过有意与同学漫无边际地畅谈,转移自己的注意力,免得钻牛角尖,给自己带来无端的烦恼。

2. 理智控制

理智控制是指用意志和素养来控制或缓解不良情绪的爆发,实现自我降温,使激怒的情绪降至平和的抑制状态。也就是说,当自己怒起心头时,凡是有理智的人就应能及时地意识到自己的情绪变化,让自己迅速冷静下来,主动控制自己的情绪,用理智消减自己的怒气,使情绪回复平和状态。

当今被称为美国哈佛大学"最受欢迎的导师"的泰勒·本-沙哈尔(Tal Ben-Shahar)在他的《幸福的方法》中说到:"人们衡量商业成就时,标准是钱。用钱去评估资产和债务、利润和亏损,所有与钱无关的都不会被考虑进去,金钱是最高的财富。但是我认为,人生与商业一样,也有盈利和亏损。具体地说,在看待自己的生命时,可以把负面情绪当作支出,把正面情绪当作收入。当正面情绪多于负面情绪时,我们在幸福这一'至高财富'上就盈利了。"这是对"要想让自己人生幸福就必须理智控制自己"的最好诠释。

林则徐在自己房内挂着"制怒"的条幅,就是为了在产生不良情绪时提醒自己及时控制;俄国著名作家屠格涅夫劝人避免吵架的方法,就是在吵架前先把舌尖在嘴中转十圈。我们在学习生活中难免和别人产生摩擦,并让自己做出不理智的行为,这时的理智做法也许是在自己爆发前默默地告诫自己"淡定,淡定,淡定"。这些都是遇怒时很好的自我降温方法。

3. 克己让人

我们应该都听说过"心底无私天地宽"和"宰相肚里能撑船"这两句话。面对消极情绪的困扰,要保持正常健康的情绪反应,这样才能有益于身心健康。生活中,凡有气度的人,则胸襟开阔,奋发进取,并具有团队协作精神;而气度小的人,则满腹幽怨,斤斤计较,并在经常的摩擦之后成为孤家寡人。

生活本是五味瓶,喜乐悲忧都会有。所以,人人都要注重自己的涵养,消除抑郁寡欢的心境,减少私心杂念。对待易激怒自己的事情,应以旷达乐观、幽默大度的态度去面对,要经得起挫折。每当矛盾出现时,只要我们去想也许只是误会,也许之后对方也能理解,从而控制自己,或者用幽默的方式处理,或者让对方发泄出来,也许更有利于矛盾的解决,这样做既可显示我们自己的不狭隘、不小气,也能促进对方对自己的反思。如此,就可以使原本紧张的事情变得相对轻松,原本窘迫的场面也能化解在幽默笑语之中。

三、寻找生活的正能量

大学生要善于发掘生活中的快乐,让自己的生活更积极,更有目标。有研究表明,笑可以减轻压力,提高人体免疫力,减轻痛苦,缓解焦虑,稳定情绪,增强交流能量,激发创造力,增强意志,提高适应性,还有助于保持乐观的心态。我们还应当在学习与生活中,努力与拥有积极人生观的人交朋友,接受良性熏陶,让正能量与自己同行,伴自己成长。

1. 重视环境的影响

有一个寓言故事:一枚鹰蛋被放到了一个母鸡的巢里。结果这枚蛋被母鸡孵化成了一只小鹰。这只小鹰自以为也是一只小鸡,每天做着与母鸡一样的事情:在垃圾堆里觅食,与其他母鸡嬉戏,像母鸡一样咯咯地叫。它认为自己完全与母鸡一样,因此从来没有飞过几尺高。

一天,它看见一只鹰在万里碧空中展翅翱翔,就问母鸡妈妈:"那只飞得很高的鸟叫什么?"母鸡回答说:"那是一只鹰,是一种非常了不起的鸟。而你不过是一只鸡,不能像它那样飞,认命吧。"于是,这只鹰接受了这种观点,从不尝试着去飞。由于自小没有鹰对它的影响,它只能与母鸡为伍,结果丧失了鹰的特性,和鸡一样度过了自己的一生。这只鹰的悲剧完全是环境所造成的。

科学家研究指出:人是唯一能接受暗示的动物。暗示是指人或环境以不明显的方式向人体发出某种信息,使个体无意中受到外界的影响,并做出相应行动的心理现象。心理暗示分为积极的心理暗示和消极的心理暗示。积极的心理暗示对人的情绪和生理状态能产生良好的影响,调动人的内在潜能,发挥最大的能力;而消极的心理暗示则对人的情绪、智力和生理状态都会产生不良的影响。

2. 认识微笑的魔力

每天对着自己微笑,我们会觉得心情开朗,海阔天空;每天对着别人微笑,我们会看到阳光灿烂，天高云淡；每天对着过去微笑，把所有失意留在昨天，迎接我们的依旧是每天的艳阳和希望。微笑是一种情怀，在微笑的面前，再大的困难也会变得苍白无力。苦难、失败、挫折与消极郁闷者如影随行；而开心、阳光、成功也会与积极微笑者一路同行。

在人生道路上，无论遇到怎样的挫折都不该气馁、沮丧，只需微微一笑，烦恼自然会被抛到九霄云外，因为，微笑是乐观的象征。在学习中遇到困难，有老师的微笑为我们解析；在生活中遇到困难，有师长和父母的微笑为我们分担；同学之间被矛盾缠绕，有好友的微笑帮我们化干戈为玉帛。

有微笑的地方就有爱心的绽放。把微笑送给伤痛，伤痛会悄然远去；把微笑送给失败，失败会成为成功的动力；把微笑送给黑暗，黑暗会引领我们奔赴黎明；把微笑送给过去，过去将成就我们走向美好的未来。

微笑具有改变生活的超级魔力，何不学会微笑。无助时，微笑可以给我们阳光般的安慰；懦弱时，微笑可以给我们波涛般的勇气；伶仃时，微笑可以给我们母爱般的慰藉；炎炎夏日时，微笑就像一股清风，拂面而来；寒寒冬日时，微笑就像一缕阳光，放射着温暖。微笑可以让衰老者不再僵化，失意者不再懊恼，悲伤者不再颓废，不幸者不再怨恨。

3. 寻找自己的微笑

美国流传着一个著名的故事。一个叫塞尔玛的女士随丈夫从军，生活在一个荒漠地区，气温很高，居住条件很差，与周围的印第安人、墨西哥人又语言不通。尤其是丈夫远征后，她孤身一人，整天愁眉不展，度日如年，内心非常痛苦。于是，给父母写信想回去。可是，很久以后，收到的回信也只有两句话："两个人从监狱的铁窗往外看，一个看到的是地上的泥土，另一个却看到了天上的星星。"开始，她不明白父母信里的寓意。

后来，她反复琢磨，终于有一天，一道闪光从自己脑海里掠过，仿佛眼前的黑暗被完全照亮。她开始主动和当地的土著人交朋友，发现他们都是那么的好客、热情，并有很多人给她送来珍贵的礼物。同时，她也开始研究当地到处可见的仙人掌植物，并写下不少研究日记。没有想到的是，她发现不同的仙人掌竟然千姿百态，使人陶醉、着迷。她不再感觉生活有那么痛苦：每天欣赏着沙漠的日出、日落，感受着沙漠的海市蜃楼和夜空中的星星，享受着新生活给自己带来的一切。从此，一切仿佛都变了，使她整日都沐浴在春光之中。后来回到了父母身边，以过去的生活为题材，写下了一本真实的心理历程读物，轰动一时。

生命是多彩的。离开这个多彩的世界，就失去了存在的意义。生活本来就是这样，就看我们如何去发掘，去尝试，去描绘。塞尔玛女士的随军经历就是一个很好的诠释。生命对每个人来说都是平等的,不要一味地抱怨上天的不公平。路途中,时而坎坷艰辛、波澜不惊,时而垂柳轻拂、平淡如水,关键是看我们如何来把握生活,享受生命,如何寻找到自己的微笑。

4. 以微笑面对学业

生活可以简单地阐释为每个有机生命在这个世界上的存活方法。如果我们认为它是美好的、欢乐的,那么,即使在寒冷的冬天,也能感受到生活的温暖;在漆黑的午夜,也能看到黑暗中的光明。用一种乐观的态度去面对生命,用微笑去面对生活中的一切,这才是每个人,包括我们大学生,所应有的生活态度。

在高等职业院校里,也确实可以看到有些同学,由于对自己没有明确的生活目标,长时间以无所事事的状态流连于学校正常教学之外:或者迟到旷课,或者课堂神游,或者消极沉闷,或者无聊于网络,或者仅仅满足于男欢女爱。他们几乎很少考虑自己对社会的责任、对父母的责任、对自己的责任。他们更多的时候是对自己生命的浪费,即便是对自己未来有所考虑,更多的也是在自己的理想王国里信马由缰,缺少实践。

在每个学子三年人生的辛苦求学阶段,同学之间的兄弟姐妹情谊、师生之间的真挚友情、家长与子女之间的亲情都为每位学子提供了无尽的学习动力,我们应让自己以积极的态度对待生活:用微笑面对生活,用微笑面对学业,用微笑面对生活中的每个人、每件事。这样,才会看到灿烂的阳光,才会感受到迎接我们的是一路的欢声笑语。

5. 与积极向上的人同行

有位秀才第三次进京赶考,住在一个过去经常住的客店里。考试前两天他做了三个梦,第一个梦是梦到自己在墙上种白菜,第二个梦是下雨天,他戴了一个斗笠还打伞,第三个梦是梦到跟心爱的远房表妹躺在一起,但是背靠着背。

这三个梦似乎有些深意,于是,秀才第二天就赶紧去找算命先生解梦。先生一听,表示惋惜:"你还是回家吧。你想想,高墙上种菜,那不是白费劲吗?戴斗笠打伞,那不是多此一举吗?跟表妹都躺在一张床上了,却背靠背,那不是没戏吗?"

秀才一听,心灰意冷,回店收拾行囊,准备回家。店老板非常奇怪,问:"不是明天才考试吗,你怎么今天就想回家?"秀才如此这般一说,店老板乐了:"呵呵,我也会解梦。我倒觉得,你这次一定要留下来。你想想,墙上种菜,不是高'中'吗?戴斗笠打伞,不是说明你这次有备无患吗?跟你表妹背靠背躺在床上,不是说明你翻身的时候就要到了吗?"秀才一听,更有道理,于是,精神振奋。考试下来,秀才竟然中了一个探花。

显然,与积极的人在一起,他们可以赐予我们一种无形的力量,让我们敢于尝试,善于把握机会。生活中,凡积极的人都心性坚强,心境平和;与遇到的每一个人谈论健康、快乐和成功;善于发现周围每一位朋友的独特之处;能注意到周围所发生事情的闪光一面;想最好的,做最好的,期待最好的;对待他人的成功像对待自己的成功一样充满热情;喜欢忘却以往的过失,不断放眼未来,争取更大的成就;向生活中的每一个人展颜微笑;将全部心思用在提高自我上,没有时间去批评别人;雄心大志而无所畏惧,胸怀宽广而常乐无忧。我们应该善于发现并结交这样的朋友。

※ 训练拓展

　　大学是我们实现社会化人生的起点。这里的学习空间变大了,校园里经常可见候鸟迁移一样的人群。我们应该重新审视自己,从这里扬帆起航,主动去迎接生活的方方面面,让自己尽快融入。同学们来自五湖四海生活在一个宿舍,不再是自己家里的小太阳。我们每天面对的面孔也不再那么单一:完全不一样的老师,完全不一样的同学,完全不一样的学长。练就一双明亮的眼睛,让自己与积极向上的同学一起共同进步。在课堂上学习,在社团中体验,在实践中锻炼,学习只是生活的一个组成部分,成长更是这里的主旋律。从此时开始,要改变过去的小性格,学会"求大同,存小异",共建一个和谐的学习和生活空间,以微笑面对一切。

　　请同学们本着"昨天,略去;今天,珍惜;明天,争取;对的,坚持;错的,放弃"的积极生活心态,充分认识微笑在生活中的强大魔力,练就一个用微笑面对一切的本领,笑对师长,笑对同学,笑对学习,笑对宿舍和班级里的一切事物,尽快融入全新环境,尽快适应现实生活,在学习生活中展现自己,在学习生活中提升个人价值。

第十二训练模块　克服懒惰与自私

三个和尚没水喝

※※※※※※※※※※
※ 训练目的 ※
※※※※※※※※※※

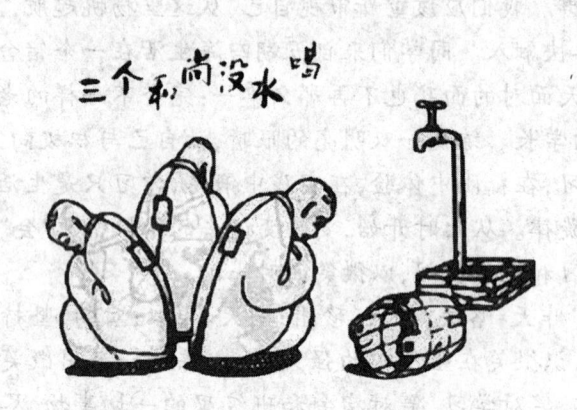

通过该模块的训练,使大学生清楚地认识到懒惰思想会影响人的生活状态、精神状态;同时,病态的自私心理也是万恶之源。懒惰和自私都是成功道路上的最大敌人。因此,每个大学生都要在自己人生发展的道路上积极进取,掌握克服懒惰心理和自私心理的一些基本方法,避免不良心理的萌生,为自己的长远发展创造一个良好的发展基础。

※※※※※※※※※※
※ 训练要求 ※
※※※※※※※※※※

(1) 通过对懒惰和懒惰心理的学习,认识懒惰所带来的危害,反省懒惰在自己身上都有哪些具体的表现;

(2) 分析懒惰所产生的原因,充分认识克服懒惰心理对自己的积极意义,为自己规划出一个改变懒惰行为的具体措施;

(3) 认识自私、自私心理以及自私的具体特点,思考病态的自私对未来的发展会产生什么危害;

(4) 根据大学生所存在的自私心理以及具体表现,反省自己在生活中是不是曾经因为过分的自私而引起周围朋友的反感。

训练开讲之一　懒惰让我们远离成功

现代社会是一个彰显奋斗、拒绝懒惰的社会。大学生在校求学正是为发展自己打基础的时候,更应远离懒惰,勤于奋斗。只有奋斗,才有可能拥有期望的未来;相反,就一定没有灿烂的明天。但是,许多的90后在校大学生仍然没有意识到这一点,依然沉浸在懒惰的"温床"上,整天得过且过,殊不知沉浸其中只会使自己更加懒惰,亲手将自己的未来埋葬。为了更好地就业,为了在社会上留下自我价值的足迹,大学生应积极拥抱激情与梦想,克服随时可能出现的懒惰心理。

一、懒惰与懒惰心理

人们往往简单地把懒惰与疲劳混为一谈。其实,懒惰与疲劳的性质截然不同。懒惰是指一种慵懒、闲散、拖拉、疲沓、松垮的生存状态,主要表现在活力不足,什么也不想做,没有计划,随波逐流,无法将精力集中在学业中,无法从事自己喜欢的事,百无聊赖,情绪不佳,犹豫不决,顾此失彼,做事拖沓。真正的懒惰是心理的而非身体的,起于观念和情感作用,而非起于工作或身体的某种状态。

懒惰使人无所作为却往往很难摆脱。它在控制人们意志和行为的同时,也在悄悄地消磨着人们的志向和美德。懒惰的本质就是追求短期的快乐,避免短期的痛苦。我们说一个人懒惰倒不如说这个人具有懒惰心理,那么一个人的懒惰心理是怎么来的?难道人们不知道懒惰的坏处吗?事实上,懒惰出现的主要原因是心理疲劳。当心智不够成熟的人长时间地重复做同一件工作时,就会逐渐失去新鲜感,因而逐渐感到乏味和厌倦,这时就出现了心理疲劳。

人所处的外部世界是时时刻刻无穷变化着的。那么,人们为什么还感受不到这种变化并不断调适自己,让自己适应这种变化,反而会出现心理疲劳呢?这是因为人的感受力是比较迟钝的,对事物的细微变化常常察觉不到,而人的这种迟钝其实是由于人的身心受创而产生的潜意识疲劳所导致的;同时,由于个人所受教育的局限,人们常常在潜意识里还存有"不要这样做""停在这里""别动""有人会做"等具有否定意义的内心活动,这类潜意识所起的作用可使人的思维与行动停留在一种状态或一个地方,而不去想和做新的东西或事情,逐渐形成懒惰心理。因此,懒惰是各种稀奇古怪的潜意识在人脑中综合作用的结果。

二、懒惰的危害

比尔·盖茨说:"懒惰、好逸恶劳乃是万恶之源,懒惰会吞噬一个人的心灵,就像灰尘可以使铁生锈一样,懒惰可以轻而易举地毁掉一个人,乃至一个民族。"

懒惰包括思想上的懒惰和行为上的懒惰,但首先是思想上的懒惰。思想决定意识,意识决定行为。思想上的懒惰就是不上进、不积极、对身边的事物表现出懈怠,这会导致行为上的懒惰。懈怠会引起无聊,无聊又会导致懒惰。惰性思想很可怕,它会导致人的生活状态、精神状态不断恶化。懒汉就是我们身边活生生的例子。可怜之人必有可恨之处,懒惰使他们变得一无是处,像寄生虫一样生活在社会上。

懒惰者总是安于现状,在碌碌无为中混过每一天、每一秒,等待生命的完结。他们只相信运气、机缘、天命之类的东西。看到别人发展了,就说"人家运气好";看到他人知识渊博、聪明机智,就说"人家有天分";看到别人德高望重,就说"人家有机缘"。他们从来都不愿意看到别人在实现理想过程中所付出的辛劳与汗水以及所经受的考验与挫折。每个大学生都应该反思自己,想想自己每一天是不是也经常徘徊于懒惰的边缘。

那么,懒惰都有哪些具体的危害呢?

(1)懒惰好比慢性毒药,在不知不觉中毒害着我们的人生,使我们失去对现在的努力和对未来的憧憬;消磨我们的斗志,蚕食我们对工作、对学习和对生活的激情。

(2)懒惰使一个人整日萎靡不振,生活无规律,杂乱无章,整日纠结在与自己的思想斗争中,将有限的精力投入到无限的斗争中去,浪费生命,挥霍青春,虚度年华,蹉跎岁月。

(3)懒惰可以抑制年轻人本应有的进取思想和激情,从思想上腐蚀我们的意志,有时甚至会让我们感觉自己好像一无是处或踌躇不得志,让我们自己不断否定自己,丧失对外界事物的激情。

(4)懒惰使我们有了好的想法之后仍然是只有心动而不去行动,即使是自己感兴趣的事情也会无动于衷。

(5)懒惰可以吞噬我们的心灵,让我们不自觉地走向与自己期望相反的人生,使自己对勤奋之人也会产生嫉妒,反过来又不断地怨恨自己,让自己整日郁郁寡欢,完全失去生活的方向。

比如,现在已经进入网络时代,很多人笔头上犯懒,不愿写。这不仅使自己的表达能力越来越差,而且也浪费了大脑产生的大量有价值的东西,错失了大脑实现自我提高、自我升级的良机。世上每个人都是独一无二的,每个人脑都是一个宝贵的社会资源。每个人脑思维运算所产生的各种想法都是有一定价值的。如果不经常记录下自己大脑的想法，那么将不仅遗失了自己本应有的价值，而且对社会来说也是一种严重的资源浪费。

所以说，懒惰是魔鬼，最容易侵害正处于不断学习和不断成长之中的在校大学生，使其逐渐丧失不断进取的激情。一旦因懒惰思想而遇事推托，那么再次推托也就非常自然，长此以往，就会形成根深蒂固的不良习惯。习惯性的推托者往往是制造借口与托辞的专家，因为只要是心存逃避，就能给自己找出千万个理由来辩解，来说服自己，使种种理由合理化，而不去想怎么把事情做好、做完美。

三、懒惰在大学生身上的表现

懒惰者总是选择逃避而不肯付出，明明没有做什么事情，却觉得身心疲惫，打不起精神，因此也就不可能在以后社会生活中成为一个成功者，而只能是一个失败者。下边看看大学生身上都有哪些懒惰的具体表现。

1. 思想懒惰

懒惰的人常有明日复明日的思想。明知道一件事应该尽快完成却总期待着回头再去做，或者不到最后不动手。例如：有懒惰心理的学生在对待老师布置的作业时，就常给自己找出各种理由拖拖拉拉，似乎完成作业是在为老师完成的，没有认识到写作业是对知识的进一步理解和巩固。

懒惰的人还常有依赖别人的思想。老师们经常会发现，在课堂上能够踊跃发言的总是个别同学，而有相当一部分同学几乎总是躲避在课堂上与老师交流。在学生宿舍，有的同学很少动手进行正常的环境建设，比如打水、扫地等，心想：会有人做的。这种依赖别人的懒惰心理只会使自己的思维能力变得越来越迟钝，也越来越不愿动手做事。

2. 行为懒惰

思想的懒惰必然导致行为上的懒惰。懒惰的人明明知道某件事应该做，甚至应该马上做，却迟迟不做；做事时总是无精打采、懒懒散散；做事不积极、不主动、不勤奋。在校大学生懒惰的具体行为有：

(1) 有理想，对学习有追求，但是很少付诸行动；
(2) 日常起居无规律，且不讲卫生；
(3) 常常迟到、旷课；
(4) 不能专心听讲，不能及时完成作业，不能主动地思考问题；
(5) 不能从事自己喜爱做的事，不爱参加体育活动；
(6) 整天苦思冥想却对周围事物漠不关心，不喜欢劳动；
(7) 不能同他人愉快地交谈。

早上去上第一堂课的路上，有多少同学是手里提着各种食品匆匆赶往教室的。

又有多少同学根本就来不及去餐厅,只好等头两节后的间隙时间再去餐厅给自己补给能量的。

每学期学校都会组织若干次的宿舍卫生大检查,所有乱七八糟有可能影响舍容舍貌的东西都被塞进各种能上锁的空间里,肉眼看去,宿舍变得整整齐齐。如果宿舍某同学因为手脚利落地帮助大家进行"扫尾工作",还会被宿舍成员集体盛赞"塞东西达人"。同学们在高中期间可能会把"不及时清理自己臭袜子"这样的事情认为是"可耻"的,但在大学里反而却变成了某些同学的"光荣谈资"。

四、懒惰的成因

大学生本应是充满朝气和活力、不断开拓进取的群体,但很多情况下的事实都并非如此。很多高职同学常与懒惰为伍,并为此感到内疚、自责、后悔,却又觉得无力自拔,心有余而力不足,直接影响着大学学习生活的方方面面,成为张扬我们青春活力的天敌。

1. 内在因素

首先,很多90后大学生过去都生活在相对良好的生活环境中。网络的存在似乎让一切都变得非常便利,而且比较多的时候都生活在非常虚幻的网络世界里,越来越多的同学都没有了吃苦耐劳的精神,再加上过去那种非常被迫的高中学习生活也给一些同学打下了深深的烙印,想在大学放松自己的想法也在某些同学心里滋生蔓延,此外,大学没有中学时的各种约束,完全依靠自觉,但又不是每个同学都可以做到自觉。

其次,从行为心理学的角度来看,学生懒惰而不去努力学习的原因在于没有相应的行为动机,即没有学习动机,或者动机不强。很多大学生没有在内心形成相对完善的信念和价值体系,对拥有独立思想和独立人格的认识还非常模糊,还没有考虑或很少考虑在校学习与未来职业发展的关系,没有意识到眼前的所作所为对将来有什么利益损失,从而造成了学生的短视行为,而只关注自己眼前的感受,不考虑今天的作为可能带给未来的麻烦,因而对自己的要求不高,容易满足,得过且过,做事抱着应付的态度。

再次,90后大学生因其所处的时代以及教育环境的变化,都有较高的智商水平,网络环境似乎告诉大家——大学是放松自己的地方,大学的学习很容易通过,这些网络文化影响让很多涉世未深的同学往往过高地评价了自己的能力,认为未来的一切自己都可以"搞定",于是就在思想深处放弃了对现在生活的一些追求,并表现出很多懒惰行为。

2. 外在因素

首先,需要学校的正确引导。通过高考进入大学的新生,实际上还处于心智尚未成熟的阶段,尤其对高职学生来说,完全依靠自己的自觉自愿克服懒惰是比较难的。缺乏正确而合理的引导无疑就像刚生下来得不到奶喝的婴儿一样,不知道应该做什么,这势必造成同学们的迷茫。迷茫必然导致无所作为,无所作为必然导致懒惰的滋生蔓延。为此,各个高校在新生入学都开设了一些课程,以提醒同学们积极面对大学生活。

其次,家庭教育是造成一些同学懒惰的原因。90后许多大学生在家庭中都是独生子女,两辈家长对其过分溺爱,只要学习好,其他事情不用做,长期养成"衣来伸手,饭来张口"的习惯,形成了很强的懒惰依赖心理。另外,一些家长在生活中缺少时间观念,或者没有勤劳的习惯以及雷厉风行、果断利落的作风,无形中也会以榜样的力量影响着子女良好行为习惯的形成和发展,使得某些大学生的懒惰现象根深蒂固。

再次,其他懒惰同学所形成的氛围对每个同学也有很大的影响。比如在学生宿舍的环境建设方面,有些同学把"逍遥"和"简单生活"作为大学生活中"邂逅"的代名词而引以为荣,并标榜这种生活是具有新时代大学生活的"范儿",这种是非颠倒的氛围也会使得某些同学在心里发生错位而随波逐流。

五、矫正懒惰的方法

很多大学生都是积极向上的,也不想成为消极懒惰的人。当懒惰明显或持续地表现出来的时候,常常急于求成,希望尽快消灭它,但急于求成反而容易使自己陷入绝望,失去信心。在这种恶性循环中,常常就迷失了自己。为此,我们必须有一个正确的态度,采取积极措施,排除外界因素的影响,与积极向上的同学为伍,努力克服懒惰的习惯。

1. 天道酬勤

懒惰是葬送美好人生的开始。没人愿意因懒惰而毁灭前途。当产生懒惰想法时,我们要告诫自己:"我不能懒惰,懒惰就是毁灭未来。"要在第一时间将懒惰扼杀在摇篮里,并拿出不克服懒惰誓不罢休的决心和勇气来鼓励自己;同时,逼迫自己远离舒适区域,离开诱惑懒惰成长的土壤,比如,尽量不在宿舍看书学习,不给懒惰找借口,坚持不懈,勤奋进取。

勤奋本身就是一种智慧。龟兔赛跑这则寓言故事大家都很熟悉。同样,再智慧的人一旦犯懒,就变得愚蠢了;再愚笨的人只要勤奋,并且找对正确的方法和道路,总能变得越来越聪明。因此,首先养成有规律的生活节奏,这是矫治懒惰习性的第一步。日常生活井然有序的人,做事就不会拖拖拉拉、疲疲沓沓。大学生要改变自己的懒惰习惯,就要作息规律,从坚持每天早上按时起床开始,鼓励自己多参加体育活动,加强体育锻炼,改变滋生懒惰的生理温床。

2. 积极主动

每个大学生都要努力激发自己的学习兴趣。兴趣是勤奋的动力,一个人对某项事物产生了兴趣,便会积极主动地投入,形成独立解决问题的良好习惯,减少对他人的依赖,提倡自己的事情自己做。比如,独立地完成自己的短期目标,独立准备一段演讲词,独立地解决学习和生活难题,独立地与别人打交道,等等。

面对任何问题的出现都要保持乐观的情绪和迎难而上的生活态度,冷静地查找问题出在哪里,或是自我解脱,或是与别人商量,哪怕争论一番,对扫除障碍都有益处,更不要动不动就生气,这只能让自己陷入不良情绪之中,滋生懒惰。懒惰产生逃避,逃避是对自己的放纵,是对人生不负责任的表现。

只有积极主动地面对学习和生活中的困难,对事物充满探究欲望,才可以让自己消除懒惰情绪。当形成这种习惯之后,一旦有懒惰的情绪在心里蔓延,就会产生一种强烈的与懒惰对抗的意识,大脑会告诉自己:不能懒惰,要主动。积极主动将使自己有机会追逐梦想,从而把握住更多成功的机会。每天用一些鼓励的话来激励自己,肯定自己,积极主动地直面人生。

3. 目标激励

懒惰是生活态度不积极人们的通病,也是无数人失败的原因。克服懒惰最好的方法就是勇于实践,并给自己制定一个短期和长期的目标,因为没有目标的人生是盲目的。短期的目标应该是难度小且自己爱做的,并且是通过努力就可以收到效果的,这样自己既能有一定的压力,在压力的催促下完成目标,又能从中体会快乐,直至达成长期目标。周而复始,在这种良性的循环当中,不仅可以提高人生的质量,而且让自己在无形中消除懒惰。

学习和工作时一定要全身心地投入,争取获得满意的结果。任何时候,无论结果如何,首先要看到自己努力的一面。面对有些问题,如果即使改变方法仍不能很好地完成,只能说明基础不牢,或是还需完善其中某方面的学习。每个同学都应该坚信,扎实学习最终会获得成功。学习和生活中,要学会不断地肯定自己,勇敢地把不足变为勤奋学习的动力,以坚强的毅力、乐观的情绪、脚踏实地的作风,由易到难,不断努力,实现目标,这一点对英语学习遇到瓶颈的同学是适用的。

4. 今日事今日毕

我们都知道,成功只会眷顾那些勤劳的人。一个人一旦产生懒惰的情绪,就只会整天怨天尤人、精神沮丧、无所事事,处处表现出消极的情愫。有些人愿意花很多精力来逃避学习和工作,却不愿花相同的精力去完成工作。卡莱尔曾说:"世界上只有一个怪物,那就是懒汉。"懒汉每天都在同自己战斗,缺乏做事的主动性和决心,总是犹犹豫豫,直至他们生命终结的最后一刻。

我们要将"勤奋""今日事今日毕"印入脑海,因为,习惯的养成需要长期的坚持,观念的形成需要不断地强化。有工作时,要及时去做,绝不拖拉,养成高效率做事的习惯。这一刻可以完成的事情,决不拖到下一秒,强迫自己养成立即行动的习惯。事实上,很多情况下不愿做的事往往可能都是有益的。换种心态去做事,养成勤奋的习惯,会使我们从中汲取很多成长的养分和生命的甘露,进一步可以使自己事业成功、生活幸福。生活中处处可见,勤奋的人比懒惰的人有更多的人生乐趣。

总之,懒惰不是天生的,而是后天滋生出来的坏毛病。它像病毒一样快速传播,使自己对目标、对生活失去执行的力量。懒惰是一种主观意识,克服它的方法很简单,贵在坚持,用意志的力量来约束自己。不妨每天早晨对自己大喊:"我讨厌懒惰!""懒惰让我颓废,我要勤奋!"只要有决心,就能养成勤奋的良好习惯,灿烂的未来一定属于我们。

训练开讲之二　自私让我们远离人群

在日常生活、工作和学习中,人们感受最深,同时也是最无可奈何的人类心理之一,就是自私心理。权威调查表明,有12种性格上的缺陷会严重影响一个人的发展,自私就是其中之一。90后大学生正处于人生蜕变、自我完善的关键时期,必须能够理性地分析和看待自私现象,避免因过于自私而出现心理问题。

一、自私与自私心理

自私是一种普遍的个人行为。"自"指的是自我,"私"指的是利己。所谓自私就是人们力求使自身或少数人的生存状态从不稳定变成稳定,或从低层次稳定变成高层次稳定的一种本能行为。当个体面临自己利益与对方利益冲突时,都会本能地不计对方损失,来满足自己的利益。通俗地讲,自私就是只顾自己的利益,不顾他人、群体、社会的利益。而自私心理则是指以自我为中心,个人利益至上,欲望无限的心理状态。自私心理在现代社会中既是一种相当普遍的人类心理现象,也是一种人们比较关注的心理现象。

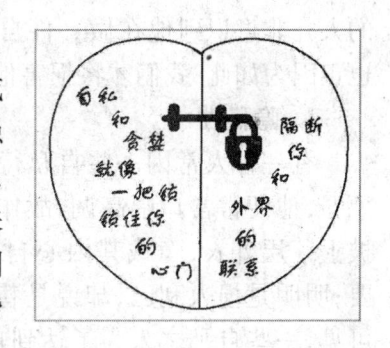

生活中,常有自私自利、损人利己、损公肥私等说法。病态的自私心理是万恶之源,也是其他异常心理的温床,如贪婪、嫉妒、报复、吝啬、虚荣等都是自私心理的具体表现。因此,它的社会危害性是极大的。

自私心理在每个人身上的表现程度是有所不同的。轻微时,计较个人得失,忽视社会公德,不顾一切与他人争利;严重时,个人欲望无限膨胀,无视公德法律,为达到个人目的不择手段。甚至歪曲客观事实,损害他人的名誉,侵吞公款、诬陷他人、杀人越货,危害国家和社会安全。

在我们的周围,经常会听到学生们愤愤不平而又感慨万千地说:"现在的人真是越来越自私了。"现代社会是一个和谐共建的社会,如果过于自私,并把自私行为建立在损人利己等不正当的行为基础之上,就会形成异常的心理病态行为,使人格畸形,被众人孤立,使自己远离人群。所以,大学生应该了解自私的特点、现象和成因,及时避免出现一些因过分自私而阻碍自身发展的行为,更好地完成人生的重大蜕变。

二、自私的特点

人为了让自己能够生存,常常通过内在的心理活动将自私以各种行为呈现在人们的面前,并具有一定的表现特征。

1. 深层次性

自私是一种近似本能的欲望,来自于一个人的心灵深处。人有许多需求,如生理需求、物质需求、精神需求、社会需求等。需求是人类行为的原始推动力。人的许多行为就是为了满足自己各种各样的需求。但是,人类的需求也要受到社会规范、道德伦理、法律法令等的制约,那种不顾社会历史条件制约,一味想满足自己各种私欲的人就是自私心理无限膨胀的人。自私之心隐藏在个人的需求结构之中,是一种深层次的心理活动。

2. 下意识性

正因为自私心理潜藏较深,它的存在与表现便常常成为下意识行为,有自私行为的人并非意识到他在做一件自私的事。相反,他在侵占别人利益时往往心安理得。也正因为如此,我们才将损害他人的自私称为病态的社会心理。

3. 隐秘性

有一种人常因一些自私行为而引起周围人的公愤。为了逃避舆论谴责和社会惩罚,他便常常口唱高调,故作姿态,或者偷偷摸摸地占别人的便宜,给谎言和假象披上一层外衣,隐藏其内心自私的本性。例如明明是想多吃多占,却说是工作需要;明明是损人利己,却说是替他人着想。这种自私是一种羞于见人的病态行为。可见,一些自私之人为了达到自己的目的,常常会以各种手段掩饰自己,因而,自私具有隐秘性。

4. 妒忌性

自私的人常有妒忌心强的特点。在一些 90 后大学生的心目中就只有自己,根本不能容纳别人,只想让自己拥有也许是本该别人拥有了东西,如果别人拥有了自己想要的东西就浑身不舒服。妒忌心有时甚至会使自私的人陷入疯狂状态,做出种种伤害别人的违法行为。

三、大学生存在的自私心理及其表现

知道了自私的特点,现在来看看 90 后大学生都存在哪些自私的心理,以及具体的表现,以便我们对照自己,自我反省和改善。

1. 以自我为中心

自私的人心中只有他自己,他从来都不会考虑别人,随地吐痰、乱扔瓜皮纸屑,即使有时口头上会替别人着想,但真正涉及个人利益的时候,他是绝对不会做半点让步的。比如,在学校里,我们刚坐下来想投入学习状态,有人就把音响开得震天响。有些学生干部利用自己手中的一点点权力,为自己争名誉,做自己想做的事情,很少考虑其他同学的利益和感受。

2. 嫉妒

自私的人嫉妒心强。如果谁的本事比他强,甚至在容貌、身材、年龄方面优于他,都会让自己感到难受,于是就想方设法诋毁、诬陷、为难比他强的人,甚至还做出一些伤害别人的违法行为。如某些在校大学生与人产生矛盾,想方设法孤立别人的原因可能仅仅是因为别人某些方面有强于自己的优势,而自己没有,从而心生妒忌。

3. 贪婪

在极端个人主义思想作用下,自私的人会无限制地膨胀其私欲,最为突出的表现便是贪婪。贪婪地索取金钱、名利,凡事斤斤计较。如有些同学学习还算比较优秀,同时自己的经济条件也一般,因此在每年奖助学金评定过程中常常不满足于国家励志奖学金,还想获得国家贫困补助,唯恐自己得到的不够多,自己就没有想过大学生在校学习期间本就不该把追求金钱放在首位,而且每个班里的学生那么多,有更困难的人需要一定的经济支持。

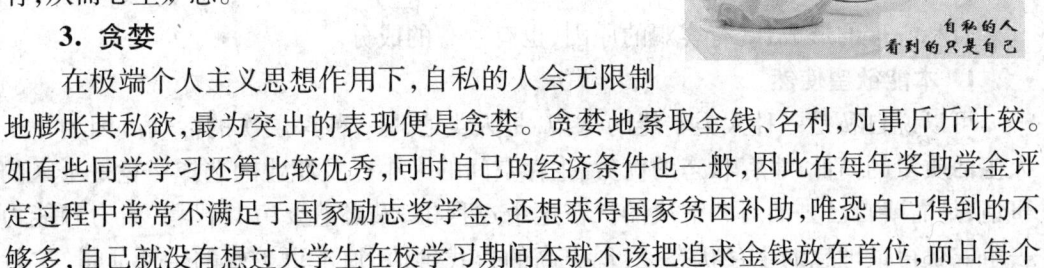

4. 冷酷

自私的人不具有生活的热情,心灵已被物质熔炼成钢铁一块。在他们心中,人与人之间没有感情,只有利益。过分自私的人对与自己无关的事情,漠不关心,不闻不问;对人冷淡,毫无热情。他们用冷酷的外表来掩饰自己内心的自私,因此很少有人愿意与他们交往。自私的人是没有感情可言的,即使和你假意产生感情,也是有着其他目的的。

5. 吝啬

由于对利益的极度贪婪,他们形成了自己独特的吝啬个性特征。吝啬不仅表现在金钱上,同时也表现在情感上。我们也许会误认为他们行为仅仅是节俭或是不合群,但是这些也许都是表象。他们的实质是自私,因为他们从来不会为别人多花一分钱。同时,他们也不会为别人多付出一份感情,除非认为自己会获取更大的好处,才会很吝啬地表露出自己的感情,但他们表达感情的方式常常却又是那么的苍白。

6. 敏感

自私的人过分关注自己的利益,对外界的反应尤其是那些涉及自己的事情都会十分敏感。因为他害怕吃亏,害怕别人占有他自认为本应得到的利益。长此以往,自私的人都或多或少具备一些神经质的特征,他的心态会变得极其脆弱。

7. 多疑

自私的人一般有多疑的表现,并在极端个人主义阴影的笼罩下展现得淋漓尽致。他们怀疑他人、怀疑社会、怀疑世界,认为所有的人都在算计自己。在这种心理的驱使下,他们会费尽心机地算计别人,只有这样,才不会觉得自己吃亏,从而在自己所营造的极端自私的世界里获得心理的满足。

8. 性格孤僻

由于极度的自私心理,他们的性格会变得冷酷和扭曲,因此,他们不可能有真正的朋友,也没有一个挚友能够帮助他们解决心理困惑。由于他们本身具备着多重消极的人格特征,这便导致他们个性越来越不能和周围的环境相融合,和别人的距离也越来越遥远。在经过较长时间的心理异化后,他们的个性越发变得孤僻,越发难以与人沟通和交流。

四、自私心理的成因分析

自私心理的形成,既有客观的原因,也有主观的成分。

1. 本能欲望使然

可以说自私是一种人类本能的欲望,是人类心理一种深层次的活动。因为一个人生活质量的高低、生存状态的优劣、生存空间的大小以及职业的选择毕竟是个人的事情,是需要自己去面对和解决的。在这个过程中,人必然要穷其智慧、精力和能力去争取获得最理想的生存状态,实现更高的自我价值,追求更美好的生活质量,这就必然存在一定的自私。但是,对自我期望值越高的人,如果不注意人格和品德的修养,就越容易不断强化自私心理,形成病态自私心理。例如,从社会犯罪现象中就不难发现,凡是在社会中不讲公德、嫉妒心强、情感自私、以钱谋私、以权谋利的人,都表现出非常强烈的自私心理。

2. 资源紧缺使然

我国人口众多,自然和社会资源相对紧缺。有限的资源必然加剧了人与人之间竞争的矛盾和冲突,而这种矛盾和冲突也比较容易诱发人的自私心理。就目前来讲,我国的分配制度还不是十分理想,法制也不是十分健全。在竞争和争取生存的过程中,仍有许多不公平的社会现象,这些现象加剧了人们自私心理。

3. 生存竞争使然

从本质上来说,人的自私心理是在一定的社会环境中形成的,即不同的社会形态,人的自私心理表现不同。人们之所以感到当今社会的人比过去更自私了,是因为在当今社会中,人与人之间的生存竞争更加激烈,谁在竞争中获胜,谁就会拥有更多更好的社会资源。为了个人生存及发展的需要,人们不得不相互竞争,进而产生了自私心理。物质的丰富,一方面给人们带来了更高的生活水平和生活质量,另一方面也容易使得社会物欲横流。在这样一种社会环境下,面对利益的矛盾和冲突,人们更多的是考虑自己的需要,这样就很容易导致人的自私心理产生,甚至膨胀。

4. 家庭教育使然

随着我国社会的不断进步,城市新生代大多都是独生子女,再加上父母的一些不太合理的教育理念,使得独生子女的生活环境并不是很理想。因为,在这样的家庭中成长起来的孩子被父母溺爱,所接受的全部生活都是围绕他和以他为中心进行的,使他们从一开始就有了以我为中心的思想。这样成长起来的孩子,利他意识比较淡薄,利他行为比较少,久而久之,就会养成只为自己考虑而不为他人考虑、只会独享而不会与他人分享、只会关心自己而不会关心他人的自私心理。

5. 文化积淀和社会法制使然

文化的病态积淀和社会法制不健全也是形成自私心理的原因之一。我国以土地私有制为基础的封建社会长达两千余年,封建意识的影响很深。例如,我们文化中所表现出来的"人不为己,天诛地灭""宁愿我负天下人,不愿天下人负我""各人自扫门前雪,休管他人瓦上霜"等,无疑是对自私心理的一种助长。而社会法治不健全对于自私心理来讲更是有机可乘,这往往使得一些人利用手中掌握的特权,以权谋私。"有权不用,过期作废"就是这种现象的最好诠释。

五、如何避免与克服自私心理

对于大学生而言,不良的自私心理会使我们只重视短期利益,把人与人的关系建立在利益的基础之上;同时,这种心理行为会使我们远离人群,使我们周围的朋友越来越少,没有人愿意与我们交往,没有人愿意向自己吐露心声,也更没有可以谈心的挚友,使自己变成"另类",并被排除在他人的交际圈之外,这样何谈自己事业的成功。那么调适自己,进而避免和克服过分的自私就显得非常重要。

1. 加强自身的人格修养和品德修养

面对五彩缤纷的物质世界,大学生要有清醒的认识:一个人不可能占有太多的物质资源和人力资源。当一个人占有更多的利益和物质财富时,可能就意味着对他人利益和人格的侵犯;而且必然要为此付出更高的代价,也意味着他将要比别人承受更多的压力、痛苦和挫折,其中最大的代价就是良心的泯灭和人格的丧失。

因此,一个人如果能够以一种比较坦然的、豁达的心态来面对利益的冲突和物质的追求,能够有一个较高的境界来实现自己的人生理想,把自我的价值转变为有利于社会的人生价值,把追求健全与高尚的人格置于物质追求之上,那么不仅能使自己的人格、行为相对健全与高尚,也会使自己的生活变得轻松愉快。

2. 进行程度控制

我们应该意识到,要想彻底铲除人类的自私心理几乎是不可能的。对人类而言,只有自私程度的不同、表现不同,而想把自私心理彻底清除是不现实的。自私心理本身也有一个由量变到质变的发展过程。一个人有一些自私心理是正常的,但如果过于自私就会形成异常的心理和病态行为。

3. 心理调适

我们可以充分发挥个人的主观能动性,采用切实可行的办法对自己的需求心理加以调适。

1)内省法

自私常常是一种下意识的心理倾向,一个人要克服自私心理,就要经常对自己的心态与行为进行自我观察。观察时要有一定的客观标准,这个客观标准就是社会公德与社会规范。如果一个人能经常用社会公德和规范观察自我、约束自我,久而久之就会建立起一种新的社会评价体系和行为体系。另外,要反省自己的过错,就必须更新观念,加强学习,强化社会价值取向,向人生境界较高者学习。我们要从自私行为的不良后果中看到其危害,找到问题的症结所在,并总结改正。

2) 多做利他的事

一个人要想改正自私心态,不妨多做利他的事。例如关心和帮助他人、给希望工程捐款、为他人排忧解难等。私心很重的人可以从让座、借东西给他人这些小事做起,多做好事,通过一些善意行为纠正过去那些不正常的心态。这样,可以从他人的赞许中得到利他的愉悦和快慰,从而使自己的心灵得到净化。利他行为对纠正不正常的心态常常有着积极的效果。

3) 自我暗示

凡下定决心改正自私心理的人,一旦意识到自私心理有恶化倾向后,都可以用心理暗示的方法来告诫自己:"这是自私心理在作怪,是不可取的,是有害的"等。用这种方法告诫自己,促使自己纠正,以便把自私心理消除在萌芽状态中。

总之,毫无克制的自私心理对现代社会的危害是显而易见的。大学生应该知道,那些只想着要他人对自己好、只想着得到他人的关心爱护,却从不愿意付出的人,最终是不会获得成功的。因此,自私的人是注定缺少人脉的,也是注定要失败的。每个大学生都要很好地把握人生的每一个阶段,调适自己的心理需求,处理好个人利益和他人利益之间的关系,少一点自私,多一点公德,为自己的长远发展和事业成功创造一个和谐的基础环境。

※ 训练拓展 ※

相信同学们都非常清楚,懒惰不仅严重影响到今天的学习,更严重影响着个人以后的职业发展,所以很多同学经常发出"要改变自己懒惰习惯"的衷心愿望。按照行为心理学,一个行为如果能够坚持20天,那么相应的行为习惯可能就养成了。请同学们做到严格自律,让闹钟帮助我们,从每天早晨按时起床开始,提前安排好每天起床之后要做的事务,并注意调整晚上的睡眠时间,坚持一段时间,也许就会发生习惯性的改变。

但是,和懒惰相比,过分的自私并没有引起同学们的高度重视。事实上,严重的自私对个人发展也是影响极大的。某高职院校发生过这样一个真实的事情:某班通过投票确定国家困难补助对象,很多同学都想获得,其中有四个同学投票之前商定好要进行互投,在统计结果出来后发现,得票最少的同学恰恰就是这四个同学——每人都是四票!可见,他们平时的所做所为早就在同学们心里形成了共识。很显然,你的眼里没有别人,别人的眼里怎么会有你呢?!

第十三训练模块 提升自己的心理素质

跌倒后爬起来
自卑无益
挫折
寻找强者人生

※ 训练目的

通过该模块的训练,要使大学生清楚地认识到自卑是人生发展的最大障碍,以及生活里发生受挫现象的必然性。我们应该客观地看待一切,如果有些东西是无法改变的,那就要主动地去接受它。当然,大学生正处于人生发展的成熟初期,生活中遭受挫折在所难免,关键是要保持一个清醒的头脑去面对挫折。只有这样,才能不断走向成熟。

※ 训练要求

(1) 通过对自卑诸方面表现的学习,思考自己在生活中是否存在一些不应有的自卑,并努力分析一下产生这些现象的原因;

(2) 知道了自卑的危害,同学们就应努力按照改变自卑的一些方法对自己进行调整,让自己从自卑的阴影里走出来;

(3) 组织同学们分组交流,讲述自己曾经所遭受过的挫折经历,以及当时自己在挫折面前所采取的应对方法;

(4) 充分认识挫折发生的必然性,针对生活中可能出现的挫折现象,思考应该采取什么样的抗挫措施,提升自己承受挫折的能力。

训练开讲之一 把自卑从心里赶走

大学生每个人都存在着一定的差异。我们应该理性地看待自己的不足,正所谓"金无足赤,人无完人"。但总有些高职大学生忽视这个基本的客观事实,在学习和生活中常常看不起自己。据调查显示,目前有近30%的在校大学生都存在一定的自卑心理,这已经成为一些大学生成功道路上的绊脚石。每个大学生都希望让自己伟大起来,那首先就应该重新审视自己的内心和行为,把自卑从心里赶走,学会管理自己的情绪。

一、自卑的表现

自卑就是每个人由于自己的一些欠缺而产生的不满足感、一种比较心理。从心理学上讲,由于一些条件的限制和认识上的偏差,有人就认为自己在某个方面或某些方面不如别人,从而产生轻视自己、失去自信的一种情绪体验,这是一种不成熟的心理表现。大学生的自卑有不同的表现形式,但归纳起来主要是以下几个方面。

1. 身体外貌方面

外貌是他人对我们的第一印象。大学生们都十分关注自己的形象,喜欢听到的是别人对自己的好评。然而,一些大学生对自己的身高、体重、相貌、体型等方面都存在着过多的不满意,从而在内心体验着极为强烈的自卑感,经常发出"假如我是某某明星的话,该多好"的感慨。有的男大学生由于自己身材不高,觉得自己不够"男子汉";有的女大学生由于体胖等原因而时常忧虑重重,觉得自己不漂亮;还有的大学生甚至由于脸上长有粉刺而自我感觉羞于见人,经常低头走路。

自卑会对个性发展产生很大的负面影响。自卑的人会对别人以及外界事物的兴趣显著降低,对一般的刺激很少做出积极的反应,并极力回避刺激,不愿与他人交往,心理上消极退缩,更多地表现为孤独,喜欢一个人沉思默想,甚至是胡思乱想,导致与社会产生隔阂,与新生事物缺乏联系,只喜欢面对早前习以为常的狭小天地,坐井观天,失去了一个个锻炼才能的机会,从而影响到个性的发展。

2. 家庭出身方面

人的出身是一个敏感的话题。在金钱的冲击下,今天的价值体系发生了很多裂变。几乎所有的人都对自己的出身抱有某种程度的不满,希望能有更好的背景,但这显然是不现实的。高职在校学生以来自农村的居多,就有一些同学因出身而过分放大了自己的自卑感受。

有些来自农村的大学生,在和别人交往时,总感到自己懂的知识很少,有许多事物自己从来没有接触过,因而感觉自己不如别人;还有些贫困大学生虽然没有表现出强烈的自卑感,但在他们的内心没有一天不被所谓的"自尊感"所缠绕;有些具有自卑心理的学生有时还表现出轻视、贬低同学和老师的倾向,常常表现出表里不一的自大傲慢,通过贬低别人来抬高自己,以达到某种心理平衡;还有的大学生由于家庭经济状况不好,在和经济条件好、社会资源多的同学对比时,常常感到低人一等,时常发出"别人腰缠万贯,我却腰缠裤带","别人有的是背景,而我有的只是背影"这样的感慨。

3. 学习方面

学习是大学生活的主要内容,学习成绩自然是大学生进行自我评价的重要方面。有的大学生由于在学习某些课程方面存在较大困难,从而产生对自己过于消极的评价;有的大学生同样和别人一起学习,付出的时间很多,但学习效果不是很理想,于是就总觉己不如人;还有的大学生在学习上对自己的期望过高,或者过于片面追求高分数,从而也产生对现实自己的不满意。

从本质上说,自卑的浅层感受仅是别人看不起自己,但其深层感受就变成了自己看不起自己,且对生活缺乏起码的自信,做任何事情瞻前顾后,畏首畏尾。处于自卑阴影里的人,常常过度自省、自怨自艾、害怕失败,并夸大对风险的估计,看不到任何进步的可能,而越害怕失败就越远离成功,越没机会成功,社交面也会越来越狭窄,影响日常的学习和生活,即使才华横溢,也没有充分发挥的心理基础,从而影响到个人潜能的发挥。

4. 能力方面

在越来越注重能力的今天,很多的大学生都意识到他们在努力学习、完成各种知识积累的同时,也应积极地参加各种社会实践活动,自觉培养和提高自己的各种能力,积极适应社会发展所提出的要求和挑战,这是非常好的现象。

但是,一些大学生在认识自我时,却只是一味地关注自己的不足,觉得自己缺乏能力;还有的大学生则习惯于拿别人的优点与自己的缺点作比较,因而经常体验的是自卑感,从而对自我的评价过低;部分大学生不能正确分析自己的能力,丧失信心,产生一种强烈的不良情绪体验,轻视自己,不敢参与任何竞争,不肯冒半点风险,即使遇到侵害也逆来顺受,采取逃避行为,或者过于敏感,处处退缩,使得自尊心容易受到伤害,以至于有时会把别人无意的言行视为对自己的轻视,甚至大打出手,等等。

面对现实中的自己,面对内心真实的自己,大学生应该好好审视一下自己的内心,反问自己,自卑真的有必要吗?俗话说:"人比人,气死人。"大学生的自卑往往来源于与别人不适当的比较,进而产生了处事过程中的心理错位。处于这种不良错位之中的人只会否定自己,让自己的真实能力不能得到正常发挥。

5. 人际交往方面

人际交往是人类不可缺少的社会活动能力,很多大学生在此方面有所欠缺,本属正常现象。然而,不少大学生由于自己的交际圈狭小,缺乏知心朋友,每每看到别的同学与好朋友谈笑风生,妒意便油然而生,从而和同学的关系总是处在战火的边缘,造成心情郁闷、生活不快,让自己感到自卑;有的大学生由于自卑而采取回避的方式与别人交往,害怕别人看出自己的缺陷和不足,说话犹豫,思前顾后,缩手缩脚,缺乏应有的胆量和气魄,在公共场合拘谨,不善于自我表现,形成了孤独自卑的闭锁型性格,把自己游离于班级、集体生活之外,独来独往并越陷越深,以致无法自拔。

自卑心理容易引起心理压力和紧张,激起逃避或退缩反应,抑制自信,导致焦虑,形成内在阻力。自卑感一旦产生,就会逐渐地蔓延、扩散,产生极大的危害,而最大的危害就是导致人际关系的紧张。人际关系从一个侧面反映了一个人的心理健康和心理适应状况。良好的人际关系是大学生走向社会的需要,也是大学生综合能力的表现。

二、自卑心理产生的原因

从自卑的表现可以看出,自卑对个人的发展是非常不利的。那么了解自卑心理产生的原因,可以帮助我们分析自我、进行调整。

1. 个人生理因素

生理因素是指因先天发育的不良所导致的一些生理缺陷。它是内在的、客观的、长期的、稳定的对自我评价不良的诱因。在大学里,除学习以外,其他方面的能力也尤为重要。大学校园里聚集着众多学习优秀的学生,这导致了有些大学生会重新审视自己。有些人就产生了一种强烈的失落感,找不到自己的优势;如果再加上生理缺陷所导致的身高、相貌等这些与生俱来、无法改变的条件,无形中又阻碍了他们正常的社交活动,形成他们谨小慎微、畏首畏尾的行为特点,于是把自己封闭起来,游离于集体之外,对外部环境和世界有一种不安全感,长此以往,就导致其孤僻怯懦的性格,进而形成自卑心理。

2. 消极无奈因素

一方面,有些大学生由于缺乏学习和生活的主动性,经常不能全身心地投入到正常的大学生活当中,导致过去还有良好愿望的学生也会随波逐流,不思进取,可一旦在自己冷静下来的时候,就深感对不起自己和家人,因此常常使自己处于一种矛盾心理之中,反反复复、时好时坏,不能有一个好的学习状态,从而,产生对自己的评价危机;另一方面,现实的残酷与无奈带给他们更多的压抑和困惑,特别是"双向选择,自主择业"的就业现实,在给学生带来机遇的同时,也带来了择业过程中的挑战,部分大学生会把这种无奈看作是自己的无能,从而产生自卑心理。

3. 自我评价因素

大学时期是大学生自我意识形成的关键时期。据统计,在高中生、大学生与社会成年人之间比较,大学生在理想自我和现实自我的一致性上的感觉是最差的,即大学生对现实中的自我评价往往不能满足所期望的理想自我标准。每个人都有理想自我和现实自我的评价,而现实自我又有主观自我和客观自我的区分。自己对自己的看法就是主观的自我,别人对自己的评价则是一种客观的自我。如果主观的自我远低于客观的自我,那么这个人就会缺乏自信,产生自我认识不足,过低地估计自己。当某种能力与缺陷受到周围人的轻视、嘲笑,这种自卑感就会产生,甚至会以畸形的形式表现出来。

4. 强烈刺激因素

自卑感强的人往往有过某一悲惨的经历,由于这一经历的不良刺激,造成心理创伤,产生自卑感。另外,交往受挫也是影响大学生自卑心理的一个重要因素。大学生在交往过程中,可能由于一些不能克服的障碍,导致交往挫折感的发生,产生一些消极情绪。如爱情受挫后,有自卑感的人就会难以忍受,并把失败归因于自己的无能和倒霉的命运,整天灰心丧气,以致丧失一切交往的勇气和信心,更有甚者,将会失去继续学习和生活的信念。

三、改变自卑的方法

客观地看待一切是改变自卑的唯一途径。客观现实犹如卡耐基引用的一则故事,当你因为没有鞋而感到羞涩的时候,你要想到有人可能正在因为没有脚而苦恼。上苍的公平性就在于"比上不足,比下有余"。保持一颗平常心,不必刻意追求自己所达不到的东西。如果我们过去还一直深陷于自卑的泥沼之中,那就从现在开始改变一下自己,塑造一个全新的、充满活力与自信的自己。

1. 正确看待自己

外貌是父母给的,这些在出生的时候就早已注定,无法改变。面对这些无法改变的问题,大学生为什么还要徒劳地去改变呢?正所谓"英雄不论出身"。

新东方创始人俞洪敏可以说是我国的教育首富。农村出身、相貌平平的他,当年穿着布衣、挑着扁担走进了北京大学。他在北京大学也曾自卑过,但是当他意识到自卑只会葬送自己的前途、不能给他带来任何好处以后,他就开始发奋努力地学习,终成新东方的"掌舵人"。打工"皇帝"唐骏家中弟兄三个,父亲也和其他传统的农民一样,曾为儿子们的婚事犯愁。在北京邮电大学求学期间,他并不为此感到自卑,家庭出身也没有影响到唐骏日后在商场上的叱咤风云。如果唐骏当年一直自卑到现在,那他还能缔造今天的商业传奇吗?

如果大学生一味地纠缠在无法改变的出身、相貌等问题的泥沼中,那只会天天郁郁寡欢,生活在痛苦自卑之中。我们无法改变出身,但可以选择自己的成长道路。如果说相貌和成功有联系的话,就不会有马云和阿里巴巴。其实,我们生活中认为非常重要东西,比如相貌、家庭出身等,和未来的幸福和成功是没有多大联系的。每个人都是独一无二的,都有在这个世界上存在的价值。

学习、工作和生活中所需要的各种能力都是后天培养出来的。任何现在看来比我们优秀的人曾经也都是有缺点的。由于世俗的观念往往喜欢夸大成功人士的优点,忽视他们的缺点。因为我们从内心里向往拥有他们的优良品质,获得和他们一样的成功,从而在无形中把他们神话了。我们应该客观地改变一下对待事物的看法,改变心态,择其善者而从之,优化自己,提高自己的能力,在潜移默化中,积蓄自己的能量,实现质的飞跃。

2. 用补偿心理超越自卑

补偿心理是一种心理自适应机制。从心理学上看,这种补偿其实就是一种"移位",即为克服自己生理上的缺陷或心理上的自卑,而主动去发展自己其他方面的长处、优势,从而赶上或超过他人的一种心理适应能力。生活中,正是由于这一心理机制的作用,使原来的自卑感变成了许多成功人士走向成功的动力。"生理缺陷"愈大的人,他们的自卑感愈强,寻求补偿的愿望就愈大,成就大业的本钱往往也就愈多。

在补偿心理的作用下,自卑感具有使人前进的反弹力。由于自卑,人们常常会清楚地甚至过分地意识到自己的不足,这就促使其努力学习别人的长处,弥补自己的不足,从而使其性格受到磨砺,而坚强的性格正是获取成功的心理基础。

正是从这个意义上讲,自卑有时也有可能促使人走向成功。人道主义者威特·波库指出,在每个人的内心深处都有一种灵性,凭借这一灵性,人们得以完成许多丰功伟业。这种灵性是潜藏于每个人内心深处的一股力量,即用来维持个性、对抗外来侵犯的力量。它就是人的"尊严"和"人格"。人们为了维护自己的尊严和人格,就要求自己克服自卑,战胜自我。因此,令人难堪的种种因素往往可以成为发展自己的跳板,帮助我们走向成功。我们要知道,真正能够解救我们的,只有我们自己,即所谓"上帝只帮助那些能够自救的人",自助者天助。

心理补偿是一种使人转败为胜的机制,如果运用得当,将有助于人生境界的拓展。但应注意两点:一是不可以好高骛远,盲目追求不可能实现的补偿目标;二是不要受赌气情绪的驱使,只有积极的心理补偿,才能激励自己达到更高的人生目标。

3. 用乐观态度面对人生

吕叔春所著《做人做事36诀》中的乐字诀中说:世上没绝对幸福的人,只有不肯快乐的心。快乐是自己的事情,只要你愿意,你可以随时调换手中的遥控器,将心灵的视角调整到快乐的频道。人生之路,一帆风顺者少,曲折坎坷者多,往往要经历无数次失败才能成功。面对挫折和失败,唯有乐观积极的心态才是正确的选择。其一,做到坚韧不拔,不因挫折而放弃追求;其二,注意调整、降低原先脱离实际的"目标",及时改变策略;其三,用"局部成功"来激励自己;其四,采用自我心理调适法提高心理承受能力。

要使自己不成为"经常的失败者",就要善于挖掘、利用自身的"资源"。虽然有时个体不能改变环境的安排,但谁也无法剥夺其作为自我主人的权利。应该说,当今社会给我们提供了广阔的发展机遇,只要敢于尝试、勇于拼搏就一定会有所作为。屈原放逐乃赋《离骚》,司马迁受宫刑乃成《史记》,就是因为他们无论什么时候都不气馁、不自卑,都有坚韧不拔的意志!有了这一点,就会挣脱困境的束缚,走向人生的辉煌。

此外,作为一个现代人还应具有迎接失败的心理准备。世界充满了成功的机遇;

也充满了失败的可能。所以要不断提高自我应对挫折与干扰的能力,调整自己,增强社会适应能力,坚信失败乃成功之母。若每次失败之后都能有所"领悟",并把每一次失败当作成功的前奏,那么就能化消极为积极,变自卑为自信。

4. 用行动把自卑从心中赶走

大学生在学习生活过程中,一定要不断克服畏惧、战胜自卑、止于幻想,仅仅想到改变还是远远不够的,还必须付诸实践。

1)勇于前排就坐

在大学生活中,常常可以看到在各种形式的聚会或课堂上,后面的座位总是最先被坐满,因为大部分占据后排座位的人都害怕自己处于"太显眼"的位置,这本质上就反应了他们缺乏一定的信心。

要想改变自己,就从主动挑前面的位子坐开始。这不但有利于学习,更有利于锤炼自己抵抗自卑的心理。敢为人先、敢上人前、敢于将自己置于众目睽睽之下,其本身就必须有足够的勇气和胆量。坐在显眼的位置可以起到强化自己的作用。久而久之,这种行为就可以内化成为一种习惯,原来的自卑心理也就会在潜移默化中悄悄发生变化。

2)正视别人

眼睛是心灵的窗口,一个人的眼神可以折射出性格,透露出情感,传递出微妙的信息。不敢正视别人意味着自卑、胆怯、恐惧;躲避别人的眼神则折射出阴暗、不坦荡的心理状态。正视别人,就等于告诉对方:"我是诚实的,光明正大的;我非常尊重你,喜欢你。"因此,正视别人是积极心态的反映,是驱除自卑的象征,更是个人魅力的展示。

3)昂首挺胸

许多心理学家认为,人们行走的姿势、步伐与其心理状态有一定的关系。懒散的姿势、缓慢的步伐是情绪低落的表现,是对自己、对工作以及对别人不愉快感受的反映。倘若仔细观察就会发现,身体的动作是心灵活动的结果。那些遭受打击、被排斥的人,走起路来都表现为拖拖拉拉,缺乏自信。反过来,通过改变行走的姿势与速度,将有助于心境的调整。要表现出超凡的信心,走起路来应比一般人快。将走路速度加快,就仿佛告诉整个世界:"我要到一个重要的地方,去做很重要的事情。"步伐轻快敏捷、身姿昂首挺胸会给人带来阳光的心境,会使自卑逃遁。

4)当众发言

面对大庭广众讲话,需要巨大的勇气和胆量,这是培养和锻炼自信的重要途径。在我们周围,有很多思路敏锐、天资颇高的人,但在参与讨论时,他们却不善于发挥自己的长处。这并不是他们不想参与,只是在众人面前讲话心存胆怯。

在公众场合沉默寡言的人通常都认为自己的意见可能没有价值,如果说出来别人可能会觉得很愚蠢,所以最好什么也别说,或者也许其他人比我懂得多,我不想让别人知道我的无知。事后,当他发现情况不过如此的时候,常常还会对自己许下一些诺言:下一次我一定要发言。事实上,他会一次又一次的丧失展示和锻炼自己的机会。

从积极的角度来看,尽量当众发言,不仅会增加信心,还可以纠正或强化自己的一些概念和知识。不论是上课还是参加集体活动,在需要的时候每次都要主动发言。有许多原本木讷或有口吃的人,都是通过当众讲话的实践使自己远离自卑的,如萧伯纳、田中角荣等社会名人。因此,可以说经常当众发言是赶走自卑的金钥匙。

5) 学会微笑

大部分人都知道笑能给人自信,它是医治信心不足的良药。但是,仍有许多大学生不相信,因为在他们感到恐惧的时候,从不试着笑一下。微笑是人生最宝贵的无形资产。可以说成功从微笑开始。美国希尔顿酒店就是以微笑冠于全球的。希尔顿的成功在于对微笑的深刻认识,因为微笑对一个人来说具有简单、易做、不花本钱的特点,而且还可以把微笑传递给对方。

确实,真诚的笑不但可以使自己的不良情绪得到化解,还能马上化解别人的敌对情绪。如果我们真诚地向别人展颜微笑,对方也就会对我们改变态度,这足以使我们充满自信。正如一首诗所说:"微笑是疲倦者的休息,沮丧者的白天,悲伤者的阳光,大自然的最佳营养。"

总之,自卑往往源于我们跟周围同龄人不恰当的比较。大学生(尤其是来自农村的)不要只盯着自己的不足,更要积极寻找自己的优点,不断肯定自己,客观地评价自我。只有正确地对待自己的优点与不足,改变处事心态,选择合适的自我评价参照坐标,才能正确认识自我,走出自卑的阴霾,看到绚烂的彩虹,重新打造出辉煌的人生。

训练开讲之二　提高自己的抗挫能力

在市场经济大潮中,人的活动与交互关系越来越紧密、越来越复杂,也就必然会遇到这样或那样的挫折。对此,不能消极地忍耐或回避,而应正视人生挫折。正如巴尔扎克曾经所说:"挫折就像一块石头,对弱者来说是绊脚石,让你却步不前;而对于强者来说却是垫脚石,使你站的更高。"

一、挫折与受挫

首先来看看挫折的基本概念以及大学生中常见的受挫现象。

1. 什么是挫折

在生活中,挫折通常就是指挫败、阻挠、障碍的意思。

从心理学上讲,挫折是指人在从事有目的的活动中,由于遇到干扰、阻碍或个人能力以外的因素,致使原来的计划目标不能实现,而产生的一种心理紧张状态和情绪反应。挫折包含了三层含义:挫折情境,即阻碍个体行为的情境;挫折认知,即个体对挫折情境的认知、态度和评价;挫折反应,即伴随挫折认知而产生的情绪体验和行为反应。

"人有悲欢离合,月有阴晴圆缺,此事古难全。"每个人一生中都会遇到挫折。尽管人们希望自己的一切都能一帆风顺,万事如意,但挫折却总是不可避免。对大学生而言,挫折既是打击,也是成长的动力。

很多大学生过去可能一直都很顺利,但到了大学情况就不同了。我们应该更多地去实践,提高克服挫折的能力。高职学生只有短短三年的在校时间,因而在步入社会之前的缓冲时间也就不长,以后必然会遇到更多的挫折和失败。为了能更好地承受挫折,有必要锻炼自己,学会承受挫折,"吃一堑,长一智",从挫折中学习,在挫折中不断成长。

2. 大学生的常见受挫现象

大学生的常见受挫类型主要可以分为生活中的受挫、学习中的受挫、交往中的受挫。

生活中的受挫可以表现为经济拮据、家庭负担很重、父母多病、自感没有对家庭做出很大贡献、自己的自控能力不良、认为自己的运气总是很差、打球不小心扭伤了脚、知道自己的懒惰但就是很难改正、认为自己还不错但经常有同学指责自己等。

学习中的受挫可以表现为学习很努力或对自己信心很足但成绩不佳、学习方法不当但又没有可行的办法、学习有计划但就是不能坚持执行、对有些科目提不起兴趣、长时间不能突破英语单词的记忆、对自己实现既定目标的进度感到不满意、平时学习还可以但就是考试不理想等。

交往中的受挫可以表现为对待同学非常诚恳但不能得到相应的回应、不喜欢同宿舍某人的习惯但又不得不天天去面对、深感交往危机、为不能猜透朋友的心思而郁闷、无法相信他人、不知道怎么样与他人建立良好的友谊、很难适应新环境等。

以上种种,都可能造成大学生出现一定的心理紧张状态以及一些不良的心理情绪反应,严重的就有可能直接影响到个人的正常生活和学习,并产生过激行为。

二、大学生产生挫折的原因

大学生产生挫折无外乎是由客观因素和主观因素两方面所造成。客观因素往往不以我们的主观意志为转移,如自然因素、社会因素以及学校与家庭因素等;主观因素往往是个人原因所造成,通常是由于个人在生理、心理以及知识、能力等方面受到阻碍和限制,使得自身需要和目标不能得到满足和实现。

1. 生理因素

每个人可能由于与生俱来的健康情况、生理缺陷、容貌等先天原因而有时候感受到一些挫折,这些生理因素所带来的限制也常常让一些大学生产生挫折感。

例如,近视眼者很想当飞行员,或身材矮小者想成为优秀的篮球运动员,必然受到限制;患高血压或心脏病者难以在空气稀薄的高原地带工作,也许那里的工作待遇非常有诱惑;体胖者难以适应长途跋涉或繁重的体力劳动;有志于考医学院的学生因为色盲却不能被录取而备感沮丧和无助;人际交往等社会活动中可能由于其貌不扬而处于劣势,往往无法在社交场合中潇洒自如、谈笑风生、展示自己的才能,甚至正常交友也受到影响,使自己陷入孤寂境界等,这些都可能给大学生带来挫折感。

2. 心理因素

由心理因素产生挫折的情况要复杂一些。如也许某人基本情况不错,可以胜任某事,但个人对自己的认知不是很好,认为自己不能胜任;个人的独立精神不好,不能或不愿意单独去做也许是很简单的事情,而为放弃的成功机会懊恼;有的人自我评价过高,明明不适合自己,但还是过分追求,让自己品尝到了失望的苦果;还有些大学生由于身处青春期,而又不懂一些起码的常识,过分地夸大了一些生理危害,而丧失了一些有可能表现自己的机会;当然,也有人在做事的时候总是瞻前顾后、左顾右盼,等拿定了注意,事情已经过去,剩下的就只有后悔,等等。

3. 家庭环境因素

有些大学生由于自己家庭背景不良,或者早期所经历的家庭不幸而时常身受挫折。如自小娇生惯养和过分受保护的孩子进入大学后,更容易产生心理挫折。家庭贫穷、双亲不和或单亲家庭的孩子,由于父母对他们过分管制或放任不管,他们上大学后,有些人就经常表现为蛮横无礼,或做出一些违背社会规范的失常举动;有些人表现出内向、孤僻的性格,很少与人交往,抑郁寡欢,也是产生心理挫折的原因。

4. 学校环境因素

这种情况的影响也是非常客观的。假如我们要参加一个很正式的考试,但正好自己的座位是坏的,必然影响到自己的考试状态;某门课原来自己基础就不好,但又偏偏遇到了一个教学水平不高的老师来任课;为了提高自己的英语水平,很想有一个良好的语言环境,但所在学校的英语学习风气不好,很难找到一个互相学习的对象;有些高等职业院校的实训条件不好,自己本来很想通过在校的学习提高自己的实际动手能力,以便顺利就业,但结果只能是事与愿违,等等。

5. 社会环境因素

社会环境因素主要是指个人在社会生活实践中受到的各种人为因素的限制与阻碍,包括政治、经济、法律、道德、宗教、风俗习惯以及人际关系等方面的挫折。此外,社会环境因素还包括管理方式的不妥、教育方法的不当、以及缺乏良好的设施条件等而造成的挫折。

6. 自然环境因素

这是指由各种非人为力量如时空限制、自然灾害、各种事故以及人世间的生老病死等所造成的挫折。地震、洪水、交通事故、疾病、死亡等都属于自然环境因素。

每个人随时都可能遇到自然因素造成的挫折。如亲人去世、因交通事故致残等;正当踌躇满志的大学生收到一个非常不错的面试通知、设想着美好的前程之时,一场突如其来的大病却使他不能参加面试,从而丧失了应聘的良机而产生失落感;有些学生刚入学时对当地的气候或水土不适应,或者不习惯集体住宿而产生不快等。

三、大学生受挫后的行为反应

面对挫折,不同的人有不同的行为反应。积极的态度是面对挫折无所畏惧,仍能积极进取,认真寻找摆脱困境的途径,千方百计地去克服困难,使自己的愿望得以实现;消极的态度是面对挫折却逃避、掩饰,并为自己的失误寻找各种"借口",或者遇到挫折就神情沮丧甚至万念俱灰,完全向挫折屈服,甚至有的人还将自己的受挫心理感受转嫁给他人。

1. 认同

这是一种积极行为反应。有的人在遭遇挫折而痛苦的时候,能很快走出来,并积极地效仿他人获得成功的经验和方法,对自己在思想、信仰、目标和言行进行调整,使自己更适应环境的要求,从而在主观上增强自己获得成功的信念。如很多学生把那些与自己家境条件、经济状况、社会经历极为相近的名人、学者,作为自己的认同对象,从他们的人生经历、奋斗精神,甚至风度、仪表等方面获得信心、力量和勇气,进而奋发进取,战胜挫折。

2. 升华

升华也是一种积极的反应行为。有的人发现因种种原因无法达到原定目标,或者个人的动机与行为不为当时的社会所接受时,就用另一种比较崇高的、具有创造性和建设性的、有社会价值的目标来代替,借此弥补因受到挫折而失去的自尊与自信,减轻挫折所造成的痛苦。我们都知道屈原被放逐以后,写出《离骚》;司马迁受到凌辱且身陷困境,却仍能以《史记》传世后人;曹雪芹举家食粥,却最终以《红楼梦》流芳百世。

3. 补偿

这也是一种积极的行为反应。有的人,当由于主客观条件限制使个人目标无法实现时,就设法以新的目标代替原有的目标,以新的成功体验去弥补原有失败的痛苦。如有些学生恋爱失败,会通过用功学习,取得好的成绩来补偿失恋的痛苦。补偿行为在残疾人身上表现得尤为突出。如因意外而早年失去手的人,可以通过后天的不懈努力用脚代替手,写字、劳动甚至绣花;双目失明的人,听觉就特别发达,因此,许多盲人在音乐方面的造诣就很深。他们拥有一种"化悲痛为力量"的乐观精神,这种精神是战胜挫折很好的方法。

4. 幽默

幽默是受挫后采取的积极反应。有的人遭受挫折、身处困境或尴尬时,常常就用幽默来"化险为夷",改变自己的心境。这种方法可以说是一个非常好的精神治愈良方。这是人格较为成熟的人所表现出来的积极生活态度:在适当的场合,使用适当的幽默,把原来困境的情况转变一下,大事化小、小事化了,渡过难关。列宁说过:"幽默是一种优美的、健康的品质。"恩格斯也说过:"幽默是具有智慧、教育和道德上的优越感的表现。"幽默是战胜忧愁的法宝,使人轻松愉快。

5. 攻击性行为

攻击性行为是一种学生受到挫折后发生较多也是造成后果较为严重的表现,是一种非常消极的行为反应。学生遭受挫折后,心理紧张、情绪激奋,一旦失去控制很容易发生攻击性行为。这种攻击性行为可以分为直接攻击和间接攻击。

直接攻击是指受到挫折后,直接将愤怒的情绪转向造成其受挫的人或物,可表现为对人采取嘲笑、谩骂、诽谤、殴打、行凶和损坏财物等行为,以发泄自己内心的不满。研究表明,直接攻击行为容易发生在那些充满自信、自我评价偏高、自我感觉良好或冲动鲁莽、缺乏生活经验的大学生身上。

间接攻击就是指由于无法对使自己受挫的一方直接加以攻击而发生的将其他人或物作为发泄对象的转向攻击。一般是以寻找替罪羊的形式出现,轻则背后抱怨、发牢骚、摔物、向别人发泄怨气,重则制造破坏事件,造成不良影响。

直接攻击行为在高等职业院校就读的大学生中虽然存在,但不如间接攻击行为普遍、经常。这种行为所带来的后果一般难以消除原有的挫折感,甚至会造成新的更大的挫折,同时给社会和他人带来危害。因此,攻击性行为是一种非常消极的挫折行为反应,应加以自我控制。

6. 冷漠心理

这是一种消极行为反应。有些大学生遭受挫折后,变得冷淡麻木,意志消沉,对人对事无动于衷,失去了正常的喜怒哀乐等感性反应。这是一种比攻击性行为更为复杂的反应。情感上的冷漠麻木往往又会导致学生在行为上的孤僻离群,拒绝与其他同学交往,回避集体生活。例如,一位大三女生面临毕业,在连续找了几家顶岗实习单位都没有被聘用后,情感发生了很大的变化:喜怒形于色,对许多事情都失去了兴趣。这是由于屡受挫折而产生的一种冷漠心理。但是那种表面的淡然和冷漠并不能使她心里觉得好过,反而,这样如同行尸走肉般的生活会让自己更加难过。

研究表明,长期遭受挫折而无法摆脱;遭受挫折后无望无助;心理上恐惧不安和生理上痛苦难忍、进退两难;攻击和退缩之间冲突激烈等都容易出现冷漠反应。冷漠反应包含着学生心理上的恐惧和痛苦,通常比攻击对心理的影响更大。它往往是个体压抑愤怒的一种外在表现。

7. 焦虑不安

大学生在受到挫折后情感会发生复杂的变化,包括自尊心、自信心受到损伤,紧张、不安、恐惧的情绪交织在一起,产生焦虑。焦虑是挫折后最常见的一种消极心理反应。适度的焦虑对提高效率、激发潜能有一定的积极作用,而过度的焦虑会导致心理疾病,甚至发展成焦虑症。

很多大学生都可能有这样的心理历程:没有上大学之前,把大学想象得很完美,后来才发现一切都和想象中的相差甚远。老师讲完课就走,想问一些问题都没有机会;闲暇时间太多,不知如何安排;生活要自理,对自己没有信心;同学之间交往少,关系冷漠。最后导致学习状态总是不佳,于是开始怀疑自己,每当有一丝放松的时候,又会感到内疚,经常处于无所适从的状态。这明显是由学习、生活、人际关系等不适应而带来的焦虑。它使一些大学生长时间不能适应集体生活,内心处于渴望理解与自我封闭的矛盾之中,对自己的交际能力进行否定评价,并常常会因为一点小事而产生挫折心理。学习上的过度焦虑则更会抑制思维,分散注意力,影响正常的学习活动,从而产生更强烈的挫折心理。

8. 逃避

有些大学生由于感到预定目标难以实现、前途渺茫、没有精神寄托,便逃避现实、经常酗酒、沉迷于网络游戏、上课睡觉,以求得在麻醉和幻想中获得满足,其行为是非常消极的。有些学生甚至还否认自己受到挫折,找出牵强附会的理由为自己辩护,把错误和责任推给别人,以求得自己在精神上的慰藉。如某高职男生,大一时各方面表现还都很积极,大二时对同班的一名女生产生了好感,但几次追求都遭到拒绝。该男生对此无法接受,痛苦不堪,从此不愿再见到那个曾心仪的女孩,每天旷课泡在网吧里与异性聊天或者玩游戏,学习成绩直线下降,最后发展到向家长提出退学。可见,这样的大学生一旦受挫就采取逃避的方法,不能主动进行自我调适、积极面对现实,长此以往,必然产生心理疾病影响自己的前程。

9. 轻生

这是个体受到挫折后所表现出的最为消极的行为反应。

当个体在遭受挫折后,自我意识的烦恼和苦闷发展到一定程度时,对事态产生恐惧,对生活失去信心,对现实感到绝望而采取的一种极端"自我保护"行为。如果一个人爆发的"攻击力"向外界发出时受到隔阻就会转向自身,导致轻生行为。个别大学生在遭到学习、生活、恋爱等方面的困难或在社会活动中受挫时,就会感到严重失去自尊或彻底失去成就信念,这只能说明个别大学生的心理承受能力需要提早进行锻炼。

四、提高大学生抗挫折能力的有效途径

从大学生对待挫折的反应来看,有积极的,也有消极的。消极的反应是不够理智的处理方式,那将严重影响自己的人生发展。只有理性控制情感,才能成为情感的主人,实现道德幸福的生活。我们应该在挫折面前努力适应生活,提高自己的抗挫能力。

1. 从小事做起

日常生活中,可以通过一件件的小事让自己的意志得到锻炼。做小事并不卑微,凡事都是以小见大的。它可以让我们养成耐心做事的好习惯。每个大学生都应该从自己的身边小事做起,坚持规律生活,强调时间观念,磨练自己的生活意志,塑造自己遇事不惊、做事稳健的良好生活习惯。平时多观察生活,当看到别人受到挫折的时

候,要积极去考虑如果遇到同样的问题,自己将如何处理才能免受挫折的打击,让自己从思想上、意志上得到不断的强化,提高自己应对突发事件和抵抗挫折的能力。

2. 增强自信

人生挫折在不同心态的人身上所反映出的心理体验是情态各异的。要战胜挫折就必须要有坚强的意志和高度的自信心。勇敢和自信是人生迈向成功之路的第一步,是成功的心理基石。有勇敢精神的人不一定都能取得成功,但懦弱自卑、缺乏自信的人注定将一事无成。对于勇敢自信的人来说,挫折和苦难更能激发他们奋发向上的斗志和豪情,愈挫愈勇;而缺乏自信和勇敢精神的人,面对挫折就可能自甘沉沦,一蹶不振。"苦难是坚强者磨行意志的磨刀石,也是懦弱者自甘堕落的滑梯。"不论在什么情况下,都不能动摇这样一个信念,"没有爬不过的山,没有趟不过的河,没有战胜不了的困难和挫折。"

3. 升华目标

人生挫折是和人生的奋斗目标联系在一起的。一个人的人生目标是多方面的,而且各个时期、各个领域的具体目标也会有所不同。在实现这些大大小小目标的过程中就会产生各种各样的人生挫折。一个把个人功利作为人生追求目标的人,贫穷和官场失意对他来说就意味着人生的悲哀,而以国家民族兴盛为己任的人,则会把名利得失看得如过眼云烟。对于一个爱情至上者来说,失恋和家庭的离异便如同人生的毁灭,哀叹"没有爱多难过,没有爱怎么活!"而一个视事业为生命的人,个人情感的失意便如同玫瑰刺手,虽有一点点痛,但却了无大碍。

4. 积极砥练

抗挫折能力的培养离不开社会实践。大学生都应该经常走进社会,寻找各种机会锻炼自己。通过不断地做事、不断地追求展现自己的能力。无论是当家教,还是打小工,或是发广告传单,学会和各种各样的人打交道,从中去体会那些小小的成功和失败,总结自己,增加生活阅历。培养自己在遇到各种困难和挫折时解决问题的能力,应对困难的能力。只有积极地投身于磨练自己的社会大课堂中,通过正反对比、亲身感受才最为深刻,自我认识也最为透彻。

5. 迎难而上

面对人生挫折,人们无不希望变挫折为坦途、赢得人生辉煌,但要战胜挫折关键在于自身的发愤图强、努力奋斗。古谚"失败是成功之母,苦难乃人生财富",其本意在于引导人们对挫折认真总结,吸取人生教训,科学地调整自己,积极寻求战胜挫折的方法。这样,挫折就如同"人生的良师",引发我们变坏事为好事,一步一步走向成功。如果在挫折面前消极忍耐,怨天尤人,甚至自暴自弃,那么苦难永远是苦难,挫折始终是挫折。"失败"这个妈妈是永远生不出"成功"这个大胖小子的。

当代大学生正值青春年华,虽说也曾遇到过这样或那样的不顺,但总的来说,都是在众多亲人呵护和老师、同学的帮助中成长起来的,在今后漫长的人生之路上将会遇到挫折与不幸。无论是在何时何地,也无论是遇到什么样的艰难困苦,都不要失去对生活的渴望和对美好事物的追求。不在挫折中奋起,便会在挫折中灭亡。大家要学会在挫折中奋起,让挫折成为鞭策我们前进的动力,学会积极承受挫折,让自己成熟起来。

训练拓展

无论是自卑还是承挫能力较差都是由人们所持有的不合理信念造成的。这种信念有三个特征:即绝对化的要求、过分概括化和糟糕至极。"绝对化的要求"是指人们以自己的意愿为出发点对某一事物所怀有的认为其必定会发生或不会发生的信念,通常与"必须""应该"等字眼联系在一起;"过分概括化"是一种以偏概全、以一概十的不合理思维方式,或者是经常用放大镜去看待自己身上所发生的一切;"糟糕至极"则是一种认为不好事情的发生"将是非常可怕、非常糟糕、是一场灾难"的想法。

比如,来到大学,过去"以学习为中心"的单一的评价标准变成了大学多元化发展评价标准,有的同学就会给自己提出绝对化的要求,如果不能实现就让自己内心丛生自卑感,或者让自己深深感觉受挫;有些同学当看到班级其他同学有某些优势或特长,而自己几乎"一无是处"的时候,就简单地把自己概括为"自己不如人",改变对自己客观合理的认知和评价;在此基础上,"糟糕至极"的灾难化想法也就产生了:"我的能力太差了""我对自己失望透了""别人会瞧不起我"等错误的评价让自己不能自拔。殊不知,人生的一切强调的是态度,而且"天生我才必有用",任何失败只要总结都是人生的收获。只有放弃自卑,直面挫折,才能做好今天,实现未来。

第十四训练模块　规矩与道德

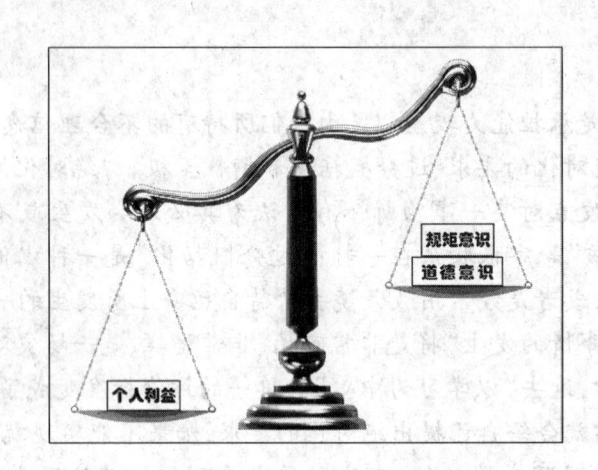

※ 训练目的 ※

通过该模块的训练,要使大学生清楚地认识恪守方圆规矩的重要性。遵守规矩是人类社会发展的基本要求。没有规矩,社会就不可能发展,个人也不可能进步。我们还要清楚地认识提高道德修养的实用价值,增强主观能动性,增强自律意识,自觉形成健康高尚的道德品质,养成良好的行为习惯。只有这样,自己才能适应社会需要,社会才能不断走向文明和秩序。

※ 训练要求 ※

（1）学习规矩的基本概念,理解社会发展和个人发展为什么离不开规矩,思考自己该如何形成良好的方圆规矩意识；

（2）学习规矩和创新的关系,充分理解"坚守原则,遵循有生命力的规矩,并完善社会发展的各种规则"的意义；

（3）通过学习"高等职业院校大学生道德素质的现状"和"原因分析",反省自己在道德素质方面的实际情况；

（4）理解提高道德修养的意义,思考自己该如何形成良好的道德修养,以及自律在形成良好道德修养中的作用。

训练开讲之一 恪守方圆规矩

江河东去,日月交替,大自然生生不息,用规则演绎着生命的轨迹。火车之所以能够奔驰千里,是因为它始终离不开两条铁轨;风筝之所以能高高飞翔,是因为它总是系着手中的线;宇宙间无数颗恒星亘古不变地灿烂,是因为它们都按照自己的轨道运行。人类社会也是如此,军队的战斗力来自于铁的纪律;企业的竞争力来自于严格的规章制度;学校的生命力则来自于严格的校纪校规。

规矩与生活息息相关。生活中,随处都可以遇到诸如法规、校规、制度、交通规则、文明公约、道德规范、考试规定等规矩要求。遵规守纪是每个公民的职责,也体现了每个合格的公民所应具备的基本素质,对大学生也不例外。它是我们学习的需要,更是成长的需要。

一、规矩的基本概念

"规矩"一词出自木匠术语。"规"指的是圆规,木工干活会碰到打制圆窗、圆门、圆桌、圆凳等工作,古代工匠就用"规"画圆;"矩"也是木工用具,是指曲尺,是一直一横构成直角的、木匠打制方形门窗桌凳所必备的尺子。可见,"规"和"矩"都是制作和校正圆形、方形的工具,原意是说如果没有"规"和"矩",就无法制作出方形和圆形的物品,后来引申为人们的行为举止所应遵循的标准和规则。

生活中,我们常常说"没有规矩不成方圆",其字表意思是说"规矩者,方圆之器也,矩以制方,规以制圆,依规矩而方圆乃成。"很显然,其内在含义中隐含着一定的因果关系,反映了事物发展的一般规律。其意是强调做任何事都要有一定的规矩、规则、做法,否则,无法成功。正是它具有这一积极的意义,人们才将其引申到日常的待人、接物、处事等方方面面,并循循善诱,教导后人。"没有规矩不成方圆"已成为传统文化中的一句至理格言。

二、社会发展离不开规矩

孟子说得好,世界上所有的事情都有一定的规范,我们要用这种规范来约束自己的行为举止。因此,对个人来说,遵守这种规范就能有所成就;对社会来说,遵守这种规范就能和谐稳定发展。人们总是要在"规"与"矩"所形成的范围内活动。只有这样,才能让社会更好地发展与进步,才能让社会不断走向文明。

1. 好的规矩让社会有序

在自然规律面前,人类长期遵循自然法则而生活着,并形成了人类自己的生存和发展法则,即人类社会的秩序。这些秩序已经帮助人类社会从低级到高级完成了一步步的进化发展,也帮助着人类从弱小逐渐壮大起来,直至今天,人类已经完成了向高级的进化,与自然和谐共生。我们无法想象,在这个过程中,如果没有规则和秩序,人类社会将会成为什么样子。

我们都知道奥运射击这个项目,如果没有比赛规则,那我们怎么来判断谁的表现最好,谁是最后的冠军。美国射击名将马修·埃蒙斯继雅典奥运会脱靶后,在北京的最后一枪又只射中4.4环,虽然他平时的射击成绩是世界顶级水平,但比赛规则让他名落孙山。再比如,2008年北京奥运会的开幕式上,我国向全世界所呈现的那场宏大且震撼的演出,如果没有掌握并按照符合其运行规律的一定规矩去策划和组织,如果没有全体工作人员在一定的规则上全力配合,那场面是难以实现的。同样,对一个企业,如果缺乏明确的规章、制度、流程,工作中就非常容易产生混乱;如果有令不行、有章不循,人人都按个人意愿行事,那么企业所追求的经济效益和社会效益将无从实现。

规矩的形成是社会内在发展的需要,并不是拍一拍脑袋就想出来的东西。规则的制定一定要符合事物的发展规律、特点和本质,这样才有利于事物的发展和进步。从原始社会到奴隶制度、封建制度,直到现在的资本主义和社会主义制度,每个阶段的具体规则和制度虽然都不相同,但都是根据一个时代的社会现状和特点所形成的,以促进生活改善和生产力的发展,都是适合当时人类生活和生产力发展的,都是好的制度,好的规则。

因此,国家的治理必须有法律,家庭和睦必须要有家规,即使做游戏,也离不开各种不同的游戏规则。一个组织要有自己的章程,一个单位要有自己的制度,任何一个集体都需要用纪律来约束。人,生活在纪律中,也就是生活在纪律保障中。离开这种保障,个人将不能很好地学习、工作、生活,集体将不成其为集体,社会也将不成其为社会。

2. 好的规矩给社会人以激情和愉悦

在奥运会上,除了争金夺银,打破纪录外,带给人们更多的是激情与感动。如果没有这些激情和感动,又有谁愿意开销自己的荷包去观看比赛,支持自己所喜欢的选手。换句话说,正是这些事物与情感,让原本简单而机械的生活充满了色彩与情趣。而这些,正是由于有了一定的规则和规定才得以实现。

一些民办院校都有董事会。董事会领导下的良性校长负责制实行的是校务例会制度。董事会、监事会和校长室成员共同参加校务例会,商讨学校的重大事务,从而有力地保证了学校决策的民主性和科学性,让校长在感受到愉快工作的同时,全校师生也能轻松而愉快地进行教与学的活动。

经营单位制定出自己的规章制度,告诉员工该做什么,该遵守什么,待遇是多少,什么情况下有奖惩,等等。通过这些规定明确了各种关系。员工通过劳动得到的不仅仅是薪资,也得到了愉悦的心情。

爱犬,是我们生活中的好朋友。但是,毫无节制地养犬,必然造成犬患。通过规范公民的养犬行为,可以达到人与犬类的和谐相处,犬的主人也可以从中体会到一定的情感满足。

大自然是伟大的,她在创造理性社会运行规律的同时,还创造了感性的情感世界。如果没有情感,人们在这个充满规矩的社会生活中将变得和机器人一样,机械而乏味。既然这些情感都是大自然赋予人类的财富,那么,我们就应该接受这些公共的社会约束法则,开怀地去享受这些给予,而没有必要怨天尤人。

三、个人发展离不开规矩

游戏要遵守游戏规则,走路要遵守交通规则,做生意要遵守市场规则,运动员要遵守比赛规则,飞行员要遵守操作规则,教师要遵守师德准则,学生要遵守学生守则。规则对每个人来说,既是行为准则,也是保护我们的准绳。

1. 个人发展需要规矩来约束

有一则名为《河水和河岸》寓言故事,说的是河水认为河岸限制了它的自由,于是就一气之下冲出了河岸,涌上原野,吞没了房舍与庄稼,在给人类带来巨大灾难的同时,它自己也由于蒸发以及大地的吸收而干涸。河水在河里能掀起巨浪,而当它冲决河岸以后,不仅毁灭了自己,还对人类造成了灾难。显然,本想寻求自由的河水最终却失去自由。因为它要寻求的那种无拘无束的、绝对的自由是不存在的。

过度的自由只会给他人带来不便或伤害。由于少数人的规矩意识淡薄,甚至无视规矩的存在,在生活中就产生一些不和谐的杂音。上课时迟到的学生一声报告,必将使原本秩序井然的课堂发生小小的骚乱,或使沉浸在思考中的思想发生中断;随意丢弃的一团废纸,必然随风飘扬,给我们生存的环境造成污染,给人带来不悦;人人都不遵守交通规则,人人都无法正常通行,自己也会陷入困境,给自己带来安全隐患。

这是一个释放的年代,也是一个收敛的年代;这是一个放松的年代,也是一个紧张的年代。不管时空怎样转变,不变的永远是我们心中那份对美好生活的向往和对个人心灵的洗涤。人,作为社会和国家的主体,决定着国家与社会的前进和发展方向。个人只有尊重客观规律,遵守规矩,充分发挥主观能动性,才能达到自己预定的目标,并在奋斗中磨练自己的意志,吸取失败的经验,不断充实自己,让个人的潜力达到最大的发挥。

规则是保障每个人自由的武器,只有人人遵守规则,保护规则,才能在这个过程中实现双赢,不仅赢得个性的发展,更有智慧上的收获;才能让我们拥有一片更加蔚蓝的天空,保证学习更加有序,让我们的生活更加文明,更加幸福。

2. 个人发展需要规矩来帮助

当年,刘邦率领起义军攻克了秦朝首都咸阳城。起义军进入咸阳后,刘邦就"约法三章":任意杀人者,斩;伤害无辜者,罚;偷盗抢劫者,依情节治罪。并且还宣布废除了秦朝当时的一切严刑苛法。百姓听了无不欢天喜地,纷纷带着酒肉走上街头来慰劳刘邦的军队,刘邦的军队也因此而赢得了民心。这一切正是刘邦的"约法三章"为自己所带来的帮助。

同样,对于现代企业,企业老板在经营过程中就要制定一系列的规章制度,形成一整套自己企业的企业文化,以此来规范每个员工的思想意识和工作行为。企业是经营单位,是要创造利益的。尤其是对于超大型企业,没有规章,其生产过程将处于一种无序的状态;没有企业文化,员工将失去工作精神,从而就丧失了企业创造利益的内在基础,企业老板就不可能在经营过程中收获利益。

古人早在周礼的《大学》论中就提出"明明德,亲民,至善"这三条做人的总纲,而且给出了具体的实施方式:"格物、致知、诚意、正心、修身、齐家、治国、平天下。"它说明了个人的修身养性不仅仅是口号上的,最重要的是在实践行动上。做人做事都要有理有节,有法度。对于远大理想,更要有稳妥坚韧的奋斗目标,以及周全的规章制度和前进法则,否则,个人的行为也只能是逆水行舟。失去外界的帮助,成功也许会与我们失之交臂。

四、培养良好的规矩意识

衡量一个国家、一个城市的文明程度,一个重要标志就是政府和每个公民的规矩意识、法律意识。法律和规则是社会运行的基石,是社会有序运转、人与人和谐共处的基本规范。每一位公民,都应着力培养自己的规则意识和法制意识。

1. 遵纪守法是美好生活的第一步

如果每一个人都能做到遵纪守法,生活就会变得更加美好,这个社会才会变得更加和谐,才会更快、更稳地向前发展。

遵纪守法不仅是一种品行,更是一种责任;不仅是一种道义,更是一种准则;不仅是一种声誉,更是一种资源。对个人而言,遵纪守法是高尚的人格力量;对企业而言,遵纪守法是宝贵的无形资产;对社会而言,遵纪守法是正常的生活发展秩序。

那些不遵纪守法的人,表面看上去很平静,实际上没有一个不胆战心惊,生怕哪一天被法律追究。曾有一个四处躲藏几十年的贪污犯,在入狱后说的第一句话,就是几十年来没有睡过一天的安稳觉。这是他不遵纪守法所付出的沉重生活代价和精神代价。

遵纪守法并不是为了赢得别人的赞扬,而是为了对得起社会,对得起他人,对得起自己,不使自己的生活和心灵遭受折磨。遵纪守法是我们的权利和义务。我们要珍惜自己的权利,自觉履行自己的义务,自觉遵守法律。做到遵纪守法,就可以理所当然地享受生活、享受人生。

2. 规矩由人来制定,更要由人遵守

社会上有这种现象:有些单位正常上班时间是上午9点,下班时间是下午5点。但有时直到早上10点钟,才有几个员工稀稀拉拉地赶到单位露个脸,以证明自己今天上班了,到下午4点钟,单位里顶多还有三五个人。原因很简单,因为单位领导出差不在。似乎领导不在,规定就不再是规定,各自就可以安排上班时间,安排自己的工作。

现实生活中,还可以看到这样的现象:老师明明留有充足的时间让学生完成作业,但是在交作业的时候,总有个别人不能上交;过马路时,看见路口没有交警就闯红灯;一些本应该为人民服务的领导干部,为了个人利益,贪赃枉法;一些工厂为了减少成本费用,无视已经灰暗的天空和倍受污染的河水,仍然不采取防污治污措施;一些医生丧失职业道德,给病人开一些"大处方"。

规矩的意义和价值体现在被执行、被遵守中。大家都守规矩,社会才能和谐;人人都按规矩办事,单位才能秩序良好、风清气正。按规矩办事是一种很浅显、很基本的道理,因此,每个人都有必要经常反省自己,看看有无需要完善之处。

3. 领导表率,严格管理

一天,汉文帝到细柳视察驻扎着周亚夫军队的军营,只见细柳营的将士们都身披铠甲、手执锋利的武器、拿着张满的弓弩。文帝的先驱队伍到达后,想直接进营,但营门口的卫兵不让。先驱将士说:"天子马上就要到了!"把守营门的军门都尉却说:"将军有令,'军队里只听将军的号令,不听其他的指令'。"

事后,群臣都为此表示不恭。而文帝却说:"这才是真正的将军!前面所经过的灞上和棘门的军队,就像儿戏一般,那些将军很容易就被偷袭而俘虏;至于周亚夫,谁能够冒犯他呢?"后来,文帝传令对周亚夫进行了重赏。

联想集团有每周一次的办公例会制度。曾有一段时间,一些参会的领导由于多种原因经常迟到,让大多数人因为要等一两个人到会而浪费了宝贵时间,意见很大。为此,柳传志决定,以后例会的迟到者要在门口罚站五分钟,以示警告,结果迟到现象马上大有好转。有一次,柳传志自己因特殊情况迟到了,大家都在等着柳传志将如何解释和面对。柳传志走进会场后,先是一个劲地道歉,同时自觉地在大门口罚站五分钟。

时下,无论是社会、单位、家庭都有各种各样的制度和法规,但根本上还是执行问题。只有严格管理,奖惩分明,个人利益服从集体利益,形成一定的约束力,才能保证我们更好地生活在一个和谐、文明、秩序的大家庭里。

五、规矩与创新的关系

规矩和创新是紧密联系、辩证统一的。我们不能墨守陈规,有些时候也要勇敢地突破规矩的限制,进行创新。只有创新才可能启迪智慧,探索真知,获得成功,让规矩发展完善。

1. 创新是对规矩的坚守

"没有规矩不成方圆"这句话与创新并不对立。创新也要按照客观规律并在一定的规矩约束下进行。如果没有一定规矩的制约,创新是很难成功的,即使有时候创新获得成功,也会缺乏生命力,或者弊大于利,而没有什么实际意义。

规矩是传统,也是继承。创新虽然是破规矩,但也不完全排斥规矩。我们知道,断线的风筝,不但得不到自由,反而会栽得粉身碎骨;脱缰的野马,驰骋闯荡,呼啸而去,其放纵的自由也只能最终毁灭自己,并危及他人;失去钢轨的列车,不但无缘于自由,反而导致脱轨的灾难。我们要在遵守规矩的基础上创新。我们要摒弃的是那种墨守成规的思想,要打破的是那些成规陋习,要追求的是正确的思想解放,决不盲目地排斥与否定前人的所有言行和成果。我们要做的是"取其精华,去其糟粕"。

2. 创新是对规矩的完善

我们讲"没有规矩不成方圆",并不等于墨守成规。要知道,规矩在形成之前是没有规矩的。规矩是由人们根据事物的发展而制定的,当然也就可以根据发展而重新制定和完善。"没有规矩不成方圆"在事物发展过程中的一定阶段是有效的。而任何时期,对待任何事物,客观地、辩证地、发展地看待才是至关重要的。倘若一个人安于平庸,甘于落后,画地为牢,那么他将失去向上的动力,失去开创美好明天的创造力,等待他的结果就只有淘汰。

我们不能以过时的旧规矩来禁锢人的思想,限制人的自由。规矩也应当与时俱进,与时代发展相适应。随着现代生活节奏的逐渐加快,原有的常规被人们在实践中找到了新的原理,于是,就出现了打破常规的新思想,只有打破重生之后的东西才更有生命力。当旧规矩衰微之时,正是新规矩诞生之日。历史上,如果没有那些为推进社会发展的伟人们的"不规矩",就没有今天社会的文明进步硕果。

大学生在接受知识的过程中,一定要有创新意识,要学会从不同的角度思考问题,这样才有利于探索真知,获得成功。创新需要勇气,但更需要精心谋划和强有力的组织能力。创新是在新的思想观念支配下进行的实践活动。没有新思路,就不会有真正意义上的创新。大学生作为时代的新人,崇尚自由,张扬个性,寻求标新立异,这是创新的基础,但是,大学生更应该坚守原则,遵循有生命力的规矩,并完善社会发展的各种规则。

训练开讲之二 提高道德修养

古人云:"有才无德,其行不远。"任何人的成才总是和社会的需要、时代的需要紧密联系在一起的。脱离了历史前进的方向,脱离了为人类造福、为社会作贡献的思想,人的才智发挥就会受到抑制。大学生如果缺乏报效社会之心,没有大志,只为个人"名利"而奋斗,即使在某一时期对其发展会有积极作用,那也是不会长久的。因此,我们不仅要掌握丰富的科学知识,拥有健康的体魄,还要培养自己良好的道德修养。

一、高等职业院校大学生道德素质的现状

湖南交通职业技术学院有研究人员曾对湖南四所高等职业学院的学生在道德素质的现状方面进行了问卷调查。从中可以看出当前高等职业院校大学生的基本道德素质状况。

1. 道德认识是积极的

调查表明,近半数大学生认为道德品质还是重要的。在"当前社会最严重的问题是什么"一题中,有48.77%的学生选择了"道德问题",可见,大学生对"道德"问题倾注了较大的关注。

问卷中,有高达83.36%的同学明确表示加强大学生思想道德修养是"很有必要的";有71.42%的同学认为一个人的文化修养与一个人的道德素质应是同步发展或相互促进的;有73.52%的同学赞成宁可牺牲个人利益,也要维护集体利益;有86.65%的同学认为新时期仍应坚持艰苦奋斗的优良传统。

可见,广大大学生对道德修养的认知都是积极的、健康的。

2. 道德价值明显趋于功利性

调查还表明,目前当代大学生能够积极进取,人生价值观也能积极向上。但绝大多数大学生却不能用理想的道德价值目标来指导自己的实践。在道德价值取向上,相当一部分大学生存在着较明显的功利性倾向。

在"争取加入共青团、中国共产党,是否是为了更好地为人民服务"一题中,有54.57%的学生选择"不是"或"不好说";有38.75%的学生承认申请加入中国共产党的动机是"为了个人就业的需要",甚至有部分学生认为写入党申请书只是随波逐流,表现为缺乏一定的社会责任感。在"你努力学习最主要的目的是否为了最大限度实现人生的个人价值"的问卷中,有66.43%的学生选择了"是"。

而在"判断人生价值的标准上,你是否认为取决于对社会贡献的大小"问卷中,却有51.93%的学生选择了"既取决于社会贡献又看个人得到多少"。有43.61%的学生认为个人价值的实现,仅决定于个人的学识、才能、机遇和人际关系,而与个人品德无直接关系,部分学生认为学习科学技术可以为自己带来金钱实惠,而学习人文知识却没有什么实际用处,因此,把精力放在加强自身的专业知识学习方面,表现出"重才轻德"的功利主义倾向。

3. 道德意识的"知"与"行"脱节

很多大学生在理论上对道德规范有比较正确的认识,但在具体行为中又与道德规范相背离,即出现了"知"与"行"的脱节现象。

一方面,"时刻以道德标准要求自己的"学生达到48.48%,有68.89%的学生认为自己诚信度"比较好",60.78%的学生基本能遵守学生守则和各项校纪校

规,懂得自我约束。这些都说明绝大多数大学生对关心集体、遵守纪律、文明礼貌等良好的道德品质认同率较高,能够正确确定和审视他人或自己行为善恶的价值尺度。

另一方面,在道德修养的实践过程中,却反映出道德意志薄弱、自律性差的弱点。实际情况表明,部分学生道德修养不高,图书馆里经常出现偷、撕、污损图书资料的现象,对"长明灯""长流水"的现象熟视无睹,校园内买饭插队、随地吐痰、乱扔纸屑、出口成"脏"等不良现象随处可见,考试作弊的现象呈上升趋势,这些不能不说是部分学生"知""行"分离的真实写照。

可见,很多大学生的道德思想与道德行为之间都存在着明显的"知"与"行"的脱节现象,也表现了大学生对道德价值评价标准的困惑和矛盾。

二、原因分析

以上这些状况的存在有其一定的社会基础,自然导致了一些大学生在心灵上的困惑和迷茫。

1. 社会环境与家庭教育偏差的负面影响

首先,我们来看外部环境中有哪些负面因素对大学生道德素质的现状产生了直接的影响。

1)市场经济冲击着大学生的价值取向

社会主义市场经济的不断发展和深入,在极大地推动我国综合国力迅速提升的同时,也带来一定的负面影响。一方面,受市场利益驱动使重利轻义的行为随处可见,自然形成了以功利取代道德的现象,利己主义、极端个人主义思想渐渐膨胀;另一方面,西方文化和价值观念也越来越多地渗透到大学生的思想意识中,使一部分大学生受到拜金主义、享乐主义的冲击,形成了一切以自我为中心、单纯注重自我价值实现等不良现象。所有这些,将不可避免对大学生树立正确的人生观、价值观产生种种干扰,使一些学生在理想信念上产生困惑和动摇,一些道德修养较弱的学生就会陷入拜金主义和极端个人主义的泥潭。

2)网络文化影响着大学生的价值观念

互联网技术的广泛应用,对活跃大学生的思想、丰富其知识、拓宽其视野等可以产生积极的影响。但与此同时,我们又不得不看到互联网上的信息确实存在着良莠不齐的现象。网络文化的无序,必然使得缺少阅历又易被吸引的大学生们在接触网络的过程中,自觉或不自觉地受到感染。网络中的一些消极、迷信、黄色内容势必对学生的是非观念、道德意识、道德情感产生强烈的冲击,使得原本积极向上的人生观和价值观受到不良影响。

3）家庭教育的偏差

如今的大学生中，独生子女占有相当大的比例。许多家长只重视孩子的书本知识掌握情况，疏于对孩子在"做人"方面的熏陶。由于父母的溺爱甚至包办，导致一些学生丧失对事物的自我分辨和判断的能力。很多学生在为人处事方面都变得自私和冷漠，不懂得尊重他人，缺乏同情心和责任感，往往以流行和时尚作为判断事物的标准，以利己和实用作为自己行动的指南，这种人格的缺失是家庭环境教育给大学生在道德行为上所带来的一种偏差。

2. 大学生自身的不足

当然，环境因素仅仅是影响大学生道德素质的外部原因。从哲学上讲，外因必须通过内因才能起作用。

目前，高等职业院校确实存在着生源复杂、层次良莠不齐的现象。由于社会上对高等职业教育在认识上的偏差，很多大学生对进入高等职业院校的态度相对消极，从而导致一些大学生存在对自身要求不高的思想倾向。

相对于本科院校学生来讲，高等职业院校大学生存在自控能力相对较差、对思想道德的自我要求不高等现象。有些学生"以自我为中心"，一味强调自我个性、自我实现，单纯认为找个好工作是人生追求的目标，有专业技能就行，道德素质修养再高也不能当饭吃，把自身的道德素质境界定义在不违法、不犯罪的基点上。这必然使得一些学生在思想道德的形成过程中产生盲目性或偏激性。这不但滋长了个人主义倾向，还忽视了对自己在集体主义、无私奉献和助人为乐等方面的传统美德培养。

三、提高道德修养的意义

未来的社会发展需要大量具有综合素质的复合型应用人才。只有加强思想道德修养，才能更好地满足经济社会发展的要求。每位大学生在努力学习专业知识的同时，更要注重思想道德修养。

1. 自身发展需要提高道德修养

大学生要想实现自身发展，就必须明白道德是一定社会、一定阶级向人们提出的处理个人与个人、个人与社会之间各种关系的一种特殊的行为规范。我们每天只要与社会和他人发生关系，都在检验着我们的道德水准，检验着我们是否履行了应尽的道德责任和道德义务，检验着我们对社会、对他人、对工作、对集体、对家庭、对金钱和物质利益的态度。

在道德问题上，既要强调大学生在道德选择上的自由性，对自己的任何社会行为负责，还要对道德问题作理性和自觉的把握，重视自己的自主判断，淡化传统习惯，不盲目以他人的、传统的或权威者的道德意识为主要的评判尺度，强调个人在道德生活中的权利，尊重和保护自我利益。

由于人的精神不断完善和发展，人才能不断认识自身，才会与社会相适应，促进社会的和谐发展。正是因为每个人都是社会的人，道德生活便构成了人类生活的重要特征。只有具有高尚道德的人，才会有真正的生活，才能真正实现向"自由个性"的飞跃。

从大学生自身发展的角度来看,我们正处在世界观、人生观、价值观形成和发展的重要求学时期,在思想、道德和心理等方面都会发生一定的进步。但总的来说,我们在社会生活经验上还不够丰富,思想上也不够成熟,同时还存在着明显的知与行的脱节现象。比如在成才问题上,我们一方面具有强烈的成才愿望,另一方面又缺乏勤奋刻苦、坚韧不拔、耐得住清贫、耐得住寂寞的决心和恒心。这就需要我们通过不断学习,加强思想道德修养,不断完善自己。

2. 社会发展需要提高道德修养

从所处的社会环境来看,大学生正处在发展社会主义市场经济和不断对外开放的重要历史时期。我国所实施的改革开放和现代化建设已经使我国社会发生了巨大的变化,其中一个最根本的变化就是市场经济在不断深化,并由此引起社会生活方式也发生着一系列的深刻变化。

市场经济同其他经济形式一样,要求有与之相适应的伦理道德基础。市场经济是以理性化为特征的经济制度。在市场经济的社会里,需要公平、秩序和稳定,需要以自由、平等、信用和契约为基础所建立起来的一种具有普遍性的交换关系。这种关系靠的不是人情、等级和特殊关系,而是以一套具有广泛适用性的、非人格化的规范和程序来维持的社会运行机制,从而形成一种新型的现代人际合作关系。这种新型的人际关系反映到道德层面上,就是道德应以现代市场经济和现代文明规范为基础。这些规范包括人格自由、平等,尊重人权,遵守社会公德,公平竞争,依法办事等。

可见,大学生正处于一个利益主体多元、思想道德多元和价值取向多元的历史大背景中。一方面,必然会受到西方不同文化和价值观的影响;另一方面,社会上所出现的拜金主义、享乐主义、个人主义等不健康思想,以及封建迷信思想和各种社会丑恶现象,都会对大学生的健康成长带来许多负面影响。特别是在信息网络广泛覆盖的今天,一些错误的思想观念往往以网络为载体,传播速度快,覆盖范围广,难以控制。所有这些都要求大学生要注意加强道德素质培养,提高自我防范意识和对不同文化的辩知能力,适应社会新时代的要求。

四、如何提高道德修养

温家宝总理说:"如果我们的国家有比黄金还要贵重的诚信,有比大海要宽广的包容,有比高山还要崇高的道德,有比爱自己还要宽广的博爱,那么我们这个国家就是一个具有精神文明和道德力量的国家。"由此可见,提高道德修养是多么重要。但是有些在校大学生却缺乏起码的礼、义、廉、耻修养,比如,有些同学路遇自己的老师连起码的招呼都不打;有些同学没有正义感;有的同学唯恐什么好处没有他的;有些同学在入学第一次挂科以后还会一而再再而三地挂科。

大学生作为发展中的个体,形成健康高尚的道德品质,养成良好的行为习惯,不仅是社会对我们的期望和要求,也是我们自身健康成长与发展的需要。道德人格的培育,一方面依赖于道德主体的主动意识和自身的道德自律;另一方面,也需要通过外部社会环境的整治和优化来加以促进。

1. 以主动性提高道德修养

高校思想道德修养课是在高校德育工作经验总结和科学研究的基础上所形成的关于大学生政治、思想、道德品质修养和心理行为训练的系统理论和知识体系，也是提高和培养道德修养的重要途径。因此，首先应明确认识到进行道德素质培养对于提高大学生的基本素质具有很好的实用价值。

良好的道德修养可以激发大学生的学习需要，增强学习的主动性和能动性，从而以积极地姿态去认识、理解、领会和接受社会的要求；良好的道德修养可以增强学生的社会责任感，通过分析、评判社会现象和自身的思想问题，我们可以立足高远，分辨真伪；良好的道德修养可以提高政治理论素质和思想认识水平，帮助我们鉴别是非，汲取精神营养，获得真、善、美的启迪。

进行思想道德修养应该是很轻松的学习提高过程。通过学习，可以从中了解到良好的行为规范，帮助我们在学习和生活中获得更多的益处。只有主动地学习，才能充分发挥道德修养在生活中所具有的实用价值。

2. 以道德自律提高道德修养

道德人格的形成依赖个人的道德修养，而道德修养形成的过程就是人们在道德品质、道德思想意识方面的自我改造、自我陶冶、自我锻炼和自我培养的过程，实际上也是对个人道德进行自觉的过程。在道德人格的形成过程中，要求自己教育自己，自己完善自己。这就需要培养自律意识，发扬自律精神。如果缺乏这种精神，任何外在的道德规范都不可能内化为自己的道德认识和道德信念。

道德人格的培育是一个人在内心深处进行吐故纳新的过程。在这个过程中，没有高度的自律精神，没有严于解剖自己的决心和勇气，就不可能实现道德人格的升华。尤其是在社会转型期和市场经济条件下，由于新旧体制的转换、新旧观念的碰撞以及中西文化的冲突，使得社会上各种道德观念、价值准则良莠并存，这在很大程度上影响了大学生的道德选择和道德行为结果。在这种情况下，如果缺乏自律精神，就会感到混乱、迷茫、无所适从。因此，只有具备自律意识，才能充分发挥人格主体的主观能动性，让自己在复杂的社会环境下独立思考，保持清醒的头脑，从而科学决策、正确选择，让自己向着更高的道德境界迈进。

要想实现道德自律，就要在知与行的统一上加强自我训练，避免知行脱节现象；进行自我磨练，通过善的积累，不断巩固强化，逐渐凝固成优良的品德；进行内省，通过严于解剖自己，用正确的道德原则和规范，不断清洗、克服错误的道德观念；进行慎独，通过在个人独处的情况下自觉按道德规范来约束自己，从小处入手，防微杜渐，"勿以恶小而为之，勿以善小而不为"，完善自己的道德修养。

3. 以环境整治和优化提高道德修养

人是社会环境的创造者,同时又是社会环境的产物,其反复作用的结果就推动着人和社会的共同发展。因此,道德修养的提高离不开社会环境的整治和优化。一方面,良好的社会环境为道德人格的培养提供了广阔的天地,另一方面,良好的社会环境对道德人格的培育也起着强有力的推动作用。

1) 家庭环境

家庭对大学生良好人格的培育有着很大的影响。每个大学生在独立生活之前,多数时间是与父母生活在一起。因此,家庭的价值观念和生活方式深深烙印在我们的心灵上,影响着我们未来的生活,塑造着每个个体的人格。在成人阶段之前,家庭教育要比社会教育更基本,内容更丰富,与道德人格的形成关系更大。

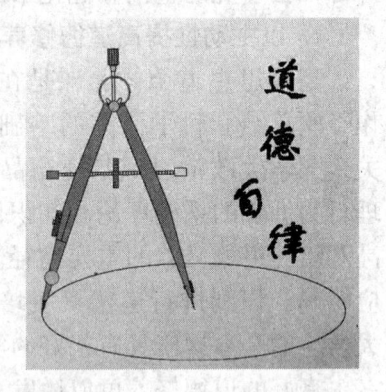

家庭教育具有启蒙性。人们总是首先从自己的父母那里开始认识世界,走向社会。父母的一言一行都会在不知不觉中影响着我们的成长。家庭教育可以随时随地进行。许多人是在家庭中通过父母的言行接受社会规则,完成社会化的改造。因此,家庭教育对道德人格的影响是潜移默化的和永久性的。

所谓家庭环境的优化就是父母应确实担当起育人的职责,既不应娇宠和溺爱孩子,也不应过分苛求孩子。只有营造良好的家庭环境,实施正当的家庭教育,子女的道德人格才能健康发展。

2) 社会文化环境

人格不单纯是社会关系的产物,文化价值观念也影响着人们的行为,塑造着人们的人格,而且人格主要也是由文化来塑造的。传统观念总是在各个方面发挥着作用,影响和塑造着我们每个人。因此,对传统文化中的优秀部分要大力宣传,营造育人的良好社会文化环境。

社会舆论是文化环境的重要组成部分,体现着社会价值观的好恶标准。在现代社会生活中,舆论对人所起的影响作用越来越大。优化舆论环境,就是用正确的舆论引导大学生。它不仅要引导大学生构建科学的价值观、人生观、世界观、道德观,而且还要引导大学生构建理想的道德人格,其中最根本的是帮助大学生正确理解人的存在价值和意义。正确的舆论应当惩恶扬善,即通过舆论鞭挞社会中存在的丑恶现象及观念,褒扬社会中的公平和正义。

在培育道德人格时,正确舆论起着十分重要的推动作用。正确的舆论以外部信息输入的形式,与个人的道德理念发生相互作用,使得个体道德人格中的自私性、狭隘性、不稳定性逐渐被宽广性、稳定性等特性的道德人格所取代。

3) 学校环境

学校教育对大学生道德人格的形成具有极为重要的作用。然而,面对社会转型期中的种种道德失范现象,教育本身也不得不反思在校学习过程中所存在的问题。

目前的教育中,经常把道德当作知识进行讲授,常常只强调抽象的道德原则,而不太重视人格的培育。很多学生在学习中没有主观能动性,没有积极的学习态度。造成这种状况的原因尽管有很多,但究其根源,可能还是与学生生活相脱节或相悖的、简单的、形式化的说教有关,即道德教育割裂了与学生现实生活的关系,对学生个体缺乏应有的关注。

历史发展到今天,人类已走出自身生存与发展的困境,需要有新的道德规范来指导生活。针对这种时代要求,学校的德育应重新定位,向生活世界回归,即让学校的德育教学从抽象化、空洞化、形式化的说教中走出来,回归生活,关注、指导和引导大学生的现实生活,帮助大学生走出道德失范的误区。

很显然,通过整治和优化德育环境,对提高大学生的道德修养将大有裨益。也许这个工作不是每个大学生所能企及的,但对这些环境因素的了解,可以帮助我们主动地提高自身的道德修养。

训练拓展

社会者,乃构成上中下、左中右、真善美、假丑恶的群体,因此,没有规矩和道德的社会将不成其为社会。社会是有序的,它把社会成员按照上中下、左中右进行排序;社会是尚德的,它把社会成员按照真善美、假丑恶进行分类。上中下、左中右限定了人们的行为范围,让人们在方圆之间进行自己的行为;真善美、假丑恶规定了人们的行为标准,让人们在道德之下规范自己的行为。

请同学们认清规矩和道德与自己人生发展的关系,通过自律,让自己形成良好的生活习惯,遵章守纪,维护社会法则,崇尚真善美,扬弃假丑恶,不越道德底线。

第十五训练模块　诚信与感恩

※ 训练目的 ※

通过该模块的训练,要使大学生清楚地认识到诚信和感恩对成才的积极意义。诚信是立业之本,凡成就大事者,首先必须诚信。同时,感恩不但是一种美德,也是成才的助推器。一个不知道感恩的人,就像种子离开了土壤。大学生只有学会感恩,才会对别人施以报答,对工作报以敬意,才能在社会中与人和谐相处,在自己的成才道路上得到外界的帮助。

※ 训练要求 ※

(1) 学习诚信的内涵和成才的本意,理解诚信与成才的关系,进而充分认识诚信对成才的积极意义;

(2) 透视大学生的诚信状况,反省自己日常学习生活中在诚信方面的不足,思考如何培养自己的诚信品格;

(3) 透视大学生的感恩状况,反省自己过去人生历程中在感恩方面的所作所为,并分析产生的原因;

(4) 分组交流学习感恩的意义,理解感恩的本意及对成才的积极作用,并积极践行感恩品格。

训练开讲之一　诚信助我们成才

在每年的人才招聘会上，越来越多的企业已经把诚信作为一个重要的用人条件，这反映了企业对诚信的呼唤。诚信是人际交往、经济往来的基础。大学生没有谁愿意和一个不诚信的人交朋友。在这个社会上，没有诚信的人将没有事业发展的空间，何谈成才，何谈成功。

一、诚信的内涵

自人类诞生以来，我们的祖先就知道，诚信是人际交往最基本的原则。因为人际交往的目的不外乎沟通信息和合作办事两个方面。沟通信息就是互相把知道的信息告诉对方，使各自了解的情况更多，掌握更多的信息，对每个人的生活都是有利的。而合作办事就是通过和他人各自利用自己的优势、特长和力量，共同完成某项任务；或者通过交换彼此的劳动，共同实现生活的便利。而无论信息沟通还是合作办事，都要求相互之间传达的信息是真实的，如果信息传达失实，就会对各自的生活以及所做的事情带来不利影响，甚至带来损失和危害。

可见，"诚"是"信"的基础，"诚"是"信"的前提，"信"者必是"诚"的典范。诚者，既是"天之道"，更是"人之道"。"诚"是我们思、言、行、待己、待人、接物等方面终身要恪守的准则和规范。"诚"与"信"的结合正体现了儒家所强调的为人必须表里如一、言行一致以及知行合一的道德思想。

诚信是一种人性美，是一种道德追求，具有不可抗拒的人格魅力及强大的向心力、凝聚力。而人之尊贵，在于有道德，即有道德才能称其为人。诚信是做人的根本道德，是人的人格操守。"诚"者，诚心，诚实，诚恳也，它代表着与人为善，与人交好，待人诚恳等美德；"信"者，信义，信守，信任，信用，信誉也，它代表着服从规定，遵守规则等美德。诚信是一切具体道德规范和道德观念的渊源，是道德修养的基本范畴和最高境界，是大学生在社会上的立身之本。

总之，诚信是修养，诚信是文明，诚信是基石。诚信是跨时空的，不管是过去、现在、未来，诚信都是永远需要的；诚信是跨国界的，不管是中国人、外国人，都要讲诚信；诚信是跨界别的，不管是任何界别的人，都应该尊崇诚信的价值。诚信既是一种自我的约束，也是一种社会的评价。对于处理国际关系，"诚信"是建立和平友好、平等互利、合作共赢国际关系新格局的道德杠杆。对于一个国家、社会而言，"诚信"是国家取信于民、社会保持和谐安定的基本道德准则；对于一个单位、一项事业而言，"诚信"则可以说是立业之本，是现代企业和市场经济体制必须奉行的生存信条；而对于每个社会成员而言，只有诚信，才能获得肯定，才能成才。

二、成才与诚信的关系

诚信是一种道德品质,而成才是每个大学生的愿望,两者之间并非割裂关系,而是有着一定的必然联系。

1. 成才之本意

按照字面理解,成才就是成为有用之才,也就是成为对社会有用的人。在成才的问题上,或许大家会给出很多建议,如,好好学习文化,好好学习外语,好好锻炼身体,好好做人等。其实,按照这些说法即使是做得很好,也只能是为成才打下一个基础而已,并不是这样做了就都是人才,都可以成才。

著名的实业家和慈善家李嘉诚先生如此诠释成功:"我相信帮助他人、对社会有所贡献,是每一个人必须承担的。我相信强者特别要学习聆听弱者无声的呐喊;没有怜悯心的强者,不外是个庸俗匹夫。我相信只有坚守原则和拥有正确价值观的人,才能共建一个正直、有秩序及和谐的社会。我相信没有精神文明、只有物质充斥的繁荣表象,是一个枯燥、自私和危险的世界。我相信有理想的人富有傲骨和诚信,而愚昧的人往往被傲慢和假象所蒙蔽。"

因此,大学生成才的本意应该是指大学生在校学习期间,以诚信为基,充分利用各种有利条件,提升自己的思想素质、心理素质和文化素质,使自己能够适应将来激烈的竞争环境,顺应时代的发展,充分发挥自己的聪明才智,为社会创造财富,同时实现自己的人生价值。

2. 成才必须以诚信为基础

社会上流传着一种说法:"有德有才是正品,有德无才是次品,无德无才是废品,有才无德是危险品。"它很好地说明了诚信与成才的关系。

社会上很多人都想成才,为了追求名利、金钱这些精神与物质的满足,全然不顾自己的思想品质如何。他们往往认为成才仅仅是为了满足自己的欲望,至于是否诚信,关系不大。实则不然,一个人诚信与否,在很大程度上反映着其思想道德水平的高低。假如一个人做不到诚信,他会在许下承诺后让人们体验"水中捞月的感觉"。纵使他自己有千般万般的本领,脱离了群众,也将得不到体现价值的机会。

大学生要成才必须先要有真才实学,而真才实学的获得要靠诚信;大学生要成才,要在竞争中脱颖而出,被社会所承认,也要靠诚信。诚信是一种资源,可以帮助大学生在成才道路上少走弯路,是促进大学生进步的强大动力。

因此,诚信是成才的通行证,是成才的必要条件。诚信与成才就像是一个人的左膀右臂,少一个也不行。作为人才,有才干仅仅是成才的先决条件,同时还必须做到道德高尚,做到"诚信"。诚信永远都是资格和能力的体现。当今社会,处处充满挑战和竞争。大学生要想取得最终的成功,诚信永远都须放在第一位。

三、大学生的诚信状况

通过对成才与诚信关系的了解,我们可以非常肯定地说:诚信在大学生成才过程中有着的非常重要作用,但是大学校园里的现实情况却不容乐观。

据调查显示:受访大学生中认为"诚信应该是一个人最起码的品质之一"的人占59.5%;且有约半数的学生能做到自觉接受诚信教育;但也有37%的学生认为"诚信是个人问题,没必要去重视";有15.6%的学生认为"有钱就有一切";有12.8%的学生认为"不管采取什么手段,能挣到钱的就是好样的";另外,认为"及时行乐"的学生也较以往有所增加。

调查同时发现,一方面,大学生普遍具有高尚的追求,向往理想的道德境界;另一方面,在学习生活中却存在大肆抄袭作业和毕业论文、考试时作弊成风等不诚信、不道德的行为。这些都反映出了大学生对诚信在知与行上的背离。

上大学以后,没有了老师的监督,没有了家长的看管,拥有更多的自由空间和时间;我们接触到的也更多的是社会上的功利思想和享乐风气。一些学生开始放纵自己,学习态度也变得不够认真。对待考试,抱着这样的信条:"分不在高,及格就行,题不怕难,作弊就灵。"殊不知,考试作弊是一种欺骗行为。它不但欺骗家人,欺骗朋友,欺骗老师,欺骗同学,更可怕的是欺骗了自己。诚然,作弊或许能提高虚假的分数,但因此而失去自己的名誉,那才是得不偿失。

某高职院校曾经出现过这样的事情:一个同学比较喜欢摄影,非常想拥有一个上档次的单反相机,如果直接向家长要钱难度很大,他就给远在家乡的父亲谎称说自己在校期间,借了自己班主任的一个高档相机,并不慎丢失,需要赔偿。直到后来该学生离校,班主任和他的家长在一次电话访谈时,才偶然知道了这件没有影子的事情,令班主任和家长都感到极其的失望。

爱默生说过:"在生活这张大网里,我们不可能隐藏虚假的东西,每根腐烂的、松动的绳都有可能将其显露出来,来证明我们虚假。"我们不可能一直掩盖自己的过错,不可能总认为什么都"无所谓"。对诸如考试作弊、欺瞒家长之类的问题,不能无动于衷,更不能心安理得。

也许,当生活逐渐与我们原来的理想方向相背离的时候,当我们的行为正被某种错误思想支配的时候,似乎可以找到很多理由来为自己开脱,"欲盖弥彰"并不是没有道理,这样能让自己的心情暂时好过一点儿。但是,往往是越掩饰,错误就暴露得越多。当自我的欺骗已经成为一种习惯的时候,生活也只会变得越来越糟糕。到了那个时候,也许就要不得不通过痛苦地、仔细地、精心地去反复从事正确的行为,才能把自己过去的错误加以纠正。

另外,有部分大学生为走捷径不惜弄虚作假,连需要亲身体验的社会调查报告都东摘西抄,甚至到网上下载一篇,交差了事,这已成为大学生中公开的秘密。大学校园里还存在着伪造证书、沽名钓誉、与招聘单位毁约等缺乏诚信的现象。

四、诚信能帮我们远航

我们处在一个奋发进取、催人上进的时代,一个人才辈出、群星璀璨的时代。时代提供了施展才华的舞台,我们需要依托这个舞台,让自己健康成才,但在成长成才的道路上,非常需要诚信的帮助。

1. 诚信能为我们提供良好的社会环境

每个个体具有诚信的品质可以为我们获得成功创造有利的条件,但个体的成功更需要有一个诚信的社会环境来支持。因为,只要生活在社会中,每时每刻都要同其他人打交道,不和其他人打交道的人是不存在的,而且任何人要想维持生存,发展自己、过上幸福的生活,也离不开他人的支持。

诚信是减少关系摩擦的润滑剂,也是把不同个体连接到一起的黏合剂。有了它,才使得人们在人际交往中增加了安全感;有了它,才使得人与人之间增加了信任,减少了猜疑;有了它,才使得人们可以自由地共同分享彼此的情感和梦想。

拥有诚信,我们不但仰不愧天、俯不愧地,更可以实现其业兴隆、其乐融融。"诚信"既能安定社会,又能促进事业发展。在诚信的环境中,我们将如沐春风,心情舒坦,从内心里产生一种创业的冲动、干一番事业的激情。当然,一个成功者的诚信也能有力地影响整个社会的诚信环境,从而达成一种良性互动。

2. 诚信是我们成才的导航器

也许,我们在成才的道路上遇到的首要问题就是成才的方向问题,也就是成为什么人才的问题。

一个诚信的人,首先是一个诚实待己的人,一个敢于面对自我的人。我们要全面审视自己,既不妄自尊大、自欺欺人,也不妄自菲薄、自我贬低。只有对自己的优点和缺点了然于心,全面把握自己,才能对自己进行正确的定位,确定自己成才的方向,并从一个个的小成功,逐渐走向大成功。

3. 诚信是一种道德需要

根据马斯洛的需要层次理论,人的需要可分为五个层次,即生理需要、安全需要、社交需要、尊重需要和自我实现需要。这里,马斯洛的需要层次理论把人的需要单纯地看作是一种对社会的索取,是在社会中求得自身的生存和发展。

实际上,还应该把"为他人着想、为社会着想、为他人和社会付出"当作自己的一种更高级的需要。这就是我们通常所说的道德需要。讲诚信就是人的一种道德需要。它是建立在高度自觉的、完全自律的、依靠内心信念来满足的一种需要,也是通过为他人着想、为社会着想、认真履行合同和责任来体现的一种需要,这也是

马斯洛的需要层次理论

大学生在校期间要培养的一种需要。

4. 诚信是成才的文化资本

"文化资本"的概念最早是由法国当代著名社会学家布迪厄提出的,他指出,"文化资本在其基本的状态中是与身体相联系的,并预先假定了某种实体性、具体性。文化资本的积累是处于具体状态之中的,即采取了我们称之为文化、教育、修养的形式",而诚信作为品质修养,已转化为我们自身的一种潜在"资源"。

诚信作为一种文化资本的"资源"具有其特有的价值,因此,必然会为其拥有者带来明显的"利润"。尤其在今天这个急功近利的时代里,信任危机已经充斥着社会的各个方面,从而使诚信愈加显现出巨大的价值。我们周围的事例已经一再证明了一个真理:诚信不是空泛的,诚信不是无用的,而是能对我们的人生道路产生极大影响的个人资源。

五、培养诚信品格从我做起

诚信,在社会发展中非常重要,并已成为人际交往的基础。但是,现实交往中,无论人心与人心如何地贴近,由于中间相隔两层皮肉,它们就像屏风一样阻断了人们的"视线",困扰着人们的交往。实践证明,解决这个问题的唯一办法就是让诚信之心来说话。

1. 培养诚信品格从自律开始

人,无信不立。诚信是立身之本,谋事之基,发展之源。但是,诚信的获得并没有速成法,也没有任何捷径可走。只有通过诚信自律,一点一滴去积累,一人一事去体现,最后才能得以实现。

诚信培养应该借助于自觉自律。一个连自己都不讲求诚信的人是没有资格要求别人诚信于自己的。如果说要以别人先诚信于自己为条件,然后自己再对别人诚信,那只能是"以己之矛,攻己之盾"——不攻自破。要使自己具有诚信,不在世俗的环境中随波逐流,根本的做法就是自律——自我约束,自我管制,从我做起。

自律与诚信是息息相关的。早在战国时期,人们就已经把道德与自律结合起来,"富贵不能淫,贫贱不能移,威武不能屈",表现了古人坚定的道德自律立场。没有了自律,诚信将变得空洞;没有了自律,诚信将缺陷横生;没有了自律,诚信将无处生根。只要人人自律,社会上就可减少口角的发生;只要市场主体自律,市场上就可减少假冒伪劣产品的出现;只要公务员自律,政府部门就不会有腐败分子的层出不穷。

2. 培养诚信品格从不作弊开始

考试作弊者是虚伪的,而且虚伪的背后也不乏愚昧。虽然考试作弊者也有一颗向往荣誉的心,但是,透过作弊本身我们发现的却是被"分数、名誉"扭曲了的心,是被虚荣、懒惰等因素所迷惑的消极表现,归根到底是诚信鞭挞。尽管这种对自己诚信的鞭挞好像不痛不痒,但这种对诚信的迷失必然会愈发使那颗执迷不悟的心产生一种虚假依赖。自古"假做真时真亦假",假的真了一时但绝不会长久,那卷面的分数也许会给自己换来某些荣誉和名利,但由此而丧失的宝贵的真诚和做人的尊严,却绝不是一句将来的"后悔"就能等价交换的。

诚信不仅是道德行为的要求,更是我们将来进入社会的通行证。只有通过自律,才能提高自己的诚信度,增强别人对我们的信任感。大学生是国家未来的栋梁,如果在校读书期间就缺乏诚信品格的培养,以后踏上社会,将如何以诚待人?对今天的大学生来说,一定要从不抄袭作业开始、从考试不作弊开始、从不沽名钓誉开始、从真诚对待老师和同学开始,把诚信自律变成自己的自觉行为,让自律意识成就我们的诚信品格,为自己未来的成才之路积累极具价值的诚信资源。

训练开讲之二　感恩是一种美德

生活中,我们早已对"知恩不报非君子""喝水不忘挖井人"这些说法耳熟能详。它们从本质上都是在讲感恩。确实,感恩是我们中华民族的传统美德,是社会上每个人都应该遵守的基本道德准则,是做人的起码修养,也是人之常情。大学生应该认识感恩的意义,并以感恩之心面对生活中的一切。

一、透视大学生的感恩状况

目前,在校大学生的思想道德修养状况基本上是好的、积极向上的。大多数学生都非常珍惜上大学的机会,对他人所给予的帮助与外界提供的方便能心存感恩,并以自己的实际行动来回报。但在这个人群中,也存在着一些不和谐的杂音。

1. 问卷调查

有研究者专门做过当代大学生感恩意识的调查。从回收的 1413 份问卷调查中发现:有近80%的学生,与父母的联系方式是电话,且主要动机是要钱;当每个月的花费超出家里所给的生活费时,有11.2%的人选择直接向父母亲要;22%的人从来没有(或没有想过)在佳节之际主动打电话问候父母亲;56.7%的人根本不知道自己父母的生日,23.7%的人从来不认为(或没有想到过)也应该祝福父母亲生日快乐;甚至有近20%的人认为长大后不一定或不应该承担赡养父母的责任,而仅有20.4%的人则明确认为父母亲不应该承担自己大学期间的读书费用;如果毕业后较长一段时间找不到较为理想的工作,还有23.8%的人选择了将待在家里。

以上调查确实显现了一些大学生对感恩意识的缺失。

2. 实例

南京大学校园里曾贴出了一封署名为"一位辛酸的父亲"的来信,该信控诉了自己的大学生儿子只知道向父母索取,甚至为了多要钱物不惜"偷改入学收费通知,虚报学费"。最后质问自己的大学生儿子:"在大学里,你除了增加文化知识和社交阅历之外,还能否增长一丁点儿善良之心?"该信在社会上掀起了轩然大波,广大师生一致认为信中所反映的现象在各大高校都不同程度地存在,折射出了一些大学生盲目攀比、视父母为银行、丝毫不体谅父母难处的现象,更不懂得孝道。

2004年初,在震惊全国的马某案中,马某因大学生活中的细小纠纷,竟然杀害了四位同室好友。他既未念及父母之恩,也未顾惜同学之情,况且寝室同学也曾对其给予过帮助。从某种意义上讲,缺乏一定的感恩心和感恩情是造成该悲剧人生的原因。

父母过生日也需要你的祝福

作为"爱心大使"的深圳青年歌手丛飞用义演所得的300多万元钱资助了178名贫困学生,自己却因晚期胃癌欠下了17万元的债。在丛飞患病住院期间,曾受他资助过并已在深圳工作的大学生没有一个人来看过他。甚至有一位曾受丛飞资助、后已任某高校教师的大学生,当在网上看到了自己的名字被列到了丛飞资助过的名单里后,竟然打电话质问丛飞:"你把我的名字说出来,你这是什么意思,这使我很没面子,我现在已是一名大学教师了。"

是的,类似的例子不少:老师的讲台布满粉尘都无人问津,课间不擦黑板,上课不遵守课堂纪律,与老师擦肩而过也不打招呼,对老师苦口婆心的教诲表现出反感、厌烦的情绪,认为教师付出的劳动是理所当然,甚至给老师起外号、丑化老师的某些生理特征等。

我们在生活中也常常可以看到或听到有些年轻人,由于好高骛远、拈轻怕重,即使大学毕业而不愿就业。他们吃靠父母,住靠父母,结婚靠父母,房贷靠父母,自己工作几年了没有一分钱存款,甚至结婚后养孩子最后还是靠父母,成为实实在在的"啃老族"。

二、原因分析

以上现象是与主流价值观偏离的"忘恩"情结。它正成为一股暗流,一步步地侵蚀着社会道德最圣洁的阵地——校园。我们有必要冷静分析问题产生的原因。

1. 独生子女家庭带来的影响

一方面,计划生育作为基本国策让更多的家庭成为独生子女家庭;另一方面,改革开放以后,人们物质文化生活水平不断提高,使得很多独生子女一出生就受到娇宠和溺爱,尤其是20世纪90年代前后出生的孩子,基本上没有接触过任何艰苦的生活环境,缺乏必要的艰苦锻炼和熏陶,大部分孩子不懂得幸福生活是来之不易的,更不知道感恩。

在"独生子女时代",一些孩子习惯了衣来伸手,饭来张口,形成了只知"我该怎样",不知"该我怎样";只知"我要什么",不知"要我什么"的思想意识。进入高校后,很多问题是需要独自面对的,生活中不懂得感激他人,反而漠视他人的帮助。认为自己所获得的一切都是理所当然的,社会、家庭、他人给予自己的一切都是天经地义的。感恩对他们来说似乎与自己毫无关系,甚至连起码的知恩都谈不上。

2. 教育环境重智力，轻品德

现如今，社会评价学校、学校评价教师、教师评价学生，都是以分数、升学率为尺度，社会选拔人才依然要通过高考、中考等手段，重智育、轻德育的现象十分严重。

即使小学有思想品德课，中学有思想政治课，大学有马克思主义理论、中国特色社会主义理论等必修课，很多同学也是将其视为副科，而仅仅是在升学指挥棒的作用下，将"德育"课程"智育"化，只重分数不重效果，使得品德教育被不同程度地忽视，因而感恩意识也就难以形成。

3. 社会环境的负面影响

改革开放以来，市场经济等价交换原则侵蚀着人们生活的各个层面，在社会物质财富极大丰富的同时，也冲击着固有的社会道德文化。社会物质利益充斥着人们的大脑，人际关系往往会被贴上趋利化和物质化的标签，人与人之间的真实沟通被疏远和冷漠所取代，个人利益大于一切。

可以说，市场经济是一把双刃剑，其迅速的发展一方面激发了人们从事社会活动的才能；而另一方面一些市侩的经商思想也无时无刻不在冲击着人们的传统思想。一些大学生对社会的关怀表现得十分冷漠，他们对社会缺少责任。

大学生正处于世界观、人生观、价值观形成的重要时期，辨别是非的能力比较弱，很容易受到不良思想的影响。唯利是图、损人利己、忘恩负义，日积月累，根深蒂固，很难清除，使感恩意识逐渐淡薄，这对我们未来的成长和成才危害很大。

三、感恩的意义

感恩是一种美德。感恩不仅让我们明白"我之生存离不开他助"，更可以让我们在生活中处处感受到人与人之间的善意和友情。生活需要感恩，事业成功也需要感恩。

1. 何为感恩

感恩一词是舶来语，即 Thanks giving，指虔诚的宗教教徒对上帝恩赐的一种感激之情，进而发展到感激赐予丰收的自然，感激父母，感激所有一切给予生命润泽的人和物，即社会成员要常怀一颗宽容与回报之心，记得周围人对自己的帮助而忘却不快乐的事。基督教徒在饭前都会念这样一段祈祷文：感谢父母养育之恩，感恩老师辛勤教诲，感恩同学关心帮助，感恩农夫辛勤劳作，感谢所有为社会做出贡献的人。

随着社会的进步与发展，我们对"感恩"一词又有了新的诠释：感恩是一种品质。感恩是社会文明、和谐发展以及人与人之间和睦融洽相处的润滑剂，是个体作为合格社会成员的基本品德，是人之所以为人的重要品质。不会感恩或者感恩缺失，既是缺乏修养的表现，又是缺乏人文关怀、缺少人情味的表现。感恩的内容无处不在，无时不有，包罗万象。

感恩包括三个层次的内涵：一是认知层次，即认识和了解自身所获得的恩惠和方便，并在内心里产生认可；二是情感层次，即在认知基础上，衍生出一种愉悦、温暖和幸福的情感，从而转化为一种自觉的感恩意识，一种回报恩情的冲动；三是实践层次，即将感恩的意识和回报的冲动转化成为报恩,乃至施恩的行为,并形成习惯。这三个层次相辅相成,形成一个有机的统一体。

2. 感恩给事业带来机会

美国某城市有一位叫史蒂文斯的先生,突然遭遇了失业。恰在这时,史蒂文斯的第三个儿子刚刚降生,迫切需要他再找一份工作。可是,除了编程序,他一无所长,因此,一个月过去了,还是没找到工作。终于,他在报上看到一家软件公司要招聘程序员,待遇不错。他揣着相关资料,满怀希望地赶到这家公司。但应聘的人数超乎想象,竞争异常激烈。经过简单交谈,公司通知他一周后参加笔试。他轻松过关后,接受面试,然而随后被告知失败。

史蒂文斯虽然应聘失败,可他还是感觉收获不小,于是提笔写信道:"贵公司花费人力、物力,为我提供了笔试、面试的机会。虽然落聘,但通过应聘使我大长见识,获益匪浅。感谢你们为之付出的劳动,谢谢!"后来这封信被送到总裁的办公室。总裁看信后,把它锁进了抽屉。三个月后,新年来临,史蒂文斯先生意外收到一张精美的新年贺卡,上面写着:尊敬的史蒂文斯先生,如果您愿意,请和我们共度新年。原来,公司出现空缺,他们想到了品德高尚的史蒂文斯。正是史蒂文斯具有的感恩品格让他获得了一次难得的事业发展机会。

这家公司就是现在闻名世界的美国微软公司。十几年后,史蒂文斯先生凭着出色的工作业绩,一直做到了公司副总裁。也正是感恩之心,成就了史蒂文斯先生人生之路。

3. 感恩是一种责任

我们要认识到,别人为我们所付出的一切都不是天经地义、理所当然的。无论是父母给予我们的生命,还是朋友给予我们的友情,或是老师教给我们的知识和智慧,这一切都是别人给我们的恩情。

我们要感谢父母一路走来的扶持,这里是养育之恩;要感谢朋友一路陪伴着走过风风雨雨,这里是关爱之恩;要感谢老师的谆谆教诲,这里是培养再生之恩;将来还要感谢工作单位的同事和领导的帮助和知遇之恩,以及陌生人的救急之恩等。"滴水之恩,当涌泉相报。"更何况父母、亲友、老师为我们付出的不仅仅是"一滴水",而是一片汪洋大海,我们没有理由不报以感恩之心。

感恩是一种责任。常怀感恩之心,会让我们更加感激和怀想那些有恩于自己却不言回报的每一个人。正是因为他们的存在,我们才有了今天的幸福和喜悦。常怀感恩之心,便会以给予别人更多的帮助和鼓励为最大的快乐,便能对落难或者绝处求生的人们爱心融融地伸出援助之手,而且不求回报。常怀感恩之心,对别人、对环境就会少一分挑剔,而多一分欣赏。常怀感恩之心,我们会对自己的职业以及该尽的职责有一份由衷的敬畏,会在心中形成一份神圣的使命感,因为做好了它,可以从中获得成就感与满足感,得到责任的回报。

4. 感恩不是简单的"还情"

感恩有博爱的成分,感恩有善良宽容的内涵。当感恩行为是出自内心的报答,就是对自己的一种肯定,是对他人的感激与尊重。

当今社会,物欲横流,精神荒芜,人情淡漠,我们周围有些人的精神家园里不再有爱,不讲奉献,不会尊重,不会宽容。人非圣贤,更不是不食人间烟火的仙家金刚,人人都有自我意识,凡事先考虑到"我",然后才会考虑别人,可以说这是人很本性的一面,无可厚非。我们不必指责他人如何自私,如何忘恩负义,更不要过多地沉湎在声讨报复他人的过失之中。相反,我们应该善待他人,帮助他人,认清自我,少一份怨愤,多一份感恩。

感恩体现了人与人之间的互助、亲善和友爱。在他人有需要时,请伸出一双温暖的手,多一份问候,多一些关怀,尽力帮助他人。感恩会使复杂变成简单,浑浊变成透明;感恩并不要求我们作无限的投入和付出,于细微之处见真情;感恩是人际关系中一种良性互动,是改善和促进社会风气的一种有效方法。当我们学会感恩,拥有了一颗感恩的心,我们就学会了宽容,脱离了低级趣味,就拥有了善良。

四、让生活充满感恩

每个人只有懂得感恩,才能懂得尊重他人,发现自我价值。感恩是人性善的反映,是文明社会最基本的道德准则。"投我以木桃,报之以琼瑶。"事实上,我们也非常需要感恩。或许,很多父母与老师并不渴望得到回报与感恩,但感恩之心不能没有。那么,我们应该怎样去践行感恩呢?

1. 了解"恩"

有一次,美国前总统罗斯福家里不幸被偷,朋友写信安慰他,他却这样回信:"我应该感谢那位小偷。第一,贼偷去的只是我的东西,而没有伤害我。第二,贼只偷去我部分的东西,而不是全部。第三,最值得庆幸的是,做贼的是他,而不是我。"罗斯福面对如此的不幸,却能找出三条感恩的理由,不能不说一个伟人对"恩"的理解是多么的博大。

一位哲人曾说过:"世界上最大的悲剧或不幸,就是一个人大言不惭地说没有人给我任何东西。"我们要从身边小事中学会体察生活,感受生活,挖掘出生活中的那些小小恩惠,并感受生命中的各种恩惠对我们的意义,从而体会"恩"的价值,记住所受之"恩";从而唤醒我们对他人的爱心,学会重视、尊重和感激别人对自己的付出,营造温馨的富有人文关怀的生活氛围。

2. 增强感恩意识

也许,我们的父母没有给予我们优越的生活和地位,但是,他们的含辛茹苦养育了我们,因此,我们要感恩父母;也许,他人没有时刻带给我们实惠和便利,但在我们的生活中、成长中一定接受过数不清的帮助和温暖,因此,我们要感恩他人;也许,学校没有让我们学到直接能立身社会的一技之长,但正是教师的辛勤教育,才让我们有了更好地投身于社会的基础,因此,我们要感恩学校,感恩老师;也许,社会时常会给我们带来一些不顺心的事,但它始终给我们在学习时、工作中、生活上提供了一个人生大舞台。

是的,要感谢生活中所遭遇的困难和挫折,因为它让我们增加了以前所不具备的一些能力;要感恩对手,感谢敌人,因为是他们促使我们不断前进;要感恩忧患,因为它使我们懂得只要常怀感恩之心,就会把给予别人的帮助和鼓励作为最大的快乐,就能对处于落难或者绝处求生的人们伸出援助之手,而且不求回报。因此,我们要感恩社会。我们要清楚地认识自己在社会生活中所扮演的角色,要懂得感恩,增强感恩意识,要用感恩的心去看待于己有恩的人和需要帮助的人。

3. 回馈"恩"

有"心",即为可贵,有感恩行为则更加可贵。当受到别人的恩惠以后,也许只是当时一句简单的"谢谢",也许是日后的"涌泉相报";更或是对父母、对长辈的点滴孝行,对师长、同学、朋友的看似微不足道的关心和帮助,以及对社会弱势群体的关注,都是对我们感恩品格的实践。

其实,知恩图报不仅仅是物质上的回报,还包括感情世界的回报;并非以报大恩大德的举动才是报恩,对别人点滴行为的报答也是报恩。感恩并不是要将付出与所得进行价值交换,而是要懂得尊重和珍惜,要从中认识到每个人的社会责任。我们在假期为父母做一次饭,谈一次心,照一张相,敬一杯酒,说一句祝福的话,鞠一个躬,抑或是搀扶老人在室外散散步,等等,这些都可以表达自己的感恩之心。

感恩不能功利化,不能等价交换。感恩之情需要广博的爱心支撑。感恩的对象可以是帮助过我们的人,也可以是没有帮助过我们的更为广泛的其他人群。学生通过投身社会实践,一方面有利于形成和巩固正确的思想道德观念,另一方面,也能使我们在服务广大人群、服务社会的过程中获得成就感,发现自身的价值,或者发现自身素质与社会需求之间的差距,找到前进的动力和方向。当然,也可以在这个过程中同时回报社会。

总之,感恩是一种美德。感恩之心是一个人幸福的源泉。感,即感觉、感受;恩,即恩德、恩惠。一个心存感激的人往往就是最快乐的人。感恩是我们对自然、对人类、对国家、对民族、对社群、对职责、对事业、对自我以及对他人的尊重,更是自己在成才道路上的助推器。大学生可以从感恩之中发现关爱、感受关爱,进而学会关爱别人,实现在回馈他人和社会的同时共同构建和谐之美,才能将天地间美的真谛诠释得淋漓尽致。

※ 训练拓展 ※

(1) 请同学们以《诚信与发展》为题完成一篇800字的论说文,进一步理解诚信对未来职业发展的重要作用,以达到既加深了对诚信的认识,又提高了自己文字表达能力的目的。

（2）感恩包括三个层次的内涵：认知层次，情感层次，实践层次。请同学们列数自己入学以来，在学习和生活方面，你的老师和同学都在哪些细节上给过自己恩惠和方便，并反思自己是不是已经把它们上升到了情感层面，比如每当面对给你任课的老师，你是不是主动打招呼，并示以点头微笑。还请同学们在随后的周末或放假回家时主动和自己的父亲进行一次真心交流，帮助母亲打理一些家庭事务，带着爷爷奶奶出去散散步，聊聊天，让家人感知你的长大。

第十六训练模块　态度与责任

※※※※※※※※※
※ 训练目的 ※
※※※※※※※※※

通过该模块的训练,要使大学生充分认识到做事所持态度的重要性,以及不同的态度决定着不同的人生;大学生还要充分认识到生活在这个地球上的人们总是要面对一些责任的,这是每个生命所应肩负的使命,而且我们每个成绩的获得都是脚踏实地履行责任的结果;大学生在眼下就要养成良好的学习态度和责任习惯,以保证未来才能有一个良好的工作态度。

※※※※※※※※※
※ 训练要求 ※
※※※※※※※※※

(1) 理解什么是态度以及态度的分类,反省自己过去在做事时曾经所采取的不同态度以及所取得的不同结果,从中认识态度与结果的关系;

(2) 研读怎样培养积极的生活态度,思考如何养成良好的学习态度,让自己度过一个有意义的大学生活;

(3) 研读责任的内涵,充分理解责任对每个人的意义,思考自己怎样才能成为一个有责任感的人;

(4) 负责任必须脚踏实地,必须勤奋做事,而且来不得半点浮躁,反省自己的过去,努力使负责任的精神成为自己未来生活和工作的习惯。

训练开讲之一　凡事态度为先

学习和生活中，经常可以看到，有些人总比其他的人更成功，并拥有良好的人际关系和健康的身体。学习时，他能轻松获得不错的学习成绩；工作时，他能担当重要的工作并赢得良好的业绩。其实，心理学家早就发现，人与人之间并没有多大的区别，造成这个不同的根源就是人的"态度"。良好的态度，可以让我们拥有积极的成果，并享受快乐的高品质生活。

一、态度释义

凡事都有个态度问题。不同的态度就会产生不同的结果。明确态度的意义，可以帮助我们现在成就自己学业，未来成就自己的事业。

1. 什么是态度

态度是人们在自身道德观和价值观基础上对事物所做出的评价和行为倾向，通常表现为对外界事物的内在感受、情感和意向。态度是个人复杂心理状态的外在反映，与人们对事物的认识和自身的情感反应有着密切的联系。

态度具有自身的一些特性。态度是后天学习获得的；态度是有对象的，且总是针对某种特定的事物，如学生对待学习这一特定对象的态度；态度是个人对于特定对象肯定或否定的内在反应倾向，是个性的倾向性表现，即由某一对象引起的一种内在的心理体验；态度具有稳定性，是一种对事物比较持久的而非偶然的倾向；态度是个体内在的心理状态，往往不能被别人所直接观察到，但它最终会通过当事人的言行表现出来；态度的核心成分是价值观，即人们对某对象的态度及其关注程度，取决于该事物对自己所具有价值的大小，这里包括实用价值、理论价值、道德价值以及社会价值。

态度是个人复杂的心理状态，与认识、情感有着直接的联系。例如一个学生对学习认真、刻苦的态度，就是他认识到学习的重要社会意义以及不断地体验到取得好成绩时的愉快心情的结果；再如一个从业者对待工作的态度，一定与该工作给自己带来的快乐有关，也和如果不珍惜这个工作、自己的基本生活将得不到保证有关。态度在个人心理生活中占有重要地位，它不仅是构成人的性格特征的重要方面，而且是人的理想、信念、世界观等个体倾向性的表现。

2. 态度的分类

态度可以分为很多种，但从本质上可分为积极态度和消极态度两大类。对待同一事物，不同的人有不同的态度，就像面对半杯水，有人会说："还有半杯水，真棒！"；也有人会说："怎么只剩下了半杯水！"可见，心怀积极态度的人，对生活总是充满了热爱与憧憬；心怀消极态度的人，生活处处都是不满和失败。

在产品推销行业中流传着这样的故事：欧洲的两个推销员到非洲去推销皮鞋。因为天气炎热，非洲人一直都是赤脚走路。第一个推销员看到后失望地想：这些人都习惯于赤脚走路，怎么会买我的鞋呢？于是他放弃了；而另一个推销员看到非洲人都赤脚走路时却惊喜万分，在他看来，这里蕴含着一个大有发展的皮鞋市场！于是，他想尽一切办法，引导非洲人买皮鞋，最后竟然获得了巨大的成功。

可以看出，这是两种不同态度所导致的不同结果。同样是非洲市场，同样是面对赤脚走路的消费者，由于态度的差异，一个人灰心失望，不战而败；另一个人则满怀信心，大获全胜。成功者之所以成功，是他们在碰到困难时，想到的是"我要""我能""我一定有办法"等积极的念头，于是他们不断前进，直至成功。

积极的态度是学习与工作中创造佳绩的催化剂、助推器。拥有积极态度的人总是可以发现生活中美好阳光的一面，看到危机背后的转机，知道学习和生活的方向，一路激情，一路欢歌，一路进取，即使面对很小的事情，也能满怀热情，兢兢业业地完成。失败对于他们而言只是暂时的不成功而已；面对困难，他们没有抱怨，只想找到方法，解决困难，而不会在意失败所带来的负面影响，更不会一蹶不振。

相反，消极的态度就像一剂毒药，是阻碍我们走向成功的致命武器。拥有消极态度的人内心里总有阴霾，看不到目标，找不到方向，对周围的事情冷淡，缺少学习和生活的热情，信心缺失，不愿进取，逃避现实，做事效率低下，抗压能力下降，不愿学习新鲜事物，更经不起挫折带来的打击，即使很重要的事情，也常常是有心无力或无动于衷，只想呆在温暖狭小的空间而不愿享受清晨清爽的阳光。

成功总是来源于最初的正确积极的处事态度。当今社会，竞争日趋激烈，就业越来越难。就业问题已经成为压在每一个大学生头上的石头，树立正确积极的态度，将有助于我们更好地就业，就更好的业；将来可以延续今天所形成的做事习惯，在工作中建功立业。

二、怎样培养积极的生活态度

诚然，我们无法改变天气，但是可以改变心情；我们无法预知明天，但是可以把握今天；我们不能改变环境，但是可以改变自己的做事态度。"凡事态度为先"就是在做事之前树立一个正确积极的态度。事实证明，态度是一种竞争力。拥有正确积极的态度，我们在无形之中就具备了一种人格竞争优势。没有良好的态度，就难有良好的做事结果。积极的态度可以让我们全身心地活动起来，投入进去。

1. 培养正视社会的能力

当今社会，便捷而迅速的信息传播使大学生随时随地都可以了解世界各地所发生的事件，让我们通过多来源、多渠道去了解社会各个层面的发展动态。当然，通过网络，还可以让广大的网络受众倾听到我们对社会和生活的种种观点。我们从中也会看到很多消极的信息，甚至是可能颠覆个人生活态度的一些观念。对此，我们应该有一个起码的正确认识，充分认识到社会的复杂性以及言论者的不同立场，绝不能让一些不良现象改变自己原有的积极生活态度。

我国正处于社会转型期,人们的心态和观念正在逐步转变。有些观念甚至还颠覆了以往的社会价值观。有些现象对大学生来说可能是负面的,也许会产生不同程度的影响。因此,我们不仅要提高鉴别信息、分辨是非的能力,更要正确地看待社会上的一切,并始终保持冷静客观的态度,不要随便做一些肤浅的道德层面上的评论。在可能的情况下,要用理智而平和的态度去分析所发生的一切,用正确积极的态度客观地去了解人性,去看待社会。

2. 培养调节心态的能力

一位哲人说过:"你的心态才是你真正的主人。"可见,影响人生的绝不仅仅是环境,心态也在不知不觉中控制着我们的行动和思想,同时也决定了我们的眼界、事业和成就。

还有一位伟人说过:"要么你去驾驭生命,要么是生命驾驭你。你的心态决定谁是坐骑,谁是骑师。"可见,态度就像磁铁,不论我们的思想是正面的抑或是负面的,都会受到它的牵引。当我们不能改变环境时,那就设法让自己去适应环境;当我们不能改变别人时,那就试图去改变自己;当我们不能改变所面对的事情时,那就从心里去改变对待这个事情的态度。人不能依靠等待,要学会适应,要随着时间、地点、环境的变化不断地去调整自己的心态。

成功人士与失败者之间的差别就是遇事的心态不同。成功人士始终会用最积极的思考、最乐观的精神去支配和控制自己的人生;而失败者则常常受制于过去的种种失败与疑虑,即使面对一些简单的事情,也会由于心态不好而止步不前。我们做任何事情都应该有一个积极的心态,因为心态表示了一个人的精神状态。以良好的心态去学习和工作,就不会失去前进的方向,更不会迷失自己。

3. 培养寻梦圆梦的能力

相信很多人曾被《士兵突击》中的战士许三多所征服。他的一句"不抛弃,不放弃"更是成为很多年轻人的励志语录。在当下一些年轻人"理想不再,精神不振"的现实情况中,奋发向上、锐意进取、百折不挠的态度对大学生来说显得尤为重要。

"不抛弃,不放弃"是一种永不言败的人生态度,也是我们对待人生梦想的精神追求。没有梦想追求的人生也许是最可怕的人生。梦相随,不言退!虽然人生的帆船不会一帆风顺,过程中总会遇到挫折和困难,甚至迷失方向,但是,如果有了"不抛弃,不放弃"的精神,那即使身处黑暗之中,也依然会对梦想保持高度的热情,对人生保持积极的态度。

"不抛弃,不放弃"应该是大学生的生活和学习态度。我们很清楚,不论是现在还是未来,生活总是充满着变数,也注定了不会顺风顺水。唯有永不放弃的人生态度才可以使我们披荆斩棘,才能柳暗花明。

人需要梦想,更需要永不放弃的精神态度,这是一种来自精神的力量。正是这种精神的力量支持着我们的意志。在我们身处无边的精神荒野而最无助的时刻,它也能像黑夜将尽的启明星,给我们目标,给我们力量。做人做事最忌讳轻言放弃,我们可以接受失败,但是不能接受没有经过尝试就言败的事实。在高职校园里,总有个别的学生怀疑自己的选择、怀疑自己的能力而提出放弃自己现在的学业。这种态度无疑是对自己的未来不负责任,也决定了在自己未来的职业生涯中经常会扮演逃兵的角色。

永不放弃就是坚守梦想,就是不断地追求与超越自己的人生目标,更是热爱和珍惜生活的具体表现。大学时代,惬意的事情不少,失意的事情也同样不少。对于充满梦想、渴望成功的大学生群体来说,永不放弃的精神将是未来欲求独立于社会所必不可少的精神品质和人生态度。

4. 培养快速行动的能力

快速行动是一种珍惜时间的积极态度,更是由当今的社会节奏所决定的。21世纪是一个"快鱼吃慢鱼"的时代。行动迅速的,有肉吃;行动迟缓的,也许连汤都没得喝。有了目标,而且还有良好的态度和成功的方法,但是如果不去行动,那么任何理想也都只是空想。理想和空想之间也许相差的就是行动,而且是快速行动。信息时代,信息的迅速传播会让我们不进则退,而且有时候慢进也是后退。只有快速行动,才能使我们在激烈的竞争中获得更为有利的位置,才能把握住一个个转瞬即逝的机会。

立刻行动是一种良好的习惯和态度,也是所有成功者共有的特质。当"要去做"在我们的潜意识中浮现时,就应毫不迟疑地立刻付诸行动,而且行动一旦开始,就要坚持到底。对待需要行动的事情,你一旦拖延,也许就会衍生出再次拖延。行动永远应该从第一秒开始,绝不是第二秒。凡事只要采取行动就意味着已经成功了一半。

立刻、马上、果断、绝不迟疑应该是对快速行动最完美的解释。大学生要培养这种雷厉风行的处事态度,快速行动,机不可失,这对大学学习是正确的选择,同样对以后的事业发展也是别无二选的。成功源于最先把握时机的人,犹犹豫豫、拖拖拉拉是不能成就大事的;处事果断、快速行动的人才能独当一面,才更有可能占据有利的资源,把握成功的主动权。

三、养成良好的学习态度

态度是做任何事情的精神力量,对大学生也不例外。在目前就业形势非常严峻的现实情况下,树立良好的学习态度,关系着每个大学生的前途,也意味着良好习惯的养成。

1. 什么是学习态度

学习态度是指学习者对学习较为持久的肯定或否定的行为倾向,或内在反应的准备状态。学习态度有端正和不端正之分。学习态度端正与否直接决定了大学生最后的学习效果。学习态度一般由对待学习的认知因素、情感因素和意向因素构成。

学习态度的认知因素是指学习者对学习的目的、意义的理解,对学习对象、学习内容和学习结果带有评价意义的观念和信念。基于对学习的正确理解,相应的学习态度也往往是积极上进的;相反,基于对学习的错误理解,相应的学习态度也多半是消极的、错误的、不求进取的。

学习态度的情感因素是指伴随着学习态度的认知因素而产生的情绪情感,是学习对象、学习内容和学习结果的客观评价与学习者的主观需要之间关系的反映。凡是有利于满足学习者主观需要的学习对象、学习内容和学习结果,都能引起积极肯定的情绪情感,否则就会产生消极否定的情绪情感。学习对象、学习内容和学习结果能够引起什么样的情绪情感,不仅取决于学习对象、学习内容和学习结果的客观评价,并且在很大程度上取决于学习者的理解程度。

学习态度中的意向因素表现为学习的欲求和指向。一般来说,学习态度中的认知因素是其情感因素和意向因素产生的前提,没有认知就没有情感,也无所谓意向。学习态度中的情感因素是认知因素和意向因素的动力,没有情感因素就没有认知因素的深化和意向因素的强化,因而情感因素是构成学习态度的核心要素。

学习态度是学习者在学习的过程中通过亲身体验而习得的,是内在的经由学习的成功和失败体验而形成的,而不是外部强加的。一进入大学就应该树立正确的学习态度。

2. 影响学习态度的因素

高等职业教育的定位属于专科层次,所招收的大学生整体素质略低于普通高等院校的学生。一些大学生进入学校后学习没有目标,对"为谁学、为什么学、如何学"感到迷惑,从而产生一定的厌学情绪;还有些学生主观愿望是想好好学习,然而,受客观因素的影响,最后也放弃了大学的学习生活。有调查显示,高等职业院校里有近四分之一的同学对学习缺乏兴趣,其原因是多方面的。

1)需要与愿望不能得到满足

人人都有多种需要和满足需要的愿望。通常个人的需要或愿望得到满足或实现,则容易使人产生对此事心生喜爱的态度。反之,则产生否定、厌恶的态度。若老师不能从同学的实际出发,授课时超脱大纲,内容讲授很深,或考试题目出得很难,结果使用功的同学与没有用功的同学一样,考试成绩不理想,就不能达到预期的教学效果。如此下去,同学就会对该门课程失去信心,甚至厌恶,学习积极性不能得到调动。

2)学习动力没有被有效激活

一方面,许多大学生进入高等职业学院后,觉得好不容易摆脱了高考的巨大压力,应该好好放松一下。然而,大学的课程比起高中来说更多、更繁重。知识的专业性强,学习起来难度也较大,要想真正学好不容易,需要花费相当大的精力。这样,放松的心态与繁重的课程形成了较大的反差,容易导致成绩下滑,形成不良的学习态度和风气。

另一方面,高等职业院校的生源素质与普通高校有差距,部分学生自信心不强,对自己的未来并不抱有很高的期望,从而放松对自己的要求。当学习上遇到困难时,没有信心和毅力去克服,怀疑自己的能力,认为自己即使努力也不可能取得好的成绩,不相信自己通过努力能够克服困难、获得成功,因而采取逃避和退缩的态度消极面对问题。

3) 知识和信息对态度的影响

社会生活实践表明,个人掌握知识的多少和深浅,个人获得信息的广度和准确性,都会影响个人良好态度的形成。如果一个人掌握知识全面,获得信息快且准确,则有利于其对某人、某事态度的形成。目前,许多在校学生受到已毕业的但又没有长期生活和工作经验积累的学长们影响,片面认为学习的好坏与工作干得好坏不成正比;所学专业知识在实际工作中用得太少甚至无用等。这些不正确思想的传播是一些学生厌学的一个重要的原因。

4) 个人所属团体对态度的影响

团体的风气、意识、规范等对团体成员的态度形成有重要影响。一个班级或一个宿舍如果绝大部分同学学习目的明确,学习态度端正,则易形成一个你追我赶的好学风,那些不爱学习的学生也会在这样的氛围中受到感染,端正其学习态度;如果一个班集体或宿舍学风不正,即使少数同学原本学习端正,在这样的环境里也易随波逐流,变得懒惰和懈怠,情绪烦躁。

5) 社会文化及其他因素的影响

不同的社会风气和习俗、不同的社会文化和背景等对人的态度形成都会产生不同的影响,尤其对学生态度会有很大的影响。比如,有些学生就经常谈论过去的中学同学现在去当了兵,或搞个人经营,或在外打工等也有了一定的发展,这对他们内心必然有一定的影响,因此而影响到他们的学习态度。

3. 让良好学习态度陪伴大学生活

良好的学习态度就如同发现美的眼睛,总能使学习者从学习对象那里找到值得留意的东西。在实际生活中,失败的学习者主要是失败于态度,甚至可以说全是失败于态度。学习者的成功与学习者的进步紧密联系,而学习者的进步与其学习态度有着直接关系。

良好的学习态度是学习者应该始终坚持的品质。坚持也许不一定就成功,但坚持本来就是一种追求成功的品质。有了良好的学习态度,才能"三人行,必有我师";有了良好的学习态度,才能在低谷时不弃,在高峰时不骄;有了良好的学习态度,才能既不妄自菲薄,又不目中无人;有了良好的学习态度,才能把简单的事情重复做,并在过程中不断积累成功的基础。良好的学习态度包括主动维持学习的兴趣、合理安排学习时间、信任自己的学习能力、不急于求成。

学习态度不是天生的,它是在自己的学习过程中逐渐培养起来的。如果你陷入了学习态度的误区,请相信经过努力是可以改变的。要知道,只有爱学习,才能有好的学习态度,才能有好的学习习惯,取得好的学习成绩。养成一种良好态度,需要磨炼,当然也必然会有所反复,但只要我们坚持,良好的学习态度是能够形成的。

学与不学是态度问题,而成功与失败则是能力问题。我们不怀疑能力的重要,但最主要的是要看到能力之外的态度。很多时候不能成功的原因,不是缺乏双手,而是缺乏思想,缺乏坚定的信念、诚挚的态度和持之以恒的精神。任何人的成功,最终都是态度的成功,精神的成功。没有人不想成功,那就让良好的学习态度陪着我们走过三年的大学生活吧。

训练开讲之二　担负责任奔前程

爱默生说:"责任具有至高无上的价值,它是一种伟大的品格,在所有价值中它处于最高的位置。"是的,为了自己和家人的生活,我们有出去工作的责任;工作中,我们有做好具体工作的责任;社会上,我们还有公共道义方面的责任。每个活着的生命都肩负着责任的使命,并由此体现存在的价值。每位大学生正处于学习成长过程中,为了家人,也为了自己的未来,现在需要承担起自己的责任,即认真对待自己的学业。

一、什么是责任

从"责任"的字面来看,责任应该包含两个基本层面,即"责"与"任"。"责"意指分内事,如果做不好就要承担后果或者受到惩罚;"任"即为主动承担的任务,如果能完成就应该得到相应的奖励或者荣誉。另外,《现代汉语词典》是这样定义"责任"的:分内应做的事。"分"是自己的角色和岗位,"内"表示界限和范围,"应"即理所当然、责无旁贷,"做"就是要尽心尽力去完成,"事"就是自己的工作和职责。

每一个人都在生活中充当着不同的角色。无论一个人担任何种职务,做什么样的工作,他都对他人负有起码的责任,这是社会法则,是道德法则,还是心灵法则。每一种角色都承担着不同的责任。从某种程度上说,对角色饰演的最大成功就是对责任的承担。正是责任让我们在困难时能够坚持,在成功时保持冷静。我们的努力和坚持不仅仅是为了别人,也是为了自己。

从本质上说,责任是一种与生俱来的使命,它伴随着每一个生命的始终。事实上,只有那些能够勇于承担责任的人,才有可能被赋予更多的使命,才有资格获得更大的荣誉。一个缺乏责任感的人,或者一个不负责任的人,首先失去的是社会对自己的基本认可,其次失去的是别人对自己的信任与尊重,即失去了自身的立命之本——信誉和尊严。所以说,责任就是对自己所负使命的忠诚和信守,责任就是对自己工作的出色完成,责任就是忘我的坚守,责任就是人性的升华。

214

二、担负责任对于我们的意义

每位大学生都需要深刻认识担负责任对我们的意义,唯此才能重树信心,去积极面对每一天所应该承担的责任,从现在开始,做好成长过程中的每件事。

1. 责任是生存的基础

社会学家戴维斯说:"放弃了自己对社会的责任,就意味着放弃了自身在这个社会中更好生存的机会。"放弃承担责任,或者蔑视自身的责任,就等于在原本可以自由通行的道路上自设路障,摔跤绊倒的也只能是自己。

在人类社会中,那些没有责任心的人首先会遭到淘汰的命运。我们为什么要在社会上承担一定的责任呢?最直接的原因就是为了更好地生存。责任是永恒的生存法则。无论是自然界还是人类社会,如果没有了责任,也就失去了赖以生存的基础。

从出生的那刻起,上天就赋予了我们一生要承担的各种责任。无论在哪个年龄段,无论从事什么工作,责任都是与我们相伴存在的。每个人都肩负着自己的责任,而且必须带着一颗良好的责任心去面对、去努力。学生要努力学习,员工要努力工作,官员要努力为人民办实事。只要尽心尽力,我们都可以做好自己的分内之事。

中央电视台每年举办的"感动中国"都让我们为一批又一批具有强烈责任心、能坚守自己岗位的国人骄傲。他们为了自己的责任不懈努力、勇于付出,成为我们的楷模。人生只有一种选择,那就是应该以负责任的态度来对待生命中的每一件事,并把它作为自己的使命。责任是我们生存的基础,也是应尽的义务,也许在肩负责任的过程中,让我们感受到的是烦闷和枯燥,但是我们的价值也从中得到体现。

2. 责任让我们不断成长

每个人,在成长过程中都需要担负责任,同时也由于我们始终承担着各种责任才让我们更好地成长。每一位大学生在自己过去的成长过程中都始终担负着一定的责任:在家里的责任,在学校的责任,在社会上的责任。我们是伴随着为家人、为邻里、为学校、为同学、为朋友的不断做事而逐渐长大成人的。我们也从中体会到了为家人分忧的快乐、为邻里提供帮助的快乐、为学校作出贡献的快乐、为同学和朋友不断付出的快乐。

每位同学都期望自己得到不断成长,但成长的过程也是承担责任的过程。来到大学的我们,每天都要面对各种各样的学校安排。我们每天都有上好每一堂课的责任,有做好宿舍和班级各项事物的责任,也有正确面对自己成长的各种其他责任。积极履行这些责任可以培养我们良好的责任意识和负责任习惯,这些都是在为今后进入社会、进入职场作岗前准备。也只有那些勇于承担责任的同学,才能在学校期间快速成长,并获得好的成绩。我们的成长不仅仅只是生理的成长,还要包括让知识、能力、素养得到全面的成长。

成长是一种责任,是一种对自己、对家人、对社会的责任。一个人只有对自己今天的成长负责,才能对自己以后的事业负责,对未来所面对的岗位工作负责,并成为一个对企业发展有积极意义的员工。从一定角度上说,成长的意义要远远大于我们所获得的物质回报。我们应该把承担责任后的回报作为承担责任的副产品,而不是唯一目的,因为我们敢于承担责任最直接好处是得到了不断成长,并在这个过程中我们享受到了承担责任的回报,从而使价值获得不断提升。

3. 责任让我们成就事业

责任是获得事业成功的第一要素,因为责任与成功之间的距离是最近的。责任可以使每个生命的价值与事业融为一体。正是责任的存在,才使我们具有了百折不挠的精神,让我们矢志不渝、不轻言放弃地向生命中最卓越的顶点攀登。

事实上,每个人都有成就一番事业的潜能,只有肩负一定责任的时候,潜能才能被激发出来。无论是现在的学习和以后的工作,我们都不会总是一帆风顺,总要遇到各种各样的困难,只要勇于面对、承担责任,只要我们坚信办法总比困难多,就一定可以攻克一个一个难关,就没有过不去的火焰山。很多高职同学过去都经历过学习英语的困难,就是因为不够自信,让这个困难成为了我们今天不好逾越的障碍,但是也有的同学面对自己过去的问题,重新开始,不断努力,最后还是横渡了这道英语"海峡"。未来的工作中同样需要我们不断承担责任,激发自己的潜能,获得事业的成功。

确实,在学习和工作中,有的责任担当起来很容易,有的却存在一定的难度,但是无论责任的难与易,一切只在于做事的人。无论今后所做的是什么样的工作,只要我们能认真地、勇敢地担负起责任,我们所做的就是有价值的,就会获得尊重和敬意。面对责任,不能逃避,要勇敢地迎上去,让责任激发出我们的潜能,让一切皆有可能。只要立下决心,就一定可以承担起今天学习中乃至未来职业生涯中的任何责任,并取得出色的成果。只要我们愿意,就会做得很好。这是我们走向事业成功的阶梯。

4. 责任让我们机会无穷

责任和机会是成正比的,没有责任就没有机会,而且责任越大机会也越多。谁承担了最大的责任,谁就拥有了最多的机会。因此,拥抱责任就是把握机会,靠近责任才能赢得机会,承担责任才能迈向成功,尽到责任最终才能脱颖而出。

英语的学习对于高职同学来说确实有难度,但是别人能够通过努力,你为什么不可以?每年的高职院校毕业招聘季,总有一些人因为招聘单位对英语有要求而名落孙山,凡是这样的单位也许都是比较有发展的就业目标,这无异于自己发展机会的丧失。未来的工作也一样,总有一些人以自己的好恶进行工作的取舍,不想干的工作,总是躲得远远的,反过来又经常感慨:"我的机会在哪里?"事实上,机会就在每个人的身边。

机会总是藏在责任的背后,只有聪明的人才能看到它的存在。因此,从一定意义上说,凡是敢于拥抱责任的人才是可能抓住机会的人;凡是主动逃避责任的人也是放弃机会的人。当你总是感觉自己缺少机会或者职业道路不通畅时,不要抱怨他人,而应该首先问问自己是不是负起了自己本应承担的责任。

三、努力成为有责任感的人

人生可以清贫,可以不伟大,但不可以没有责任。人要生存就要承担责任,要成长还需要承担责任,要有事业发展机会更需要承担自己本该承担的责任。

1. 把责任根植于心

家庭需要责任,因为责任让家庭充满爱;社会需要责任,因为责任能够让社会平安、稳健地发展;企业需要责任,因为责任让企业更有凝聚力、战斗力和竞争力。这个世界上的所有人都是相依为命的,所有人只有共同努力,郑重地担当起自己的责任,才会有生活的宁静和美好。

将责任感根植于内心,让它成为我们脑海中一种强烈的意识,在日常行为和工作中,这种责任意识会让我们表现得更加卓越。因此,首先必须认清自己的责任。只有认清自己的责任,才能知道该如何承担自己的责任,正所谓"责任明确,利益直接"。也只有认清自己的责任,才能知道自己究竟能不能承担责任。事实上,并不是所有的责任我们都是能承担的,也不会有那么多的责任让我们来承担。生活只是把我们能够承担的那一部分责任交给了我们。

坚守责任能够使动物的世界生生不息,对人来说,就是守住了生命的最高价值。学会承担责任,就是要知道自己能够做什么,然后才知道自己该如何去做,最后再去想应该怎样做才能够做得更好。清醒地意识到自己的责任,并勇敢地扛起它,无论对于自己还是对于社会都将是问心无愧的。

2. 脚踏实地承担责任

在改造大自然的过程中,人类把我们今天所生活的地球变得如此多彩多姿和美轮美奂,世界各地到处都留下了人类改变大自然的足迹。如果没有一种负责任的精神、脚踏实地的作风,一切奇迹都不能发生。

1) 脚踏实地需要戒浮躁

如果一个人有了求踏实、戒浮躁的作风,他就会学有所成,学有所获。三国时管宁和华歆同席读书。管宁能够踏踏实实静心学习,不为外界所扰,而华歆却十分浮躁。有位达官显贵坐着豪华的轿子从外面路过,管宁置若罔闻,照旧专心致志,而华歆却面露羡慕之色,立刻跑出去看。管宁于是割席而坐,与其绝交。最终管宁成为德高望重的大学问家,而华歆在学术上却碌碌无为。

如果一支军队有了求踏实、戒浮躁的作风,它就会战无不胜,攻无不克。早年曹操曾率领军队将张绣打得落花流水,胜利之后,曹军得意洋洋,上至主帅,下到士兵,都显得十分浮躁。结果在第二次征讨张绣时,损兵折将,一败涂地。反观张绣,在失败之后能踏踏实实地蓄积力量,谋划方案,所以最终打了胜仗。曹操和张绣的一胜一负是对踏实求实、戒骄戒躁的最好诠释。

古今中外,无论是一个人、一个集体、一个国家,只有求踏实、戒浮躁,才能走得更远。踏实之风,犹如山巅松柏,风吹不动,雷打不惊;浮躁之气,如同墙头野草,风来则枯,雨淋则倒。我们要在责任面前不低头,戒除浮躁,一步一个脚印做事,成绩的获得只是迟早的事情。

2) 脚踏实地需要简单重复

如果给一张报纸,让我们重复折叠51万次,那将会创造什么样的高度。也许我们会猜测可以达到冰箱的高度,甚至是达到两层楼的高度。但是,科学家通过计算机模拟,证实这个简单的动作只要能完成,就可以把地球和太阳连起来!看似这毫无分别的简单重复,却会产生如此的惊人结果,不能不承认这和脚踏实地工作是分不开的。我们在儿时都有过荡秋千的经历。秋千所荡起的高度与每一次加力的大小是分不开的。任何一次偷懒都只会降低高度。而维持一定高度的唯一办法就是踏踏实实、一丝不苟地加力。

中国台北著名的"台北101"大厦总高度达到508米。主楼旁边为六层、总高60米的裙楼。裙楼内有挑高40米的豪华室内广场。楼内设有34部双层电梯。夜间,大楼的楼外装饰灯光会在一周中的每一天变换出七种不同的颜色,在每天的落日时分点亮整个大厦,晚上十点才准时熄灭。从2003年7月开始,这座宏伟的人类杰作就已成为世界上的标志性建筑之一。只要略作思考就可以想到,整个大厦如果没有建筑工人把那些平凡的砖块和实实在在的钢筋水泥有机地结合在一起,那么也将无法呈现这一伟大建筑的魅力。

荀子在《劝学》篇中就讲到:"不积跬步,无以至千里;不积小流,无以成江海。"世上凡大事都是由小事所组成,不能小觑任何小事。只要脚踏实地做事,把简单的事情重复做,就能创造出自己的人生魅力。

3. 以勤奋背负责任

在今天这个充满机遇和挑战的社会里,要想抓住机遇让自己脱颖而出,就必须付出比其他人更多的勤奋和努力。只有积极进取、奋发向上,才能够达成愿望。所以,不管现在从事什么样的职业,都应该在自己的岗位上勤勤恳恳地工作。

1) 勤奋就是坚持

生活中,经常可以看到一些似乎就要成功的人或事,但是由于没有坚持到最后,或准备不足,结果并没有成功。原因在于他们没有付出与成功相应的代价。他们希望到达辉煌的巅峰,但不想越过那艰难的梯级;他们渴望赢得胜利,但不想亲自参加战斗;他们希望一切都一帆风顺,但又不想遭遇任何险阻。古罗马人曾有两座圣殿,一座是美德圣殿,一座是荣誉圣殿。他们在安排座位时有一个顺序,即必须经过前面的座位,才能达到后面的位置,这是想告诉人们勤奋是通往美德圣殿和荣誉圣殿的必经之路。正是这种勤奋精神让当年的古罗马能够征服世界。

也许很多年轻人已经看过林肯的传记。林肯幼年时代的境遇和努力对他后来所取得的成就不能不说有着非常大的关系。当年的林肯住在一所极其简陋的茅舍里,没有窗户,也没有地板,用今天的居住标准看,他简直就是生活在荒郊野外。他的住所距离学校非常远,连一些生活必需品都很缺乏,更谈不上有报纸、书籍可以阅读了。然而,就是在这种情况下,他每天坚持不懈地走一二十公里路去上学;为了能借几本参考书,他不惜步行五六十公里路;到了晚上,他靠着燃烧木柴发出的微弱火光来阅读。就这样,林肯只受过一年正规的学校教育,成长于艰苦卓绝的环境中,但他竟能努力奋斗,一跃而成为美国历史上最伟大的总统,成了世界上最完美的模范人物。

2）勤奋就是努力

一个人能否成才,环境、机遇、天赋、学识等因素固然重要,但更重要的是自己能否面对责任而努力。那么究竟何为努力? 努力就应该是用肩扛,用头顶,用生命的力量托起超过自己负荷的东西! 我们很多同学都经常把"努力"这个词挂在嘴上,动不动就是自己努力了。果真如此吗? 面对任何事情只是通过自己的一番简单的付出,如果没有成功或者获得相应的成果,很多同学就会说"我努力了"。他们所说的"努力"又有几个人是真的做出了超负荷的付出呢?

俗话说,"一勤天下无难事"。如果缺乏勤奋精神,哪怕是天资奇佳的雄鹰也只能空振双翅;而如果具备了勤奋精神,哪怕是行动迟缓的蜗牛也能雄踞塔顶。所以,成功不单纯是一个能力大小和智慧多少的问题,更是一个对待责任努力与否的问题。实干并且是努力加实干才是对勤奋的最好诠释。要做一个好的学生,你就要有水滴石穿不达目的不罢休的精神,也许100次的水滴落下还远远不能穿石,但我们要相信不断地重复终有穿石那一刻;要做一个好的员工,就要像石匠一样一次次地挥舞铁锤,也许100次辛勤的锤打都不会有什么明显的结果,但我们要相信那最后的一击,石头必将会裂开。成功的那一刻,正是之前不断努力不停地工作的结果。

现实社会早已告诉我们:勤奋就像一所高贵的学校,所有企望有所成就的人都必须进入其中进行学习和锻炼。在那里,可以学到有用的知识、独立的精神和坚忍不拔的生活习惯。勤奋本身就是财富,拥有它,就拥有了未来事业成功的通行证。如果你是一个勤劳、刻苦的学生,就应像蜜蜂一样多采花,多酿蜜,最终必将享受自己勤奋的果实。

训练拓展

面对任何问题都有一个责任的问题,但更有一个态度的问题。有些90后大学生当面对责任和态度的时候都变得比较怠慢,不能立即作出响应,即使知道自己有错误,也会因为面子的问题,在心理萌生障碍,缺乏勇气积极面对。

请同学们在小操场进行一个"军体操表演"活动,以强化自己的责任和态度意识。四个同学一组,前后左右间隔一臂站成两排。规定:喊一,四个同学同时向右转;喊二,左转;喊三,后转;喊四,前进一步;喊五,不动;五个动作为一个轮回,连续做三个轮回:第一轮回按顺序做,第二和第三轮回打乱顺序做。开始之前,由老师向大家宣布:当有同学做错动作时,应待每组做完后主动出列,向大家鞠躬,并举起右手高声说出"对不起,我错了!"

第十七训练模块 交往沟通

❋ 训练目的 ❋

通过该模块的训练,要使大学生充分认识到交流沟通在未来职业生涯中的作用、影响因素,以及大学生在交流沟通中所存在的问题,掌握正确的人际交往原则,努力处理好与各方面的人际关系,提高自己的交际能力;并且要充分认识到口语表达能力在人际交往中的作用,针对自己的实际情况,采用一定的方法,不断实践,练就良好的口才,提高未来发展的软实力。

❋ 训练要求 ❋

(1) 学习和研究人际交往的作用和影响因素,提高自己对人际交往的认识,并针对不同的交往对象,思考自己该如何树立正确的交往意识;

(2) 根据大学生在交往中所存在的问题,反省自己的人际交往现状,努力实践,提高自己人际交往的艺术水平,形成自己的朋友圈;

(3) 理解提高口语表达能力的现实意义,充分认识口才在人际交往中的地位以及对自己未来的影响;

(4) 学习"大学生口语交际能力的现状",反思自己的口语表达能力状况,主动采用适当的训练方法,提高自己的口语表达能力。

训练开讲之一　交际能力的培养

一方面,每个大学生从中学校园踏入大学校园后,不仅面临着新的人际环境变化,而且面临着要独自在学校里料理自己的学习与生活;另一方面,在当前市场经济条件下,大学生的综合素质已成为众多企业和用人单位的关注焦点,而在综合素质里,大学生的交际能力则显得尤为重要。但是,交际能力是一种非学院教育所获得的、仅由社会实践来提升的能力。

一、人际交往的作用和影响因素

对人际交往作用及影响因素的清楚了解,可以帮助大学生更好地培养和提高自己的交际能力,更好地适应大学的学习生活,满足未来的就业需要。

1. 人际交往的作用

人际交往是人们社会生活的重要内容之一,自我的发展、心理的调适、信息的沟通、各种不同层次需求的满足、人际关系的协调,都离不开人际交往。

随着现代社会竞争的日益加大,人们的心理压力也越来越大,人际交往已成为人们越来越关注的问题。这是由人际交往在生活和工作的作用所决定的。从社会学角度来看,人际关系的建立与维持不仅满足了人类的生存需要,而且也满足了人类健康发展的心理需要。在社会文明程度越来越高的今天,人际关系在社会生活中所起的作用也越来越大,任何一个群体的内部,都会形成自己独特的人际关系结构,而这种人际关系结构对于整个群体的活动效率都具有重要的作用。

人际交往一般是指在社会活动中人与人之间进行信息交流和沟通情感的联系过程。个人与个人、个人与团体、团体与团体之间,都是通过这样的活动使自己的种种社会性需要得以满足。在人际交往中,过分留心、处处算计、总怕吃亏是不可能实现正常交往的。两个人互相交换一个苹果,还是一人一个苹果;两个人互相交换一个主意,一人就有了两个主意,这显示了人际交往的真正内涵。此外,交往的作用还在于可以增大个人的心理空间,减少彼此的心理距离,找到归属感。

2. 影响人际交往的因素

大量的研究显示,一个人所有的知识、技巧、能力等诸方面,几乎都来自于与他人进行交往时所进行的各种社会活动之中,而影响人际交往的因素中以空间、频率、需要、个性等因素最为重要。

1) 空间距离

通常情况下,人们在空间位置上越接近,就越容易形成彼此间的亲密关系。空间距离的接近使双方相互交往、相互接触的频率不断增加,彼此间更容易熟悉。当然,如果交往双方的关系出现紧张状况,这时空间距离越接近,彼此的反应也会越消极,从而让双方的关系也难以相处。可见,空间距离是一把双刃剑。

2) 频率

交往的频率由见面次数的多少来决定。心理学研究表明,人与人之间彼此交往的频率越高,越有助于相互了解、沟通情感、密切关系。即使两个人的人际关系比较紧张,通过多次交往,也有可能逐步消除猜疑和误会。反之,即使两人关系很好,但如果长期不交往,彼此了解减少,其关系也可能逐渐淡薄。大学生共同学习生活在一起,接触密切,这就给建立良好友情提供了很好的客观条件。我们应充分利用这一条件,与朋友保持适度的接触频率,可以使人际关系不至于淡化甚至消失。但切忌"有事有人,无事无人"的处事方法。

3) 相似性

如果交往的双方在对待同一个事物或很多事物上,都具有相同或相似的看法和态度,则双方更容易达成共识,更容易在人际交往的过程中找到共同语言,达成共同的理解,形成共同的信念和价值观,从而让彼此的关系更为密切。反之,双方的人际交往关系就可能很淡漠,或变得紧张,也就不容易实现双方的交往共鸣。

4) 互补性

相互满足是形成人际关系的前提条件。一旦有了需要和满足需要的期望,空间距离就大些,也可能是"天涯若比邻"。反之,如果一个需要睡觉,另一个想唱卡拉OK,那么他们此刻的人际交往关系就不可能彼此融合。因此,两个喜欢学习的人就很容易在生活中找到彼此交往的契机,因为他们能在学习过程中进行互补,共同提高。

5) 个性

人们的个性在很大程度上影响着彼此的交往态度、频率和方式。人在现实的人际交往中所表现出的行为倾向性、人格、气质、能力等个性品质,可以直接影响到人际关系的建立与发展,就像一个怕水的人被邀请去游泳,他是不可能随行的。因此,在大学生中经常可以看到,彼此比较内向的学生更容易走到一起。

二、大学生人际交往中所存在的问题

中国科学院曾有研究人员做过有关的心理素质调查,结果显示:大学中约有21%的学生与人无法沟通;而不善交际的人就达到80%以上。纵观目前高等职业院校大学生的人际交往现状,确实存在着不少问题。

1. 自我中心

在大学校园里,所有的大学生由于都处于青春发育后期,缺少人生阅历,不能很好地为自己定位,尤其是90后大量的独生子女同学,由于过去长期的生活环境影响,自尊心和好胜心都很强,在家里都是"中心人物",很少顾及家庭其他成员的感受,因而养成以"自我为中心"的为人处事习惯。

这种习惯让他们在大学与别人交往时,仍然是"我"字当先,只顾及自己的需要和利益,只强调自己的感受,很少考虑别人是否能够接受。在与他人相处时,往往不顾场合,不考虑别人的所思所想,自己高兴时就高谈阔论、眉飞色舞、手舞足蹈;不高兴时就郁郁寡欢、谁都不理,或是乱发脾气,不知道尊重他人,漠视他人的处境和利益。

2. 自我封闭

具有自我封闭特征的同学主要来自农村家庭。这种类型有两种情况,一种是不愿让别人了解自己,总喜欢把自己的真实思想、情感和需要掩盖起来,往往持一种孤傲处世的态度,只注重自己的内心体验,在心理上人为地建立屏障,故意自我封闭起来;另一种情况是虽然愿意与他人交往,但由于性格原因却无法让别人了解自己,难以和别人相处。

这样的人常常表现出自卑和孤独的特征,或者悲观、忧郁、孤僻,认为自己处处不如别人,性格内向,总觉得别人瞧不起自己;或者萎靡不振,处于不合群的悲哀境地,喜欢一个人独来独往,不喜欢与他人接触,很难融合到大集体中,表现出一种极不和谐的人际状况,严重影响着自己正常的学习、交际和生活。

3. 过于功利

在当下的大学校园里确实有部分同学把在市场经济下通行的"等价交换原则"用于在校的人际交往:大利多交,小利少交;无利不交,冷落那些不能给自己带来"实惠"的人,滥交乱捧那些可能对自己有"实惠"的人。

人在交往过程中有这样那样的目的、想法都是正常的,因为每个人都有通过交往得到提高、进步的愿望,从本质上讲这些都是无可非议的。但是,如果过多地考虑交往中的个人愿望、利益是否能够实现或达成,以及实现的可能性有多大等,那就很容易被功利主义的个人至上思想所左右,使个人交往带上极其浓厚的功利色彩。

4. 猜疑嫉妒

在交往中的猜疑心理一般表现为:以一种假想目标为出发点进行思考,对人缺乏信任,胡乱猜忌,说风就是雨,很容易被暗示。心理学认为,任何人都有不同程度的妒忌心理,这是常事,而且一定的妒忌心理还可以激发个人奋发向上的积极性;而一旦这种嫉妒心理超过一定的限度就会走向反面,影响人与人之间的正常关系。

5. 江湖义气

由于盲目崇拜一些历史故事中的人物,或者受到社会上一些不良习气的影响,有些同学热衷于江湖义气,对所谓的江湖好汉、义士崇拜得五体投地。于是,不顾法律和校纪校规的约束,不讲原则,在同学之间拜把子,把哥们儿义气当作友谊,没有原则地互相包庇,甚至不惜牺牲和损害集体或他人利益,为哥们儿两肋插刀。这是一种非理性的小团体宗派团伙意识。

6. 困惑迷茫

大学校园汇集着来自五湖四海的同学,风俗习惯、观点看法不尽相同,正是这些风俗习惯和观点看法的不同,使大学生的生活总是充满着一些小摩擦,有时还表现为长时间不能风平浪静。校园原本就是一个亚社会,每天自然少不了待人接物,然而很多同学由于缺乏经验,因此盲目认为校园里的待人接物也不简单,把原本比较简单的同学关系看得非常复杂,而产生一定的迷茫感。

7. 社交恐惧

这类大学生对人际交往特别敏感、害怕,极力回避与人接触,在不得不交往时,则紧张、恐惧、心跳加快、面红耳赤,并长期难以自制,使自己处于焦虑状态。他们害怕自己成为别人注意的中心,害怕自己在别人面前出洋相,害怕被别人关注。总担心自己会出现错误而被别人嘲笑,长时间处于一种莫名的心理压力之下。

8. 异性困惑

90后大学生在与异性相处方面已经完全不同以往,很多同学都表现出非常娴熟的特点,但是仍有一些同学还存在问题。如,有些同学与异性交往时总感到要比与同性交往困难得多,以至于不敢、不愿甚至不能和异性正常交往。其主要原因是不能正确区别和处理友谊与爱情的关系,不知道怎样建立男女同学之间自然、和谐、纯真的人际关系。

三、掌握正确的人际交往原则

进行人际交往是每个大学生的社会生活需要,在交往中要遵循积极向上的交往原则,培养自己具有高尚和阳光的人际交往品位。

1. 正直原则

正直原则主要是指正确、健康的人际交往能力,营造互帮互学、团结友爱、和睦相处的人际关系氛围。反对拉帮结派,酒肉朋友,甚至无原则、不健康的人际交往。正直是一个表示个人在社会交往中的品德的概念,与狡诈相对。它包含着"公平、正派、诚实、坦率、阳刚、无私"的意蕴。具有正直原则的人,其行为与社会规则之间具有较高的一致性。

2. 平等原则

平等原则主要是交往双方在人格上的平等,包括尊重他人和保持他人的尊严。彼此尊重是友谊的基础,是实现两心相通的桥梁。交往必须平等,平等才能深交,这是人际交往成功的前提。贯彻平等原则,就是在交往中尊重别人的合法权益,尊重别人的感情。古人云:"欲人之爱己也,必先爱人;爱人者,人恒爱之;敬人者,人恒敬之。"我们既要自尊,又要彼此尊重。

3. 诚信原则

诚信原则是指在人际交往中,以诚相待、信守诺言。古人也说,"精诚所至,金石为开","心诚则灵"。诚,是换取友谊的金钥匙。与人交往时,一方面,我们要真诚待人,既不当面奉承人,也不在背后诽谤人,要做到肝胆相照,襟怀坦荡;另一方面,我们要言必行,行必果,承诺的事情要尽量做到,这样才能赢得别人的拥戴,建立彼此深厚的友谊。

4. 宽容原则

在与人相处时,应当严于律己,宽以待人,包容对方的差异。俗话说,"金无足赤,人无完人"。交往中,对别人要有宽容之心。如若像"眼睛里容不得一粒沙子"般地斤斤计较,苛刻待人,或者遇事得理不让人,自己最终只会成为孤家寡人。宽容原则在大学生的宿舍成员交往中是很重要的。

5. 换位原则

换位原则是我们在处理很多现实问题时必须把握的原则。在交往中,每个大学生都要善于从对方的角度认知对方的思想观念和处事方式,设身处地地体会对方的情感,发现对方处理问题的独特个性方式,从而真正理解对方。这一点对 90 后的大学生来说是尤其重要的。

6. 互补原则

互补原则也是人际交往的一项基本原则。大学生在经济生活上还没有独立,依然处在以学为主的学生时代,非常需要互相帮助、取长补短。互补原则主要体现在精神领域,包括气质、性格、个性特征等方面。不同气质、性格和能力的人往往能够相处配合得较好。可见,"尺有所短,寸有所长",要勇于吸收他人的长处,弥补自己的不足。

四、如何提高大学生的交际能力

在大学校园里,大学生良好的人际交往能力非常有利于形成一种团结友爱、朝气蓬勃的学习和生活环境,尤其可为以后自己的职业生涯打下一个良好的基础。因此,大学生必须努力提高自己的交际能力。

1. 培养良好的性格

俗话说"江山易改,本性难移",虽然多年养成的性格不容易改变,但并不是不能改变。人是发展变化的,随着社会的进步、个人交际的频繁、社会实践的增加以及知识面的拓宽,个人的观念、意识和性格都会有很大的变化。这是一个潜移默化、从量变到质变的过程。只要我们有意识地注意改变自己的性格,就会收到良好的效果。

2. 真诚热情

实事求是、态度热情往往给人一种信赖感、亲近感,这有利于交往的继续和深入。当一个人遇到坎坷或困难,甚至遭到失败时,往往对人情世态最为敏感,此时最需要别人的关怀和帮助,哪怕是一个微笑,或一个体贴的眼神,甚至是一句温暖的话语,都能让人感到安慰,感到振奋。因此,当别人遇到困难、陷入困境时,只要能伸出援助之手对别人给予帮助和安慰,就可以很快赢得对方,并与之建立良好的人际关系。

3. 善于结交

在人际交往中,结交的过程一般要经历彼此注意、初步接触和亲密接触三个阶段。善于结交是指能够巧妙地引起对方注意、并主动制造机会、自然地与对方进行初步接触、进而保持进一步接触的过程。交往伊始,大学生必须遵循一定的规范、礼仪、风俗、习惯,给人以良好的第一印象。例如,人际称呼要适当,登门拜访要礼貌,喜庆节日要致意,谈话态度要诚恳,幽默和玩笑要有分寸,等等。同时,衣着整洁、大方,仪表举止文明也会给人一种亲近感,反之,过分修饰、油头粉面、浓装艳抹则会给人一种心理排斥的感觉。

4. 善于表达

谈话是沟通信息、获得间接经验的好形式,也是表达感情、增进友谊的重要手段。善于表达要求所表达的内容清楚明确,表达的方式恰当,表达的效果幽默和风趣,使对方感到轻松愉快。善于表达应该包括善于自我表露和善于表达自己的思想感情。真正可以深入下去的交谈必然是双向的。因而自信地袒露关于自己的信息也是非常重要的,这可让对方知道自己是怎样想的,有什么感受。然而,确有一些大学生在交往中总是期望单向交流,那是不会有好结果的。

5. 善于倾听

善于倾听是一种美德,更是一种修养。倾听的目的一方面是给对方创造表达的机会,另一方面是自己能更好地了解对方,以便进一步与其交往和沟通。在倾听过程中,我们可以用简单的赞同、重复、评论引导他人讲下去,同时不要做无关的动作,如心不在焉、东张西望、爱听不听、不甚其烦、不时看表、目光游离不定等。生活中,刺耳的话,要静气地听;奉承的话,要警惕地听;反对的话,要分析地听;批评的话,要虚心地听;正确的话,要诚恳地听;错误的话,要参考地听。

6. 善于赞赏

每个人都有不足,也都有其所长。主动发现和赞赏别人的优点确实是一种美德。人性中最深切的动力是"做个重要人物的欲望";人性中最深切的品质是"被人赏识的渴望。"心理学家认为,"赞扬,能释放一个人身上的能量,调动人的积极性;赞扬,能使赢弱的身体变得强壮,能给恐怖的内心以平静与依赖,能让受伤的神经得到休息和力量,能给身处逆境的人以求求成功的决心。"真心真意,适时适度地表示对他人的赞扬,能够有力地增进彼此的吸引力。

7. 增加社会实践机会

社会是一个"大熔炉",它能使我们快速成长起来。在实际生活中,无论干什么事,无论走进什么样的环境,都有一个怎样与人相处的问题。今天是网络时代,很多90后都是和电脑网络相伴长大的,似乎对网络形成了依赖,养成了在虚拟环境下生活的习惯,不愿意接触社会,这显然不利于自己未来的成长。因此,大学生要积极投身现实社会,在实际生活中从点滴小事开始培养和锻炼自己的人际交往能力。

训练开讲之二　没有天生的辩才

在教学过程中发现,很多高职院校的大学生都呈现出不敢讲、不愿讲、不会讲的"三不"现象。口才上的不良表现,已经成为大学生在当下求学、未来的求职以及在人际交往方面的严重障碍。我们应该知道,好的口才都不是天生的,而是后天锻炼的结果。

一、提高口语表达能力的现实意义

大学生无论是在校与老师、同学的往来相处,还是毕业后走上社会的求职面试,乃至将来的工作和成家立业,口语表达能力的提高都是人生必修课。

1. 时代发展需要良好的口才

目前,人类社会在经历了农业时代、工业时代以后,已经进入了知识经济的伟大时代。知识越来越成为提高综合国力和国际竞争力的决定性因素,人力资源越来越成为推动社会发展的战略性资源。世界科学技术迅猛发展,社会节奏加快,人与人之间的交际越来越频繁,人才竞争、知识竞争和信息竞争非常激烈,交际与沟通已经显得特别的重要。

2. 复合型人才需要良好的口才

近年来,从许多企事业单位向社会公开招聘各类人才的情况来看,大家都越来越重视对应聘者口才的要求,而且还常常把口试作为一项重要程序。用人单位往往把口语表达能力的好坏看作为是否录用的基本条件,并把"口语表达能力"作为衡量人才质量的重要指标,因为他们需要的是复合型人才。

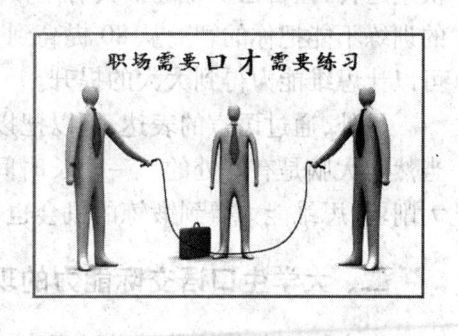

好的员工不仅仅是做好自己的本职工作,更多的时候还代表单位的形象,而且,由于工作的分工愈来愈细化,工作之间的协调性也变得异常重要。良好的话语沟通是打开交流双方心扉的钥匙,更可以在无形之中提高工作效率。每个企事业单位都在追求员工能力的综合化,而只有复合型人才可以满足这一发展需要。因此,越来越多的企事业单位已经把人力资源素质放在一个单位长远发展的高度来看待。

3. 提高自己的生活品质需要良好的口才

良好的口语交际能力有利于大学生搞好人际关系,使自己能够更加健康成长。当今现实生活中,经常可以看到,凡具有良好口才的人不但可以给自己的学习和工作带来很多的方便,在生活的其他方面(如个人每天的心情)同样可以获得很多的益处。相反,"出口伤人""关系处理不当"并不是同学有意而为之,但却经常在大学生活中发生,最后使同学之间的人际关系因此而变得紧张,不协调,也就更谈不上开心度过每一天了。

有些大学生对待一些问题的处理方式以及与人沟通的语言表达往往以自我为中心,不注意交际的文明,很少考虑交际对象的具体情况或真实感受,而造成许多生活交际口语失当,伤害到包括老师和同学在内的诸多交际对象,造成误会、猜疑、对方的心情不快,甚至积怨为恨,最后发展到关系紧张,影响了自己在校期间的方方面面。

稍加留意就不难发现,评价一个人的办事能力在很多情况下就是看他的口才。好的口才可以让生活品质发生很大的变化。我们提倡言之有物、彬彬有礼、坦诚待人、适度得体的口语表达风格,摒弃言之无物、粗俗不堪、故弄玄虚、夸夸其谈的不良说话习惯,以及粗话、假话、大话、空话。年轻人需要在长期的生活中磨砺自己,在说话时心要正,要学会巧说话。

4. 提高自己的大脑智商也需要良好的口才

关于这个问题,很多人都没有留意。我们知道,说一个人智商高不高,或者聪明不聪明,在更多时候就是对他的思维能力与思维方式的评价。其实,通过口才的训练可以提高大脑的智商水平。

我们可以认真考虑一个问题:在生活过程中,有什么活动可以让大脑运转的速度最快? 想来想去应该是在说话(尤其是和别人激烈辩论)的时候。因为,在说话时,为了能够让自己切合当时的语境、完整表达思想,大脑必须快速运转,否则的话,就可能落得一个说话还不如不说话的结果,自寻尴尬。选择什么词语进行表达,需要大脑的快速运转;让自己所说的话具有严格的逻辑性,更需要大脑的快速运转。也许对口才的训练不能把你的智商从 80 提高到 120,但是在相同的智力范围内,通过口才的训练可以让思维能力得到大大的提升。

另外,通过语言的表达,可以把以前或最近所学到的东西在大脑里过了一遍,这当然对大脑是有好处的。一个长时间不喜欢说话的人,其对大脑的运用强度必然大大削弱,思维能力得到锻炼的机会也会大大减少。

二、大学生口语交际能力的现状

在高等职业院校的教学过程中,较多的任课教师都有一个共同的发现,那就是学生在课堂上不能针对讲课内容有效地提出问题;对教师的课堂讲解也缺乏必要的积极回应;用口语对知识的准确陈述或复述的能力较差;回答问题缺乏条理性的分析和归纳。许多学生在上课时都是能不说则不说,实在躲不过了,就简单应付。总结起来,学生在口语表达上表现为"不敢讲,不愿讲,不会讲"的现象。

1. 不敢说

美国心理学家曾在 3000 人中做过一次心理测验:"你最担心的是什么?"令人吃惊的是,约占 40% 的人认为最令人担心、也是最令人痛苦的事情是在大庭广众之下说话。几乎所有的人对登台讲话或者在正规的场合跟人说话都有一种先天的恐惧。即便是在台下能在三五个人面前口若悬河、滔滔不绝的人,一到台上,或者需要正式地、严肃地与人进行交流时,也都会胆战心惊、面红耳赤。

这种现象也同样存在于绝大多数同学当中。由于年轻、阅历浅,尤其是很多90后都习惯于在虚拟网络中和别人进行交流,大学生在大庭广众面前说话时往往会"胆怯",表现出面红耳赤、困顿不安和束手无策等现象。即使针对熟悉的话题,有些大学生也会表现出吞吞吐吐、语无伦次、不知所云的状况。更不用说不熟悉的话题。

2. 不愿说

在校园学习生活中,部分大学生对口语表达能力的重要性认识不够,对口语表达能力的自我培养没有热情,缺乏必要的积极性和主动性,在许多时候、许多场合都表现为"不愿说""不想说"。

从本质上讲,也许大家在观念上存在着一定的认识问题。一些大学生受中国传统社会文化的消极影响,往往把"能说会道"与"花言巧语"等同起来,认为做人就是要"敏于行而讷于言";或者把"祸从口出、言多必失"视为自己的处事原则和人生哲学。当然,也有部分大学生把在师生面前发言错误地认为是"过分张扬""好表现""出风头",因此而从主观上退避三舍,低调处理;或者故作深沉,不屑于说,信奉"沉默是金",甚至认为沉默是成熟、理智的表现,因此,在课堂上从不主动发言,认为课堂上主动发言是幼稚的表现。

3. 不会说

大学生在口语表达方面除了不敢说、不愿说之外,还存在着"不会说"的问题。这也许和大学之前的教育有一定的关系。

在过去的中小学教育过程中,老师更多地是把书面表达能力培养放在首位,轻视口语表达能力的培养和锻炼,课堂上说话的机会被老师垄断,学生鲜有机会来表达他们自己的想法,从而直接影响了对学生口语表达能力的培养。因此,学生进入大学之后,口语表达水平比较低,说话不知道考虑语境,不知道如何使用态势语,必然表现为表达不准确、不简洁、不规范、缺乏条理性和严密性等问题。当然,大学生不会说的原因还可能是因为不善于表达,即针对有些问题,虽然心里明白,但常常不知道用哪个词语进行表达是合适的。

很显然,以上问题的存在将使学生不能与教师或同学进行有效地交流,失去从师长和同学处获得学业帮助这一重要途径,严重影响其对专业知识学习的效率以及视野的拓宽,影响着学习能力的提高和综合素质的提升。

三、对大学生口语表达能力的要求

在人类社会交际的长河中,语言交际是社会生活中最基本、最普遍的交际形式。要想练好口语表达能力,首先要明白口语表达的一些基本特征。

1. 口语表达的基本特征

语言既是人类文化传承的工具,又是人类社会文明和智慧的结晶。人们借助语言来交流思想,达到相互了解的目的。事实上,口语表达过程是人的思想再现的过程,也是逻辑思维的过程。口语表达是否准确、清晰,取决于逻辑思维是否准确、清晰。说话要做到具有严密的逻辑思维,做到层次分明、无懈可击,就必须掌握一定的逻辑知识,正确地使用概念、判断、推理和论证。

口语表达能力是凭借有声语言和肢体语言进行口头交际和沟通,从而提高言语表达效果的一种交际才能。口语表达是对说话能力在本质上、规律上等进行研究的学问。明确口语表达的特点、功能和任务是提高自身口语表达的基本前提和保证。口语表达能力的构成要素有:主体要素,即说话人;客体要素,即听话人;载体,即语言、肢体语言与副语言。副语言也称辅助语言,包括发声的音质、音幅、音调、音色等。

在口语表达过程中,也不能忽略肢体语音和副语言的作用。肢体语音具有加强有声语言的作用,例如,我们一边说"不对",一边做出摆手的动作,可以让对方进一步接收到否定的表达。同时,副语言也能改变有声语言的意义,例如,以礼貌用语中用的比较多的一个"请"字来说,语调平稳,会显得客气,满载盛情;语调上升,并带拖腔,便意味着满不在乎,无可奈何;而语调下降,语速短促,就会被理解成具有命令式的口气,让人感觉怀有敌意。

口语表达能力既是说话的艺术,也是修辞的艺术。在口语表达的过程中,说话人如果能够在特定的语境,创造性地锤炼字词、巧用句式,并运用恰当的修辞方法、肢体语言和副语言,独辟蹊径,别具一格,就会增强口语表达的艺术美感,取得理想的交际效果。

2. 对大学生口语表达能力的基本要求

大学生口语表达能力的高低主要表现在认知能力和表达能力上。认知能力是指对人或事物的特性进行认识、推测和判断的能力,主要包括思维能力、观察能力、想象和联想能力以及记忆能力等。表达能力主要指一个人的有声语言表达能力和无声语言表达能力。有声语言是与对方交流信息及情感的主要工具和最重要的渠道。无声语言是一种没有声音的伴随语言,即肢体语言和副语言,是通过人体某一部分形态的变化来表情达意的一种辅助性语言表现方式。要提高这两种语言的表达能力,就要广泛地学习和积累知识,重视用语能力、应变能力、切境能力的培养和训练。

1) 用语能力

顾名思义,用语能力就是一种能恰当、准确、娴熟地运用语言表达的能力。从语言的角度讲,用语能力训练的内容主要包括:斟酌词语,即正确用词;组织语句,即语言流畅;运用辞格,即生动形象。另外,用语能力的培养和提高还要多读、多听、多积累,从口语艺术的作品中汲取营养,吸收和积累大量丰富的词汇、优美的句子,把它们储存在大脑里。头脑里储存的信息越多,对语言的驾驭能力才会越强,表达才能顺畅。

2) 应变能力

应变能力就是应付突发的、出乎意料之外的、缺乏事先思想准备情况的变化能力。在当今激烈的社会竞争中,应变能力可使强者如虎添翼,脱颖而出,快速成才;能使弱者变被动为主动,化劣势为优势,摆脱困境。可以说,应变能力是一种综合能力,它来自多体验、多经历、多积累。没有长期的积累,就不可能急中生智,谈吐自如,化险为夷,也不可能广征博引,出口成章。

3）切境能力

通俗地说,切境能力就是切合语言环境的能力。语境实质上包含两重意思：一是指具体事物所构成的语言环境；二是指非具体事物所构成的语言环境。两方面和谐融洽就可构成一个良好的环境。能否选择利用合适的并注意改造不合适的环境、氛围,对语言交际的成功与否有着相当重要的作用。利用和改造语境,首先取决于对语境判断的准确性。这种准确判断主要依赖于自身已有的实践感受和借鉴、参考他人成功的经验,尤其是对即将进行的交谈内容和情况做预先的准备,对交谈对象的心理状况、个性特点等方面情况做全面的掌握。

四、掌握一定的训练方法

通常所说的口才一般是指在大庭广众下说话的能力。每个大学生都应该知道：口语表达能力并不是一种天赋的才能。每年的全国大学生辩论赛就告诉我们,要想练就一副过硬的口才,就必须一丝不苟,为自己设置有针对性的目标,刻苦训练,循序渐进地实现目标。

1. 从讲自己体验最深的事开始

口语表达能力的训练最难的就是开始,那不妨首先从讲自己体验最深的事着手。人的成长过程中总有几件难忘的事,在你自己的经历中去搜寻那些有意义的、并给你留下鲜明印象的事。也许可以首先讲一下自己的家庭、童年、学校等方面的话题。也许只有这些有趣或难忘的事才能引起别人的兴趣。确定别人对你所讲话题感兴趣的办法是：你所讲的这件事发生多年后依旧鲜明地印在你的脑海中,呼之欲出,这件事十有八九也会令别人感兴趣。

另外,也可以讲一下自己的嗜好及娱乐,比如唱、跳、玩、看书等自己喜欢的事。如果你对这一嗜好是发自内心的热爱,你就会把它们讲得绘声绘色,决不会出差错。总之,只有讲自己最熟悉的事情,热衷于自己所讲的内容,才能快速地、准确地、轻而易举地学会当众讲话。

2. 训练临场准备能力

90后大学生在校期间都非常热衷于参加各种社团。大家具有一些共同的爱好,抱着许多共同的愿望走到一起,期望在社团里实现各种锻炼。各种社团经常都会有各种活动,难免遇到让自己现场讲话的情况。

假如你的讲话是在大庭广众之下,那就变成了一次演说。如果是必须上台,那么紧张是无益的,我们只有放松自己,进行思考准备,尽快确定出一个要讲的内容和题目,把"你的"思想,"你的"念头,"你的"原动力集合在一起,从中选出首先是最吸引自己注意力的内容,然后结合讲话对象修饰它们,将它们整理成为一个让大家感兴趣并具有自己思想的精品,然后展示给大家。

3. 表现出对演说的热情

自己首先要表现出兴奋与激情,听众才会被你所吸引。虽然你的表情也许大部分是装出来的,但听众已经感到了你的热切之情。这时你不要马上开口,先默默地做一个深呼吸,然后微笑着用眼睛环视大家,让身体的每一部分都表现出一种向上的、兴奋的样子,让自己进入一种角色感,此时再开口,就不会太过紧张,这离你成功地演讲也许只有一步之遥。

4. 激发听众对自己谈话的兴趣

你的谈话内容也许准备得很详细,而且也是你自己热衷的话题,然而要想真正取得谈话的成功,还必须让听众觉得你要讲的内容是对他们有启示的。不仅你自己对这个话题感兴趣,而且还要把这种兴趣传达给大家,让大家有一种和你一起分享欢乐、分担忧愁的感觉。所以,在你的演讲和交流过程中千万不要抑制自己真情的流露,通过很自然的表达,让大家看到你对所谈之事的热情,让大家不自觉地进入你所设下的语境之中,这样他们的注意力便在你的掌握之中。

5. 保持良好的姿态

在演讲的过程中,保持良好的姿态也是非常重要的。头要正、目要平、腰要立、腿要直,给人一种泰然自若的感觉。还要注意手不要有小动作,因为这样会分散听众的注意力,还会给人一种胆怯、缺乏自控力的印象。肢体语言的运用要根据演说的内容自己揣摩,如果你自己揣摩不出好的手势,请记住这样一句话"唯一有用的手势,就是你天生就会的那一种。"

6. 把握语言交际艺术

交际中受人欢迎并具有交际魅力的人,一定是能够掌握口语表达艺术的人。口语表达的艺术性表现在适时、适量、适度三个方面,表现在对副语言的恰当使用。

说在该说时,止在该止处,这叫适时。往往有的大学生在社交场上该说时不说;见面时,不及时问候;分手时,不及时告别;失礼时,不及时道歉;对请教不及时解答;对求助不及时响应。口语表达的适量是声音大小的适量。在大庭广众之中说话,音量宜大一点;私人拜访交谈,音量宜适中;如果是密友、情人间交谈,小声则可以表现亲密无间、情意绵绵的特殊情感,增加交谈双方的亲切感。适度主要是指根据不同对象把握言谈的深浅度,根据不同场合把握言谈的得体度,根据自己的身份把握言谈的分寸度。

总之,良好的语言表达能力都是通过后天的自觉苦练得来的。

事实上,大学生在上学期间,练习说话的机会是很多的:课堂上,教学的提问、讨论,师生的互动交流;课余时,学生社团组织的辩论赛、朗诵会、现场模拟等各类活动;课间的争辩,宿舍的调侃,老乡的聚会等。同学们应该积极参加各种演讲、对话和辩论活动,珍惜在大庭广众面前发表见解的锻炼机会;在课堂讨论或分组讨论的活动中,应踊跃发言,不要放弃任何锻炼的机会。只要有心、有胆,就能不断地为自己觅得训练口语表达能力的机会;只要持之以恒,增加临场经验,刻苦训练,口头表达能力一定会增强。当然,口头表达能力强,还要有广博的知识做后盾,多学习各类知识。可以相信,任何一个起点的同学只要勤于练习、多做积累,就可以成为口语表达的驾驭者,成为一个"能说会道"的强者。

训练拓展

(1) 大学完全不同于中学,来到这里让我们思考了很多,比如很多人都意识到了人际交往能力对自己以后的发展非常重要。要想有个好的人际交往能力首先就是主动:主动接触,主动改变,主动适应,主动学习。接触同班同学,接触他班同学,接触社团同学;改变自己过去的惰性,改变过去的交友习惯,改变自身的生活缺点;适应各种交友对象,适应交友范围扩大给你带来的一切变化;学习人际交往的方法,学习他人身上的优点,学习处理各种关系的技巧。大学生的人际交往只是人生广泛交往的开始,那就请同学们首先从记住对方的名字起步,通过一次一次的接触,记住全班同学的名字,记住和你有关的班主任、辅导员、各代课老师的名字。

(2) 在人际交往过程中,口语表达能力的好坏对人际交往能力的提升有着非常大的帮助。但是现在很多在校大学生在口语表达能力的提升方面不知道该干什么,存在一定的误区。我们都知道,要想演奏出好的钢琴曲,首先要有一架好的钢琴,然后才是一个好的钢琴演奏家,同样,要想有一个好的口才,首先要有一个良好的发声器官。按道理,从小学开始,老师就不断要求大家朗诵课文和大声发言,但是很多同学没有予以重视,忽略了对自己发声器官的强化锻炼,直到现在的大学课堂,老师还是听不清很多发言的同学在说什么。那就请同学们马上补上这一课吧,从锻炼自己的发声器官开始,每天早晨一定要大声晨读,其他时间也应该找个适当的地方练习朗诵,强化自己的发声器官,同时也可以在这个过程中逐渐感受和改变自己说话时的心理障碍。

第十八训练模块 为人处事与团队意识

※※※※※※※※※
※ **训练目的** ※
※※※※※※※※※

通过该模块的训练,要使大学生充分认识到为人处事与团队意识在未来职业生涯中的重要作用。我们要克服为人处事过程中的三种心理障碍,掌握为人处事的基本原则,努力把为人处事作为一门艺术进行修炼;同时,由于团队合作能力有时比专业知识更为重要,因此,我们还要在大学阶段积极培养自己的团队意识,以最终实现和谐共赢的职业人生目标。

※※※※※※※※※
※ **训练要求** ※
※※※※※※※※※

(1) 理解为人处事对自己未来成长的重要性,并组织同学们结合个人的实际情况,对为人处事中的三大心理障碍进行讨论;

(2) 反省自己过去在为人处事中所存在的问题,思考自己未来应该如何为人处事才有利于自身发展;

(3) 学习团队意识的内涵和团队意识对大学生的意义,了解企业在招聘中对团队意识的关注,充分理解团队意识对自己未来职业生涯的影响;

(4) 从现在开始努力实践,为使自己所在宿舍、所在班级能成为极具战斗力的团队,积极贡献自己的力量。

训练开讲之一 为人处事是一门艺术

为人处事是一门学问,也是一种能力,更是一门艺术,是每个人的人生必修课。在现代社会,无论工作、学习还是生活都需要处理好人际关系,需要在与他人的竞争和合作中完成既定目标。大学不同于中学,需要处理的人际关系更多、更复杂,更需要与他人和平共处,共同发展。大学生应该学会一定的为人处事技巧。

一、为人处事的重要性

为人处事简单地说就是做人做事。在一个人的成长过程中,如何为人处事无疑是一项个人发展基础工程。基础工程做的好,才可以向上发展,才有稳固的"万丈高楼"。为人,一般指待人接物的态度,也可以说是一个人对人生、对生活、对事业、对他人、对自己的态度。处事,即做事。做事只有讲究方法、追求圆满,才能把事情做好。学会为人处事不仅能使大学生更加全面地了解认识社会,也能使自己得到全面发展,洞察人性,了解自己,完善自己。

1. 有利于大学生的社会化发展

人是一种社会化的动物,不可能孤立地生活在社会上。大学学习阶段,正是大学生社会化的关键时期。在未来的生活工作中,每个人都要和形形色色的人交往合作,不具备良好的为人处事能力,无疑会使自己在和他人的交往中产生更多的障碍,甚至在合作和竞争中处于劣势,影响自身才能的施展。

如何与他人相处,直接影响着大学生的社会化程度。在为人处事的过程中,大学生可以从中认识社会,认识人生,不断累积社会经验,摆正个人与他人、个人与社会的关系,不断调整自己的行为,逐步学会对自己进行约束和控制。

为人处事必须处理好人际关系,权衡利弊,因事制宜。学好为人处事这门课,读懂"社会"这本书,会给我们在社会化的进程中插上翱翔的羽翼。

2. 有利于大学生立身立业

当今社会,一个人的成功与他人的帮助是密不可分的。在现今高度发达的社会里,良好且有效的人脉资源会帮助我们扫除成功道路上的诸多障碍。学会为人处事会使我们建立良好的友谊,并获得更多的人脉资源,而这些都是我们未来立身立业的重要保证。

一个人在实现自身价值的过程中,需要通过人际交往使个人的才能得到充分地发挥和表现,并获得他人和社会的承认与尊重。学会为人处事可以形成友好合作、互相促进的氛围,构建与他人的友谊,获得支持和理解,促进事业的发展和成功。

3. 有利于自我认识和自我完善

人的自我认知和自我完善需要一个过程,只有在一定环境中,通过个人与他人的相互作用、相互认知才能得以实现。具体地说,就是从他人对自己的评价和态度中、从与他人的关系中、从与别人的比较中来逐渐认识自我,认识自我形象,认清自己的不足或与他人的差距。同时,也可以对自己周围的环境进行正确的认识,认识自己所处的位置,进而改变自己,塑造完善的人格。

学会为人处事可以恰当地认知自我,避免夜郎自大;学会为人处事可使烦恼的事通过人际交往得到一定程度的缓解。通过人际交往,不但可以满足生理、心理上的需要,还可以培养开朗的性格和乐观的生活态度。或者说,为人处事做得越好,生活和工作中得到支持的机会也就越多,实现自我认知的程度也就越高,在一定程度上也意味着精神生活越丰富。学会为人处事,对于大学生而言,不管是现在还是未来进入社会都非常重要。

二、为人处事"三心障"

生活在社会上的人总要做事,更要做人。只要做事做人,就会遇到这样或那样的琐事和烦恼。在瞻前顾后之间,患得患失之际,往往就会不由自主地在处理人际关系时感到迷茫。然而,有些顾虑和烦恼确实是因为不健康的心态所造成的。

为人处事需要有个好的心态,这样才能得心应手。一个积极健康的心态可以让一切变得轻松自如,让事业发展一帆风顺。对于大学生而言,应该从现在做起,积极培养自己良好的为人处事心态,克服为人处事中的三大心理障碍,以便为日后的发展创造更多的机会。

1. 心态不良

不好的心态是为人处事的第一大障碍。有什么样的心态就有什么样的前途。好的心态必须自信。拥有自信的心态,会让为人处事表现得更好。事实上,每个人都有不同程度的自卑。只有正确认识自己,欣然接受自己的一切,才能消除自卑;才能大胆交友;才能不被别人的观点所左右;才能坚持心理上积极的自我;才能成为坚强的思考者;才能准确地把握自尊的弹性,战胜懦弱,成就自我。

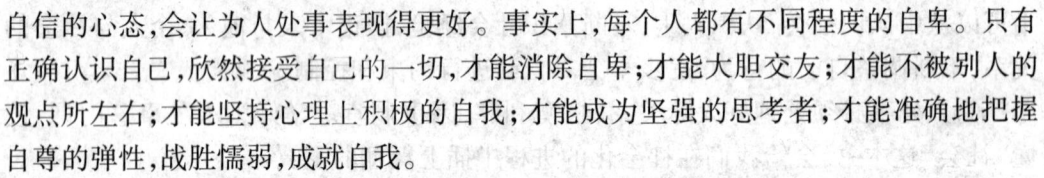

良好的心态可以让我们不以个人的喜好选择交往对象;可以有一分退让,获得三分收益;可以用幽默来化解自己的过失;可以尽量地宽容和谅解他人的缺点;可以减少对别人的抱怨;可以不轻易被拒绝所打败;可以不因生气而用别人的错误来惩罚自己;可以正确面对别人的成功和卓越。

好心态就是好人缘。大学生要学会用良好的心态去感染别人。

2. 轻易允诺

轻易允诺是为人处事的第二大障碍。允诺都是建立在当时一定的心理活动基础上的,或者有求于人,或者献媚于人,或者口是心非。

诺言和诚信有关。中国人讲究"言而有信""言必行,行必果"。一个人不遵守承诺就是言而无信。在为人处事时一定要量力而行,慎重允诺。并不是只要许诺,就可以得到别人的信任或好感。任何诺言,一旦不能兑现,只会让信誉扫地,令人嗤之以鼻。

21世纪是一个塑造个人"品牌"的时代。信誉就是一个人的无形财产。其"品牌"的建立可能需要几年,甚至十几年的社会活动沉淀。但是毁掉一个人的"品牌"也许只需要一件微不足道的事,所以,大学生在校期间正是树立自己品牌的时候,更应该慎重允诺。在校园里,经常可以看到有学生在谈恋爱。谈恋爱的时候,一方给对方许下许多美好的诺言。当两人分手的时候,曾经的诺言有多少像风一样无影无踪,空留许多遗憾与伤感。

大学生应培养自己正确的允诺诚信,学会信守承诺,遵守诺言,一言九鼎,努力塑造个人诚信的形象,让允诺在为人处事过程中起到积极的作用。

3. 死要面子

不恰当的"要面子"是为人处事中的又一大障碍。"要面子"是为人处事过程中的一些心理因素使然。

确实,面子是困扰中国人的一个大问题。中国人走到哪里都离不开面子。面子往往与人的自尊心、虚荣心联系在一起。面子是表面的、心理的、虚浮的东西;而"里子"才是深层次的、实在的东西。

每个人都应该客观地看待生活中的一切,讲求实际。有的人为了能在别人面前虚荣一把,风光一回,常常要在背后承受非同一般的苦楚。为了争面子,有时不仅会破坏原来稳定的人际关系,而且还要做出一些超出自己能力的付出,让自己苦不堪言。诸如此类形形色色的例子充斥在我们周围,相信每个大学生对此都深有体会。当然,凡是涉及集体或国家的面子要另当别论,因为它代表着尊严。所以我们应该正确看待为人处事中的面子问题,不能让所谓的面子带来不利的心理影响。

三、如何为人处事

为人处事就是做人做事。做人是为了成功做事,做事体现做人的本质。做人是主导,做事是基础。没有做事,做人就没有根基,而且做事必须以德为先,必须处理好各方面的关系,必须具有一定责任意识,必须注重细节,必须学会以艺术的思维处理一切。

1. 修身立德

修身立德是培养和形成人格魅力的基点。《论语》上讲:"修身,齐家,治国,平天下。"它将修身放在首位,说明修身是其他事业的基础。只有将自身修得圆满,才能把其他的事做得恰到好处。在社会上生存,就要修炼自身的人格品质,就要看淡世间万物,就要使自己寡欲无私,不断完善自己,使自己具有良好的美德,这样才能受到别人的欢迎。

从本质上讲,修身首先就是修德,同时还要修智。努力提高自己的思想道德水平,德才兼备,才是修身的终极目标。对于大学生而言,应该明白学习是一个积累的过程,常看一些能提高自己修养水平的书籍,如《论语》《诗经》等古典文学或励志奋斗的书籍。也可以向长辈或德高望重的人学习,这种学习更直接,更有效。平时在生活学习中,尤其要时刻注意自己的言行,以中华民族的传统美德为精髓,以楷模为榜样,长大智,增大德。

2. 做人要豁达

古今成大事者无不需要处理好各种人际关系,而处理好人际关系尤其需要一种心胸豁达的高贵品格。身为一个人,身处一个社会,一定要有容人容事之心。"心中接纳多少,就能拥有多少;心中包容多大,就能拥有多大。"我们要以开阔的心胸包容身边不同的人和事。只有这样,才可以成其大、成其高、成其远、成其善美。

有的人,在面对你深情倾诉的时候,语言的表述像流淌着一条清亮、甜美的大河,而在河床的底下,却隐藏着污浊的暗流。对此,我们不应憎恨他,因为以虚假的面具来欺骗别人的人,在背后活得一定很艰难。他们也会被同类的虚伪所惩罚,我们应该体谅他,等待他人性的回归和自省。

有的人,在你辛勤劳动的时候,袖手旁观,不肯洒一滴汗水,而当你收获的时候,毫无愧色地以各种理由来分享你的果实;有的人,愿意在阳光美妙的日子把雨伞借给你,而当下雨的时候,却悄悄地把雨伞带走;有的人,在你辉煌的时候围着你,捧着你,而当你失魂落魄的时候,却对你旁若无人,熟视无睹。面对这样的人,我们应该心怀豁达,以大度之心从容地看待一切。他们像本书,我们就是读者,在读真、读善、读美的同时,我们也应该读道貌岸然的伪善,读魅力背后的丑陋,读微笑背后的狡诈。

3. 培养人格魅力

日常生活中,人格魅力在为人处事时起着至关重要的作用,它是处理好一切的基本点。拥有人格魅力的人在遍览人间百态之后,总能以海纳之心平静地包容所面对的一切事、各类人。

人格是人的性格、气质、能力等特征的总和,也是指个人的道德品质和人作为权利、义务主体的资格。而人格魅力则是指一个人在性格、气质、能力、道德品质等方面能够吸引他人的无形力量。人格魅力可以表现为人与人之间一种情感上的联系,也可以表现为人与人之间在心理上的相互吸引,是一种无形的财富,无形的优势。

在当今社会,一个受到他人欢迎、接纳、尊敬的人,就具备一定的人格魅力。凡具有独特人格魅力的人,自己周围的朋友越来越多;在使自己得到温暖、勇气的同时,进一步增加自己的智慧和能量,为人处事变得如鱼得水。因此,大学生在校期间要努力培养和形成自己的人格魅力。

4. 让责任成为习惯

具有人格魅力的人从不推卸责任总是勇于承担责任。因为承担责任就意味着面对问题而不回避,他会把解决问题作为一种荣耀。但是大多数人往往不是在第一时间承担起责任,而是寻找各种借口,互相推诿,推卸责任,使问题的解决更加困难。这样的人只能在为人处事的道路上困难重重。

没有做不好的事,只有不负责任的人。责任承载着能力,一个充满责任感的人,才有机会展现自己的能力,才会具有更加优秀的人格魅力。一位伟人曾经说:"人生所有的履历都必须排在勇于负责的精神之后。"在责任的驱使下,我们常常油然而生一种崇高的使命感和归属感,进而就尽职尽责地对待自己的工作、生活和学习,从而影响到别人,感染他人,使很多朋友聚集在身边。因此,责任更是一种力量,一种聚集人气的力量。

有人说,假如你非常热爱你的工作,那么你的生活就是天堂;假如你非常讨厌你的工作,那么你的生活就是地狱。热爱工作的背后必然有一种勇于承担责任的精神,这是一种崇高的人格魅力。它让我们充分地释放和发挥人生的潜能,变不可能为可能,实现我们所追求的人生梦想。为了自己的人生,我们没有理由不让责任成为自己的一种习惯。

5. 关注过程细节

学会做人,就是要从做事开始;学会做事,就是要从小事做起,从好事做起。不因恶小而为之,不因善小而不为。

为了走得更远,需要随时倒掉鞋里的那粒细小的沙子;为了获得成功,需要关注生活和工作的细节。细节往往决定成败。许多事情,看似很小,却关系着人生的方方面面,折射出为人处事的深刻哲理,也预示着未来的兴衰成败。学会做人,注意生活中的细节,把握住人生中的每一瞬间,生活就会更加丰富,人生也许将不再平凡。

我们应该学会以平常心看社会、用责任心做事业、以感恩心对他人。在关注细节做人做事的过程中,要做人糊涂,做事精明;做人宽松,做事积极;做人谦虚,做事骄傲;做人有序,做事果断;做人宽容,做事竞争;做人自尊,做事敬业;做人无为,做事有为;做人低调,做事高标;做人要柔,做事要刚;做人做事讲规矩。

6. 把为人处事作为一门艺术

为人处事是一门艺术,而艺术的灵魂就在于变化。达芬奇画蛋成千上万,没有两个是一模一样的。同一件事情让两个人去做,其路径和结果会不尽相同。对在校大学生来说,要想掌握这门艺术并不是在短时间内可以达到的。我们只要在平时的交往过程中进行适当地自我培养,相信在以后的生活工作中就能不断提高,日臻完善。

在为人处事过程中,要学会一些交往的技巧,如记住和你接触过人的姓名,主动与人打招呼,称呼要得当,学会点头微笑,让别人觉得礼貌相待、倍受重视,给人以平易近人的印象;举止大方、坦然自若,使别人感到轻松、自在,激发交往动机;培养开朗、活泼的个性,让对方觉得和你在一起是愉快的;培养幽默风趣的言行,幽默而不失分寸,风趣而不显轻浮,给人以美的享受。

为人处事一定要谦虚,待人要和气,尊重他人,否则事与愿违;做到心平气和、不乱发牢骚,这样不仅自己快乐、涵养性高,别人也会心情愉悦;要注意语言的魅力:安慰受创伤的人,鼓励失败的人,赞扬真正取得成就的人,帮助有困难的人。处事果断、富有主见、精神饱满、充满自信的人容易激发别人的交往动机,博得别人的信任,产生使人乐意交往的魅力。

训练开讲之二　培养团队意识

近几年来,几乎所有企业的招聘负责人在选择毕业生时都非常看重学生的团队合作精神。因为企业运行对员工团队合作意识的要求在不断提高,这是经济社会发展的必然结果。大学生要学会与人合作,团队意识是不可或缺的。我们必须适应这种发展需要,增强自己对团队意识的培养。

一、团队意识的内涵

团队意识就是团队成员共同认可的一种集体意识,是对团队所有成员工作心理状态和士气的展示,是团队成员共同价值观和理想信念的体现,更是凝聚团队、推动团队发展的精神力量。它包含两层含义:一是与别人沟通交流的能力;二是与他人合作的能力。也就是说,要善于与别人沟通,尊重他人,懂得以恰当的方式同他人合作,学会被人领导和领导别人。

团队意识也叫整体配合意识,包括团队的目标、团队的角色、团队的关系、团队的运作过程四个方面。正像汪中求先生所说:"团队就是格式化。经过格式化的模式,达到一定默契的队伍就叫团队,否则只能叫乌合之众,是不可能有战斗力的。所以必须严格地要求,格式化地操作。"

在一个企业,如果一位员工缺少团队合作意识,即使他能在短时间内给企业带来效益,但却不可能给企业带来长远利益。IBM公司把工作团队视为"通过协作的决策,组成工作小组达到共同的商业目的。"因此,只有以团队利益为工作出发点,推广团队声誉,才会在工作上受到企业同仁的认可。

史密斯在《团队智慧》中指出:"团队是拥有不同技巧的人员的组合,他们致力于共同的目的、共同的工作目标和共同的相互负责的处事方法。"在团队里,每个人的工作都对他人起到重要作用。团队合作精神对个人的素质有较高的要求,除了应具备必要的专业知识以外,还应该有优秀的团队合作能力,这种合作能力有时甚至比专业知识更加重要。

二、团队意识对大学生的意义

目前,90后大学生在综合素质方面还不能满足企业的要求,尤其是团队意识还很欠缺。我们要充分认识团队意识对未来的重要作用。

1. 适应社会发展的需要

我国是一个长期处于农业社会的国家,社会发展进入工业化时代的时间还不长,人们还缺乏现代工业社会那种高度依存和协作的习惯意识;而且,在现代社会,信息和知识资源只有通过人们之间的合作才能得到创新和发展,人们之间只有通过相互的友好合作和交流才能更快更多地获取知识和信息。因此,培养团队意识,首先是社会发展的需要;其次是社会的发展迫使我们不得不对自己的习惯进行一次变革。

当下提出的"提高国民素质"就包含了适应新形势要求的内涵。在我国推进工业化进程的今天,先进的工业与落后的农业并存,先进的都市与落后而又广袤的农村并存。就社会职业化的要求而言,国民相互协作意识的培养显得尤为重要。在此过程中,大学生作为国家经济建设的后备军,必将扮演着重要的角色。

2. 能推动团队运作和发展

在团队成员对团队事务的态度上,团队意识表现为团队成员在自己的岗位上"尽心尽力","主动"为了整体的和谐而甘当配角,"自愿"为团队的利益而放弃自己的私利。这在日益提倡个性化、讲究个人能力的今天,绝不是一件说到就能做到的事。尤其是现在的很多大学生都是独生子女,在成长的过程中受到较多的关爱,其自我中心意识往往更易膨胀,更缺乏与人团结协作的习惯。

通过团队意识的培养,可以让每个团队成员产生互相关心、互相帮助的交互行为,显示出关心团队的主人翁责任感,并努力自觉地维护团队的集体荣誉,自觉地以团队的整体声誉和利益为重,约束自己的行为,使团队精神成为公司全面发展的动力。

3. 能培养成员间的亲和力

没有良好的人际关系,就不可能有人与人之间的真诚合作;没有良好的心理素质,也很难做到相互宽容、乐于奉献、积极进取。具有团队精神的人,总是有一种强烈的责任感,充满活力和热情,为了确保完成团队赋予的使命,和同事一起努力奋斗、积极进取,并创造性地开展工作。

培养大学生的团队意识,有利于提高和改善我们与人相处时奉献、进取、团结合作的人际交往能力和作风,养成民主意识,提高心理素质。一个具有合作意识的团队,能使每个成员显示出高涨的士气,有利于激发成员工作的主动性,形成集体意识、共同价值观、高涨的士气、团结友爱的作风,从而有利于促进团队成员自觉自愿地将自己的聪明才智贡献给团队,同时也使每个成员得到更全面的发展。

4. 能提高组织的整体效能

团队意识要求人们通过实现团队利益来实现个人利益,并在此基础上将个人利益与团队利益、个人价值的实现与团队价值的实现紧紧地联系在一起。这就使得团队成员必须具有整体利益观念和随时随地维护团体利益的自觉性,必须要有集体荣誉感,有较高的职业道德修养和团队协作精神,杜绝各行其是的现象。

社会学实验表明,两个人以团队的方式优势互补、相互协作,其工作绩效明显优于两个人单干时的绩效总和。团队精神强调的不仅仅是一般意义上的合作与齐心协力,因为团队优势的核心是每个成员在工作上的深度沟通和理解,并利用个性和能力的差异,在团结协作中实现优势互补,发挥积极协同效应,所以,由此带来的绩效不是"1 + 1 = 2",而是"1 + 1 > 2"。

通过发扬团队精神,加强团队建设,能创造出一种增加工作满意度的氛围,使人们创造性地工作和学习。这有利于人们通过合作来共同创新和发展，减少组织内耗。如果工作中总是把时间花在怎样界定责任、应该找谁处理等等事务上，就会使得客户与企业、员工与员工之间经常处于团团转的不良状态中，这样只会削弱企业成员间的亲和力，损害企业的社会形象。

三、企业在招聘中对团队意识的关注

某企业人力资源部的负责人在谈及每次招聘面试时说道："公司不仅考察应聘者的创新意识、语言表达能力和动手操作能力，更重要的是了解应聘者是否具备团队意识。"

联想集团的"项链理论"是对团队精神的很好诠释：企业之间的竞争最终是对人才的竞争。对企业而言，每个人才就像一颗颗晶莹圆润的珍珠，企业不但要把最大最好的珍珠买回来，而且要通过"一条线"，把这一颗颗零散的珍珠串起来，串成一条精美的项链。如果没有这条线，珍珠再大、再多还是一盘散沙，它们起的作用不过是以一当十的匹夫之勇。那么，这条线是什么呢？就是能把众多珍珠聚集在一起，协调一致，为了共同目标而努力的团队精神。

IBM 中国有限公司人力资源部经理曾经说过："团队精神反映一个人的素质、一个人的能力。IBM 公司不会要一个团队精神不行的人。"

法国斯伦贝谢公司是一家从事石油勘探以及原油开采等业务的大型跨国公司。它的中国分公司在北京大学招聘时对应聘者进行了一次非常有意义的面试：将 10 名应聘者分成两个小组，假设他们要乘船去南极，要求这两个小组在限定的时间内提出各自的造船方案，并且做出船的模型。面试官根据应聘者对于造船方案的商讨、陈述和每个人在与其他成员合作过程中的表现进行打分，以确定合适的人选。事后，公司人力资源部的人解释说，公司通过这种方式来考察应聘者的创新意识、语言表达能力和动手能力，更重要的是了解应聘者是否具备团队意识。

所以，在企业活动中，团队意识是各成员之间互相沟通、交流，真诚合作，实现企业整体目标的一种奋斗精神。从以上事例可以看出，企业在吸纳人才的过程中越来越强调团队意识。

四、培养自己的团队意识

有人曾做过一个实验，把七八只黄蜂同时关进一个密封的小木箱里，几天以后将箱子打开，发现木箱的四壁，分别多出了七八个小洞，每个洞里各有一只死去的黄蜂。而这些小洞，最浅的也超过了木板厚度的一半。也就是说，只要这些黄蜂在危急关头能够团结合作，在同一个位置轮流"工作"，那么它们就完全可以逃出木箱，化险为夷，走出绝境。可遗憾的是，这些昆虫没有团队意识。大学生如果不进行团队意识的培养，生活、工作必将受到影响。

1. 学会与别人沟通、交流

大学生在校期间，一定要懂得与别人沟通和交流的技巧，要善于表达自己的思

想,通过沟通和交流,锻炼自己的协调处事能力。沟通是我们未来事业合作的开始。一个优秀的团队一定是一个沟通良好、协调一致的团队。团队中,没有沟通就没有效率。沟通可以带来理解,理解可以促进合作;同时,沟通也是一个明确目标、相互激励、协调一致、增强团队凝聚力的过程。

一个团队仅仅只是少说话多做事还是不够的,还必须进行充分沟通。在沟通的基础上,可以进一步明确各自的任务和职责,然后才能更好地分工协作,才能集合大家的力量,形成合力。否则的话,团队成员只管低头拉车,各走各的路,永远也不会形成团队合力,也就谈不上效益,甚至有可能形成"负效益"。

2. 养成积极主动的办事态度

"主动"是一种积极的办事态度,就是不用别人告诉你,而是依靠"自觉"来出色地完成任务。作为团队的一员,你不是被动的"机器人",而是一个独立的个体;你有自己的思想,有责任告诫自己该做什么、该怎么做。

在未来的工作中,主动要求承担责任或承担更多的责任,是作为优秀员工必备的素质。在大多数情况下,即使没有被正式告知要对某事负责,也应该努力去做,并且做好,这是一种团队精神。只要能表现出对某种工作的胜任,那么责任和报酬也必然会接踵而至。团队中缺少的也许就是能积极主动办事的人,这种态度也许可以带来更多的机会。

大学生由于对外界和社会的认识往往与现实存在着较大的差距,容易在精神和实际工作中遭受挫折,感到无助和失落。积极主动的办事态度可以使大学生获得更多的信心,使他们在团结协作中克服危机,还可以不断地提高自我控制能力,使自己的行动与环境要求相互协调,遇到问题能够自主独立或者协商合作地解决。

3. 培育自己对事业的忠诚

忠诚并不是从一而终,也不是唯唯诺诺地顺从,而是一种做人做事的责任感意识,是承担某一责任或者从事某一工作所应该表现出来的态度。在工作中,无论是为人下属,还是为人上司,或者为人同事,都需要有一个忠诚的做事态度。正所谓:"欲做事,先做人。一个人无论成就多大的事业,人品永远是第一位的,而人品的第一要素就是忠诚。"

我们必须处理好个体与集体的关系,关心他人、理解他人、互相学习、取长补短,把自己融入集体当中,同心协力,最终才能获取成功。个体的发展只有在集体中才能实现,因此,一定要培养自己做人做事的忠诚品格。

4. 培养勤奋、敬业的精神

我们知道,精神的力量是无穷的,更是无价的。勤奋、敬业是我们未来工作中所提倡的职业精神。要想成就一番事业,就必须具备勤奋的工作态度。没有勤奋的工作,再美好的愿望也都只是空谈。大学生在社会实践中要有勤奋、敬业的精神,围绕团队的实践目标积极开展工作,通过服务社会,更多地了解社会和现实,更好地锻炼自己、培养自己,增强自己对社会的融入感。团队成员的勤奋努力程度和敬业精神决定着团队的终极效果。

每个大学生在实践过程中都要形成一些良好的习惯,不要去埋怨别人、埋怨社会,要多想想自身的问题:我认真学习了吗？我积极付出了吗？我全身心投入了吗？我们要永远牢记:你想收获多少,你就要付出多少;你要想团队为你付出,你就得首先为团队付出。如果我们以后对工作没有热情,做事拖拖拉拉,那必将影响企业业绩,同时自己也不会获得正常的回报。

5. 增强团队中的服从意识

在大学生团队实践活动中,每个人只有发挥自己的能动作用,才能达到团队的目标;只有集体的目标得以实现,个体目标才能最终实现。然而,必须强调的是,团队的成员必须学会服从,必须担负起自己应有的责任。一个高效的团队必须有良好的服从观念,一个优秀的成员必须具备服从意识。因为所有团队运作的前提条件就是服从。所以,从某种意义上说,没有服从就没有一切。

服从的本质就是无条件地遵从上级的指示。在有些人的观念里,认为"对的就服从,不对的就不服从"。其实,领导做出的任何一个决策都不是一拍脑门决定的。这种情况下,如果团队的思想还不统一,每个人都只站在片面的角度看问题,那就很容易犯本位主义错误,这和"盲人摸象"没有什么区别。

通过增强在团队中的服从意识,我们不但会对团队的价值理念、团队文化和运行模式形成更进一步的认识,而且有利于提高团队的运作效率。如果在服从与执行过程中,经过磨合,发现个人与团队的理念越来越吻合,那么,这个员工就适合这个团队,甚至有可能成为该团队未来的领导者;如果发现个人与团队理念发生了偏离,而且越走越远,那只能说自己不适合这个团队。

任何团队,一旦形成决策,每个人就要各司其职。简单地说,高层主要责任是决策,做正确的事;中层是执行,正确地做事;成员是操作,把正确的事做好,并迅速完成任务。因此,大学生在社会实践的过程中要增强服从意识的培养。

训练拓展

我们都生活在互相关联的现代社会当中,是共同的目标让我们走到了一起,也是因为我们在一起做事才让我们变得更加强大。是团队让我们整齐划一、各负其责,是团队让我们互相协作、共赴目标,是团队让我们体会个人的渺小和大家的力量,是团队让我们感受个人的发展首先应该是团队的不断进步。而且团队的运作永远离不开每个团队成员的为人处事能力。好的为人处事能力不仅可以提升自己在团队里的工作水平,更可以提升团队的运作效率。

请同学们通过一个"留下感恩,留下回忆"活动,为你值得尊敬的老师准备一个纪念品，从中体验团队意识。现在假想大家就要大学毕业，即将告别自己的母校。相信各位同学在校期间总有几个给你留下深刻印象的老师。首先，同学们以五人一组，在每组同学中民主产生一个团队 leader。他应该精于策划、善于组织，并按照一定的方法、在征求民主意见的情况下，拿出一个大家共同认可的针对某个老师的活动方案，前提是方案总开销不应该超过20元。其次，每组同学在市场上通过方案落实调研、确定采购对象、货比三家、讨价还价等过程进行采购实施，实施过程中，可以根据市场情况对原方案进行调整。最后，进行总结：①每组推选成员讲述过程中的趣人趣事，分享过程中的为人处事；②采用无记名投票，评出本组成员在过程中做出贡献的同学；③每组的 leader 同学宣讲他们的工作"成果"，并根据活动创意、活动效果、团队合作评出最佳小组。

第十九训练模块　绽放青春正能量

****
训练目的
****

通过该模块的训练,要使大学生进一步认识"美"的本质及"美"的特征,掌握"审美"的含义及其标准,进而理解追求"美"对大学生来说的现实意义,使自己具备基本的审美素质。在此基础上,还要积极培养自己正确的审美观,提高个人的审美修养和审美情趣,让大学生在追求真、善、美的基础上,以内秀外美的阳光形象来绽放我们的青春正能量。

****
训练要求
****

(1) 学习"美"的本质和特征,认识美的真谛,请同学们尝试着在自己所生活的范围内积极寻找"美"的实例;

(2) 学习审美的含义和标准,思考追求"美"对大学生来说的现实意义,并在生活中形成自己良好的审美习惯;

(3) 研读"培养大学生正确的审美观",正确认识创造美与享受美的统一、内在美与外在美的统一、以及真、善、美的统一;

(4) 大学生审美能力是通过实践来提高的,考虑怎样在追求内秀外美的阳光形象过程中实现"心灵美"。

训练开讲之一　爱美是人的天性

望大千世界,美无处不在,爱如影相随。大学生不仅是美的保护者,也是美的创造者。正是由于人们在生活中始终孜孜不倦地追求美,创造美,于是才有了今天辉煌灿烂的现代文明。大学生在校学习期间不能忽视审美素养的提升。

一、美的本质和特征

美无处不在,无时不有,正如罗丹所说"美是到处都有的,对于我们的眼睛不是缺少美,而是缺少发现。"我们只有正确地理解美的本质和特征,才有可能更好地发现美、鉴赏美,从而创造更多的美。

1. 解读"美"的本质

我们在生活中不断地追求着美,但到底什么是美,却是不好准确回答的难题。自古至今,想给"美"下定义的人很多,但似乎它是一个既简单又奇妙的问题。说它简单,是因为在生活中经常都能看到和感受到美的存在,而且每个人对美也都有一定的判断能力;说它奇妙,是因为我们又很难一下子把它说清楚。即使是美学专家,对"美"也一直争论不休,至今也没有一个令各方人士满意的定义。即便如此,也不能阻止人们对美的向往和追求。也许这正是"美"的魅力之所在。

虽然美来源于社会生活,但到底什么是美,或者说美的本质是什么?仍然众说纷纭,莫衷一是,两千多年来不知有多少思想家、艺术家为它绞尽脑汁。正如俄国文学家托尔斯泰所说:"多少博学的思想家写了堆积如山的讨论美的书,'美'是什么,这一问题却至今没有完全解决,而且每一部新的美学著作中都有一种新的说法。"黑格尔说:"乍看起来,美好像是一个简明的概念,但不久我们就发现,美可以有许多方面。这个人抓住的是这一方面,那个人抓住的是那一方面。纵然都是从一个观点去看,究竟哪一方面是主要的,也还是一个引起争论的问题。"

美既有自然属性,又具有社会属性,而且是自然属性与社会属性的辩证统一。美的形态是多种多样的,但不外乎两大类,即现实美和艺术美。

现实美又分为自然美和社会美。自然美是指自然界事物和现象的美,如日月星辰、雨露霜雪、山川岩石、花草树木、江河湖海等自然景物,它们都属于自然美的范畴,具有客观性;社会美是相对于自然美而言的,是指在特殊的历史发展阶段,以人与人之间的关系为中心的社会生活中所呈现的一种综合美,包括:人格美、精神美、风尚美、心灵美、行为美、语言美、环境美等,很显然,它们都具有一定的抽象性。

艺术美就是艺术家利用美术的基本元素和手段,按照美的规律和法则对现实生活进行抽离、集中、概括、综合以至改造的结果,反映了艺术家个人和时代的精神和审美理想,是按一定的审美目标、审美实践要求,根据美的规律所创造的一种综合美。它是自然美和生活美在观念形态上的反映,但又比现实美更集中,更典型,更带有普遍性。北宋著名画家张择端绘制的不朽杰作《清明上河图》,是我国绘画史上的无价之宝,是一幅用现实主义手法创作的长卷风俗画,通过对市俗生活的细致描绘,生动地再现了北宋汴京承平时期的繁荣景象。

2. 美的基本特征

美有着多种多样的形态,因此具有一定的基本特征。

1) 客观性

美是一种具体性的客观存在,不依赖于人的主观意识。客观事物本身提供了美的物质基础,但又离不开客观的社会实践活动。自然美是人们实践的产物;社会美是人们实践的直接表现形式;艺术美则是在二者基础上的再创造,更集中体现了人的创造性。美的客观性正是源于人们实践的客观社会性。因此,人们对美的评价标准具有客观性的特征。

2) 形象性

凡美的事物都以具体的感性形象出现,都是可见、可闻、可触、可感的。青山、绿水、美丽的花朵、绚丽多彩的物质产品、精美的雕塑、鲜活的艺术形象、生活中优秀的人物典型,都以鲜明的形象性给人以美感和愉悦。因此,形象性又可表达为具体可感性特征。

3) 社会性

人具有社会性的特点,是名副其实的社会动物,而美是人对社会存在的认识和反映,因此,美是与人紧密相联而普遍存在于社会之中的。离开了社会性就无所谓美。同时审美也是人的审美,是人在社会中对美的体验、理解和创造。

4) 愉悦性

美的事物都能给人带来审美的愉悦。人在观赏自然美时,会获得愉快的体验,心情格外舒畅。在欣赏艺术美时,常常能达到忘我的境地,那勾魂摄魄的力量常使我们心摇神荡、畅快淋漓。我们即使在观赏悲剧时,也能获得一种美感,一种感动,如《红楼梦》中的"黛玉焚稿""宝玉哭灵",不知让多少有情人为之落泪。悲剧确实能给人以直接的痛感,但继而就能转化为一种美的意境,使观赏者在情感上得到满足。

因此,美是客观地存在于人类社会范围以内的具体形象,是人类社会实践的结果。人通过社会实践不仅获得物质享受,同时还有精神上的享受。实践所创造的不仅是物质的产品,同时也创造了实践者的思想、情感、聪明和智慧。在这个过程中,人感到了愉悦和幸福,感受到了美。

二、审美的含义和标准

美具有客观表象性,但在审美的问题上,却经常表现为主观性,致使对同一个问题,可能产生不同的审美评价结果。其原因是不同地区、不同群落、不同阶级的人对审美有着不同的标准。

1. 什么是审美

无论是面对空旷的原野、幽静的山谷、飞泻的瀑布、缥缈的烟雨,或者捧读完某个伟大作家的经典杰作,或者在聆听贝多芬雄浑有力的交响乐,或者静静地在达·芬奇或毕加索的艺术绘画前驻足欣赏,我们都会不由自主地从心底升腾起一种说不清、道不明的特有情感体验,这便是我们所说的美感或审美感受。这是美所给予我们的一种在精神上的强烈震撼。

审美是人的生理活动和心理活动相统一的过程。个人通过感官直接感知审美对象,从而形成对美的直观感受、体验、欣赏和评价,是美感产生的实践过程。审美是一种综合的活动,它服从认识的一般规律,即从生动直观的感性认识到理性思维。但又有其特殊的规律,即主要通过形象思维的方式去感受、认识和评价美的对象,而且始终伴随着具体的感性形象和丰富的想象空间及情感活动,并在感性阶段就产生了审美快感,继而引起形象与观念相统一的审美意象,进一步去推动着我们在现实生活中不断地去发展美和创造美。因此,审美活动实际上是一种认识和创造的统一,是人从精神上把握世界、改造世界的方式之一。审美还是人类基于完整、圆满的经验而表现出的一种情理交融、知行合一的自由和谐的心理活动、行为方式和生存状态。

2. 审美标准

简单地说,审美标准就是人们在审美活动中用来判断对象美丑的一个准绳。审美标准是审美主体在长期的社会实践和审美实践中所形成的。它既是对审美对象的审美属性的概括,又是审美主体对过去长期审美经验的总结。

1) 劳动和创造是美

人的劳动具有伟大的创造力量,自由、自觉的劳动是劳动者表现和肯定自身、实现自身价值的基本方式。劳动中,可使劳动者享受到极大的乐趣,体验到人生的幸福与价值,从而使精神得到净化。树立"劳动和创造是美"这一标准,可使我们在新时期更加崇尚和赞美那些敬业爱岗、无私奉献、勇于献身并对社会做出贡献的建设者。陕西户县的农民画就有大量反映劳动的快乐的生活场面。

2) 生活是美

生活美不仅是指生活条件、生活环境的美,还包括生活中人与人的关系、人与环境的关系这些超越功利的美好情感关系。我们越来越倾向于把那种平等、互助、协作、友爱、理解、尊重、共同奋斗的人际关系作为一种至高无上的美,同时认为那些热衷于美化生存环境、改善生存空间的实践活动也是生活中的超越之美。

3）心灵与人格至上是美

　　心灵美作为生命的高级形式,超越了个人狭隘的欲求,走向一种无私的自由境界,表现为智慧美、道德美和情操美。它为人的外在美赋予了一种无穷的魅力和永恒的力量。心灵美在生活中的具体表现,又形成了每个人的那种至高至大的人格美。当人们按照历史的发展规律进行改造世界,并为自己的理想和事业进步勇于献身时,这种超越个体心灵的精神追求,成为心灵美的最高体现。它宛如一面鉴别真、善、美的明镜,反映出人生舞台上的种种不同的行为和心灵,并把那些在卑劣与丑陋的人格和生活中的假、恶、丑行为呈现在美的对立面,让时代唾弃。

　　每个追求完美人生的人,在事业、生活、历史的活动中,都应将劳动与创造、生活的美和心灵美统一和谐起来,去追求一种全面发展的人生之美。凡是具有积极、健康、严肃性质和意义的生活,凡是符合人类进步愿望和先进理想的生活,凡是能够揭示人生经验、人生价值、人生真理和具有进步思想意义的生活,凡是能够经常激起人们内心生活的深情和理想、对人们的精神培养有补益的生活,凡是有助于社会进步的一切生活,都应该是美的,是我们应该矢志不渝追求的。

三、大学生追求美的意义

　　大学生对美好的未来充满了憧憬,热爱美,追求美,向往美,鉴赏美,但是高职同学大多来自农村和欠发达地区,由于家庭的经济条件有限和家长对孩子素质培养意识的欠缺,大部分学生长期以来缺乏美学基本知识和基础素养。

1. 美可启真

　　我们要想追求美,首先就要去追求真。因为美总是同"真"联系在一起,真是美的前提。真,就是真理,就是科学,就是客观事物的发展规律。社会现象之美,以符合社会生活的客观规律为前提;而艺术之美要以是否真实、是否深刻地反映现实社会为条件。正是因为这样,我们才说"美可启真",通过审美启迪人的智慧,促进人的智力,提高人们对客观世界的认识能力和改造能力。通过对美的体验,不仅可以激发人们对生活、对事业、对科学的热爱,更能成为人们探索和改造世界的重要力量源泉。

　　美是一种积极的情感体验。它可使人在获得激情和愉悦的同时,将这种激情和愉悦转换成为推动个体对现实生活真理不断追求、不断探索的强劲动力。著名科学家爱因斯坦不仅在物理学上有重大发现,同时也是艺术品位很高的美的创造者。他几乎每天要拉小提琴,演奏贝多芬的作品。他精通文学,喜欢读陀思妥耶夫斯基的作品。他把直觉、想象甚至审美作为其科学发现的指导。可见,审美并不是一个简单的个人喜好问题,更可指导那些有理想、有抱负的有为青年去不断探索大自然,探索现实社会的真谛。

2. 美可储善

美与善如影随形,有美的地方必彰显着善的存在。因为美的东西必然有益于满足人的需要,符合人对生活的追求和向往。人们颂扬美,往往也就是褒扬善。无论是在中国还是在西方,古人很早就把美与善紧密联系在一起。

大学生通过审美活动,无疑将受到善的熏陶,从而更加深刻地理解什么是善,什么是恶;什么是忠诚,什么是愚昧;什么是前进,什么是倒退;什么样的行为有利于人类进步和历史发展,什么样的行为阻碍社会发展和历史进步,从而能够从辨别美丑的角度去把握和评价善恶的标准,全方位激励自己走"从善心,炼善志,谋善事"的正确人生道路。

3. 美可怡情

面对千姿百态、风景迷人的大自然,我们在欣赏美的同时,心底必然也会升发出一种对祖国山河的珍爱之情。

游览过黄山的朋友,必然会对黄山形态各异、千奇百怪的松姿迸发出这样由衷的感叹:有的像下山猛虎,似登高咆哮,气势如虹;有的像皇帝出巡的大盖,投射出肃穆的氛围,暗示路人要表达尊敬;有的像待在闺中的小家碧玉,羞涩如蕾,犹抱琵琶半遮面,掩饰着自己的美颜;有的像大家闺秀,出落大方,款款迎人;有的则像独行侠客,风骨傲存,不避锋芒;有的像迎宾客,敞开胸怀欢迎天下宾客,前来游历。这里,我们从中不仅感知的是游者对"松"的歌唱,更是对自然之美的无限热爱。可见,审美能让个体在体验美好之时,更加注重对生命和美好生活的珍惜。

4. 美可净化灵魂

美的事物可以使人们在得到感官享受的同时,荡涤人的灵魂,使人除去杂念和私欲,淡忘生活中的艰辛和烦恼,追求精神境界的美好。

当人们站在出污泥而不染的荷花面前,荷花的洁净、正直、清香无不使社会上那种"常在河边走,哪会不湿鞋"的怪调黯然失色;当人们重温雷锋故事的时候,无不为他爱憎分明的阶级立场、言行一致的革命精神、公而忘私的共产主义风格、奋不顾身的无产阶级斗志而震撼,使心灵受到一次次地冲击。

审美是人对自身创造和发展的积极肯定,是对人的本质力量的欣赏。审美更可

251

使大学生改变过去不良习惯,崇尚学习,寻求发展,把自己培养成为不断完善、具有高素质修养的技能型人才,成为一个大写之人。

可见,美与我们的生活有着密切的关系。美,存在于现实生活之中。只要留心,时时处处都可以发现美,而且还经常会按照自己对美的评判标准,对一些事物做出美与不美的评价。当看到有人随地吐痰时,我们也许会自然而然地产生了一种厌恶,并认为这种行为是不美的;当置身于名山大川之中,陶醉于奇峰异岭的险峻之时,我们也许会深深地被大自然的壮美所折服;当看过一本好书,掩卷深思时,我们也许会对其中的某些人物做出评价,甚至把其中所描写的美好场景或情境印在自己的脑海之中,不断地陶冶我们的情操。

四、大学生的审美现状

我国的教育方针是培育德、智、体、美全面发展的人才。美育作为教育方针的主要内容之一,在教育体系中处于重要的地位。近两年,我国有研究人员就此话题对几所高职院校进行了专项调研,调查共向学生发放问卷800份,实际回收779份,回收率达97.4%。调查结果显示有喜有忧。

1. 能正确认识美育的作用

美学理论可以指导人们的审美活动,通过这种指导,使人们的审美从一种朴实的、自发的活动上升到一种主动的、自觉的活动。审美是一种超越性、综合性的教育。审美作为一种具有形式化、动情化的教育特性,其目标是培养和发展受教育者的感性能力,包括感受力、鉴赏力、想象力、创造力等,培养健全高尚的人格,塑造完美理想人性,以最终实现人与自然、人与社会以及人与人自身感性和理性的和谐的终极追求。审美强调的是"韬养",是主体的主动参与和全身心的投入,让人体验美好、体验成功、体验快乐、体验崇高,在潜移默化中提升对美的感受力、鉴赏力、创造力及自我完善的能力,不让"美丽"悄悄溜走。

美育在高职院校的地位和作用是此次调查的重点,在50个题目中有20个涉及美育的内容。"在国家教育方针中,将素质教育界定为德智体美全面发展,在实际实施中你认为美育课有必要开设吗?"认为"必须开设"的学生人数是436人,占总人数的56%。问卷中"你想培养自己的审美情趣吗?"选择"一般想"和"非常想"的学生人数是668人,占总人数的85.8%。"在学校教育中,你认为美育重要吗?"选择"重要和比较重要"的学生人数是700人,占学生回答总人数的89.9%。可见,绝大多数学生渴望美、追求美的愿望是较为强烈的,并都能正确地认识到美育在实现个人全面发展中所处的重要地位和巨大作用。

2. 审美素养有待提高

高职院校与普通高等院校相比更注重技能的培养,似乎在美育教育方面有所忽视,很少有专门的课程设置,这种表面现象让一些学生认为没有开设专门的美育课程就等于没有接受过审美教育。例如,在面对"你接受过审美教育吗?"时,竟有390位同学选择"没有接受",占学生总人数的50.1%。诚然,有些大学对工科学生没有开性的社会实践。因此对于大学生来说,今天的在校生活不仅是知识的汲取和技能的培养,更要积极萌生技术创造的思想火花,通过对美的规律的认识和把握,通过创新活动,来体现其中劳动过程的美和不断变革的美,从而激发强烈的求知欲望和创造欲望,从而去享受一个充实而美好的大学生活。

3)创造美的环境应成为大学生生活美的主要内容

人们都希望生活在一个青山绿水、空气清新、洁净明朗、生态和谐的环境之中,但人类赖以生存的地球已经遭受到了工业化社会所带来的环境恶化、生态失调问题。我们渴望洁净的蓝天,渴望与琅琅书声相伴的是鸟语花香和绿树成荫,美丽的校园需要每一位大学生的关心和参与。从自身做起,养成良好的卫生习惯,通过参加"扮美"校园的劳动,来获得美好的感受。遗憾的是,现在有些90后大学生劳动观念淡薄、卫生习惯差,使得宿舍里一片狼藉,气味难闻,这显然与校园环境美化极不协调。实现美的人生应从身边事做起,应该通过美化自身的生存环境和学习环境,来真正做到创造美与享受美的统一。

3. 实现内在美与外在美的统一

社会美在人身上的体现是极其丰富的,具体表现为人的内在美与外在美的统一。人的内在美,即心灵美,包括人的智慧、道德、人格、情感等。人的心灵美就在于自己经过长期的社会实践,在审美教育和审美修养的熏陶下,能够超越狭隘的功利欲求,走向自由无私的境界。人的外在美,即人的形体美、仪表美和行为美的总和。健康匀称、充满活力的身体是形体美的表现;五官端正透出神采、衣着合体大方是仪表美的具体体现;而言谈举止得体、谦虚礼貌、温文尔雅、潇洒自如、求实进取、当需要自己献身时表现出大无畏的英雄气概等,则是行为美的特征。

内在美和外在美构成人性美的两个不可分割的层面。理想的人性应是二者的和谐统一。但生活中的实际情况也许并非如此:有些大学生心灵美、品德高尚,却不修边幅,不注重外在美的修养;另有些大学生衣着光鲜、发式潮人,却语言刻薄、自私自利,没有公德心,不注重内在美的修养。一个人如果抛开心灵美而片面追求外表的靓丽,就只能成为"金玉其外,败絮其中"的绣花枕头。因此,大学生在塑造美好人生形象的过程中,既要注意自己的仪表和形象,更要注重自己的心灵和品德修养,做到内在美与外在美的和谐统一。

二、提高大学生的审美能力

当大学生有了正确的审美观以后,还要进一步通过学习和实践,培养和提高自己的审美能力,让自己更好地体验美、创造美。

1. 培养和提高审美感受能力

审美感受能力是指审美感觉器官(主要是人的视觉器官和听觉器官)对审美对象的感知能力,主要是指审美主体在观赏审美对象时所产生的积极的综合心理反应。

1)审美感知

主体必须首先通过感觉和知觉才能同周围世界发生反映关系,这是整个人类认识过程的共同特点。审美感觉是指客观事物外在的、表面的、局部的审美特性直接作用于人的感知器官,然后在大脑中所形成的主观映射和模写。

2) 审美想象

发生在审美过程中的想象就是审美想象,它是指审美主题在特定对象的刺激、诱导下,将过去大脑中所积累的众多相关表象,进行重新组合、加工、改造而创造出新的表象的心理活动过程。

3) 审美情感

情感是审美心理中最活跃的因素,并广泛地渗入在其他心理因素中。它既可使整个审美过程具有情感色彩,同时又是触发其他心理因素的诱因,并推动着其他心理因素的发展,在整个审美活动中起着推动力的作用。

4) 审美理解

审美理解是人们对审美对象在本质、特征、功能、相互联系及其内容、形式上的审美特性和规律全面领会、把握和揭示。审美理解会因审美主体的不同而产生不同的结果,因为不同的审美主体对审美元素的积累是不同的,且评价标准也可能有所差异。

2. 在学习和实践中提高审美能力

大学生的良好审美情趣不是自然形成的,需要大学生发挥自身的主观能动性,努力学习,积极参加审美实践活动。

1) 丰富个人知识,提高鉴赏水平

审美实践告诉我们,审美能力的高低,一般与审美主体的知识水平成正比。一个有知识的人,才可能更敏锐地感受美,进而借助于情感和想象而达到对美的理解。否则,就不可能比较准确、深刻地理解具体的美,其审美情趣也不可能高雅。

例如,部队里也有许多战士爱穿文化衫。有的印着精美大方的图案,有的印上"祖国卫士"的字样,给人以青春朝气和阳刚之美。然而,有的大学生平时所穿的 T 恤短衫上却投射出一些不良的审美情趣,譬如印有"千万别理我""没钱""烦死了"等,甚至印有骷髅头图案。作为一名大学生,如果长期陶醉于这种消极的、非理性的、虚浮的文化品位之中,将有损自己的青春和朝气,不利于自己形成正确的人生观和世界观。

2) 在实践中训练感知能力

良好的审美情趣要靠审美实践来培养,大学生应该积极参加对美的鉴赏活动,以提高辨别美丑的能力。

(1) 鉴赏自然美。自然美包括人工自然和纯粹自然中各种景物和现象的美。自然美归根结底是一定社会实践或社会生活的产物,正是由于社会实践的发展,自然事物才越来越多地进入人类的视野,成为人们可感的审美对象。欣赏自然美,能使我们发现美的智慧,使我们对人民、对民族的创造力量产生由衷的赞美,培养高尚的情操,寄托崇高的理想。我们伟大的祖国山河锦绣,名胜古迹遍布各地。当我们被祖国的秀美景色所陶醉时,总会由衷地对自己是伟大祖国的沐浴者和建设者而自豪,从而激励自己更坚定地为使祖国变得更加美好而努力学习和工作。

（2）发现社会美。社会美是社会生活和校园生活中各种事物和现象的美，突出地表现为反映时代精神的人和事，体现爱国主义、社会主义、集体主义精神、积极进取的新人新事新风尚，深刻地反映了历史进步的必然趋势、广大人民群众的根本愿望和发奋苦读的学习风尚。它既是伟大的"真"，也是高尚的"善"，又是无比的"美"。从这些美的典型身上，我们可以更深刻地认识社会美的本质，从而更加坚信正义、进步和光明的社会正能量必将战胜邪恶、落后和黑暗的社会负能量，激励自己更加自觉地抵制丑、清除丑，以努力学习为荣，以浑浑噩噩为耻。

（3）欣赏艺术美。艺术美包括音乐、舞蹈、美术、戏剧、小说、诗歌、影视等方面的美。艺术美来源于客观存在的现实美，是对于现实美所做的典型而集中的反映。现实生活生动而丰富，但往往显得零碎、粗糙，缺乏一定的感染力。艺术家对现实生活中的素材加以选择提炼，加工制作成艺术作品，源于生活而又高于生活，使之具有真实深刻的内容、独创完美的形式、生动鲜明的形象、真挚动人的情感。通过对艺术美的欣赏，可以从中受到潜移默化的影响。我们应尽可能多地去欣赏美的艺术，从中吸取丰富的营养。

（4）感受校园教学美。校园是大学生的基本生活环境，到处都洋溢着美育的元素。它们是艺术美与社会美的有机结合，在等着我们去发现，去采集。校园的别致典雅、花草园林、人物雕塑等以及具有一定特色的校园文化，无不在潜移默化地影响着我们对美的感知，使我们逐渐生发出对美好事物的向往和憧憬。

另外，身处校园的我们每天还感受着专业学习过程带来的美学熏陶。教师的仪容、仪表、风度、气质、人品、学识彰显着美；教师在教学过程中的流畅语言、讲课艺术彰显着美；教师教学使用的多媒体课件的得体设计和呈现彰显着美；实训教师娴熟的操作和讲解、实训设施的合理安置、实践工具的有序摆放彰显着美；语文课上教师对诗歌、小说、散文的精心提炼和讲解彰显着美；数学教学过程中教师流畅的逻辑推理和演算过程彰显着美，等等。大学教育的每个教学过程都在传达着教师的审美情感和审美教育。教师创造美与学生欣赏美的统一在悄然地影响着每个同学对美的发现和感受。它们都是我们接受美学教育、提升审美素养的契机。

三、大学生要树立阳光的个体形象

形象一般是指能够引起别人进行思想活动和感情活动的具体形态和姿态，也可以是个人的思想、意识、言论、行为在他人心目中的投影。在校大学生正值青春年少时期，建立自己的阳光个体形象既是个人朝气的体现，也是个人发展的需要。

1. 阳光是一种语言

每个大学生都可以在生活中细心观察和玩味阳光的魅力。

晴朗的早晨，阳光总会最先照耀绿色大地。阳光总是宛如那动听的声音，在暗夜之后的日出、严寒之后的春天以及黑夜到来前的黄昏，以最美的韵律拨弄着大自然中的万物，让一切都充满了生机。阳光用它那动情的语言诉说着重逢的喜悦、友情的温暖。使我们相信阳光的力量和它真实的存在。

阳光,总是能给我们一种光明、温暖、向上的勇气,使我们远离猥琐、阴暗和哀伤。每位大学生,如果你是阳光的朋友,就应该有一副红润健康的面孔和保持明亮清朗的心境。阳光,确实是一种语言,一种每个人都可以听懂的语言。大学生何不让自己从里到外都阳光起来,借助这种无声的语言传达出你的自信、你的健康、你的青春、你的朝气、你的美,同时也能给你的所到之处增加一抹亮点,给大家增加些许快乐。

2. 积极追求自然美

大学生在学习生活中首先应该追求自然美。人的自然美又叫做人的外在美,它包括人的身材美、体态美、装饰美。

1) 身材美

身材美应该是具体的,不同的人有所不同。人体是适应大自然的演变而造就出来的,是由合理科学的骨骼、肌肉、皮肤及各部位器官的巧妙组合所构成的一个完美的、均衡的、协调的整体。人体身材的自然美,是自然界对美的最高发展和最高形态。大自然造物主在创造人的时候让人具有了对称美,这是自然界最美的杰作。好的身材首先应该是匀称,不臃肿。只要能自如地进行各种社会实践活动的身材都是大自然最美的创造。

2) 体态美

人的自然美还表现在自由的体态上。体态是人的动态造型,就是身体各部分在运动中彼此配合而呈现出来的仪表、姿态。人体的动态美包括男人的阳刚之美,女人的阴柔之美。正是人体具有体态美,艺术家才经常把人体作为传达感情的载体,并赋予人体以千种色彩,万般体态。但遗憾的是,大学校园里也经常可以看到站姿和坐姿不恰当的同学,这不仅不利于个人形象展示,也不利于个体的生理成长。

3) 装饰美

装饰美是人的外在美的重要组成部分,它与人的身体美和体态美关系密不可分。装饰美归根到底是为了显露人体之美。一个完美的形象应该是个体特质、环境场合以及时代精神的统一。有些大学生,由于过去对美学的不甚了解,不知道在衣着上对自己进行力所能及的适应性改变,让自己在融入城市环境生活方面有所欠缺,这样或多或少地影响了自己本应有的阳光形象。

我们知道,人在气质、性格、修养等方面的差异,并不是偶然产生的,当然也不是固定不变的。在不同的环境、场合、气氛之中,一个人的言谈举止可能会有不同的表现,这说明人的形象特征具有一定的可塑性。因此,我们在塑造个人的自然之美时一定要因人、因地、因需而进行适应性变化。

3. 积极崇尚心灵美

心灵美亦称"精神美""内心美""灵魂美"。心灵美是真、善、美的统一,也是知、意、情的统一。它是人的行为美、语言美、仪表美的内在依据,并通过日常具体的感性形态而被人们所感知。

心灵美是决定人美与不美的最主要因素。它表现在人的思想、品德、情操、学识、修养等各个方面,也表现在人的日常言论、行为之中。那些"金玉其外,败絮其中""绣花枕头一包草"者,也只是外表上的美,没有真才实学,仅是花瓶而已。因此,我们要在提高文化修养的同时,不要忘记要加强个人道德修养。

4. 塑造自己的阳光形象

我们要按照社会发展的需要,目标如一、持之以恒地塑造自己的阳光形象。我们既应重视差异,又要看到关于美的普遍的客观标准,不断加强审美修养,提高自身的审美能力,避免把庸俗当作高雅、将病态视为优美、把落后看成时尚,不以自己的好恶去塑造低级的、落后的、怪异的和不健康的形象。比如,我们完全没有必要在自己的头发上制造出一些"图案"。

大学生要想让自己阳光起来,首先不管是男生还是女生,着装不要太过时髦,也不要太过正式,毕竟我们还是学生;其次,不追求刻意的打扮,要穿出自己的气质和风格,而且头发要经常修剪,追求精干利索的风格;最后,就是要提升自己的内在涵养,毕竟大学是人生新的开端,除了注重外在美以外,对个人涵养的不懈追求也应该是每个大学生的在校责任。

大学生在塑造自己的阳光形象时,一定要清楚地认识到美是具体的,而且当代大学生自身的优势就是"青春美"。我们今后要成为国家经济建设所需要的高素质技能型人才,就应在大学学习期间努力学习,不断修养,自觉塑造"心灵美",让自己逐渐阳光起来,借助从里到外散发的"青春美"来彰显出青春正能量。这是大学生自我发展、积极进步的标志,也是大学生渴望成才准备为社会多做贡献的阳光表现。

※ 训练拓展 ※

"美"的内涵是非常宽泛的。它可以是自然美,可以是艺术美;可以是视觉美,可以是韵律美;可以是和谐美,可以是人性美。正是人类的灵性让人类不但有了欣赏美的需要,更有了创造美的本能。就人类本身而言,年轻就是美,它是自然美和艺术美的有机统一。年轻人的自然美体现于生命体的勃勃生机;而年轻人的艺术美则是在自然美基础上的外在修饰和呈现。年轻之美首先洋溢于站、立、行、走之间,也更以其自然的朝气和飒爽昭示于世。年轻本来就是一道美丽的风景。

请同学们珍惜自己的大好时光,树立正确的学习理念,在积极投身学习知识和技能的同时,做好自己的"环境"建设,勤洗澡,勤理发,勤整理内务,注重文明礼仪,戒除懒散拖拉,展现青春朝气,挥洒阳光正能量。

职业素质教育

第二十训练模块　创新与创业

※※※※※※※※※
※ **训练目的** ※
※※※※※※※※※

　　通过该模块的训练,要使大学生充分认识到今日社会之所以会不断进步、不断发展都源于创新和创新精神。倡导大学生创业就是对创新精神的一种实践。创业可以使大学生的人生更辉煌。因此,提高大学生自身的创新能力具有非常重要的社会实践意义。但是,创业不是盲目的,一定要分析自己的创业素质和创业环境,根据自己的情况进行创业决策。

※※※※※※※※※
※ **训练要求** ※
※※※※※※※※※

　　(1) 通过网络,请同学们了解上海世博会上都有哪些创新,然后集大家的智慧尽量罗列此间的创新项目,让同学们从中体会创新的魅力;

　　(2) 学习创新与创新精神,理解创新是企业发展和国家生存的灵魂,进而努力提高自己的创新意识,并在以后的学习工作中积极实践;

　　(3) 研读创业的意义,理解创业对大学生健康成长的作用,认识创业就是对创新精神的具体实践,并在平时的学习过程中积极寻求变化;

　　(4) 请同学们思考自己是否具备一定的创业素质,并分析自身的创业条件,积极进行能量储备,为将来可能的创业奠定基础。

训练开讲之一　创新让社会更精彩

世界正在经历一个突飞猛进的发展阶段,这些变化一切都来源于创新。北京奥运会的主体育场鸟巢和水立方场馆、上海世博会的中国馆等,这些都是创新与建筑的完美结合。正是有了创新的思维,才使我们今天能够享受到创新给社会所带来的便利和精彩。

一、从"世博会"看创新魅力

2010年,我们在世界东方的大都会——上海看到了由中国主办的"世博会",再一次地见证了人类的伟大智慧,见证了创新的魅力。

"世博"不仅仅是给了我们欢聚的机缘,更重要的是它秉承"理解、沟通、欢聚、合作"的世博理念,将全世界各种精巧的创意、奇妙的发明、珍贵的文物、多元的文化荟萃于世界的东方。中国馆就以其特有的民族元素成为园内的标志性建筑,也让世界各地的参观者在走进5.28平方千米的"世博园"时,目睹创新给世界所带来的精彩。参观者的国家不同、民族不同、信仰不同,却感受着一个相同的"天下一家"的嘉年华"盛宴"。

上海"世博会"在新能源、生态环保、建筑节能、智能化技术、信息网络技术和新材料等方面,就有1100项左右具有自主知识产权的科技成果并广泛应用在"世博会"上。世界各国人民在这里共同搭建了一个让世界更繁荣的舞台,也给中国人民提供了一次近距离学习世界创新文化的机会。

在今天这个普遍倡导世界环保意识的地球村里,本届"世博会"把"绿色世博"和"低碳世博"作为其重要办会理念。仅在园区内外大规模商业化运营的1017辆新能源汽车,就可节约传统燃油约10000吨,减少有害物质排放约118吨,减少温室气体排放约28400吨,让世界人民看到了中国人的创新在世界环境保护上所做出的巨大贡献。

在宏大的2010年上海"世博会"开幕式上,中国人给世界展示了一个不同一般的美丽夜晚,其中,半导体照明技术起着非常重要的作用。在世博城最佳实践区以及一轴四馆的景观照明上,完全采用了LED照明技术,整个园区80%以上的夜景也是LED技术的贡献。诸如此类的创新发明,让此次世博中心率先获得了中国绿色建筑的最高认证。其总能耗低于国家节能标准规定值的80%,节能率达到62.8%,预计每年可节约2160吨标准煤,从而实现上海世博园区的"低碳排放"目标。

可以说,今天人类这个精彩世界的一切都是始于世博会。从蒸汽机、航天器到高速公路、机器人等,这些无数奇妙的梦想都首先是从世博会走进了我们的现实生活。从1851年伦敦"万国工业产品博览会"开始,就不断启迪着世界各国在创新之路上进行探索,让世界各国之间交流融通,学习借鉴,大大促进了世界发展的伟大进程,让不同的国家和人民纷纷意识到了创新的魅力。也正是这些众多伟大的发明和建设,振奋了中国人强国富民、实现民族复兴的殷切希望。

今日的中国已经巍然屹立在了世界的东方,主办世博的百年梦想也终于成为现实。从此次中国世博会,不仅可以见证一个东方古国的巨大进步,而且也从中可以看到中华民族的伟大智慧和无穷活力,而所有这一切都离不开我们这个伟大民族的创新精神。

二、创新与创新精神

如果当初人们没有对飞的奢望,就不会有百年前的飞机问世,更不会有今天被称为世界飞机巨无霸的空客A380。我们不难想象:一架空客A380飞机里,就包含着众多的人类发明和创新。一个人、一个企业、一个国家要想创新就必须要有创新精神。它是一切创新的原动力。

1. 什么是创新

创新是一种以新思维、新发明和新描述为特征的概念化过程。它有三层含义:第一,更新;第二,创造新的东西;第三,改变。创新是人类特有的认识能力和实践能力,是人类主观能动性的高级表现形式,是推动民族进步和社会发展的动力源泉。一个民族要想走在时代前列,那就一刻也不能没有理论思维,一刻也不能停止思想创新。简单地说,创新就是利用已存在的自然资源或社会要素来创造新的矛盾共同体,也可以简单地认为是对旧有的一切所进行的替代或覆盖。一般来说,创新主要分为四大类:产品创新、市场创新、商业模式创新和管理模式创新。

创新是一个不断否定的过程,在否定中重新寻找、重新成长。创新是一个民族进步的灵魂,是国家兴旺发达的不竭动力。创新也是一个人不断完善自己,让自己逐渐走向成熟和成功的过程。只有创新,才能让社会呈现出日新月异的变化。今天社会上所呈现出的一切都来源于创新。

2. 创新精神

创新精神是指综合运用已有的知识、信息、技能和方法,提出新方法、新观点的思维能力,并藉此来进行发明、创造、改革、革新所具有的意志、信心、勇气和智慧。

创新精神是一个国家和民族发展的基础,是一个现代人所应该具备的素质,也是进行创新活动必须具备的一些心理特征,包括创新意识、创新兴趣、创新胆量、创新决心以及相关的思维活动。创新精神是一种勇于抛弃旧思想旧事物、创立新思想新事物的精神。

现实生活中,表现创新精神的侧面很多。如,不满足已掌握的事实、建立的理论和总结的方法,不断追求新的知识和理念;不满足现有的生活生产方式、方法、工具、材料、物品,根据实际需要或新的情况,不断对实践对象进行改革或革新;不墨守成规的方法、理论、说法、习惯,敢于打破原有框架,探索新的规律、新的方法;不迷信书本、权威,敢于根据客观事实和自己的理性思考质疑权威;不盲目效仿别人,不人云亦云,唯书唯上,而是坚持独立思考,说自己的话,走自己的路;不喜欢一般化,追求新颖、独特、异想天开、与众不同,让自己充满个性;不僵化、呆板,而是灵活地应用已有知识和能力,解决现实生活中的具体问题,等等。

创新精神是科学精神态度的具体表现。创新精神不但要以摒弃旧事物旧思想、创立新事物新思想为特征,而且要以遵循客观规律为前提。只有当创新精神符合客观需要和客观规律时,才能顺利地转化为创新成果,成为促进自然和社会发展的动力。创新精神提倡新颖、独特,同时,又要受到一定的道德观、价值观、审美观的制约。创新精神提倡独立思考、不人云亦云,但并不是不倾听别人的意见、孤芳自赏、固执己见、狂妄自大,而是要团结合作、相互交流。这是当代创新活动不可缺少的行为方式。创新精神提倡胆大、不怕犯错误,提倡不迷信书本、权威,但并不反对学习前人的经验。任何创新都是在前人成就的基础上进行的。创新精神提倡大胆质疑,而质疑也要以事实为依据、以缜密的思考为前提,更不是怀疑一切。这是全面、辩证地看待创新精神的一个基本态度。

三、创新是企业发展和国家生存的灵魂

现在企业最大的困惑就是企业的领导已经感到市场的压力,而有些员工却并没有感受到压力的存在,或者感到的压力不是很大,表现为员工在适应市场竞争的过程中缺乏必要的创新能力。即将走入社会的大学生必须明白,企业的发展是离不开变革和创新的。我们有义务也有责任在未来将创新的灵魂根植于企业的文化当中,自觉营造一种积极创新、勇于进取的开拓性企业文化氛围。

企业文化能增强企业的凝聚力和产品的竞争力。正像其他生命体有其自身的基因一样,企业作为一个生命体也有自身的基因,这个基因就是企业文化。创新是企业长盛不衰的法宝。把创新的基因植入到每个从业者心中,才是真正能够让企业长盛不衰的根本。松下、IBM、英特尔、柯达等百年企业之所以生存至今,其原因就在于企业文化已经像基因一样,将创新的灵魂深深植入到企业的细胞当中。

日本国土狭小,资源匮乏,依靠自主创新增强产业竞争力早已成为日本全社会的共识。进入21世纪以来,日本每年新增专利近20万件,新增专利数连续十多年高居全球三甲。以政府为主导,学术机构和企业为主体的日本自主创新体系,无不与每个国民的创新意识密切相关。企业自主创新能力是企业产品能否走俏市场的关键。日本大中型企业均把自主创新能力看成企业生存的灵魂,看成国家生存的根本。如果没有自主创新能力,企业就只能受制于人,国家的经济也不会像我们今天所看到的那样繁荣。在这一点上,我国国民也应该居安思危,积极创新,让祖国的明天更加美好。

在市场竞争日趋激烈的今天,我们应该切身地去感受市场给企业的压力,明确自己在校期间好好学习基本知识、基本技能的责任。只有良好的知识结构,才是适应未

来就业需要、践行创新企业发展理念的根本。每个在校大学生必须对此有清楚的认识。大学生的创新理念必须在学校的学习过程中就要开始逐渐培养。这样做，不但对自己未来就业的企业来说是一笔非常宝贵的财富，对个人发展也具有非常积极的意义。因为，我们在为企业、为市场创造价值的同时，也在实现着自身的价值。

四、怎样提高创新能力

创新是一个民族不断发展的驱动力。每个大学生都应该主动培养自己的创新精神，提高自己的创新能力。

1. 创新要好奇

我们要对所学习或接触的事物有好奇心，善于提出问题。牛顿少年时期对很多事物就有极强的好奇心，他常常在夜晚仰望天上的星星和月亮。星星和月亮为什么会挂在天上？星星和月亮在天空运转为什么不会相撞呢？这些疑问激发了他的探索欲望。后来，经过潜心研究，终于发现并总结出了万有引力定律。

只有能提出问题，才能思考问题。大学生在学习过程中如果提不出问题，那才是最大的问题。好奇心本身就包含着强烈的求知欲和追根究底的探索精神。要想在茫茫学海获取成功，就必须有强烈的好奇心，就要善于提出问题。爱因斯坦说过："我没有特别的天赋，只有强烈的好奇心。"正是他的好奇心在给社会带来了巨大发展的同时，也使自己走向成功。

2. 创新要质疑

我们要对所学习或接触的事物有怀疑态度，不要认为被人验证过的都是真理，也不要认为老师所讲的就没有问题。许多科学家对旧知识的扬弃和对谬误的否定就是来自当初的怀疑。伽利略由于对亚里士多德"物体依本身的轻重而下落有快有慢"的结论产生怀疑，才发现了自由落体规律。对待我们所学习或接触的事物，应做到：不要迷信任何权威，应大胆地怀疑。这将是创新的开始。

怀疑是发自内在的创造潜能，它可以激发人们去钻研，去探索。对课本，不要总认为是专家教授们写的，所以就不可能有误。专家教授们专业知识渊博精深，我们应该认真地学习，但事物是在不断地变化的，有些知识过去适用，现在也许就不一定适用。现在的知识不一定就没有缺陷和疏漏，比如，课本上的印刷错误就经常会出现。如果只是机械地进行学习，把谬误当真理，贻害的只能是自己。更何况，老师也不是万能的，任何老师所传授的专业知识也不能说全部都是绝对准确的。

3. 创新要有欲望

我们要对所学习或接触的事物有追求创新的欲望。如果没有强烈的追求创新欲望，那么无论怎样谦虚和好学，最终都只能是模仿或抄袭，只能在前人划定的圈子里周旋。在学习过程中，要多问几个为什么。为什么只能是这样不能是那样？颠倒个顺序为什么不可以？给可乐里加点醋，又能怎么样？等等。

欲望是最好的老师。欲望既是情感的体现，也是学生学习的内在驱动力。欲望可以促使我们自觉地、主动地、竭尽全力去观察、思考、探究问题的本质和相互联系，并能最大限度地发挥自己的主观能动性，从而在学习中产生新的联想，或进行知识的移植，做出新的比较，综合出新的成果。

4. 创新要求异

我们要对所学习或接触的事物有求异的观念，不要"人云亦云"。创新不是简单的模仿。要想有创新精神和创新成果，就必须要有求异的观念。有些大学生可能过去有过这样的经验：一道数学题，已经有了两种解法，可是当一个在班上学习不错的同学断言不可能再有其他解法时，也许就在第二天某个同学就非常兴奋地提出了第三种解法。

求异实质上就是换个角度去思考，或从多个角度去思考，并将结果进行比较。求异者往往要比常人看问题更深刻，更全面。事物的发展是没有尽头的，我们应该对工作和生活中的一切永不自满，要勇于挑战习惯，不怕冒险，这是一种非常难得的创新精神。正是因为创新不是一件容易的事情，才使得我们当中的大多数人都不会成为伟人。但我们完全可以通过自己不懈地追求，最大程度地挖掘创造潜能。

另外，创新一定要有冒险精神，因为，也许否定人们习惯了的旧思想可能会遭致公众的反对；还一定要具有永不自满的人生态度，因为，我们对事情的认识是渐进的，是不断提高的，因此创新也是没有尽头的。

五、90后将是社会创新的主力军

90后不喜欢随波逐流，喜欢自主争论，希望用自己独特的观点和方法解决问题，90后的标新立异已成为他们实现创新的动力。人们经常用"青春的、张扬的、独立的、以自我为中心的、集体观念淡薄的、功利的、思想开放的、活跃的"等词汇来形容90后，正是90后的社会成长大背景造就了他们的这些特质，也正是这些特质决定了他们必将是未来社会勇于创新的一代新人。

90后生活在一个更加开放的社会，信息技术和互联网的发达为90后获取信息、自主学习提供了便利条件，使90后的思想更活跃。开放多元的社会为90后大学生的成长提供了更多选择的机会，为他们展示自我能力创造了更广阔的舞台；网络时代成长起来的90后接触网络的机会也更多，大大开阔了他们的眼界。大多数90后大学生对未来既有清晰的目标，也具有较强的成就动机和信心，渴望实现自我价值，并愿意为了达到自己的目标付出相应的努力。他们不满足于因循守旧，喜欢标新立异，渴望突破传统、打破常规、张扬个性。因而90后大都崇尚创新精神，具有创新意识和较强的创新能力。

毫无疑问，90后是现实社会中最具"国际化"的一代。成长在网络时代的90后大学生由于见多识广，其内心世界是五彩缤纷的，因而他们的思想也更加丰富多彩和复杂多变。他们从小就享受着良好的教育，从托儿所开始就参加过各种兴趣班：绘画、书法、音乐、舞蹈、围棋、英语等，铺垫了创新的基础。而网络又使他们具备了更开阔的国际视野与更强大的思维能力。

职业素质教育

　　90后并不缺乏行动力。他们喜欢挑战,想做就做,不假思索。很多90后都有这样一个共同的声音:"其实,我们不复杂,只需要一个表达的空间。""给我阳光,我就灿烂;给我空间,我就成长。"曾经在深圳进行的一项有9720人参与的"90后成长与责任公益调查"中就显示:超过五成的人都认同90后的最鲜明特征是"富有个性及拥有创新精神"。

　　浙江农林大学有一个"专利哥"叫张业放,他是该校机械设计专业的学生,已经成为了大家"膜拜"的对象,因为他在大学三年期间申请并被受理的发明专利、实用新型专利、外观设计专利已经超过160项,其中获得专利证书的项目已经达到152项,平均每周都能够获得一项专利。

　　另外,在浙江举办的创业创新大赛中也不乏职业院校90后学生的作品。在获得一等奖的作品中,"会说话的盲人导航服"就让人真切感受到了90后对社会弱势群体的关注。它把太阳能电池板和超声波传感器安装于衣服上,以语音方式提醒盲人朋友及时避开障碍物,并设计有纽扣式、护膝式和手持式,想得极其周到。另一款"电瓶车龙头锁"的发明也让人耳目一新:只要支起脚撑,电瓶车就自动上锁,遥控器一按又自动打开。这个90后发明团队还在现场公开承诺:若有专家解开本锁,本电瓶车将无偿赠送。现场很多人纷纷尝试,结果却连锁在什么地方都找不到。

　　总之,人类正是有了创新的主观能动性,才能在不断适应环境的过程中成为大自然的王者,人们的生活质量、生活水平才能不断的提高,世界才能永不停息的发展,社会才会更加精彩。面对今天这个信息化、经济全球化的时代,我们不去创新求异,企业的生存必将会出现问题,我们自己的生存也会出现问题,社会的发展也就不可能有新的进步。可以想见,90后必将成为未来社会的创新主力军。

训练开讲之二　　倡导大学生辉煌创业

　　创业是对创新的社会实践。创业的成功离不开创新。大学生是最具有创业活力的群体,也应该成为创业的主体。随着改革开放的大潮席卷整个神州大地,各类私企、民企遍地开花,并在我国国民经济中占有相当大的比重,更为我国的现代化发展贡献着自己的力量。时下,越来越多的大学生也开始尝试着进行自己的创业历程,希望有一天能够拥有自己的公司和红红火火的事业,以便在把我国发展成为一个创新型国家的道路上展示自己的才智。

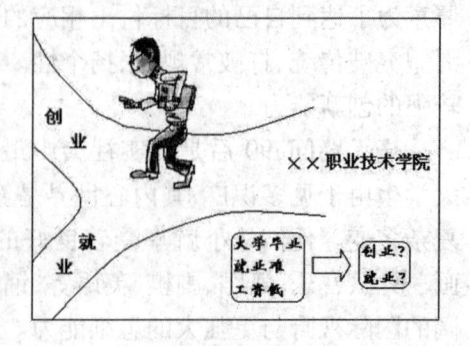

266

一、认识创业意义

就业是民生之本,而创业才是发展之基、就业之源、成才之路。目前,我国实施扩大就业的发展战略,促进以创业带动就业。我国的《就业促进法》也明确规定"国家倡导劳动者树立正确的择业观念,提高就业能力和创业能力;鼓励劳动者自主创业、自谋职业。"当今时代,创业的综合素质已经成为继技术、技能之外的第三张融入社会的个人名片。

年轻人永远都是社会发展的动力。无论是对大学生个人,还是对创新型社会来说,大学生毕业后进行自主创业具有极其深远的意义。

1. 创业锻炼意志

创业就意味着要面对巨大的压力和随时而来的风险。对每个创业者来说,随着自己在商战的惊涛骇浪中一次次地克服困难、走出困境,也在自己的事业上不断地开创出一个个新的局面,同时也在不断地锤炼着自己的毅力和耐心。人生没有永远的赢家,也没有永远的输家。但是,只要相信自己,总有成功的一天。屡战屡败还是屡败屡战,其间就体现着不同的人生心态,更体现着不同的社会人生。

当年的肯德基上校在研究出自己的炸鸡腿配方之后,为了让更多的人能分享到自己的成果,就一次次地上门去推销,然而感兴趣的人确寥寥无几。可以想象,对一个已经年届花甲的老人,这中间要经历多少心理的考验。可是他并没有因为自己的年老以及所经历的困难而退缩。正是凭着他的坚强意志,在一次次的失败中磨砺着自己的耐心和毅力。没有他的坚持,我们今天就不可能在世界的各个角落看到那极富影响力的快餐品牌。

2. 创业促进成长

创业是一个无比艰辛的过程,这中间除了要承担精神上的巨大压力,同时还要随时去面对物质上受到损失的风险。的确,创业的艰辛往往使人要承受常人难以想象的压力,更要承载失败的风险。然而,在这个过程中,每个创业者也在不断地丰富着自己的思想,锤炼着自己的意志。

一个整天坐在温暖的办公室里依靠看报纸、喝茶来聊以度日的人,是不能体会一个创业者在经历风雨之后看到彩虹时的心境。马云,一个让国人倍感骄傲的名字,同时也是让一代人为之崇拜的成功企业家偶像。他所经历的艰辛是很少为外人所知的。今天他成功了,但他也曾有过让自己的事业跌入谷底的经历。然而,后来他依靠自己在商海中打拼所磨练出的创业精神,使他能够撑起阿里巴巴的一片天空,从而实现了他今天的辉煌创业传奇。

3. 创业体现魅力

每个大学生从小就有着自己的许多梦想,我们何不发动自己的大脑,通过创业去勇于实现,去展现自己的魅力。

今天,面对经济日益全球化的世界以及我国严酷的就业压力,使得2013年成为我国有史以来的"最难就业年",有更多的人萌生了创业的想法,想通过创业来实现自己的价值和人生目标。马云有一次在接受采访过程中被问及当初是什么原因促使他建立了庞大的"阿里巴巴"帝国,他的回答很简单:"我想证明自己的人生可以通过自己的努力而更加美好,我想证明我的人生是有价值的。"社会发展至今,创业者可谓无数,其中非常重要的原因就是对个人人生价值的不懈追求。也许只有当你承受了别人不能承受的压力与风险,才能得到社会给予的更多眷顾,这不能不说也是一种公平。

4. 创业释放激情

我们每个人都有激情,每个人都需要释放激情。但遗憾的是,很多大学生好像不知道怎样释放激情。

在我国目前严酷的就业压力下,很多大学生还是一味地追求让别人给自己提供就业机会,而不愿意走自主创业的发展道路。高等职业教育确实能给我们授之以渔,但并没有限定我们未来的发展道路。每个人都应该根据自己的理想,尽情发挥自己的潜能,给自己内心的那颗有待释放的种子找到合适的土壤。我们在学校所学的任何专业都不能成为自己未来释放激情的禁锢。

创业,体验的是过程的精彩,收获的是内心的平静;创业更是让人激动不已的惊涛拍岸和沉沦起伏的完美过程。我们的付出和努力会给我们带来所期待的绚烂。创业虽然很苦,却不失为一种实现人生完美价值的途径,否则,也不会有那么多的人在前仆后继地激情创业。只有那些激情创业的人才会真正以自己的创业人生而骄傲!

5. 创业贡献社会

我们都知道霍英东、李嘉诚、郭鹤年等一大批成功的企业家。他们都经历过艰辛的创业过程。但是当他们成功以后,他们考虑的已不再仅仅是自己,而是去帮助更多的人。他们建一栋大厦,就能为社会提供很多的就业机会;建一些医院、佛学院、孤儿院、老人院,就能为社会提供更多的和谐和稳定。我国的很多大学里都有他们捐助的身影。每个创业者在成就自身价值的同时,都不会忘记曾经养育过自己的国家和人民。

从国家统计局每年所公布的国家经济运行数据中不难看出,自主创业者在中国的 GDP 中都发挥着相当重要的作用。每个创业者通过自身的不懈努力,在开拓出一个个新的商业领域的同时,也必将为社会创造出更多的就业机会,这是企业家自身发展的一个必然结果,也是企业家回报社会、贡献社会的一个最真实的体现。腾讯公司、网易、淘宝等 IT 公司每年在为国家创税的同时,更为社会创造了成千上万个就业岗位。

6. 创业承载成功

每个大学生无不期望自己的成功,但是和相对稳定的就业比起来,也许只有创业才更能承载我们的成功。

人人心中都有一颗奋发向上的种子。对那些年过不惑却仍在创业的企业家们来说,他们心中的那颗种子还在默默成长、积累、储蓄养分,始终在不停息地寻找着种子昂然出土的时机,那么,对我们这些毕业后将走入社会的大学生来说,有着年轻的资本、富于活力的思想以及永不服输的精神，也就没有理由不去挑战创业给自己所带来的苦与乐。

在今天这个全球互联的世界里，成功好像与年龄没有了关系，而只与那颗创业的种子息息相关。

二、认识创业素质

大学生要想创业，就一定要有意识、有针对性地培养和训练自己的创业素质；而且要针对自己的特点，着重培养和训练自己的一些重要的而且是必备的素质，形成良好的创业意识、创业精神、创业品质，具备一定的创业能力。

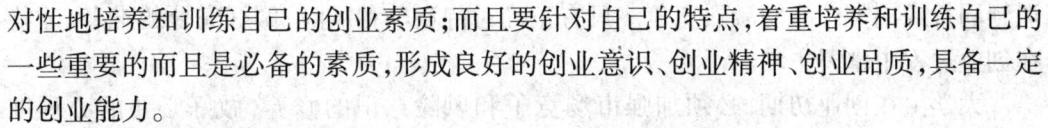

1. 创业意识

大学生必须克服传统观念的影响，树立正确的就业观、人才观和创业意识，勇于创业，敢于创业。

创业意识是进行准备和实施创业的基础和前提。良好的创业意识有助于正确分析，并制定出正确的创业目标，评估创业的风险，学习和掌握创业的知识和理念。创业意识包括创业需要、创业动机、创业兴趣、创业理想、创业信息、创业世界观。形成创业意识主要指创业者在头脑中形成自己自主谋生和发展所要达到的目标。影响创业意识的因素包括自身的创业素质和社会创业环境的影响。

没有创业意识或者缺乏创业意识，就不可能较好地准备和进行创业。因此，大学生创业意识的培养是促进创业素质形成的基本前提。大学生创业意识的培养应该包括自主创业意识的培养，风险和冒险意识、创新意识、竞争意识、成功意识、时效意识、市场意识、法律意识等的培养，另外，还应注意培养自我管理、自主决策和独立生活的能力；培养克服自卑心理和吃苦耐劳的精神。

2. 道德与法律素质

道德是人的行为准则。良好的道德素质是创业者成功的重要因素，更是人生的宝贵财富。创业者道德品质的高低，直接影响到企业的信誉和生存。与创业有关的道德和品质主要有：思想品质，包括理想与抱负、事业心、奋斗精神、开拓精神、奉献精神、悟性和洞察力等；职业道德，包括正直、忠诚、诚信、公正等。大学生在校期间就应该培养自己具有正确的道德观、社会观、职业观、生活观、价值观，提高适应社会的能力。

良好的法律意识和观念是创业者必须具有的基本品质。市场经济要求遵守共同的游戏规

则,只有依法创业,符合法律规范,才能得到法律的保护。创业者的创业活动包括创设企业并开展经营活动、招聘和管理员工、缴纳税费、知识产权保护、权利保护和索赔等。创设特殊企业,创业者还应掌握国际规则和惯例、相关国家和地方法律法规的规定、所从事行业的一些特殊规定和习惯做法。创业者应学习和掌握必需的法律知识,同时在创业过程中也应该有规范管理的意识,通过规范管理,使企业获得更大的效益。

3. 市场竞争与风险意识

竞争是市场经济的主要特征,而从事任何事业都有成功与失败的风险。大学生的创业同样也要接受市场经济的考验,不可能是一帆风顺的。在创业过程中,必然会遇到同行或同类产品的激烈竞争。只有正确对待竞争和风险,做好充分的准备,才能在创业过程中掌握主动。

大学生在创业初期,必须加强市场竞争和风险意识的修养,做好必要的心理准备,培养创业素质和经营经验。通过对成功案例及成功人士经验的学习,为自己搏击市场树立信心,从而形成正确的创业观和安全保护意识。

4. 相关知识与能力

在这个互联的知识经济时代里,由于信息传输的高速发达,使得与以往任何时候相比,知识对创业成功所起到的作用也变得日益重要。只有掌握相应知识,才能对所从事的行业进行准确分析和判断,才能及时把握各种机会,赢得成功。

与创业有关的知识和能力主要有:创新知识与能力,包括创造性思维、创造技法、发明与革新、适应与求变等;决策知识与能力,包括信息获取、情报检索、预测决策、反馈调节等;经营管理知识与能力,包括领导科学、组织管理、财务管理、金融与投资、市场营销、电子商务等;社会活动知识与能力,包括人际交往、合作共事、公共关系、社情民意调查分析等。

大学生在学习自己专业知识的同时,就应该有意识地学习和掌握与创业有关的其他各种知识,并训练自己的相应能力;要学会打破传统灌输式教育方式使我们所形成的常规思维定式,学会学习,学会发散学习;还要注重创新技能和创造性思维的培养和训练。

5. 团队合作精神和意识

社会化大生产和社会分工的细化以及市场竞争的残酷性,决定了每一个创业者要想完成创业并取得较好的业绩,就离不开外界的帮助以及他人的力量,包括下属和生意伙伴的支持,否则成功创业是难以想象的。

对大学生来说,由于能力和经验等都很欠缺,单打独斗的创业是难以成功的。因此,培养自己的团结协作素质就变得愈发重要。这就要求创业者必须具有大局观念,相互帮助、相互理解、相互配合,而且要坦诚互信、善于沟通、善于取长补短、正确协调和处理各种关系和矛盾。

6. 心理素质

创业者的心理素质对创业成功起着关键的作用。这些心理素质包括意志与毅力、兴趣与爱好、自信心、钻研精神、心理承受能力等。

准备创业的大学生应加强良好心理素质的培养和训练,包括创业者应有的信心、胆识、恒心、诚心。只有这样,才能使自己能够正确地对待成与败、得与失,不惧怕困难和风险,并始终具有充满自信、坚忍不拔、乐观向上、勇于创新的精神;才能妥善处理和应对经营活动中所出现的各种不利局面,化解矛盾,使所创立的事业由小变大,不断走向辉煌。

三、分析创业条件

随着我国社会主义市场经济的发展,在地方政府的大力支持和社会各界的广泛关注下,自主创业已经成为人们在街头巷尾热议的话题。但是,大学生进行创业一定要客观地分析自身的创业条件,冷静地分析创业环境,并选择自己最熟悉、最擅长、最有经验、个人资源最丰富的行业来做。

1. 外部条件分析

外部环境实际上就是人们创业的外部条件。创业的外部条件是由一系列综合因素所构成的整体,主要是指那些存在于创业组织之外或周围的各种主客观条件。

1) 经济环境

经济环境是创业环境中最根本的组成要素。它是一个多元的、动态的系统,是指构成企业生存和发展外部条件中的社会经济状况及国家经济政策。社会经济状况包括经济要素的性质、水平、结构、变动趋势等;国家经济政策是国家履行经济管理职能,控制、调整、实施经济发展战略的指导方针。他们对企业经济发展的经济环境有着重要的影响。

2) 政治环境

政治环境是指影响或制约企业发展的各种政治要素,及其运行过程中所形成的环境系统。政治环境与政治要素有关,但并不相等。改革开放是我国发展的主流。企业在国家宏观调控的前提下,实行的是自主经营、自负盈亏、产权清晰的管理经营模式,是自主创业的市场主流。在经营过程中,创业者不仅要关注国内的政治环境,还要关注国际政治环境的变化。

3) 科技环境

科技环境是指企业所处的社会环境中涉及到的科技要素,以及与该要素直接相关的各种社会现象的集合。在这里,同样要注意科技环境与技术环境具有相关性,但并不相等。前者是以科学技术领域、科技事业为主体,包括社会科技水平、科技力量、科技体制、科技政策和科技立法等;后者是以科学技术及相关现象作为环境加以考察。

4) 地理环境

地理环境主要包括自然地理环境和人文地理环境。企业所处的地理位置是先天具有的,比如是处于沿海还是陆地,是东南地区还是西北地区,是经济开发区还是落后乡村等。它是构成创业环境的重要方面,应引起自主创业者的注意。资源环境也很重要,具有丰富的自然资源储量,是企业发展的重要物质基础和外界有利条件。

另外,还需要关注其他的一些外部环境因素,如社会文化环境、人文环境、法律环境等。社会文化环境是创业者普遍关心的创业环境因素,它直接影响着人们对经济活动的态度,影响着人们的价值取向、生活方式、消费倾向、工作态度以及企业的管理方式。人文环境也是自主创业的重要影响因素。不同地区的人群有着不同的消费观念以及从业习惯。法律环境是与企业相关的社会法律系统,包括国家的法律规范,国家司法与执法机关、企业的法律意识等。

2. 内部条件分析

每个准备自主创业的人,只要认真研究分析一下自己所熟知的一些成功创业者的创业经历,就会发现他们无一不具备鲜明的个性特点。当然,他们也具有一些共同的特征,如独立性、创造性、进攻性、坚韧性等,其中,独立性可能是他们成功的最重要人格特征。

真正的独立性首先应该是思想的独立性。我们应该承认权威专家或有经验者的存在,但又永远不能盲目听从或信从他们的建议,一定要用自己的头脑独立地去思考,看看是否可行,是否适合自己。创业的独立性离不开个性的发展。创业成功并不是知己和知彼的简单叠加。所以,每个想要独立创业的大学生,有必要首先从几个主要方面分析一下自身的创业条件。

1) 充满激情

这是青年人年龄结构自身具有的先决条件,"先立业后成家"的理念是当代大学生的共性。同时,大学生的创业意识较强,对自己的创业素质和能力自信心较足,有着强烈的挑战自我、实现自我的激情,并能逐步将它们演绎成为创业过程中克服困难、百折不挠的创业精神和动力。

2) 拥有知识

经过几年高等职业院校基础知识和专业知识技能的学习和训练,善于利用网络终端进行信息搜索,自主学习能力增强,已经具备了一定知识的储备,在一定的环境和条件下,这些知识在很大程度上会"内化为能力,外化为创造力",并善于思索和判断,这些都是自主创业的优势和基础。

3) 领悟力强

大学生创业与被迫去摆摊设点的人不一样,是因为大多数大学生的创业都源于一个好的创意,有一个占优势的悟性。大学生是善于接受新知识、善于接受新事物、善于思考和创新的一族,保持对创业对象的浓厚兴趣可以让大学生在创业过程中从主观上藐视一些困难,并从中感悟出解决困难的本领。

4) 缺少资金

常言道:"巧妇难为无米之炊"。传统的创业资金来源于创业者自身的积累。但是,大学生刚出校门就要创业,是没有资金积累的,这是必须面对的实际问题。好在国家和地方政府为了解决大学生创业资金困难问题,都有一些相应的政策可供利用,当然,也可以采取其他渠道从社会上解决资金问题。

5) 知识结构受限

大学生从小学、中学到大学,所学知识总是在一定的范围内,其知识结构相对单一,并缺少对目标市场和竞争对手的了解。虽然大学生有理想有抱负,但独立人格还没有完全形成,且在一定程度上还缺乏对社会和个人的责任感,还没有完全摆脱依赖父母的想法和行为。因此心理承受能力较差,还难以承受坎坷和挫折的考验。

6) 社会经验不足

大学生在大学期间的交际圈子基本上限于同学和老师,社会关系基本上是空白。客观地讲,社会关系的健全与否对创业的成败存在着一定程度的影响。但是,我们应该看到,对绝大多数的创业者来说,在缺乏社会经验和职业经历的情况下,再加上缺乏必要的人际关系和商业网络,会让自己的创业道路举步维艰。

以上分析的前三个内部因素对我们大学生创业是有利的,但后三个因素却是不利的。我们必须客观分析自己的实际情况,积极准备,为实现独立创业创造条件。

3. 风险性分析

大多数大学生长期在学校的环境中生活,几乎没有经营创业的经历,更多的人对创业还仅仅停留在纸上谈兵的阶段。在创业之前对风险进行分析,可以使创业过程中回避一些风险,也可以进行必要的再学习准备。

按照创业风险的来源可分为外部风险、内部风险和目标风险。

1) 外部风险

外部风险主要是指一些涉及政策、社会、体制、市场环境、金融、行政的风险,以及相关服务体系不完善或不确定而造成的或可能导致的决策失误。2008年世界范围的金融危机就给很多企业带来了前所未有的极大危害,尤其使很多以出口产品为主的企业纷纷处于岌岌可危的境况。

2) 内部风险

内部风险主要是指由于创业者自身素质而产生的管理风险、决策风险以及企业运作的结构性组织风险。如,不恰当的行动纲领和发展规划所导致的战略风险;不适宜的经营手段所导致的经营风险;失去融资能力或遭遇无法承受的债务危机所导致的财务风险。

3) 目标风险

目标风险主要是指对于企业所依赖或投放的目标产品或市场,由于未能按创业者的意志进行发展所导致的机会风险;由于技术上的不确定或不成熟所导致的技术风险;由于目标市场的波动所导致的回收风险。如,不相关、不真实信息报告所导致的市场占有失败。

四、90后创业实践

90后女生吴亚玲出生于一个县城,毕业于湖南师范大学工学院电子商务专业。她从大二开始就着手准备创业,后来竟打造出自己的粗粮膳食品牌——"魔谷"养生系列产品,成为一名90后的成功创业者。

女孩子天性喜欢美容，喜欢逛街。当吴亚玲逛超市关注养生营养品，看到超市的黑芝麻等营养品多是生的，买回去还要用开水冲泡加工才能吃，而且品种也单一时，让她"嗅"到了其中的商机。吴亚玲心想："如果多品种调配有一定营养功效，且加工成熟的，肯定会受消费者欢迎。"

吴亚玲的父母从事经商。从小受"商业"熏陶的她，让她在大学时对商机有了一定的敏感性。她的想法得到了父母的支持。通过咨询中医等专业人士，吴亚玲买来核桃、红枣、小米、黑豆等五谷杂粮，在家里用豆浆机和微波炉等用具，加工调配出了几种具有补血补气、健脾暖胃、排毒瘦身等功效的养生营养餐，并让亲友品尝和点评。

调配出的粗粮膳食在小范围内初"尝"并获好评后，吴亚玲随即雄心勃勃开始了创业第一计划——推出粗粮营养餐产品。

2010年过完春节，在父母资金的支持下，吴亚玲边读书、边在长沙某地租下厂房，买来烘焙机等设备，将调配比较成熟的几款粗粮营养餐投入批量生产。由她打理的"魔谷养生坊"就这样在当年就推向了市场。

由于大三时她的课比较少，她首先选择在大型超市开专柜，通过现场调配等方式进行销售。一个月下来，销售量节节攀升，这也让她信心倍增。随着"魔谷"的不断走俏，在2011年大学毕业时，吴亚玲将其粗粮营养餐柜店以连锁加盟的方式迅速从长沙发展向了全国各地，到年底，已达到1000家左右。调配出的营养餐也由最开始的三款增至后来的数十款，当年实现毛利达四五百万元。

训练拓展

社会是伴随着各种发明创造不断发展的，而今天这个时代的发明创造重任已经历史性地落在了我们90后的身上，因为成长经历已经赋予了我们实现各种发明创造的基因。正是网络让我们不同于前人：让我们增长见识，让我们与世界零距离，让我们可以更好地实现各种学习，网络更让我们生发出了不同于前人的各种思考，所以90后必将是未来社会的发明主力军。山东潍坊学院会计专业的女生孙旭方就是一个90后同学，她在实习过程中获得灵感，竟然搞出了5项实用新型发明专利。

学习会计专业的孙旭方在大二时开始接触做账，在会计实习的过程中遇到了一些小麻烦，于是就产生了改进这些办公用具的想法。比如，会计用的账目本很厚而且很零散，于是她就设计了会计用的存档柜，实现了账目本存放井井有条，且存取方便。请同学们在学习之余将自己的关注点投射到现实生活的方方面面，专注于各种细节，思考各种问题，给自己提出各种质疑，并尝试着去解决和实现。

参 考 文 献

[1] 李晓勤.高职院校审美教育的现状与建议[J].北京:中国成人教育,2012.
[2] 何锦旭,吴云霞,夏旭光.海南高职院校学生实用文写作需求状况调查报告[J].人力资源管理,2010
[3] 王有存,陈万强.工学四合系统模式的研究与实践[M].西安:西北大学出版社,2009.
[4] 姜大源.职业教育学研究新论[M].北京:教育科学出版社,2007.
[5] 姜大源,吴全全.当代德国职业教育主流教学思想研究[M].北京:清华大学出版社,2007.
[6] 吕功曼.多元智力理论与学生评价体系的构建[J].湖北师范学院学报,2007.
[7] 赵汉芬,张勤国,佘传江.襄樊市高职学生上网现状调查[J].襄樊职业技术学院学报,2006.
[8] 刘岩.多元智力理论与多元化学生评价[J].鞍山师范学院学报,2005.
[9] 徐畅.高职院校学生学习心理状况调查[J].教育与职业,2005.

后　记

所有进入工科院校的学生对牛顿的三大运动定律都不陌生。它是牛顿对运动和力之间内在关系的科学总结,并于17世纪发表在《自然哲学的数学原理》上,阐述了自然发展的基本规律。

牛顿第一运动定律告诉我们:一切物体在任何情况下,如果不受外力的作用,就总是保持相对静止或匀速直线运动状态。

牛顿第二运动定律告诉我们:物体的加速度跟物体所受外力的合力成正比,跟物体的质量成反比,加速度的方向与合力的方向相同。

牛顿第三运动定律告诉我们:两个物体之间的作用力和反作用力在同一条直线上,大小相等,方向相反。

如果应用牛顿的三大运动定律来分析大学生所应具备的素质问题,也许更有一定的现实意义,因为它同样也诠释了我们未来职业发展和自身职业素质之间的关系。

每个大学生在入校之前都接受过小学教育和中学教育,并获得了一些基本的知识和做人的道理。如果只是停留在这个阶段,而不进行一定的素质训练和其他入职前专业学习,不思进取,得过且过,沿袭过去的一些生活习惯,其结果也只能是按照惯性发展规律,保持过去的生存状态,处于原地踏步的境地,或者仍然生活在父母的庇护之下,在社会的边缘地带,勉强寻找到一点点自己的生活空间,维持一个缺少尊严、缺少平衡心的基本生活。这似乎和牛顿三大运动定律所揭示的基本规律相一致。

按照牛顿第一运动定律,我们没有任何理由不依靠自己的努力去不断学习,不断进步,不断提升自己的素质,从而创造一个能够改变"惯性"发展的"外力"。按照牛顿第二运动定律,我们没有任何理由不凭借自己的体力和脑力,"学习,学习,再学习"。我们不但要学习一定的专业知识和技能,还要大量学习其他各种有用的知识,从而提高自己的文化品位、艺术品位、思想道德品位、心理素质品位,并掌握与他人合作沟通的能力以及创新创业的能力。这样做,一方面可以充实我们的大学校园生活,让我们不断体会生活的意义;另一方面,更可以让我们逐渐形成未来自身发展的基本职业素质品质,即"加速度"。这样的"加速度"与我们良好的身体素质结合,必将迸发出我们未来工作和生活的"创造力"。"加速度"越大,"创造力"就越大;"创造力"越大,社会给我们的回报才会越大,这就像牛顿第三运动定律所告诉我们的:有作用力才会有反作用力!

素质反映了每个从业人员个体发展所需要的基本品质。每个职业人都像一棵树,其根系就是素质,而树的干、枝、叶只是他的表象。要想枝繁叶茂,成为参天大树,

后 记

首先必须根系发达。相信没有哪位在校大学生不想在未来成为参天大树，成为自己和家人心中的骄傲。90后大学生并不缺乏理想，我们所缺乏的仅仅是行动力。这就要求我们在校期间必须认真规划好自己的学习和生活，掌握高职学生素质提升的有关知识，形成自己在未来职场发展中所需要的基本职业素质。

编者过去曾经长期工作于某大型国有企业，深知企业对员工的要求；现在又在高职院校从事一线教学工作并担任班主任管理工作，广泛接触并和学生进行过大量深层次交流，也深知90后高职学生所存在的很多自身问题，谨以此书呈现给不断成长中的同学们，殷切期望大家学习进步，顺利走入职场。